SOCIO-HISTOIRES

Collection dirigée
par Gérard Noiriel et Michel Offerlé

La politique culturelle

Genèse d'une catégorie d'intervention publique

Vincent Dubois

BELIN

DANS LA MÊME COLLECTION

Sur la « crise » de l'histoire, G. NOIRIEL
État, nation et immigration, G. NOIRIEL
Penser avec, penser contre. Itinéraire d'un historien, G. NOIRIEL
Hors du temps, N. THOMAS
Histoires de terres kanakes, M. NAEPELS
Les bourgeoisies européennes au XIXe siècle, J. KOCKA dir.
Citoyenneté et nationalité en France et en Allemagne, R. BRUBAKER dir.
Le vagabond à la fin du XIXe siècle, J.-F. WAGNIART
Parcours engagés dans la France contemporaine, M. REBÉRIOUX
Grandes Familles de Marseille au XXe siècle, P.-P. ZALIO
Le temps des capacités, Y. LE MAREC
L'invention de l'homme politique moderne, É. PHÉLIPPEAU
La profession politique, XIXe-XXe siècles, M. OFFERLÉ dir.
Les réseaux du Parti socialiste, F. SAWICKI
La tradition en mouvement, J.-L. BRIQUET
Jacques Chirac et le gaullisme, A. COLLOVALD
L'assistance en démocratie, C. BEC
L'honneur des jardiniers, F. WEBER
Mobilisations de prostituées, L. MATHIEU
Le cens de la famille, A. VERJUS
Le communisme au quotidien, S. KOTT
Autobiographies, autocritiques, aveux dans le monde communiste, C. PENNETIER, B. PUDAL dir.
Faire de la science politique, Y. DÉLOYE, B. VOUTAT dir.
La politisation, J. LAGROYE
La Bourgogne et ses vins, G. LAFERTÉ
La cause des propriétaires, H. MICHEL
Bains de foule, les voyages présidentiels en province, 1888- 2002, N. MARIOT
L'identification. Genèse d'un travail d'État, G. NOIRIEL dir.

 ISSN 1270-914X ISBN 978-2-7011-**2081**-2

Ce livre reprend l'essentiel des analyses proposées dans une thèse de doctorat dirigée par Michel Offerlé et soutenue en décembre 1994 à l'Institut d'études politiques de Lyon. Parmi les nombreuses personnes qui ont apporté leur concours à l'élaboration de ce travail et qu'il n'est malheureusement pas possible de citer toutes, je tiens en particulier à remercier Annie Collovald et Didier Georgakakis. Que Paul Bacot, Pierre Favre, Jacques Lagroye, Bernard Pudal, Guy Saez et Philippe Urfalino trouvent ici l'expression de ma gratitude pour leurs remarques formulées à l'occasion de la soutenance de thèse et/ou d'habilitation à diriger les recherches. Je ne saurais enfin oublier Michel Offerlé, sans qui ni ce livre, ni la thèse sur laquelle il s'appuie, ni même l'idée d'entreprendre de tels travaux n'auraient vu le jour.

À Rime

Introduction

Politique culturelle: cette catégorie de l'intervention publique semble s'imposer sur le mode de l'évidence, aux côtés de celles de l'éducation, du social ou de l'économie. Elle ne constitue pourtant pas le simple reflet des problèmes objectifs dont les pouvoirs publics se saisissent. À l'instar des politiques de l'environnement, de la famille, de la consommation ou de la ville[1], elle est liée au travail de classement et de mise en forme dont l'action publique est le produit, et qu'elle produit en retour. Classement et mise en forme des objets et problèmes sociaux, tout d'abord, certains de ces objets étant désignés comme relevant de la catégorie «culture» plutôt que d'une autre, et traités en conséquence. C'est ainsi que s'est imposée, dans le traitement public qui en est fait en France, une vision «culturelle» du livre ou des graffitis, contre une appréhension exclusivement économique dans le premier cas, ou exclusivement répressive dans le second[2]. Classement et mise en forme des pratiques d'intervention ensuite, qui viennent agréger et donner sens à un ensemble nécessairement hétéroclite d'actes, de discours, de dépenses, de pratiques administratives. Quoi de commun en effet entre la subvention accordée au festival des arts de la rue à Chalon-sur-Saône, la réfection du musée du Louvre et la préparation annoncée d'une loi sur la lecture publique? Peu de choses en fait, si ce n'est une commune qualification «culturelle» dans la répartition des actes et des dépenses publics et une commune intégration dans la principale «mission» revendiquée par les pouvoirs publics: cet «impératif catégorique» qu'est devenue la «démocratisation de la culture».

La politique culturelle ne saurait dès lors être considérée comme une catégorie transhistorique. Certes, l'intervention des gouvernants pour les arts et leur traitement par l'administration publique sont anciens[3]. Mais cette ancienneté n'équivaut pas à l'existence séculaire d'une politique culturelle. En effet, la genèse de cette politique ne se résume pas aux origines des différentes formes de soutien des pouvoirs publics aux arts: elle consiste aussi en une intégration et un agencement spécifiques de ces multiples interventions dans un ensemble qui ne se limite pas à la somme des parties qui le composent. Or, cette intégration et cet agencement ne sont pensables et possibles qu'à la faveur de conditions historiques particulières qu'il nous faudra éclairer.

Enfin, la catégorie «politique culturelle» n'est pas d'emblée transposable à toute configuration institutionnelle. Sans même parler de l'organisation institutionnelle ou des «styles» d'action publique qui forment les variables les plus couramment étudiées dans la comparaison des politiques[4] c'est en effet la définition même de l'objet de l'intervention qui varie fortement d'un pays à l'autre[5]. La *Kulturpolitik* allemande, d'origine ancienne, englobe un ensemble d'activités artistiques, éducatives, sportives et de loisirs[6]. La politique italienne des «biens culturels» se confond quant à elle largement avec la protection du patrimoine et est distinguée de la gestion de la musique et des théâtres assurée par un ministère du tourisme et du spectacle[7]. Le «soutien public aux arts» – l'expression *cultural policy* est d'usage récent et timide en Grande-Bretagne – a depuis peu été associé à l'*entertainment* des «loisirs de masse» et autres «industries culturelles» dans un ensemble nouvellement constitué[8]. Aux Pays-Bas, le ministère créé en 1982 institue un ensemble qui au regard des classements opérés en France paraît hétéroclite: bien-être, santé et affaires culturelles[9]. Ailleurs, comme au Québec ou en Belgique – pour ne prendre que des exemples occidentaux – c'est essentiellement autour de la question linguistique qu'est structurée la politique culturelle[10]. Au plan européen, la culture n'est à ce jour pas constituée en une catégorie de l'action communautaire: elle n'intervient que comme «volet» de programmes non spécifiquement culturels et ne fait l'objet que de programmes encore faiblement unifiés[11].

Ce livre vise ainsi à restituer la formation de la culture comme catégorie d'intervention publique en France, où la politique culturelle est généralement considérée comme l'une des plus anciennes et des plus ambitieuses, et souvent citée comme référence – positive mais aussi parfois négative – dans les autres pays, notamment européens. Or, même dans le cas français, la définition de la culture comme catégorie de l'intervention publique ne va pas sans limites, contradictions et oppositions. Sans doute cette catégorie a-t-elle «réussi», si on la compare à des modes d'agrégation proches peu ou prou abandonnés (qui parle aujourd'hui en France d'une politique des loisirs?) ou mort-nés (les éphémères ministères et politiques «de la Qualité de la vie» en 1974 ou «du Temps libre» au début des années 1980): elle est objectivée dans des institutions et des rôles sociaux et forme l'une des rubriques des bilans de fin de mandats ou de législature. Mais, d'un autre côté, la culture ne forme pas un secteur clairement délimité de l'action publique:

Pierre-Michel Menger note ainsi qu'en comparaison à d'autres politiques publiques, la politique culturelle se caractérise par «la multiplication des activités, des domaines et des modes d'intervention, l'hétérogénéité des actions additionnées, l'indifférence, l'impuissance ou l'hostilité à l'égard de toute forme de rationalisation du gouvernement des hommes et des choses de la culture, qui supposerait la promulgation de finalités précises et concrètes, la hiérarchisation des priorités, la gestion rigoureuse des ressources et l'évaluation méthodique des résultats»[12].

C'est en vain que l'on en chercherait une définition précise dans les discours et textes officiels. Au niveau local et en particulier à celui des municipalités, son autonomisation a été engagée dès les années 1970 et fortement renforcée dans la décennie suivante; mais les services culturels et adjoints à la culture se voient toujours régulièrement adjoindre d'autres responsabilités (animation, fêtes, éducation...) et-ou restent concurrencés dans la gestion du «culturel» dont ils n'ont pas toujours le monopole[13]. Au plan national, la culture reste, malgré la création et le renforcement progressif d'un ministère, partagée entre de nombreuses institutions: citons parmi les principales le ministère des Affaires étrangères et l'Association française d'action artistique (AFAA) pour la diffusion de la culture française à l'étranger et les échanges culturels internationaux, celui de l'Éducation nationale entre autres pour l'enseignement artistique à l'école, de l'Enseignement supérieur et de la recherche, de la Jeunesse et des Sports pour l'éducation populaire et les mouvements associatifs, etc.[14]. Le caractère évolutif des attributions du ministère témoigne également de cette sectorisation incertaine: ainsi du rattachement des bibliothèques publiques, qui lui ont été affectées une quinzaine d'années après sa création, de l'architecture, d'abord intégrée, puis déplacée au ministère de l'Équipement, et réintégrée à celui de la Culture en 1996, ou de la langue française dont la Délégation générale a quitté les services du Premier ministre la même année. Une sectorisation incertaine, donc, pour un domaine dont dans le même temps les différences internes sont très marquées, en particulier au niveau central. Hormis celles de l'administration générale et celle du développement culturel[15], la dizaine de structures de direction du ministère constituent en effet autant de territoires relativement autonomes –les directions dites sectorielles[16]– et sont en tout cas nettement distinguées les unes des autres, jusque dans leur localisation[17]. Les réactions très négatives tant parmi les fonctionnaires que dans les milieux professionnels concernés qu'a suscité la fusion en 1998 de la musique, de la danse et du théâtre en une grande direction des spectacles témoignent de cette forte différenciation interne[18]. Pas un corps d'agents de l'État mais une multitude de métiers et de formations plus ou moins institutionnalisées (bibliothécaires, conservateurs de musées, chartistes, professionnels du théâtre, enseignants, énarques...), pas d'expertise publique unifiée ni de groupe homogène, stable et bien identifié comme interlocuteur[19]: la politique culturelle forme assurément un ensemble composite et flou.

Quelles sont, dès lors, les logiques et les raisons de cette incertitude? Telle est la question qui guidera notre analyse. Il y a dans ce cas plus que les habituels usages du flou et de l'ambiguïté dans l'élaboration des compromis sur lesquels reposent les politiques publiques[20]. Quarante ans après la création d'un ministère des Affaires culturelles et que de très nombreux discours et analyses ont tenté de cerner les contours de l'action publique pour la culture, on ne saurait non plus se contenter de l'habituelle interprétation anthropomorphique d'une indétermination liée à la «jeunesse». Également courante, l'interprétation lexicale n'est pas plus satisfaisante qui, en rabattant le problème de l'institutionnalisation de cette intervention sur la polysémie du mot culture oublie justement ce qui fait problème, c'est-à-dire l'usage de ce mot pour désigner une politique.

C'est plutôt dans la genèse de cette politique qu'il faut chercher les raisons de ce caractère incertain. L'analyse de cette genèse révèle en effet que c'est au prix d'un «grand retournement», pour reprendre l'expression de Karl Polanyi[21] que la culture a été constituée en une catégorie d'intervention publique; et c'est précisément de ces conditions particulières d'émergence que proviennent les problèmes de définition de cette catégorie.

Plaçons-nous tout d'abord au moment de la structuration d'un espace social consacré à la culture tel qu'on le connaît aujourd'hui – le tournant du XIXe siècle[22]. L'affirmation de l'autonomie de cet espace conduit alors non seulement à récuser les logiques économiques – l'art contre l'argent – mais également à dénoncer tout ce qui peut apparaître comme le fait du Prince mécène ou la tutelle d'une bureaucratie impersonnelle. La question de la création artistique est alors en partie construite contre l'État. C'est également au tournant du siècle que des intellectuels qui «vont au peuple» pour lui donner la culture trouvent dans ce prosélytisme un moyen de se constituer comme groupe en opposant une alternative aux modalités traditionnelles de la représentation politique[23]. Les rapports entre la culture et le peuple: ce second problème central dans la structuration du champ culturel est lui aussi construit par des artistes et des intellectuels contre l'État et ses représentants. La «liberté de l'art», «l'art et le peuple»: ces problèmes sont placés par ceux qui les construisent à l'articulation des grandes «questions» sociales et politique alors en débat. La construction d'un antagonisme entre l'art et l'État est référée à la séparation de l'Église et de l'État et fournit plus généralement aux artistes l'occasion de prendre position sur le rôle de l'État et les principes du régime républicain. Les débats qui se font jour à propos de la culture du peuple – comme ceux qui agitent les promoteurs d'un «théâtre du peuple» – sont quant à eux saisis par les intellectuels comme une occasion de parler au peuple, de parler en son nom et d'exprimer leur vision de l'ordre social et des moyens de le transformer. Construites contre l'État, ces questions ne suscitent, on le comprend, que peu d'investissements de la part d'agents – ministres, élus, fonctionnaires – qui n'ont d'ailleurs en la matière que peu de ressources à investir. Discrédités par avance, ils ne peuvent guère occuper de postes et moins encore se prévaloir de rôles établis en ce domaine. Au début de la IIIe République s'inaugure donc une longue période au cours de laquelle l'intervention publique pour la culture est faiblement unifiée, peu institutionnalisée et, en définitive, peu importante. Certes dès la fin du XIXe siècle s'élabore un dispositif juridique et institutionnel de régulation du marché culturel – avec la propriété intellectuelle et artistique – et de protection du patrimoine. Mais – avec bien sûr des différences entre secteurs sur lesquelles on reviendra – les activités de production culturelle se déploient pour l'essentiel en dehors de toute aide publique. La production artistique et la hiérarchisation des œuvres obéit à des logiques essentiellement privées, et les quelques achats et commandes d'État restent largement déconnectées du renouvellement des formes esthétiques[24].

À partir des années 1960, avec la création en 1959 d'un ministère des Affaires culturelles, l'établissement d'un «plan de développement culturel» ou encore l'essor et la spécification de politiques culturelles au niveau municipal, la culture est instituée en une catégorie d'intervention publique. Les agents de l'État obtiennent alors un poids inédit dans la production de la culture. Les institutions publiques acquièrent une place prépondérante dans les mécanismes de légitimation culturelle. Désormais «la consécration devient indissociable du degré de soutien de l'État. Certification artistique et obtention de l'aide publique ne peuvent plus être discernées»[25]. Et ce qui est vrai pour le théâtre l'est aussi pour les autres secteurs, comme celui des arts plastiques: le fonctionnement du marché de l'art et les mécanismes de sélection et de hiérarchisation des œuvres sont indissociables de l'intervention publique, si ce n'est déterminés par elle. Ainsi en deux ou trois décennies le rapport s'est-il inversé entre organismes publics (musées, fonds d'acquisition) et opérateurs privés (marchands d'art): les premiers déterminent désormais l'activité et les choix des seconds alors qu'ils ne faisaient auparavant qu'en entériner les résultats[26]. Des secteurs entiers de la production culturelle n'existent que par et pour l'intervention publique, et les principes qui les régissent sont définis dans les ajustements entre des agents de l'État et des artistes[27]. L'intervention publique pour la culture entraîne l'émergence et le développement de nouvelles positions, dans les univers désormais étroitement imbriqués des «professions culturelles» – animateurs, médiateurs, administrateurs, gestionnaires, managers culturels, etc. – et de l'administration publique – directeurs des affaires culturelles, énarques spécialisés dans ce domaine, etc. Les discours politiques sur la culture abondent et, du gouvernement aux conseils municipaux des grandes villes, les postes spécifiquement «culturels» suscitent d'importants investissements de la part des agents du champ politique.

Une fois la culture instituée en une catégorie d'intervention publique, les questions construites contre l'État au tournant du siècle se rejouent, mais cette fois en sens inverse. Certes le spectre de l'«art officiel» désormais lesté de références aux manipulations esthétiques de l'Allemagne nazie et de l'Union soviétique reste régulièrement agité par les contempteurs des effets pervers de la commande publique. Mais, désormais investie par les agents de l'État, la question de l'art et de l'État est moins posée dans les termes d'une opposition binaire que pour affirmer la nécessité de l'intervention publique dans la préservation de l'autonomie du champ artistique. La question de la «démocratisation culturelle» quant à elle n'est plus l'apanage d'intellectuels opposés aux institutions du pouvoir. Elle a désormais ses experts mandatés par le ministère, qui s'en saisissent pour définir une «fonction» de l'État, élaborent et évaluent sur cette base les dispositifs d'intervention publique censés en permettre la réalisation. Le retournement n'entraîne toutefois pas plus la résolution de ces questions que la disparition des enjeux qui les sous-tendent. Dans les lieux où elles sont posées – dans des institutions publiques de l'administration centrale ou des collectivités locales, dans des débats largement médiatisés – elles restent âprement discutées et référées à des visions concurrentes du monde social, dont les généralisations en termes d'avenir de la civilisation, d'organisation des pouvoirs ou de cohésion sociale sont les expressions les plus manifestes. Que la politique culturelle se stabilise dans une forme floue, toujours à définir, trouve ainsi une première explication: les problèmes culturels ont été historiquement construits par des artistes et des intellectuels contre l'État sur un mode globalisant, et l'institution de la culture comme catégorie d'État s'est opérée en reproduisant le caractère foisonnant et fluctuant de ces constructions préexistantes.

S'en tenir là reviendrait toutefois à ne pas tirer toutes les conséquences du grand retournement dont le traitement de la culture est l'objet; car ce retournement historique qui fait de l'État un lieu de définition de la culture est en lui-même à l'origine du flou, qu'en un sens il nécessite. De la culture contre l'État à l'État producteur de culture: c'est, avec l'élaboration d'une politique culturelle, le monopole du droit à parler de culture qui est remis en jeu. En organisant des interventions et des institutions culturelles, les agents de l'État interviennent de fait dans la définition de la culture, ôtant par là même le monopole de la parole culturelle à ceux qui – artistes et intellectuels notamment – l'avaient revendiqué avec succès. Cette intervention de l'État dans la production et la définition de la culture suscite dès lors résistances et oppositions;

en témoignent les multiples mises en garde contre la mainmise et le contrôle de l'État sur la culture et les esprits, dont les dénonciations récurrentes d'une propagande et d'une technocratie culturelle d'État sont exemplaires. Le pamphlet de Jean Dubuffet en donne une illustration, parmi mille autres possibles:

> *«À l'État, je ne connais qu'un visage: celui de la police. Tous les départements des ministères d'État ont à mes yeux ce seul visage et je ne peux me figurer le ministère de la Culture autrement que comme la police de la culture, avec son préfet et ses commissaires. Laquelle figure pour moi est extrêmement hostile et rebutante»*[28].

Car «la légitimité de la concurrence des idées et partant la liberté que l'État se doit de respecter à l'égard des activités culturelles»[29] ne forment pas seulement les principes généraux des démocraties libérales; elles sont placées au cœur des relations entre les espaces de la production culturelle et les pouvoirs publics, ces derniers étant toujours suspectés de les contourner, toujours sommés de démontrer qu'ils les actualisent. Placée sous surveillance, cette intervention publique réactive plus généralement les luttes pour la définition de la culture, que les anciens prescripteurs exclusifs désormais concurrencés par les agents de l'État relancent en récusant à l'État le droit d'y prendre part. Et de fait, de la critique gauchiste des années 1960 dénonçant l'administration d'une «culture bourgeoise» par un paternalisme d'État aux intellectuels néo-conservateurs des années 1980-90 pourfendant un supposé relativisme du ministère de la Culture mettant la «vraie» culture en danger, la question de la définition de la culture a toujours été au centre des débats sur la politique culturelle.

Résistances, oppositions, luttes de définition: la politique culturelle prend forme dans cet ensemble de contraintes et est dès lors élaborée sur un mode dénié et euphémique. Les procédures de choix en témoignent, qui à coups de commissions, de conseils et d'expertise par le milieu, multiplient les signes du dialogue et de la souplesse comme autant de gages de non-dirigisme[30]. Sans doute est-ce également dans cette suspicion prégnante qu'il faut chercher les raisons de l'adoption par les producteurs officiels de politique culturelle d'un «style» – «ouverture», «passion», personnalisation, etc. – qui, dans leur langage, leur attitude vestimentaire et les relations qu'ils entretiennent avec leurs interlocuteurs, les singularisent du reste de l'administration publique. Et l'inachèvement de la définition de la politique culturelle pourrait bien être l'élément clé de cette mise en scène contrainte. Hommage que le «vice» du formalisme bureaucratique rend à la «vertu» de la liberté et de l'effervescence créatrice d'artistes faisant fi des frontières, l'indécision et le flou de cette politique serait alors moins les signes de sa «faiblesse» que les ménagements indispensables à son institutionnalisation.

On a là des éléments de réponse plus solides à la question du flou consubstantiel à la politique culturelle. Encore faut-il, pour être complet, rappeler pour finir deux caractéristiques propres au traitement politique des questions culturelles. La première résulte de la place particulière qu'occupent les choses de la culture dans les stratégies de distinction des groupes sociaux et plus généralement dans la production et la diffusion de représentations de l'espace social. Les processus par lesquels agents et groupes sociaux mobilisent les instruments de la culture pour faire valoir leurs différences et pour promouvoir la vision du monde qui leur est propre sont suffisamment connus pour qu'il soit inutile d'y revenir[31]. Il faut cependant en tirer toutes les conséquences quant à l'élaboration d'une politique de la culture. De la célébration politique d'une culture populaire dans les années 1950-60 à la promotion des «classes moyennes» par l'organisation de leur accès à la consommation culturelle dans les années 1960-70 et jusqu'aux stratégies de «réhabilitation par la culture» de groupes «marginaux» – immigrés, «jeunes des banlieues» – dans les années 1980-90, le traitement public de la culture est régulièrement investi comme un mode de représentation des groupes sociaux. Et si cette dimension proprement sociale de la politique culturelle apparaît peut-être aujourd'hui moins nettement qu'à l'époque où l'on parlait sans ambages de culture prolétaire contre la culture bourgeoise, elle n'en n'a pas pour autant disparu. Compte-tenu de l'impératif politique de la production du consensus et d'une représentation unanimiste de l'espace social, cet inévitable encastrement – pour emprunter une autre notion à Karl Polanyi – de la politique culturelle dans les rapports sociaux n'est pas sans conséquences quant aux possibilités de définition d'une politique de la culture, inévitablement lourde d'enjeux au sein desquels il est difficile de trancher. Cette définition fait alors l'objet de tactiques d'évitement. Évitement par la fuite en avant dans la désignation d'un horizon hors d'atteinte: c'est ce qui a pu s'opérer aux temps du légitimisme culturel d'État de l'époque Malraux où la dimension sociale de la culture a été transfigurée dans le mythe d'une communion du peuple dans l'admiration des chefs-d'œuvre, désignée comme ultime recours pour la civilisation. C'est aussi d'évitement qu'il s'agit dans cet œcuménisme culturel public qui conduit à articuler entre elles des définitions différentes de la culture – des Beaux-Arts à l'ethnologie – ou à refuser de choisir entre la promotion de la musique techno, la défense de la langue française et la restauration des chapelles romanes – au risque des accusations de saupoudrage, de relativisme et de démagogie.

Enfin, la définition étatique de la culture est constituée en un enjeu d'autant plus fort et de portée d'autant plus générale qu'elle occasionne des luttes dont les protagonistes fondent leur position sur la double prétention à dire le monde social et à incarner des valeurs universelles: les intellectuels et les artistes[32] et les agents de l'État[33]. L'on comprend ainsi l'intensité et la portée générale des débats dont est l'occasion le retournement historique qui fait de l'État un lieu de définition de la culture. Comme au tournant du siècle, non plus dans la perspective de l'affirmation de l'autonomie des champs de production culturelle, mais cette fois à l'occasion de la définition d'une politique culturelle, les débats sur la culture et l'État se placent d'emblée au plan général des valeurs fondamentales à défendre, du modèle de société à définir. Que l'on pense à toutes ces tentatives d'établissement d'une légitimité à l'action culturelle d'État, par exemple au lyrisme dont, sur la voie d'André Malraux ou de Jack Lang, les ministres de la Culture ne semblent vouloir se départir dans leurs déclarations, à la production explicite d'un «vaste débat de société» dans les commissions du Plan au début des années 1960, au sein du Conseil de développement culturel au début des années 1970 ou, dernier avatar en date du grand retournement dont il est particulièrement exemplaire, à l'instauration par la ministre de la Culture Catherine Trautmann d'une commission de surveillance des agissements des élus du Front National suivant explicitement le modèle des comités de vigilance anti-fasciste des années 1930. Prétentions universalistes d'agents de l'État intervenant dans les affaires intérieures du champ culturel, elles sont régulièrement dénoncées en tant que telles, sur le mode de l'exhortation humoristique d'un Eugène Ionesco enjoignant au ministère de la Culture de se contenter d'être un «ministère des fournitures» pour les artistes, ou sur le mode de la prophétie alarmiste de «libéraux» voyant s'évanouir avec la production des valeurs et des croyances par l'« État culturel» les dernières protections de l'«individu» et de la «société civile». Les prises de positions ou mobilisations d'agents opposés au pouvoir en place – opposants politiques, artistes ou intellectuels – ne sont alors pas en reste en matière de généralisation, qui activent des enjeux aussi vastes que les modalités de la représentation politique, la place respective de l'État et des hommes de culture dans la société, ou les rapports de la «morale» et de l'action publique. Cette profusion de discours, leur grand niveau de généralité et leurs implications multiples marquent la politique culturelle à laquelle ils assignent cette place un peu «à part» dans les politiques publiques; et ils ne contribuent pas peu à brouiller les frontières d'une politique instaurée en terrain d'affrontements des valeurs.

L'introuvable définition de la culture comme catégorie d'intervention publique bénéficie maintenant d'une explication plus complète. Les problèmes culturels ont été, en premier lieu, historiquement construits par des artistes et des intellectuels contre l'État sur un mode globalisant qui en rend les contours insaisissables. L'institution de la culture comme catégorie d'intervention publique est, en second lieu, contrainte à entériner ces constructions préexistantes, et avec elles leur caractère foisonnant et fluctuant. Plus encore, les conditions mêmes du retournement qui préside à la constitution de la culture comme catégorie d'intervention publique conduisent à des euphémisations et des évitements qui brouillent les frontières de cette catégorie: mettre en forme une telle politique suppose d'y mettre les formes, en l'occurrence d'inscrire dans ses formes mêmes l'absence d'une définition contraignante du champ culturel, et des garanties de souplesse et d'adaptation à l'innovation dans les rapports avec cet espace social qui se donne comme le lieu d'un mouvement perpétuel. Enfin, si l'on ajoute à cela le fort encastrement des questions culturelles dans les rapports sociaux et la prétention des protagonistes des débats sur la culture et l'État à incarner l'universel, on comprend que les politiques culturelles constituent cet espace mouvant de controverses globales sans cesse renouvelées: engageant la représentation de l'espace social et de ce fait constamment référée à lui, la culture comme catégorie d'intervention publique ne se stabilise que dans un flou structurel.

Il nous faut, pour le montrer, revenir tout d'abord sur cet antagonisme entre la culture et l'État construit au tournant du siècle et qui entrave durablement la possibilité d'une politique culturelle d'État (partie I). On pourra alors prendre toute la mesure du retournement que constitue l'instauration de la culture en une catégorie d'État, réfléchir sur ses conditions et analyser ses effets. C'est ainsi que l'on abordera les deux moments clés de l'institutionnalisation de la politique culturelle. Le début des années 1960, dans un premier temps, avec la mise en place d'institutions (ministère, plan...), l'invention d'une politique et le marquage aussi incertain que conflictuel de son territoire (partie II). La seconde institutionnalisation de la politique culturelle a lieu dans les années 1980, quand les crédits publics pour la culture atteignent un niveau inconnu jusque là et que l'administration culturelle occupe une place inédite tant dans le champ bureaucratique que dans le fonctionnement du champ culturel. Mais ni l'essor de cette politique ni le mouvement de professionnalisation qu'elle connaît dans cette période ne mettent fin à l'incertitude de sa définition et aux débats qu'elle suscite; le renouveau des controverses autour de la notion de culture qu'elle occasionne est là pour le rappeler (partie III).

PREMIERE PARTIE

Une catégorie improbable

Culture et politique avant la « politique culturelle »

C'est une faillite que donnent le plus souvent à voir les bilans de l'action des pouvoirs publics en matière culturelle avant les années 1960, et en particulier sous la IIIe République. Des crédits d'une faiblesse ridicule pour cause d'absence de volonté politique, une organisation à la fois rigide et bancale pour cause de lourdeur bureaucratique, une incapacité coupable à promouvoir la création contemporaine pour cause de main-mise académique: tels sont les principaux griefs qui lui sont adressés. Si quelques personnages isolés ou le début du Front Populaire font l'objet de commentaires plus positifs, le regard d'ensemble reste très critique.

Ces évocations du passé, reprenant parfois directement les commentaires autorisés de l'époque – ceux des agents du champ culturel – relatent tout le contraire d'une épopée: ni héros, ni aventures, ni visions prophétiques, mais médiocrité, routine et étroitesse de vue. Sans doute sont-elles imprégnées des jugements rétrospectifs permis par les développements ultérieurs de l'histoire de l'art: l'action publique est de fait accusée de ne pas avoir bénéficié aux œuvres qui se sont par la suite révélées les plus importantes d'un point de vue esthétique – l'absence prolongée des impressionnistes dans les achats publics constituant l'un des points d'appuis typiques de cette accusation[1]. Surtout, le bilan de cette faillite est dressé par ceux qui, de Jeanne Laurent à André Malraux, travaillent à l'édification d'une politique culturelle et se servent des IIIe et IVe Républiques comme contre-exemples pour légitimer et faire valoir la nouveauté de leur entreprise[2]. Ces épopées négatives ont été récemment revisitées pour dresser de la période un tableau plus nuancé, non sans parfois verser dans des tentatives de réhabilitation aux implications tant esthétiques que politiques: laver le soupçon d'académisme pour défaire l'histoire de l'art de l'emprise «terroriste» des tenants de l'art moderne[3], exalter la prescience injustement méconnue des gouvernants de l'époque pour appuyer la célébration du «modèle républicain»[4] ou encore évoquer avec nostalgie la place qu'auraient eu alors les humanités, les lettres et les convenances[5].

Ni dénonciation ni réhabilitation, on voudrait ici remettre à plat cette histoire, et ainsi restituer ce que les jugements rétrospectifs symétriquement opposés d'une absence de politique ou au contraire d'un «projet», «système» ou «modèle» culturel républicain avant la lettre tendent l'un et l'autre à oublier: le caractère historiquement construit des fonctions et catégories d'État – en l'occurrence celle de «politique culturelle» – et partant le poids des configurations historiques dans l'engendrement – ou non – de telles fonctions et catégories. Restituer cette construction et cette configuration historiques du tournant du XXe siècle à la fin des années 1950 revient à mettre en évidence les conditions qui rendent alors impossible la formalisation d'une intervention publique en matière culturelle. Ces conditions, c'est avant tout dans les relations entre champ bureaucratique et champ culturel qu'il faut les chercher. Partons pour ce faire de la période fondatrice des années 1890-1910. Certes l'État en France à cette époque est-il marqué par la relative faiblesse de ses ressources – financières ou en personnel – et par les limites qu'imposent au développement de l'intervention publique des agents de l'État – notamment parlementaires – majoritairement soucieux de limiter les dépenses. Mais il y a plus. Les relations entre champ bureaucratique et champ culturel sont marquées par l'affirmation de l'autonomie des espaces de production et de diffusion culturelles qui produit alors tous ses effets: marquage des frontières du champ artistique construit en opposition avec les espaces qui, comme ceux de l'économie ou de la politique, sont susceptibles d'imposer leurs principes hétéronomes; affirmation avec la figure de l'intellectuel d'une fonction politique en opposition à l'exercice des fonctions politiques officielles (Chapitre I). Ainsi placés en situation de porte-à-faux, les agents de l'État intériorisent leur illégitimité à intervenir en matière culturelle, illégitimité en quelque sorte objectivée dans des positions et des institutions précaires (Chapitre II). Ces conditions d'impossibilité inaugurées au tournant du siècle et durablement inscrites dans la structure des relations entre champs bureaucratique et culturel se renouvellent jusqu'à l'avènement du ministère des Affaires culturelles (Chapitre III).

CHAPITRE I

La culture contre l'État

Si, dans les années d'«installation» de la République, des relations de proximité et des jeux de consécration croisée étaient observables entre savants, artistes, hommes de lettres d'une part et hommes politiques et fonctionnaires d'autre part, une séparation plus nette s'instaure peu à peu et s'affirme singulièrement à partir des années 1890[1]. Cette séparation qui conduit à poser la question des rapports entre culture et État en termes d'opposition procède d'abord de logiques propres aux univers de la production culturelle, qui sont l'objet de ce chapitre. On les restituera à partir des controverses nouées autour des arts plastiques et du théâtre, ces deux espaces formant les principaux objets de l'intervention publique pour ce qu'on appelle alors les Beaux-Arts en même temps que les lieux centraux de structuration des débats culturels. En première analyse, le rejet de l'intervention publique et plus généralement de l'État par les artistes et les intellectuels est une manifestation parmi d'autres de la réfutation générale des principes hétéronomes par laquelle est élaborée et entretenue l'autonomie des champs de production culturelle. C'est aussi plus que cela. De fait, ce rejet est d'autant plus fort qu'artistes et intellectuels affichent désormais de hautes ambitions qui les placent en concurrence avec les agents de l'État: délaissant progressivement le retrait que constitue «l'art pour l'art», caractéristique de la «période héroïque» de la conquête de l'autonomie, nombre d'entre eux s'engagent et interviennent politiquement au nom de l'art et des valeurs qu'ils prétendent incarner à travers lui. En témoigne par exemple l'évolution des petites revues qui, d'organes d'écoles artistiques cantonnés dans la discussion esthétique et ésotérique, deviennent de plus en plus les vecteurs de débats où il est question de société, de politique et de philosophie autant que d'art. En témoigne également l'essor de ces entreprises indissociablement esthétiques et politiques d'artistes et d'intellectuels qui prétendent établir de nouvelles relations entre l'art et le peuple. Tactiques de préservation d'une autonomie fraîchement conquise, les marques récurrentes du rejet de l'État s'inscrivent donc également dans des relations de concurrence renouvelées entre producteurs culturels et agents de l'État. Dans la période fondatrice du tournant du siècle c'est dans cette opposition à l'État, nécessaire pour préserver les producteurs culturels de ce qui est désormais dénoncé comme ingérence politique et utile à l'établissement de leur position comme producteurs légitimes de discours sur le monde social prétendant à la représentation de l'universel, que les problèmes culturels – conditions de la création, formes et objectifs du prosélytisme culturel – ont été pensés et construits.

L'ART ET L'ÉTAT : LA CONSTRUCTION D'UN ANTAGONISME

La séparation des Beaux-Arts et de l'État

Dans les années 1880 s'instaure une structure du champ artistique reposant sur la dénégation de l'économie. L'art est alors considéré comme devant relever de logiques symétriquement opposées à celles de l'argent, et c'est le principe d'une «économie inversée» – la valeur artistique étant inversement proportionnelle au succès commercial – qui structure les hiérarchies, les relations et les pratiques propres à cet univers[2]. Une autre opposition, cette fois entre l'art et l'État, s'affirme également à la faveur de la structuration du monde de la production culturelle en un espace autonome. Anciennement constituée, cette opposition prend consistance et se renforce dans les années 1890. La proximité aux institutions publiques devient suspecte. Tout comme la faiblesse des succès commerciaux, l'absence de commande publique peut être retournée en ressource dans la quête d'une reconnaissance par les pairs. Le parlementaire et le fonctionnaire, comme auparavant le bourgeois dont ils sont pour une part les avatars, font l'objet des dénonciations obligées par lesquelles s'affiche l'appartenance à la communauté des artistes. Les logiques du champ politique – comme la recherche de la satisfaction des mandants ou celle du compromis – et de l'administration – standardisation, impersonnalité, routine... – servent, à la manière de celles du commerce, de contre-pieds à partir desquels sont définies celles de la production artistique. En bref, l'art et l'État sont construits comme un couple d'antonymes dont les membres seraient par essence opposés l'un à l'autre.

Cette opposition, élément clé de la préservation de l'autonomie du champ artistique, est érigée en principe auquel dérogent fort peu d'agents qui prétendent au statut d'artiste, en particulier dans le domaine de la peinture alors central dans l'intervention – modeste – des pouvoirs publics. Des tenants de la tradition académique présents dans les instances consultatives de la Direction des Beaux-Arts – comme le Conseil supérieur des Beaux-Arts créé en 1875 – aux artistes qui se qualifient eux-mêmes de «libres» et se retrouvent dans une commune opposition aux institutions (qu'elles soient académiques ou étatiques) en passant par ceux dont les travaux bénéficient du soutien public par la commande ou l'achat, les distances entre les artistes et les institutions de l'État sont très inégales[3]. Mais malgré ces distances inégales et les écarts de position auxquels elles sont liées, les prises de position des artistes à l'égard de l'intervention publique se rejoignent dans une même défiance. Les clivages internes sont comme oubliés dès lors qu'il s'agit de préserver le champ artistique de l'ingérence étatique. Les principes qui le régissent rendent très improbables – et effectivement quasi-inexistants – les appels d'artistes au développement de l'intervention publique. En revanche, nombreux sont ceux qui, cherchant à démontrer leur conformité à ces principes, prennent position contre cette intervention, les choix qu'elle opère, les personnages – tels que les ministres ou les rapporteurs à la Chambre – et institutions – comme l'École des Beaux-Arts – qui la symbolisent.

Depuis les différents pôles du champ artistique, les artistes convergent donc vers une même hostilité envers l'intervention de l'État; plus encore, cette dénonciation du politique dans l'art est l'occasion pour les artistes de faire de la politique en parlant d'art. Parler de l'art et de l'État, c'est en effet aussi parler de l'État, et transposer dans la politique des valeurs comme la liberté ou le progrès telles qu'elles sont définies au sein du champ artistique. Démontrer pleinement les logiques de cette opposition à l'État et de cette inversion par les artistes et à leur profit des rapports entre art et politique impliquerait de restituer systématiquement l'espace des positions et des prises de position des artistes à l'égard de l'intervention publique, ce qu'on ne peut prétendre réaliser ici. On voudrait plus modestement en présenter une illustration empirique qui fournit comme un condensé de ces débats, dont il n'épuise bien sûr pas le contenu mais dont il fait apparaître la structure, telle qu'elle se met en place au tournant du siècle.

Cette illustration consiste en une «Enquête sur la séparation des Beaux-Arts et de l'État» publiée dans une petite revue en 1904, qui se veut représentative de l'opinion mobilisée autour de cette question[4]. S'inscrivant dans un débat périodiquement réactivé dans la presse et les revues intellectuelles lors des discussions budgétaires ou du Salon annuel notamment, cette enquête en donne à voir les logiques et la teneur. Elle est explicitement destinée à établir l'illégitimité de l'intervention publique. Le questionnaire adressé par la revue «aux personnalités les plus autorisées de l'Art, de la Littérature et de la Politique» ne laisse guère de doute sur ses intentions.

«Dans quelques semaines, M. Henry Maret déposera, au nom de la commission spéciale, son rapport sur le budget des Beaux-Arts. À ce propos, nous avons pensé qu'il serait intéressant de soumettre à l'avis des personnalités compétentes, une haute question de principes, laquelle ne fût agitée jusqu'ici que par de rares théoriciens, encore qu'elle intéresse profondément l'avenir et la vitalité de notre production artistique. Cette question n'est autre que celle des rapports de l'Art et de l'État. C'est pourquoi la revue les Arts de la Vie *a eu l'honneur d'adresser aux personnalités les plus autorisées de l'Art, de la Littérature et de la Politique, le questionnaire suivant:*
1. Reconnaissez-vous à l'État le droit d'avoir et d'imposer une conception d'art quelle qu'elle soit, et, à plus forte raison, de réprimer les tendances esthétiques d'une époque en monopolisant l'enseignement des Beaux-Arts?
2. Quelles sont, selon vous, les conditions sociales les plus favorables au développement des Arts? Êtes-vous partisan du régime d'autorité ou du régime de liberté?
3. En tout cas, verriez-vous un inconvénient quelconque à ce que le budget des Beaux-Arts fut supprimé?».

Comme si les orientations de l'enquête n'étaient pas suffisamment claires, Maurice Le Blond résume plus loin le questionnaire en ces termes: «Êtes-vous partisan du dogmatisme académique? Acceptez-vous la tyrannie séculaire de Rome sur notre art populaire et national? Croyez-vous que l'État ait le droit d'asservir les tempéraments et d'imposer une foi artistique quelconque?» De manière prévisible, les cinquante-deux réponses obtenues vont majoritairement dans le sens des auteurs de l'enquête. Celles-ci proviennent d'intellectuels (comme le sociologue Gustave Le Bon, le philosophe Alfred Fouillée, des publicistes et autres «hommes de lettres»); d'artistes de toutes disciplines (musiciens, peintres, romanciers, poètes) et d'orientations diverses (symboliste, impressionniste, divisionniste, naturiste, religieuse, réaliste, néo-classique, ésotérique); beaucoup plus modestement d'hommes politiques (le ministre des Travaux publics Pierre Baudin, les parlementaires Deandreis et Quentin-Beauchart). Si quelques uns parmi les artistes et intellectuels sont jeunes – un répondant sur trois a moins de quarante ans – et encore peu connus, certains se sont déjà fait connaître dans les milieux intellectuels (comme Jean Grave ou Romain Rolland) ou occupent d'importantes positions dans le champ artistique (comme l'architecte et critique d'art Frantz Jourdain, membre de l'Académie des inscriptions et belles-lettres, président du syndicat de la presse artistique et du salon d'automne). Plusieurs ont même acquis une renommée certaine auprès du grand public (Le Bon, Claretie, Rosny, d'Indy...).

Les partisans de la «séparation» sont nombreux – un répondant sur deux en ne comptant que les déclarations sans équivoque – et peuvent mobiliser de fermes principes pour affirmer leur hostilité à l'intervention publique. Outre les principes politiques, qui de l'anarchisme de Jean Grave au libéralisme de Quentin-Bauchart permettent de plaider pour la suppression du budget des Beaux-Arts en même temps que tous les budgets de l'État, ce sont surtout les principes du champ artistique qui fondent une opposition à l'intervention publique manifestée depuis les différents pôles du champ. C'est ainsi que le peintre Georges Desvallières, exaltant la mythologie de l'artiste maudit, affirme que «les grandes œuvres d'art ne sortiront jamais que d'une École, celle de la Peine et souvent de la misère, car comme la guerre fait les héros, c'est la souffrance qui fait l'artiste», montrant par là l'impossibilité logique d'une aide publique à l'art[5]. Plus, l'affirmation des principes – ou des mythes – fondateurs de l'autonomie du champ artistique conduit à produire la représentation d'un antagonisme irréductible entre l'art et l'État. L'État est montré comme une mécanique administrative aux antipodes de l'art: «un être abstrait et sans entrailles, une entité dépourvue de sensibilité et de culture, [...] un

TABLEAU 1
« Faut-il séparer les Beaux-Arts de l'État ? » L'enquête de 1904.

		Né en:	Oui	Non	Réponse équivoque
Baudin Pierre	Homme politique	1863	X		
Bordeaux H.	Romancier et critique	1870	X		
Caro-Delvaille Henri	Peintre	1876	X		
Desvallières Georges	Peintre (réaliste)	1861	X		
Espagnat Georges (d')	Peintre, graveur	1870	X		
Faure Elie	Médecin, critique d'art	1873	X		
Forthuny Pascal	Peintre et romancier	1872	X		
Grandigneaux			X		
Grave Jean	Publiciste (anarchiste)	1854	X		
Harbor			X		
Indy Vincent (d')	Compositeur	1851	X		
Jourdain Frantz	Architecte	1847	X		
Le Bon Gustave	Sociologue	1841	X		
Le Sidaner	Peintre	1852	X		
Mauclair Camille	Littérateur	1872	X		
Maufra Maxime	Peintre (impressionniste)	1861	X		
Mezzara Paul			X		
Morice Charles	Poète (néo-classique)	1861	X		
Quentin-Bauchart	Député		X		
Raffaelli J.-F.	Peintre (réaliste)	1850	X		
Rosny J.-H.	Romancier (réaliste)	1856	X		
St-Georges de Bouhélier	Écrivain (naturiste)	1876	X		
Trarieux Gabriel	Auteur dramatique	1870	X		
Udine Jean (d')	(Pseudonyme)		X		
Viéllé-Griffin Francis	Poète (symboliste)	1864	X		
Willette A.	Dessinateur et peintre	1857	X		
Blanche Jacques-Émile	Peintre	1861		X	
Leclère Tristan	Homme de lettres			X	
Péladan	Littérateur (ésotérique)	1858		X	
Prod'homme Jacques-Gabriel	Critique musical	1871		X	
Reinach Joseph	Homme politique	1856		X	

Signac Paul	Peintre (divisionniste)	1863		X	
Adam Paul	Publiciste et romancier	1862			X
Baudot Anatole (de)	Architecte	1834			X
Beaubourg Maurice	Romancier	1860			X
Benoit Camille					X
Bouyer Raymond	Militant socialiste				X
Claretie Jules	Écrivain	1840			X
Deandreis Élisée	Sénateur (libéral)	1838			X
Delvolvé Jean					X
Denis Maurice	Peintre (religieux)	1870			X
Fontainas André	Poète	1865			X
Fouillée Alfred	Philosophe	1838			X
Lacour Léopold	Homme de lettres	1856			X
Montesquiou R. de	Poète	1855			X
Moreau Georges	Éditeur				X
Rais Jules					X
Riotor Léon	Critique				X
Rolland Romain	Homme de lettres	1866			X
Séailles Gabriel	Écrivain et philosophe	1852			X
Souza Robert (de)	Littérateur (symboliste)	1865			X
Steinlen	Peintre (réaliste)	1859			X

despote bureaucratique, anonyme et irresponsable qui n'est capable que de déterminer le triomphe de la Médiocrité et de la Laideur»[6]. Du dramaturge Gabriel Trarieux qui affirme que «de toutes les intrusions de l'État, celle qui lèse l'Art est la plus fâcheuse et la plus ridicule» au compositeur Vincent d'Indy qualifiant de «monstruosité» l'enseignement de l'art par l'État et à Willette, critique et ancien élève des Beaux-Arts qui résume: «l'Art c'est la liberté, l'État c'est la tyrannie», les artistes s'affirment en tant que tels en présentant le rapprochement de l'art et de l'État comme une alliance contre-nature.

De l'autre côté, la défense de cette intervention, est rare (six réponses sur cinquante-deux), prudente ou formulée sur un mode ironique qui la retourne en dénonciation. En effet rares sont ceux qui, comme l'homme politique et publiciste Joseph Reinach, présenté comme «ardent dreyfusard» et «disciple de Gambetta», en appellent aux principes de la République pour défendre cette intervention:

«Supprimer le budget des Beaux-Arts? Autant décréter que la République Française sera désormais ostrogothique ou Vandale. Restons athéniens». Les parlementaires quant à eux sont en retrait. Peu nombreux parmi les répondants, ils optent souvent pour une attitude prudente. Le sénateur Deandreis se contente de renvoyer à ses rapports sur le service des Beaux-Arts[7]. Si le député et ancien ministre des Travaux publics Pierre Baudin défend la nécessité de l'État et de sa réforme, il dénonce surtout «l'absurdité» du maintien de prérogatives héritées de la monarchie que constitue selon lui la forme actuelle du soutien public aux Beaux-Arts: «L'État moderne, en conservant à la souveraineté la forme et les fonctions de la souveraineté royale, commet une faute grave. Il ne fait que rendre administratif ce qui était autrefois un acte empreint du goût personnel du prince. C'est absurde»[8]. Du côté des artistes et des hommes de lettres, les défenseurs sont rares. Tristan Leclère se déclare pour le développement du budget, citant Henry Marcel, alors directeur des Beaux-Arts, et Roger Marx, théoricien de l'art social, pour appuyer son propos. Jean-Gabriel Prod'homme dénonce le caractère «tendancieux» du questionnaire et défend le rôle de l'État. Rare, la défense de l'intervention publique par les artistes est souvent paradoxale. Paradoxale par dérision, comme le portraitiste Blanche, qui assimile comme Degas le budget des Beaux-Arts à celui de l'Assistance publique:

> *«On ne demanderait pas la "suppression du Budget des Beaux-Arts", ironise J.-E., Blanche, si les critiques et les esthètes sociologues comprenaient que les Beaux-Arts ne sont plus, dans notre gouvernement, qu'un département de l'Assistance publique. – Et c'est fort bien. – Or, on ne propose pas de diminuer le nombre des hôpitaux»* (p. 207).

Le peintre Maurice Denis, quant à lui, cultive le paradoxe, lorsqu'il défend l'intervention de l'État tout en la dénonçant:

> *«Actuellement, l'État centralise tout, absorbe tout: il se substitue à la famille, accapare nos enfants, monopolise l'enseignement. Il y a une philosophie d'État, pourquoi pas un Art d'État? Et d'ailleurs, nous allons au collectivisme»* (p. 213).

Défense paradoxale également, mais cette fois par la position occupée dans le champ littéraire, que celle de Péladan, qui se déclare contre la suppression du budget et affirme que l'État doit assumer un rôle dans la conservation et l'éducation artistique, alors que lui qui se fait appeler le «Sar» cultive un idéalisme prophétique et mystique qui en fait l'un des représentants les plus radicaux de l'art pour l'art.

Mais il y a plus que ce jeu des formules échangées dans le cercle restreint d'une petite revue intellectuelle. Pour les artistes et intellectuels répondre à cette enquête est une façon d'intervenir dans le débat politique. Le commentaire qui suit la publication des différentes opinions le montre bien. L'enquêteur transpose alors les règles en vigueur dans le champ politique et fait de l'enquête l'équivalent d'un vote. Il peut alors affirmer qu'une «nette majorité» se dégage «contre l'imposition d'un Art d'État», et termine en se félicitant de la «condamnation unanime» des liens entre l'Art et l'État. De cette manière, «la question de la séparation des Beaux-Arts et de l'État va se poser devant nos législateurs. [...] C'est à leur usage que nous avons réuni cet ensemble d'opinions», proclame Maurice Le Blond. «Cet ensemble d'opinions», dont parle l'enquêteur, est mis en scène de manière à constituer à la fois un groupe mobilisé cherchant à faire valoir un point de vue collectif auprès des instances de représentation politique, et l'équivalent d'une commission parlementaire, experte et fortement investie, substituée à celles, «incompétentes» voire «désinvoltes» de la Chambre des députés. C'est, en quelque sort, un «parlement des artistes» qui est ainsi constitué[9].

> *«Nous croyons être l'interprète de tout le public artiste et lettré de France, en demandant que la prochaine discussion du budget des Beaux-Arts ne soit pas escamotée, comme à l'ordinaire, suivant la déplorable coutume qui existe au Palais-Bourbon. Nos politiciens, en effet, ne manquent jamais de traiter les questions d'Art avec une insouciance dédaigneuse, avec la plus extrême désinvolture»*[10].

Cette dimension politique apparaît fortement dans le contenu même des réponses. Les débats du moment sur la séparation de l'Église et de l'État permettent une analogie propice à la manipulation de grandes idées, dans le sens d'une dissociation, à l'image du traitement de la question religieuse, des sphères artistique et étatique. La référence aux débats qui aboutissent, un an plus tard, à la loi de séparation, prend d'autant plus de poids que la métaphore religieuse est particulièrement prégnante lorsqu'il s'agit d'art. Si l'on admet le principe général de la neutralité religieuse de l'État, pourquoi le «culte de l'art» ferait-il exception? Filer la métaphore permet alors de dénoncer le non respect de ce principe de neutralité: le monopole de l'État sur l'enseignement artistique, inévitablement soumis aux normes d'un académisme dévoyé, aboutit à la suprématie «d'une véritable Église d'art» qui dispense son «catéchisme esthétique». L'analogie donne du poids aux arguments; elle permet également de généraliser le propos, et de situer l'enquête au niveau, cette fois, d'une discussion générale sur «le bon régime». «Haute question de principes» s'il en est, les rapports de l'art et de l'État permettent plus généralement de traiter dans son ensemble du système politique et social. Faut-il privilégier l'autorité ou la liberté? Comment préserver la justice? Quel est le rôle d'un État démocratique? Autant de questions qui permettent, par un glissement et un élargissement progressif, l'expression légitime d'artistes sur les questions politiques les plus nobles et les plus générales, qui ont au préalable interdit aux agents de la politique officielle de s'exprimer sur les questions artistiques.

La production d'une incompétence politique

Marquée par l'intervention politique des artistes, l'imposition de la représentation de l'art et de l'État comme deux choses étrangères par nature conduit ainsi dans le même temps à une forme inversée de censure: non plus la surveillance de la production culturelle par l'appareil d'État, mais des agents de l'État dont les déclarations et les actes concernant les questions culturelles sont soumis à l'examen sans concession de ceux qui prétendent avec succès au monopole de la parole autorisée en la matière. Parlementaires, ministres ou fonctionnaires qui prétendent intervenir dans les affaires intérieures du champ artistique sont réunis par les artistes dans une commune illégitimité à traiter des choses de l'art – et ce quelles que soient par ailleurs les différences objectives qui les séparent du point de vue de la compétence artistique. L'importance des critiques dont font l'objet les trois principaux acteurs et symboles de l'intervention artistique publique – l'administration des Beaux-Arts et ses agents, les parlementaires et leurs débats, les postes ministériels et leurs titulaires – le montre bien, qui révèle la production et l'entretien d'une incompétence plus que l'invention d'une compétence étatique dans le domaine culturel. Le schéma est identique à chacun de ces trois niveaux: le décalage entre les choses de l'art et ceux qui prétendent s'en occuper ou la manière dont ils s'en occupent est tel qu'il constitue un ressort tour à tour dramatique et comique; ces affaires ne feraient généralement l'objet que d'une très faible attention, et en cas contraire l'attention politique ou administrative procéderait de mauvaises raisons – intérêt personnel ou tactiques politiciennes – desservant l'art plus qu'elle ne le sert.

L'administration des Beaux-Arts se trouve au centre de l'antagonisme entre l'art et l'État construit par les artistes. Par sa dénomination même, elle porte au persiflage: comment prétendre administrer l'art? Dans les discours des artistes, la critique et la presse cette contradiction est régulièrement dénoncée. Et ce n'est certainement pas un hasard si la plus fameuse parodie littéraire de l'univers des bureaux, *Messieurs les ronds-de-cuir* de Georges Courteline – lui-même ancien employé de bureau – parue en 1893, prend comme cadre la Direction des dons et legs, chargée d'administrer et de répartir les donations d'œuvres d'art et d'objets historiques: c'est pour une part le décalage entre les pratiques administratives et l'objet traité qui provoque des situations «ridicules» et renforce l'effet satirique de cette peinture des mœurs administratives. Le roman ne fait que reprendre une critique très répandue. «Peu d'administrations ont été plus décriées que l'administration des Beaux-Arts», et son «personnel a le privilège d'être souvent et violemment attaqué», notait déjà en 1877 l'auteur d'une étude administrative[11]. C'est en particulier le cas du chef de cette administration, le directeur des Beaux-Arts. «Le lot d'un directeur des Beaux-Arts, regrette un ancien titulaire du poste, est d'être, dans la presse, l'objet d'une attention particulière, c'est-à-dire, quoi qu'il fasse, d'être peu défendu et très attaqué»[12]. Son titre est dénoncé comme révélateur d'une prétention absurde:

> *«Tant que le coupable et l'infortuné, chargé de veiller aux destins des Beaux-Arts, avant d'accepter cette mission ingrate, n'aura pas, tout d'abord, modifié son titre, on peut affirmer, ce me semble, que ses actes seront de peu d'importance. Connaissez-vous, en effet, quelque chose de plus dérisoire que ce titre de "Directeur", appliqué aux Arts libéraux et libres? Comment ne s'est-il pas trouvé un homme de sens et de goût pour modifier une dénomination à ce point prétentieuse et comique? "Serviteur" des Beaux-Arts ne sonne-t-il pas avec plus de décence et moins de démence? On ne "dirige" pas les Beaux-Arts, on les "sert"»*[13].

Tout comme l'administration des Beaux-Arts, les parlementaires qui s'expriment à ce sujet concentrent attaques et moqueries[14]. Les origines sociales – moyenne bourgeoisie de province, représentants de départements ruraux – peuvent être mobilisées pour expliquer l'«ignorance» des hommes politiques. À propos du développement d'interventions «niaises et qui font rire» de parlementaires à propos des Beaux-Arts, Gustave Larroumet note qu'il a eu lieu après les élections de 1885 qui ont entraîné une modification de la structure politique et surtout sociale de l'assemblée (montée des conservateurs, mais aussi de la petite et moyenne bourgeoisie et des catégories populaires, rajeunissement): «la Chambre des députés s'est en grande partie renouvelée, et il faut bien reconnaître que la culture intellectuelle et la largeur d'idée ont perdu quelque chose à cette arrivée d'un personnel nouveau»[15]. Mais au delà des origines sociales, c'est par le fait même qu'ils prétendent parler d'art de l'extérieur du champ artistique que les parlementaires s'attirent l'ironie et la défiance des commentateurs autorisés. On trouve parfois parmi les rapporteurs du budget des Beaux-Arts «un homme nouveau, qui s'improvisait une éducation artistique et découvrait le Louvre», puis, comme M. Jourdain, regrettait ensuite de ne pas avoir étudié plus tôt. C'est un «inconvénient du régime parlementaire» dont «les Beaux-Arts doivent s'accommoder»[16]. «D'aucuns publieront leurs élucubrations grandiloquentes en livres sur "l'Art et l'État" dont le papier jaunira dans la poussière»[17]. Tous adoptent «la rhétorique spéciale dont le style parlementaire lui-même ne croit pas devoir se passer lorsqu'il parle d'art, et qui résiste encore au progrès de nos hommes politiques vers la simplicité du langage»[18]. Cette «rhétorique spéciale» n'empêche pas que les débats sur les Beaux-Arts puissent être dénoncés comme «escamotés», comme le disait Maurice Le Blond, ou marqués par une routine qui en fait ressortir la vacuité. «Chaque année, évoque avec lassitude l'ancien directeur des Beaux-Arts Paul Léon, reparaissent des thèmes identiques: les théâtres subventionnés à propos desquels l'orateur lance ses banderilles pour obtenir un engagement généralement féminin, la décentralisation, la carence de l'enseignement, la stérilité des manufactures, les méfaits des architectes. C'est une revue banale, une répétition monotone»[19]. Qu'un député parmi ceux qui interviennent le plus souvent à propos d'art prenne la plume pour se défendre de telles allégations donne une idée de leur fréquence.

«A défaut d'autres preuves, la discussion annuelle du budget des Beaux-Arts fournirait actuellement aux purs lettrés et aux philosophes enfermés dans leur tour d'ivoire, au dessus des contingences de la vie sociale, la preuve certaine que le Parlement

sait, quand il le faut, s'affranchir des rivalités et des passions politiques pour étudier, encourager et aimer les diverses manifestations du génie français»[20].

Les responsables gouvernementaux chargés des Beaux-Arts subissent pour la plupart les mêmes attaques. Loin de marquer l'établissement d'un lien entre l'art et l'État, ces postes ministériels et leurs titulaires sont mobilisés comme une preuve souvent brandie et régulièrement moquée de l'impossibilité ou du ridicule de ce lien. L'accusation d'incompétence dont font l'objet les responsables ministériels chargés des Beaux-Arts tout au long de la Troisième République est de fait un leitmotiv répété par les commentateurs de l'époque. Des agents aux positions importantes dans le champ artistique, comme Frantz Jourdain (président du Syndicat de la presse artistique et du Salon d'automne), profèrent des prédictions définitives qui ne sont pas sans liens avec leur réalisation effective: «le suffrage universel placera toujours un ancien vaudevilliste ou un vague normalien au Ministère des Beaux-Arts»[21].

La «légende» du sous-secrétaire d'État aux Beaux-Arts Edmond Turquet compte au nombre des commentaires à la fois moqueurs et dénonciateurs auxquels sont exposés les titulaires de ce poste. «Que des rapins non médaillés, qui n'ont pas pu obtenir de commandes, "blaguent", en fumant leurs longues pipes, l'invention des groupes sympathiques *– à leur aise! M. Turquet n'en demeure pas moins le seul sous-secrétaire d'État qui ait laissé une légende au ministère. Ses aptitudes ne le désignaient pourtant pas plus pour les beaux-arts que pour la marine ou pour la guerre. [...] Il se mêla de régenter la peinture, la sculpture, la gravure, l'architecture et, par surcroît, l'art tragique et l'art comique. Quand il eût inventé "l'art républicain", il arriva sans peine à découvrir qu'un portrait touchait de plus près à un portrait qu'à un paysage.* [L'article relate ensuite comment cette «découverte» conduit Turquet à entreprendre la réorganisation des expositions publiques en fonction du genre des tableaux.] *Il y eut, de la part du public, un éclat de rire, et de la part des artistes, un éclat de colère. M. Turquet avait trouvé, pour rendre son idée, le mot délicieux de "groupes sympathiques". Au 1er juin, quand le Salon ferma ses portes, ce qui était le plus sympathique, ce n'étaient pas les groupes, c'était le sous-secrétaire d'État, sur qui les chroniqueurs faisaient des gorges chaudes [...]. On ne disait plus que notre "sympathique" sous-secrétaire* *d'État. Dans sa province même, on disait notre "sympathique" député. De la meilleure foi du monde, M. Turquet s'imagina qu'il était populaire. Quiconque eût une tête l'eût perdue à ce choc»*[22].

Accusés de ne pas s'intéresser à l'art, fonctionnaires, parlementaires et ministres sont accusés quand ils s'y intéressent de le faire pour de mauvaises raisons. Ainsi quand l'administration des Beaux-Arts fait preuve de zèle à les «servir», elle est incriminée de le faire d'abord pour servir les intérêts personnels de ses membres. Les Beaux-Arts «offrent des satisfactions de vanité et des occasions de plaisir»[23] comme les mondanités ou l'obtention de distinctions honorifiques. Quelques-uns parmi les *Ronds-de-cuir* de Courteline finissent par obtenir la médaille désirée, et Alfred Jarry publie dans l'*Almanach du Père Ubu* de janvier 1901 une parodie de Journal Officiel dressant la liste des «promus ou nommés dans l'ordre de la Gidouille à l'occasion de l'Exposition» par le «Ministère de l'Instruction Publique et des Biz-Arts», dans laquelle figurent les noms déformés d'artistes – «Massepet, compositeur de musique» – et de savants – «Vital de la Blague, professeur à la Faculté des lettres» – mais aussi de fonctionnaires du ministère. Le culte de la «ferblanterie décorative» ou le rêve d'artistes contrariés de siéger à l'Académie sont d'autant plus vigoureusement dénoncés qu'ils sont considérés comme facteurs d'entretien du conformisme voire des complaisances administratives: le directeur des Beaux-Arts ne peut ainsi que se comporter comme «un sous-ordre dont l'unique et constante préoccupation sera de se vautrer aux pieds de l'Institut pour obtenir, en échange des faveurs les plus scandaleuses, l'honneur de porter l'habit vert»[24].

Les pratiques parlementaires ou ministérielles dans le domaine des Beaux-Arts sont quant à elles régulièrement réduites à des «tactiques politiciennes». Ainsi, les prises de position – nombreuses – hostiles au financement public de telle ou telle institution artistique ne sont là que pour flatter les «bas instincts» des électeurs «peu éclairés»; elles ne constituent rien de plus que la recherche d'une «satisfaction des appétits purement électoraux se cachant sous des dehors artistiques»[25].

«L'assaut du sous-secrétariat d'État aux Beaux-Arts, au profit de toutes les médiocrités de leurs arrondissements, a été incessant de la part de presque tous les députés. Ceux qui se sont occupés des intérêts généraux de l'art, de la plus noble, de la

plus glorieuse source de prospérité et d'influence du pays, sont toujours restés à l'état d'infime minorité; sur ce terrain-là, il a toujours fallu forcer la main à la majorité»[26].

Lorsque ce n'est pas le cas, il ne faut pas pour autant en déduire un intérêt soudain pour les questions artistiques: simplement, les «politiciens» utilisent le chapitre des Beaux-Arts, comme n'importe quel autre, à des fins tactiques. Autant dire que la discussion n'est guère élevée; les pratiques du *log-rolling* et de l'obstruction ne peuvent qu'engendrer la vacuité des débats. «La discussion du budget dure parfois quelques instants, parfois des semaines entières. La Chambre veut ou ne veut pas en finir selon qu'elle est favorable au Gouvernement ou cherche à l'acculer à des douzièmes provisoires»[27]. Il arrive que le service des Beaux-Arts pâtisse des vélléités d'un rapporteur à la Chambre qui, «identifiant avec ses préférences la cause de l'art et de l'État, préoccupé d'apologie personnelle et de soucis de clientèle, provoquait des mesures regrettables»[28]. Le «groupe de l'art» dont on parle dans les années 1905-1914 est accusé de ne servir que les intérêts particuliers de certains artistes, et partant d'agir contre l'art en général[29]. «Il y a, à la Chambre, avec les groupes du sucre, de l'alcool, de la fraude et de la charcuterie, un "groupe de l'Art". J'espère que les véritables artistes se défendront contre cette humiliante et dangereuse protection», tance Georges Deherme, fondateur des Universités Populaires[30]. Une réduction homologue à des tactiques politiciennes et intéressées est opérée à propos du poste de sous-secrétaire d'État aux Beaux-Arts et de ses titulaires. Ce poste ne serait rien d'autre qu'une ressource utile à la constitution d'une coalition gouvernementale: il devrait moins son existence au nécessaire accomplissement d'une «fonction» artistique de l'État qu'à la logique partisane de l'équilibrage et du partage des postes. Dès lors, son titulaire ne peut être que placé là par le hasard de combinaisons obscures, et donc indépendamment des compétences requises pour l'exercice de cette charge.

Dès les premières tentatives d'émancipation de l'univers de la production culturelle mais surtout à partir de la fin du XIXe siècle, l'affirmation puis la préservation de l'autonomie du champ artistique et à partir des années 1890 la multiplication des interventions politiques des artistes conduisent à ce que l'art et l'État soient construits comme deux choses inconciliables. Cet antagonisme s'impose avec d'autant plus de force qu'il n'est pas seulement le produit d'une différenciation – telle que celle qu'opèrent les tenants de l'art pour l'art en refusant toute implication politique et sociale – mais aussi celui de la concurrence qui oppose désormais les artistes aux agents de l'État pour le discours autorisé sur le monde social et l'incarnation de valeurs universelles. L'on comprend ainsi que les problèmes culturels – comme dans l'enquête des *Arts de la vie*, les conditions sociales de la création artistique ou la formation artistique – soient construits contre l'État, son intervention et ses représentants, dénoncés pour leur incompétence non seulement pour les risques qu'ils sont susceptibles de faire encourir à l'autonomie des artistes, mais parce qu'ils en sont désormais les concurrents.

L'ART ET LE PEUPLE : L'INVENTION D'UNE CONTRE-POLITIQUE

Des prétendants contre la politique officielle

Comment donner l'art au peuple? Également inscrit dans ces concurrences, cet autre problème central de la culture est lui aussi construit contre l'État au tournant du siècle. Les entreprises de prosélytisme culturel s'étaient jusqu'alors surtout inscrites dans des visées pédagogiques: assurer un complément de formation aux travailleurs, moraliser les masses ou les faire accéder à un niveau de raison suffisant pour l'exercice de leur rôle de citoyen. Dans cette perspective, les textes des Lumières[31] et les expériences «démopédiques» de la Révolution française faisant des fêtes, théâtres et musées nationaux des instruments d'instruction utiles à la formation de l'esprit public servent de point d'ancrage, si ce n'est à la conception de ces entreprises, au moins à leur légitimation[32]. Mais ces entreprises sont aussi – et surtout – empreintes du paternalisme des philanthropes. Dans toute la première moitié du XIXe siècle, une «croisade» pour «diffuser l'art aux masses» est entreprise aux États-Unis[33]. Des bibliothèques pour les ouvriers sont instaurées officiellement en Angleterre par la loi de 1850[34], des lieux pour l'éducation et la culture populaires sont ouverts partout en Europe[35]. En France, ce sont pour l'essentiel des notables ou des autorités religieuses qui développent des «bibliothèques populaires» en grand nombre à partir des années 1860. Sous des formes et avec des statuts très divers, elles procurent des lectures «saines et utiles» destinées à former un «bon ouvrier» grâce aux ouvrages techniques, un «bon père de famille» ou une «bonne ménagère» par les guides d'hygiène ou d'économie familiale, un «bon citoyen» par l'histoire et la géographie nationales, les biographies des grands hommes, l'économie politique et la législation[36]. Des artistes tentent de généraliser l'accès à «l'art», comme vers 1850 Jules Pasdeloup – plus tard rejoint par Édouard Colonne – et ses «concerts populaires» souvent cités comme précurseurs. En revanche, en France tout au moins, les organisations du mouvement ouvrier naissant qui accordent peu d'attention aux questions littéraires et artistiques ne s'engagent guère dans la promotion culturelle des classes populaires[37]. Quelques leaders et théoriciens ouvriers importants mettent bien en avant l'importance de l'instruction[38], mais syndicats et partis n'interviennent véritablement dans ce domaine que dans les années 1920, et d'abord pour amener aux travailleurs connaissances utiles à la formation professionnelle ou maniement de la doctrine nécessaire à la mobilisation collective[39].

Les entreprises de prosélytisme culturel développées à partir de la fin du XIXe siècle changent d'origine et d'orientation. Elles sont davantage initiées par des nouveaux venus dans le monde de la culture que par des notables, et prétendent œuvrer à la transformation de l'ordre social plus qu'à sa préservation. Du milieu des années 1890 au milieu des années 1900, des intellectuels, mobilisés à l'occasion de l'Affaire Dreyfus, «vont au peuple» et tentent, par le biais de la diffusion de la science et des arts dans les milieux ouvriers, d'établir les bases de nouvelles relations sociales[40]. C'est le cas du modèle des Universités Populaires, tel qu'initialement défini par l'autodidacte Georges Deherme en 1895[41]. La Coopération des Idées – première «UP» – était censée favoriser l'émancipation des ouvriers par le savoir, en leur donnant accès, grâce notamment à des rencontres avec les intellectuels, à d'autres connaissances que celles destinées à les maintenir à leur place que diffusent selon Deherme l'instruction élémentaire et ses compléments philanthropiques. Comme les Universités Populaires et de nombreuses autres entreprises de prosélytisme culturel développées à l'époque, les tentatives de création d'un théâtre du peuple dont il sera ici plus précisément question – et avec lesquelles la Coopération des Idées de Deherme entretient des liens[42] – offrent à des agents souvent dominés du champ intellectuel un moyen d'intervenir politiquement voire d'opposer une alternative aux modalités traditionnelles de la représentation politique.

La question de l'art et du peuple, construite dans les logiques du champ littéraire est ainsi érigée en question politique. S'y expriment les peurs d'un conservatisme exacerbé par les bouleversements sociaux en cours. Peur tout d'abord du déclin de l'art, et avec lui, de la civilisation, que porteraient en germe les projets «vulgarisateurs»: des agents du champ littéraire hostiles au suffrage universel et anti-dreyfusards crient à la barbarie devant l'arrivée des masses dans l'art[43]. Ainsi de Ferdinand Brunetière, critique littéraire défenseur du classicisme, qui écrit:

> *«L'Art et le Peuple! Qu'y a-t-il de commun entre ces deux termes? Pouvez-vous croire, vous, artiste, que la beauté qui constitue l'essence même des chefs d'œuvre soit accessible à cette foule dont vous recherchez le suffrage? [...] L'art ne mérite plus son nom dès qu'il ose se dire populaire»*[44].

Tout comme Brunetière, le poète symboliste belge tenant de l'art pour l'art Georges Rodenbach s'érige contre «l'abaissement» de l'art qu'entraînerait un élargissement du public: «L'art n'est pas fait pour le peuple[45]». Peur des foules également, dont le crime et la politique constituent les thèmes de prédilection[46], mais qui trouve également dans les musées, les bibliothèques, et plus encore dans les théâtres un terrain propice[47]. À la crainte ancienne d'une propagation du «vice» par la mise en scène de «mauvais exemples»[48] s'ajoute au tournant du siècle l'idée selon laquelle «le public» des spectacles représente une entité sociale ne se limitant pas à l'addition des spectateurs individuels[49], et avec elle la croyance en des phénomènes de «suggestion» de foules qui «s'électrisent» en assistant au spectacle. «Au théâtre [...] l'impression du public est essentiellement synthétique, chaque spectateur réagissant pour partie sur les autres, et subissant, pour partie, leur influence, ainsi que le démontrent les recherches modernes sur la psychologie des foules», fait valoir un participant au congrès sur le théâtre à l'exposition universelle de 1900[50]. Fort de cette «science», un juriste peut alors prévenir: le théâtre s'adresse «à la foule, dont l'âme impressionnable et mobile est également ouverte au vice et à la vertu, facile aux colères, prompte aux enthousiasmes. Aussi y a-t-il une force sociale redoutable, féconde pour le bien et puissante pour le mal»[51]. Peur du déclin, peur des foules, craintes également quant aux effets néfastes de la «surproduction culturelle»[52], pour reprendre l'expression de Roger Chartier. Dans les romans «psychologiques» de Paul Bourget et dans l'œuvre littéraire de Maurice Barrès, par exemple, les parvenus de la culture sont présentés comme des «victimes de la poussée démocratique» à qui «la grande culture a été donnée trop vite»: «La durée [leur] manque et cette maturation antérieure de la race sans laquelle le transfert de classe est trop dangereux»[53]. Ce «transfert» trop rapide, suscitant des ambitions impossibles à réaliser et une inconfortable situation d'entre-deux social – perte de l'affiliation à la catégorie d'origine sans intégration à la catégorie supérieure – serait même criminogène: par le double déracinement géographique et social que les études produisent, les étudiants d'origine modestes sont prédisposés à «mal tourner»[54].

Mais surtout, à l'opposé de ces positions conservatrices, des agents souvent nouveaux venus dans le champ littéraire font campagne pour un art populaire et instaurent ce faisant un débat politique alternatif à celui des instances officielles de la politique. Plusieurs revues intellectuelles généralistes – comme la *Revue Bleue* – abordent fréquemment ces questions. D'autres – comme la *Revue Naturiste* (1897-1901) qui défend «toutes les tentatives généreuses qui surgissent dans la vie intellectuelle et sociale» et prône notamment «le rajeunissement sentimental du Peuple par la vertu de la beauté plastique [et] l'anéantissement des hiérarchies mauvaises»[55] – y trouvent un thème proche des idées qu'elles défendent. D'autres enfin s'en font une spécialité: l'*Art social*[56], l'*Art pour tous*[57] ou la *Revue d'Art Dramatique*[58].

> *«De la* Revue des arts décoratifs *à* L'Art social *et au* Mouvement esthétique, *nombreuses furent les tentatives pour élargir le public des artistes. Dans un banquet qui eut lieu en décembre 1901 à l'occasion du deuxième anniversaire de la Société populaire des Beaux-Arts, les divers orateurs se préoccupèrent des meilleurs moyens à employer pour mettre "les jouissances de l'art" à la portée des "foules". Le vice-président de la Chambre, Maurice Faure, en vint à prendre la parole et fit "ressortir le rôle bienfaisant que joue l'art dans une démocratie" »*[59].

Dans la lignée des enquêtes généralistes du début des années 1890[60], ces revues suscitent points de vue et polémiques sur la vocation «sociale» de l'art et l'élévation esthétique du peuple dans la seconde moitié de cette décennie. En 1896, l'*Enclos* propose une enquête sur la définition de «l'art social»: «Pourquoi la société actuelle est-elle incapable de s'exprimer en art? Quelle société pourrait produire un art social et quelles en seraient les idées génératrices?»[61]. La *Revue Bleue* aborde la question du «Théâtre du

Peuple» en 1902[62]. La *Revue d'Art Dramatique* avait auparavant publié les résultats d'une enquête sur «la question sociale au théâtre»:

> *«I. L'auteur dramatique peut-il évoquer en une synthèse intense les luttes sociales des temps présents? Ne peut-il au contraire leur donner un caractère de généralité que par la représentation de conflits individuels significatifs? II. Croyez-vous à l'avènement d'un cycle de pièces sociales et quelle action ce mouvement prolongé vous semble-t-il destiné à exercer sur l'opinion publique?»*[63].

Posée par et pour des intellectuels dans les articles de revues et enquêtes propres aux intellectuels de l'époque, la question de l'art et du peuple permet l'intervention d'intellectuels dans le débat public. Il en va ainsi de la promotion du Théâtre du Peuple menée à l'initiative de la *Revue d'Art Dramatique* à partir de 1895. Créée en 1886 par Edmond Stoullig (1845-1918), critique dramatique et fondateur en 1875 des *Annales du Théâtre et de la Musique*, cette revue compte parmi les plus connus de ses collaborateurs réguliers le théoricien socialiste Eugène Fournière (1857-1914), Gustave Larroumet (1852-1903), professeur et écrivain, collaborateur du ministre des Beaux-Arts, Jules Lemaître (1853-1914), critique littéraire et auteur dramatique, membre de l'Académie française, Charles Le Goffic, fondateur du Théâtre populaire breton, Adrien Bernheim fondateur de «l'Œuvre des Trente ans de Théâtre», Romain Rolland, qui entre au comité de rédaction en 1900, Eugène Morel, directeur de 1901 à 1902, et Maurice Pottecher, fondateur du premier Théâtre du Peuple à Bussang dans les Vosges. Entre 1895 et 1903, plus de quarante articles ont paru sur la question du théâtre populaire, soit six par an. En plus de ces écrits abondants, les rédacteurs de la revue, autour de Romain Rolland et Eugène Morel, lancent une «campagne» évoquée par ses promoteurs et ses commentateurs sur un mode épique[64]. La revue devient «la tribune officielle de tous les écrivains de théâtre qui rêvaient d'art pour le peuple»[65], l'organe du «mouvement populariste»[66]. «Des écrits furent publiés, des projets rédigés, *toute une propagande* commence à pénétrer le public; *des écrivains, des orateurs* [...] s'emploient à *prêcher la foule* ou à *conquérir les pouvoirs publics* », note Georges Bourdon[67]. Le 25 mars 1899, Romain Rolland écrit à Lucien Besnard, alors directeur de la revue, pour lui proposer de «mettre sa Revue au service de l'idée d'un Congrès de théâtre populaire»[68]. Il crée avec Maurice Pottecher et Lucien Besnard un Comité de dix-huit membres destiné à «rassembler le plus d'idées et de projets intéressants pour la fondation d'un théâtre populaire à Paris», qui comprend outre les militants réunis autour de la *RAD* des intellectuels et hommes de lettres connus: Henri Bauër, Lucien Besnard, Maurice Bouchor, Georges Bourdon, Lucien Descaves, Robert de Flers, Anatole France, Gustave Geffroy, Jean Jullien, Louis Lumet, Octave Mirbeau, Maurice Pottecher, Romain Rolland, Camille de Sainte-Croix, Édouard Schuré, Gabriel Trarieux, Jean Vignaud, Émile Zola[69]. Grâce à ce Comité, le «Théâtre du Peuple» est alors placé sur l'agenda parlementaire et ministériel, des députés comme Couyba, Millevoye ou Paul-Meunier déposant des amendements au budget et interpellant le ministre sur la question.

En 1901, après le rapport du budget des Beaux-Arts pour 1902, C.-M. Couyba – qui avait, lors de la discussion budgétaire en 1898, déposé avec E. Fournière des amendements pour le budget du Théâtre populaire – présente des projets de théâtre populaire. En 1902, Maurice Faure et M. de l'Estourbeillon déposent de nouveaux amendements pour le budget du Théâtre populaire. Au cours de la séance du 3 février 1903, C.-M. Couyba intervient une nouvelle fois à ce propos. En 1905, deux interpellations sont adressées au ministre de l'Instruction publique et des Beaux-Arts: la première par Millevoye «Sur les mesures que l'administration des Beaux-Arts compte prendre ou proposer à la Chambre 1) pour favoriser le développement de l'art lyrique et dramatique 2) pour appuyer la création de théâtres populaires» (n° 56, Discussion jointe à la discussion générale du budget général des Beaux-Arts de 1906, p. 1797); la seconde par Paul-Meunier «Sur l'organisation du théâtre populaire et le fonctionnement des théâtres nationaux» (n° 66, p. 2958). En 1906, Millevoye intervient le 14 février (p. 734-736), C.-M. Couyba présente un rapport le lendemain. Le 4 juin 1906, la création de nouvelles commissions pour l'examen de la question des théâtres populaires est discutée. Millevoye et Paul-Meunier réitèrent leurs interpellations: le premier «Sur les développements que compte donner le ministre des Beaux-Arts à la vulgarisation de l'art dramatique et lyrique par l'institution de théâtres populaires» (p. 2 045 et 2 324), le second «Sur le fonctionnement des théâtres d'État et leurs cahiers des charges (p. 2 323). Marcel Sembat dépose un projet de résolution visant à autoriser l'émission d'une loterie au bénéfice de la société des théâtres populaires (n° 1667, p. 438). En 1907, Millevoye lance une dernière interpellation «Sur les intentions de M. le Ministre de l'Instruction Publique et des Beaux-Arts au sujet de la création d'un théâtre lyrique populaire et sur l'exécution par son administration des engagements sanctionnés par un vote de la chambre du 18 février 1906 » (n° 49).

Bien que réticent à l'égard des visées «révolutionnaires» de certains membres du comité, le ministre de l'Instruction Publique, Georges Leygues, délègue Adrien Bernheim comme représentant du gouvernement pour étudier le théâtre populaire européen. Celui-ci se rend en Autriche et en Allemagne, et dans le même temps, le comité entreprend une enquête similaire et annonce l'organisation d'un concours de théâtre populaire dans le but d'organiser un congrès international à l'Exposition Universelle de 1900 annoncé en ces termes dans la *RAD* de mars-avril 1899:

«Pour le salut de l'art, il faut l'arracher aux privilèges absurdes qui l'étouffent, et lui ouvrir les portes de la vie. Il faut que tous les hommes y soient admis. Il faut enfin donner une voix aux peuples, et fonder le théâtre de tous, où l'effort de tous travaille à la joie de tous. Il ne s'agit pas d'élever la tribune d'une classe: le prolétariat, ou l'élite intellectuelle; nous ne voulons être les instruments d'aucune caste: religieuse, politique, morale ou sociale; nous ne voulons rien supprimer du passé ou de l'avenir».

Peu soutenu par le gouvernement et agité par des dissensions «théoriques», le comité doit abandonner ce projet et se sépare au bout de trois mois. Un Congrès International sur l'Art théâtral se tient tout de même à Paris du 27 au 31 juillet 1900, sans que la question du théâtre populaire y occupe une place importante[70]. Mais le Théâtre Populaire fait désormais partie des questions abordées par la Chambre et les services des Beaux-Arts. Ses promoteurs intellectuels ironisent sur la «mode» qui veut que les membres du gouvernement en parlent – «Comme on approche des élections, il est probable que le théâtre populaire sera très bien porté cet hiver»[71] – ou sur la «poudre aux yeux» qu'il permet de jeter:

«Il y a un certain nombre de questions malheureuses qui reviennent périodiquement devant les chambres pour y faire – comme les marionnettes de la chanson – "trois petits tours" à la tribune,

et qui s'en vont dormir bien sagement, jusqu'à l'année suivante, dans les grands cartons verts où s'entassent, de temps immémorial, tous les beaux projets et toutes les brillantes utopies avec lesquelles nos honorables ont coutume de jeter de la poudre aux yeux des électeurs. La question du théâtre du peuple est de ce nombre»[72].

Mais les propagandistes du théâtre populaire font en sorte qu'il reste inscrit à l'ordre du jour. Georges Bourdon fait paraître en 1902 une nouvelle enquête qui ambitionne «de réunir un dossier, et de préparer le travail au ministre intrépide qui voudra créer le Théâtre du Peuple»[73]. Le littérateur Jean-Baptiste Malon adresse une pétition à la Chambre et au Sénat en 1903[74]. En 1905 est créée une commission consultative des théâtres populaires au sein de laquelle siègent quelques collaborateurs de la *RAD* et de revues proches[75]. Celle-ci semble bien illustrer la formule de Clemenceau désignant la création d'une commission comme le meilleur moyen d'enterrer un problème: elle se perd en discussions interminables, le théâtre populaire pour la création duquel elle avait été instituée ne voit pas le jour, et ceux qui en avaient été les «ardents défenseurs» le délaissent progressivement, investissent d'autres causes, voire, comme Romain Rolland, abandonnent l'art dramatique au profit du roman.

Si l'agitation autour du Théâtre du Peuple a fait long feu, elle n'en a pas moins permis la promotion rapide de jeunes intellectuels, qui ont grâce à elle pu se mesurer à leurs concurrents, du champ littéraire ou de la politique. L'échec du Théâtre du Peuple n'est pas l'échec de ses militants. Grâce notamment aux noms prestigieux réunis au sein du «Comité des 18», la presse se fait largement l'écho de ces initiatives. Dressant le bilan de l'action du comité, Georges Bourdon porte à son crédit d'avoir réussi à «créer une agitation autour de l'idée qui l'avait assemblée». «Déjà, trois écrivains ardents, M.M. Camille de Sainte-Croix, Gustave Geffroy et Lucien Descaves avaient mené dans la presse une vigoureuse campagne en faveur du théâtre populaire. Dans l'*Aurore*, M. Albéric Darthèse poursuivit une enquête nourrie. Dix autres journaux suivirent»[76]. En effet, le nombre d'articles de presse consacrés à la question du théâtre populaire et notamment aux initiatives de Romain Rolland, Maurice Pottecher et autres collaborateurs de la *RAD* est conséquent[77]. L'objectif qui consistait à «saisir l'opinion» est ainsi largement atteint. Le résultat obtenu est également, grâce à cette «propagande», que les noms de «littérateurs» parfois méconnus et dominés dans le champ littéraire sont publiquement désignés comme «intellectuels». Ainsi peut-on lire dans *L'Aurore* du 4 décembre 1899:

> *«Cédant au mouvement qui entraîne ces "intellectuels" tant dénigrés à se rapprocher de la partie laborieuse de la Nation et à lui rendre accessibles les trésors de la connaissance humaine, mouvement d'où est sortie l'Université populaire du faubourg Saint-Antoine, les jeunes gens qui président aux destinées de la Revue [...] veulent créer une scène dédiée à tous, ouverte à tous, où la pensée et le sentiment se réconcilient, où la solidarité se fortifie "du partage égal de la beauté"».*

L'analyse des positions des intervenants dans ce débat révèle ces stratégies de reconnaissance et les enjeux de concurrence qui les sous-tendent. Les répondants aux enquêtes, les membres du comité des 18 pour le théâtre populaire et les auteurs d'articles et d'ouvrages forment une population d'une centaine d'individus au sein de laquelle une trentaine d'agents occupent une position rendue centrale par la multiplicité de leurs interventions (Tableau 2, page 47).

Les origines et la position des entrepreneurs du théâtre populaire éclairent les raisons et les modalités de leur investissement, et partant la structuration des prises de position. En simplifiant, le débat sur le Théâtre du Peuple oppose deux pôles principaux: le premier, composé d'agents aux positions encore incertaines dans le champ littéraire et souvent socialement déclassés, concentre les investissements les plus précoces et les plus intenses, et impose largement les termes dans lesquelles la question est posée; le second rassemble des agents que tentent de déstabiliser les nouveaux entrants par leurs stratégies subversives: moins fortement investis ils détiennent des positions mieux établies et aussi plus proches des pouvoirs publics.

Le déclassement et-ou une position dominée dans le champ littéraire paraissent favorables à un fort investissement pour l'art du peuple. La défense du théâtre populaire apparait ainsi pour partie comme la traduction en engagement intellectuel d'une stratégie contrariée d'entrée dans le champ littéraire, recherchant ailleurs – dans «le peuple» – une légitimité difficile à y obtenir. Sans doute est-ce là qu'il faut chercher les raisons d'un activisme militant propice à la surenchère des prises de position radicales, opposé à tous les dominants – ceux du champ littéraire comme ceux de l'espace social de manière plus générale. De fait ceux qui par l'importance de leur investissement tendent à dominer le débat sur l'art et le

Tableau 2
Les principaux agents mobilisés pour le « Théâtre du Peuple » vers 1900

		Né en:	1	2	3	4	5	6	7	8
Bauër Henry	Homme de lettres	1851	X							X
Bernheim Adrien	Fonctionnaire aux Beaux-Arts	1861					X			
Besnard Lucien	Homme de lettres	1870	X	X		X				X
Bouchor Maurice	Homme de lettres	1855	X			X		X		X
Bourdon Georges	Journaliste	1868	X							
Couyba Charles-M.	Député	1866			X					
Descaves Lucien	Auteur dramatique	1861	X			X				X
Ehrhard Auguste	Professeur d'Université	1861		X		X				
Flers Robert (de)	Auteur dramatique	1872	X					X		O
Fournière Eugène	Journaliste et homme politique	1857						X	X	X
France Anatole	Écrivain	1844	X				X			X
Geffroy Gustave	Homme de lettres	1855	X		X	X				X
Jaurès Jean	Homme politique	1859		X		X				X
Jullien Jean	Auteur dramatique	1854	X	X				X		
Larroumet Gustave	Professeur et homme de lettres	1852			X					
Le Blond Maurice	Homme de lettres	1877						X	X	
Lumet Louis	Journaliste et publiciste	1870	X	X		X				X
Mirbeau Octave	Auteur dramatique	1848	X				X			X
Morel Eugène	Bibliothécaire	1869		X		X	X			
Pottecher Maurice	Directeur de Théâtre	1867	X	X	X	X	X	X		
Retté Adolphe	Journaliste et écrivain	1863						X	X	X
Rolland Romain	Homme de lettres	1866	X	X	X	X	X			X
Sainte-Croix Camille	Homme de lettres	1859	X			X			X	X
Trarieux Gabriel	Auteur dramatique	1870	X					X		X
Turot Henri	Homme de lettres, homme politique	1865		X		X				
Verhaeren Emile	Poète	1855						X	X	
Vignaud Jean	Homme de lettres		X	X	X					
Viollis Jean	Pseud. fonctionnaire Instr. publique	1877						X	X	

LÉGENDE: 1: Membre du Comité des 18 pour le Théâtre Populaire, 2: Prise de position dans la *RAD*, 3: Publication d'ouvrage(s), 4: Cités par G. Bourdon comme «défenseur du théâtre du peuple», 5: Répondant à l'enquête de Bourdon, 6: Répondant à l'Enquête de la *RAD*, 7: Répondant à l'Enquête de l'*Enclos*, 8: Prise de position notoire pendant l'Affaire Dreyfus (X Dreyfusard, O Antidreyfusard).

peuple sont majoritairement jeunes, et ont une identité sociale floue qui trahit l'absence de position stable. Contrairement à la situation antérieure, les auteurs de projets de théâtres populaires des années 1890-1900 se recrutent moins parmi les professionnels du théâtre (artistes ou entrepreneurs de spectacle) que parmi des «littérateurs», «militants» ou «intellectuels» aux positions moins nettes[78], membres de ce qu'on appelle à l'époque le «prolétariat intellectuel». Ainsi des auteurs dramatiques peu joués, comme Lucien Besnard et dans une moindre mesure Romain Rolland, trouvent dans la défense du théâtre du peuple un moyen de diffuser leurs pièces. Lucien Besnard, né en province en 1870, écrit des pièces qui, lorsqu'elles sont jouées, recueillent peu de succès, sont mal accueillies par la presse et sont parfois interdites par la censure (*La Revue des revues*, 1er novembre 1906). Il trouve dans la direction de la *Revue d'art dramatique* (de 1896 à 1900) un moyen d'acquérir une position dans le champ littéraire. L'une de ses pièces «L'affaire Grisel», met en scène un «prolétaire intellectuel» qui n'est pas sans évoquer la position de l'auteur (*Pages Libres*, 1904). De même, Romain Rolland a essuyé de nombreux échecs dans ses œuvres théâtrales de la fin du siècle avant sa participation à la *RAD*. Militer pour le théâtre du peuple, ce peut également être un moyen de sortir d'une situation professionnelle peu gratifiante. Né à Paris en 1869, licencié en Droit, Eugène Morel occupe des emplois subalternes à la Bibliothèque Nationale (stagiaire à partir de 1892 puis sous-bibliothécaire en 1900) que ses activités extra-professionnelles permettent de compenser.

Le niveau d'engagement dans le Théâtre du Peuple apparait ainsi inversement proportionnel au degré de consécration dans le champ littéraire. Par ailleurs, les difficultés rencontrées dans la trajectoire personnelle, comme l'expérience du déclassement, paraissent prédisposer à ce type d'investissement. Parmi les promoteurs du Théâtre du Peuple, peu proviennent d'un milieu populaire – comme Eugène Fournière ou Gustave Geffroy. Nombreux sont ceux, en revanche, qui – notamment parmi les plus fortement investis– viennent de familles socialement déclassées. Henry Bauër, journaliste et écrivain, membre du comité des 18 pour le théâtre populaire, est le fils d'un industriel ruiné. Romain Rolland est issu d'une famille de la vieille bourgeoisie traditionnelle de province – sa mère est fille de notaire, profession transmise du côté paternel depuis quatre générations – mais ses parents décident de s'installer à Paris pour qu'il puisse continuer ses études, son père abandonnant sa charge de notaire pour une place d'employé de banque[79]. Au déclassement s'ajoute l'expérience de la rupture avec le milieu d'origine, qui favorise la sensibilité aux différences sociales, voire l'acuité du regard sur le monde social, et partant l'engagement «pour le peuple»[80]. Ainsi en va-t-il de la bohème étudiante vécue par nombre de ces jeunes intellectuels. Henry Bauër, après le lycée Louis-le-Grand, est étudiant à la faculté de lettres de Paris où il mène une «vie de bohème et s'occupe plus de politique que d'études»[81]. Louis Lumet, d'origine provinciale et installé à Paris pour faire ses études, «s'adonne avec fièvre aux lettres, à l'amour et à la Sociale»[82]. Nombreux sont ceux qui, poursuivant des études «sérieuses», privilégient l'activité littéraire: Maurice Pottecher (lycée Louis-le-Grand, Licence en droit puis École Libre des Sciences Politiques)[83] ou le poète belge Émile Verhaeren[84] (faculté de Droit, puis emploi dans un cabinet d'avocats) écrivent des poèmes pendant leurs études. Romain Rolland, lui, fréquente le Lycée Saint-Louis (1880-82). Il veut devenir musicien et poète, «comme Wagner», mais ses parents veulent qu'il fasse Polytechnique. Il prépare finalement, au lycée Louis-le-Grand, l'entrée à l'École normale qu'il réussit, après deux échecs, en 1886.

C'est un moindre investissement que consentent les agents aux positions mieux établies – dans la politique ou la littérature. Cet investissement limité d'agents légitimes se marque par un certain légitimisme: celui de représentants légitimés du peuple qui préfèrent le «pragmatisme» aux «utopies» ou celui des représentants de la culture légitime qui, en matière d'art et de peuple, préfèrent la conversion à la subversion. Parmi les quelques hommes politiques à intervenir, le député radical Charles-Maurice Couyba mérite une attention particulière pour l'importance rare de ses interventions «en faveur des arts», et notamment pour que les «classes populaires» y aient accès. Né en 1866 de père hôtelier en province, il fait ses études au lycée Louis-le-Grand, puis obtient les licences de Lettres et de Droit. Après avoir raté l'entrée à l'École normale, il devient répétiteur au lycée Louis-le-Grand, puis, agrégé de lettres, est nommé professeur à l'école Arago de Paris. Élu conseiller général en 1895, puis député de la gauche radicale en 1897 (groupe républicain radical et radical-socialiste), il est moins identifié par ses options politiques que par ses interventions à la Chambre sur les questions universitaires et artistiques. Il rapporte notamment plusieurs fois le budget des Beaux-Arts. De ses interventions, il tire un ouvrage: *L'Art et la Démocratie*. Élu au Sénat en 1907, il y est secrétaire, puis exerce plusieurs fois des fonctions ministérielles[85]. Président de la SACEM, il termine à partir de 1925 sa carrière comme directeur de l'École Nationale des Arts Décoratifs. En plus de ses activités politiques, il est aussi, sous le pseudonyme de Maurice Boukay, auteur de chansons populaires («Nouvelles Chansons», «Chansons rouges», «Chansons du peuple»), «avec lesquelles il voulait débarrasser la chanson des inepties et des grossièretés qui triomphaient au café-concert d'alors»[86]. Ses chansons «à tendance sociale» et ses «couplets sentimentaux» lui valent l'étiquette de «député-poète. «Le soleil rouge», une de ses chansons «aurait pu être l'hymne socialiste s'il n'avait été détrôné vers 1900 par l'*Internationale* d'Eugène Pottier»[87]. Il est également journaliste, collaborateur de plusieurs petites revues, et préside des sociétés littéraires comme l'Art à l'école et la Maison de poésie[88]. Dans ce cas, exemplaire mais isolé, les engagements politiques et culturels sont liés. Toutefois, républicain de gouvernement, Couyba ne fait pas de la politique en littérateur; il traite des questions artistiques en politique intéressé à l'art. Ses interventions pour le théâtre populaire ne sont pas pour lui le moyen de faire de la politique à partir de questions artistiques, mais plutôt d'investir le débat littéraire – avec une légitimité «populaire» – à partir de la position politique – au sens institutionnel – qu'il occupe. Cette position institutionnelle, comme le succès commercial de ses poèmes et chansons, font de Boukay-Couyba un agent symboliquement dominé dans le champ littéraire, dont tant les productions que les interventions pour le théâtre populaire sont raillées et critiquées par les «hommes de lettres» professionnels ou aspirant à le devenir. Si Couyba est salué pour sa «bonne volonté», ses propositions sont en revanche dénoncées en ce qu'elles risquent «d'écraser dans l'œuf une grande idée». C'est une conception «essentiellement aristocratique» qui tente uniquement de réparer l'injustice fiscale: «C'est le théâtre bourgeois à l'usage des humbles, la prime offerte par la bourgeoisie à sa clientèle populaire»[89]. Traitant du théâtre populaire à partir de schèmes conformes à sa position de parlementaire (l'égalité d'accès des contribuables aux services publiquement financés – les théâtres subventionnés – «l'éducation esthétique du peuple» et plus généralement l'«éducation du citoyen»), il sert de référence négative à ceux qui dénient à la Chambre des députés le monopole du débat et de la représentation politiques.

C'est également le cas d'Adrien Bernheim, seul fonctionnaire présent, en forte concurrence avec les jeunes intellectuels lorsqu'il administre les projets de théâtre populaire. Né en 1861, Bernheim voit sa vocation d'artiste contrariée: après avoir suivi les cours du conservatoire d'art dramatique, il devient critique, puis entre au ministère des Beaux-Arts où il devient «inspecteur général des théâtres et commissaire du gouvernement près les théâtres subventionnés». Auteurs de rapports sur l'enseignement dramatique au conservatoire (1883) et sur le théâtre populaire (1902), il est connu pour avoir fondé sous l'égide du ministère des Beaux-Arts «L'Œuvre française des trente ans de théâtre» en 1902, reconnue d'utilité publique en 1907.

> *«L'Œuvre», comme son nom l'indique, est d'abord une œuvre de bienfaisance: il s'agit de porter assistance aux anciens comédiens qui ont travaillé au moins trente ans dans le théâtre, et qui se retrouvent fréquemment sans ressources à la fin de leur vie, en organisant des «galas populaires» dont la recette est versée aux plus «nécessiteux». «L'œuvre» est créée le 30 décembre 1901, et commence ses activités le 15 février 1902.*

Bernheim obtient, grâce à son action et à sa position au sein de l'administration des Beaux-Arts, le soutien du pôle économiquement dominant du champ littéraire au sein duquel il dispose d'un fort capital social[90]. Ces ressources se transforment en signes d'illégitimité dans cette «économie inversée» qui prévaut au pôle opposé du champ.

Il faut enfin noter l'investissement d'agents à la position intermédiaire qui, comme Gustave Larroumet, cumulent proximité au pouvoir et ressources dans le champ littéraire. D'une génération précédant celle des jeunes littérateurs de la *RAD*, Gustave Larroumet a vécu comme eux l'expérience du déclin social de sa famille. Il est élevé dans une famille «pauvre et fière» où ne règne plus que le souvenir d'un prestige social perdu: sa grand-mère est la veuve d'un procureur du Roi, son père, ancien officier, occupe une petite place de receveur de l'enregistrement[91]. Mais, contrairement à Romain Rolland ou Lucien Besnard, il en tire une stratégie légitimiste d'élévation sociale. Professeur de lycée puis maître de conférences de littérature française à la Sorbonne en 1884, il est un exemple de l'investissement réussi de positions administratives par un universitaire[92]: il devient chef de cabinet de Lockroy, ministre de l'Instruction publique, (avril 1888), avant d'être nommé directeur des Beaux-Arts (12 juin 1888-novembre 1891) après quoi il retourne enseigner à la Sorbonne. Il est, parallèlement à ces emplois, un critique dramatique influent et écrit plusieurs ouvrages, sur Marivaux notamment. Il reçoit les honneurs de la République (chevalier de la légion d'honneur en 1888, promu officier en 1891 et commandeur en 1900) et la consécration de l'Académie des Beaux-Arts (élu en 1891, Secrétaire perpétuel en 1898). Ses positions sur l'art et le peuple, question dont il est loin de s'être fait un spécialiste, sont celles d'une «vulgarisation» prudente et sans implications politiques, dénoncées comme «bourgeoises» par les puristes du Théâtre du Peuple[93].

Une politique littéraire

C'est ainsi une «politique littéraire» que forme l'engagement pour le Théâtre du Peuple; à la fois au sens où, comme on l'a vu, elle sert des stratégies internes au champ littéraire, et au sens de la «politique littéraire» dont parle Tocqueville, c'est-à-dire de la production de principes et de projets politiques par les hommes de lettres[94]. Le Théâtre du Peuple est ainsi exemplaire du «socialisme normalien» et de l'«anarchisme littéraire» qui «affirment leur autonomie face au pouvoir en place et se rassemblent pour des causes qui les rapprochent du peuple»[95]. La question de l'art et du peuple permet de fait l'expression politique de prétendants à l'entrée dans le champ littéraire, qui se posent comme intellectuels en s'opposant à la politique officielle. D'abord, si les promoteurs de ces principes et projets politiques qui prennent le théâtre pour objet ont, on l'a vu, «interpellé» les pouvoirs publics, les plus mobilisés d'entre eux – et aussi les plus radicaux dans leurs positions – dénoncent toute alliance avec les représentants de l'État, que ce soit sous la forme d'une commission consultative ou de subventions. Dans sa réponse à l'enquête de Georges Bourdon, Octave Mirbeau refuse ainsi toute participation de l'État:

> *«Rien à l'État ni à aucun pouvoir constitué. La participation de l'État, c'est la routine, le fonctionnarisme, l'étranglement, la mainmise officielle sur l'administration, sur le répertoire, sur tout; c'est Leygues et tous les sous-Leygues maîtres dans la maison du peuple. [...] Le Théâtre du Peuple doit être la chose du peuple; il ne peut être que la création d'initiatives personnelles; et j'aime mieux n'importe quoi, même une commandite privée, qu'une subvention nationale»*[96].

Quant à Romain Rolland, il dénie à cette forme honnie de pouvoir institutionnalisé que représente «l'État» toute possibilité de promouvoir avec quelque chance de succès «l'idéal vivant» d'un «art du peuple»: «C'est le rôle de l'État de pétrifier tout ce qu'il touche, de faire de tout idéal vivant un idéal démocratique»[97]. Cette opposition n'est pas sans liens avec l'échec du dialogue avec les pouvoirs publics, qu'en un sens elle relativise.

Si elle est si forte c'est que ces intellectuels, en prétendant amener l'art au peuple prétendent parler au nom du peuple, et entrent en concurrence avec ses représentants officiels. Car même s'il ne s'agit dans un premier temps que d'art pour le peuple à défaut d'art par le peuple, pour reprendre la formule de Jean Lahor, l'entreprise de ces intellectuels radicaux ne se confond pas avec le projet éducatif des républicains et socialistes de gouvernement soucieux d'établir les institutions de la démocratie représentative en canalisant «le flot de la démocratie montante»[98]. Se réclamant de Rousseau, ils plaident au contraire pour une démocratie d'expression directe, en art comme en politique. Et ce n'est certainement pas un hasard s'ils dénoncent de manière homologue les projets de «vulgarisation» artistique et les faux-semblants du suffrage universel, comme la revue *L'Enclos* qui lance, avec celle sur l'art social, une enquête sur le suffrage universel dont les réponses sont destinées à une brochure de propagande anti-électorale[99], ou comme le théoricien du mouvement anarcho-syndicaliste Georges Sorel, qui dans un article de 1901, propose d'aborder les «préoccupations artistiques» et l'«universalisation de la culture» en les rapportant non plus à la démocratie représentative, mais à «la loi du travail universel» inspirée de Proudhon[100]. Et ce n'est certainement pas non plus un hasard si, à propos d'art comme de politique, ils s'érigent contre la spécialisation faisant des activités qui y sont liées des occupations professionnelles, et tendant par là même à rendre «le peuple» étranger à ces domaines pourtant au cœur de la vie sociale[101]. Car en dénonçant «l'art coupé de la vie» ou «la politiquerie parlementaire», ils ne plaident pas seulement pour la «réconciliation du peuple» avec l'art et la politique: ils se placent, eux, hommes de l'art engagés politiquement, en artisans de cette réconciliation et en représentants du peuple.

On comprend ainsi l'âpreté des luttes de définition du populaire dans ces débats. Inscrites dans les concurrences qui opposent les nouveaux entrants dans le champ littéraire et représentants sans mandat que sont ces jeunes intellectuels à la fois aux notables de l'art et aux représentants politiques officiels, ces luttes de définition participent de leur entreprise de monopolisation du populaire. C'est dans cette double opposition que prennent sens les insistantes tentatives de définition d'un théâtre «véritablement» populaire et les exclusions dont elles s'accompagnent. Romain Rolland qui s'en est fait une spécialité souligne dans ses abondants écrits sur la question «l'extraordinaire diversité des opinions qui s'abritent sous le nom général d'art populaire»[102]. Ce label est dénié aux spectacles montés par des entrepreneurs de théâtre qui le revendiquent à des fins commerciales. Georges Bourdon engage la série d'articles qu'il consacre au Théâtre du Peuple par une mise en garde destinée à éviter toute confusion:

> *«Avant de discuter, il faut définir. Théâtre du Peuple et Théâtre Populaire sont deux choses qui n'ont de commun que l'apparence verbale. Il n'est question de fournir au peuple ni des divertissements à bon marché, ni des spectacles violents ou grossiers, où l'ingénuité de son émotion trouve de trop faciles prétextes à s'ébranler. Cette besogne est déjà faite».*

Aux mélodrames, aux opérettes «falotes» et aux spectacles diffusant «les mensonges d'un faux art» voire les «appels les plus méprisables à des émotions physiques», l'auteur oppose la mission du théâtre envers «le peuple»: «On s'est proposé pour lui un noble dessein. On souhaite de le faire accéder à la compréhension du Beau»[103]. Pour Eugène Morel, il s'agit «d'émonder» le Théâtre du Peuple de ses avatars «commerciaux», produits d'entrepreneurs de spectacles peu scrupuleux qui utilisent sans vergogne cette noble appellation. Romain Rolland utilise le même registre lorsqu'il entend distinguer les «contrefaçons prétentieuses» du «véritable théâtre du peuple»: «Il importe de distinguer impitoyablement la plante populaire des parasites qui s'efforcent de vivre à ses dépens»[104]. Sous des formes différentes et avec quelques nuances, les plus précoces et les plus actifs parmi les militants de «l'Art pour le Peuple» opèrent, comme M. Pottecher, une stricte distinction entre le théâtre populaire (*i.e.* commercial, à bas prix, vulgaire et à l'usage exclusif des plus pauvres) et le théâtre du peuple, où il s'agit d'offrir la qualité pour tous[105].

Le Théâtre du Peuple n'est pas le théâtre commercial, il n'est pas non plus une de ces œuvres de «vulgarisation», coupables d'une erreur esthétique – «rabaisser l'art» au niveau du public populaire et non «d'élever le peuple» au niveau de l'art– doublée d'une faute politique – dévaloriser le peuple. En les dénonçant, Romain Rolland et consorts défendent la double légitimité qu'ils cherchent à acquérir: légitimité artistique du théâtre véritable et légitimité politique de l'élévation du peuple. Des débats sans fin apparaissent alors à propos des conditions pratiques de présentation des œuvres et surtout du «répertoire». Faut-il présenter des versions simplifiées ou au contraire donner d'emblée «les formes les plus hautes de l'art»? Doit-on reproduire l'évolution des formes théâtrales en commençant par les pièces les plus classiques et en introduisant progressivement des modes d'expression «plus avancés»? Que faire du répertoire «bourgeois» qui a souvent les faveurs du public populaire? Comment favoriser l'émergence d'un théâtre qui soit «populaire» non seulement par son public mais aussi par la nature des pièces qu'il présente?

La controverse qui oppose l'équipe de la *RAD* à Adrien Bernheim est exemplaire de l'inscription de tels débats dans l'opposition des intellectuels qui «vont au peuple» aux pouvoirs publics et à ceux qui en sont proches. Les exclusives indiquées plus haut quant au caractère «véritablement» populaire visent clairement Bernheim et ses «Trente ans de théâtre» et, à travers lui, le gouvernement qui le soutient. La vocation «charitable» de l'Œuvre n'est guère l'objet de critiques; il en va tout autrement lorsque Bernheim élargit son champ d'action et se lance dans la production théâtrale «populaire». Il s'agit en fait de faire jouer le répertoire classique dans les faubourgs parisiens par les acteurs des grands théâtres subventionnés du centre. Stigmatisant l'effet de label que permet à bon compte l'appellation «populaire», R. Rolland s'insurge contre son usage abusif. «Voilà une belle invention! On baptise le théâtre bourgeois théâtre populaire, et le tour est joué!»[106]. D'autres militants du théâtre populaire attaquent vivement «l'Œuvre»: c'est non seulement une «duperie», une «falsification» animée par un «esprit de pastiche et d'usurpation» mais encore une entreprise «anti-populaire» promenant un répertoire et des conférenciers, voire un public bourgeois, alors que le théâtre populaire doit «appartenir aux ouvriers»[107]. À travers Adrien Bernheim, c'est la conception gouvernementale d'un théâtre classique auquel on facilite l'accès aux ouvriers qui est attaquée. Bernheim est en effet, on l'a vu, proche des milieux gouvernementaux, position qu'il utilise en retour pour faire prévaloir ses vues et dénoncer les intérêts de ses détracteurs. Ainsi, dans un rapport adressé au directeur des Beaux-Arts, il affirme:

«Il est incontestable que le théâtre populaire n'est viable que sous la forme présentée par l'Œuvre des Trente Ans de Théâtre, et c'est sur ce point qu'au nom de mes collègues, je vous demande de vouloir bien insister, le cas échéant. » (Lettre du 30 juillet 1902).

Le rapport défend le choix d'œuvres consacrées, contrairement aux membres de la *RAD* qui demandent des créations. «Quel serait le rôle de l'État» si «un ouvrage jugé dangereux» était sur le point d'être joué dans un théâtre subventionné? «Un théâtre populaire [...] n'est viable qu'à la condition expresse d'y jouer des auteurs morts». Il faut donc jouer des «chefs d'œuvres» et ne pas céder aux pressions des auteurs de la *RAD* qui ont «des pièces à faire jouer plein leurs cartons». Il revendique néanmoins une «mission» à l'égard du public «populaire». «Je définis ainsi le théâtre populaire: "Ce n'est pas le peuple qui doit aller au théâtre: c'est le théâtre qui doit aller au peuple". Les ouvriers rentrent de leur travail très tard, revêtus de vêtements malpropres; il leur faut le temps de se changer et, suivant l'expression populaire, de casser une croûte. Puis, comme il leur faut ensuite trois quarts d'heure ou une heure de marche pour gagner le théâtre, ils arrivent trop tard». Le programme est défini de la manière suivante: «Une causerie préparatoire, un chef-d'œuvre admirablement interprété, de courts intermèdes de chant et de danse ingénieusement choisis, un très abordable tarif de places, et avec cela des places réservées aux écoles de l'arrondissement». Bernheim dénonce les projets «grandioses» et «irréalisables» du Comité de la *RAD*. Il leur oppose des choses plus «simples» et «modestes», en s'inspirant des projets de Ritt, directeur de l'Opéra, qui prévoit que les artistes soient recrutés parmi le personnel de l'Opéra et des autres troupes nationales (Opéra comique, comédie française, Odéon). Sont ainsi résolus les problèmes du répertoire (les grands classiques) et du financement (peu de frais supplémentaires), ce qui permet à Bernheim d'obtenir une bienveillance ministérielle que ses concurrents ne peuvent escompter[108].

Le débat qui oppose Adrien Bernheim aux militants rassemblés autour de Romain Rolland dépasse de loin le sempiternel clivage autour du caractère «commercial» de l'art. Il renvoie à la question de la légitimité artistique (celle-ci doit-elle rester le monopole des professionnels ou au contraire se fonder dans le rapport au «peuple»?) et partant à la dimension politique de l'art. Romain Rolland l'exprime clairement lorsqu'il accuse les pouvoirs publics de «récupérer» le théâtre populaire afin d'en atténuer la portée subversive:

> *«Osez-donc avouer que la politique dont vous ne voulez pas, c'est celle qui vous combat. Vous avez senti que le théâtre du peuple allait s'élever contre vous, et vous vous hâtez de prendre les devants, afin de l'élever pour vous, afin d'offrir au peuple votre théâtre bourgeois que vous baptisez: peuple. Gardez-le: nous n'en voulons pas»*[109].

Cette dimension politique ne se résume donc pas au contenu explicitement politique du message délivré par les œuvres, mais concerne plus généralement l'art comme terrain et enjeu des luttes pour la représentation du peuple et la définition de la bonne forme des rapports sociaux. Opposés à l'État, les militants du Théâtre du Peuple – comme ceux des Universités Populaires – entretiennent ainsi également des rapports ambigus avec les organisations prétendant à la représentation de la classe ouvrière. Peu d'entre eux en font partie. Leurs leaders ne sont guère sollicités pour définir les projets de théâtre populaire; Bourdon, comme pour s'excuser de ne pas avoir interrogé «des représentants autorisés des syndicats ouvriers», affirme que leur «adhésion est la condition même du Théâtre du Peuple»[110]. C'est que les éventuelles proximités idéologiques n'empêchent pas les divergences auxquelles conduisent, depuis des positions différentes, des prétentions identiques à faire de la politique et à parler au nom du peuple. Les militants du Théâtre du Peuple entendent le faire selon les principes du champ littéraire dont ils veillent en même temps à préserver l'autonomie. Aussi un écart important sépare les prétentions politiques d'artistes de l'utilisation politique de formes artistiques dans les œuvres à message qu'envisagent les organisations socialistes. «Le jour où le Théâtre du Peuple se ferait l'organe d'un parti, si généreux qu'il soit, ou le truchement d'une doctrine, ce serait une faillite lamentable» prévient Georges Bourdon[111]. «Ceux qui, de nos jours, préconisent l'art utilitaire et social et veulent que l'on distribue de la Beauté en tablettes, n'ont modifié la formule [du théâtre bourgeois] qu'imperceptiblement», juge Eugène Morel[112]. Ils ne contribuent donc en rien à la recherche d'une forme «populaire» de théâtre, et, de plus, en ne s'adressant qu'à une fraction de la population, vont à l'encontre de l'unité et de l'universalité de l'art. Il ne faut pas supprimer «l'art de la classe bourgeoise» pour le remplacer par un autre «art de classe»[113] mais réunir les conditions nécessaires à l'avènement «d'un art qui s'élève au-dessus des barrières de castes, d'un art de pure humanité, qui captive et prenne aux entrailles le savant aussi bien que le rustre»[114].

S'il s'agit, pour les révolutionnaires littéraires comme pour ceux du mouvement ouvrier d'établir les bases d'un nouvel ordre social, les premiers entendent le faire grâce à une union du «peuple» et des «intellectuels» qui permette de «régénérer le peuple par l'art et l'art par le peuple». Le Théâtre du Peuple du tournant du siècle apparaît ainsi typique du «révolutionnarisme culturel» définit par Jean-Claude Passeron comme une tentative de renouvellement des formes de la création inscrite dans l'utopie sociale et politique d'un «monde nouveau»[115]. Ce révolutionnarisme culturel repose d'abord sur le renversement des hiérarchies sociales et culturelles et la production de représentations fantasmatiques du peuple. La «rupture avec le bourgeois» n'est alors plus seulement l'une des conditions de l'émergence d'un champ artistique autonome[116] mais s'intègre désormais dans une critique sociale. La dénonciation des pratiques «bourgeoises» remplit de longues pages dans les écrits des intellectuels qui «vont au peuple». Georges Deherme a des mots très durs pour dénoncer les usages sociaux de la culture par «les bourgeois» et les intègre dans une critique beaucoup plus globale:

> *«Alors qu'au nom de la Démocratie, tant d'électeurs adjurent l'État de protéger et d'encourager l'épargne, l'instruction alimentaire – pour les examens, les diplômes et les places – le petit commerce, la petite industrie, la petite propriété, le sinécurisme, la politiquerie incompétente, la petite science, la basse littérature et les Beaux-Arts mercantiles, on se propose ici de dénoncer le parasitisme social des classes moyennes, et pour le combattre»*[117].

Georges Bourdon, après avoir évoqué une antiquité grecque mythique au cours de laquelle toute la Cité se rendait au théâtre, attaque vivement l'«embourgeoisement» des spectacles, engagé selon lui à partir de la Renaissance, pour aboutir à la situation de la fin du XIXe siècle. «C'est la bourgeoisie qui va au théâtre, et elle y entre par les deux portes, par celle de la salle et celle de la scène. [C'est] le lamentable défilé des petites révoltes bourgeoises, des adultères bourgeois, des amours bourgeoises, quand il ne s'agit pas de dénoncer quelque article gênant du Code bourgeois. Si ce n'est plus tout à fait du théâtre d'élite, c'est toujours du théâtre de caste»[118]. Cette dénonciation des pratiques «bourgeoises» est suivie de la glorification des qualités artistiques et morales du «peuple». «Il y a dans les âmes populaires, bien plus que dans les âmes de la bourgeoisie égoïste et vénale, les aspirations les plus nobles vers la beauté et vers l'Art qui est son expression»; s'enthousiasme Henri Turot[119]. «Le peuple est près de la Beauté et il n'est point besoin de beaucoup d'efforts pour la lui faire découvrir», estime Lucien Besnard pour le Comité de la *RAD* en faveur du théâtre populaire[120]. Ces intellectuels dont les critiques se plaisent à rappeler qu'ils «ne sont pas du peuple» retournent en exaltation populiste les préjugés ethnocentristes dont est alors l'objet le rapport de l'art et du peuple[121]: au lieu de critiquer l'ignorance du public en casquette, ils notent la sensibilité dont il fait preuve; au lieu de stigmatiser la «vulgarité», ils s'étonnent de la «noblesse»[122]. La description que Romain Rolland donne du public rencontré aux Théâtres Populaires de Belleville et Clichy en fournit un bon exemple, quand il se déclare

> *«frappé de l'attention et du sérieux avec lesquels il suit les œuvres, exprimant souvent ses impressions tout haut, donnant raison à tel personnage, ne cachant pas son antipathie pour tel autre, prêt à applaudir et à huer tour à tour. [...] Ce public populaire de Belleville est doué d'une intelligence vive; c'est en somme, parmi le peuple de France, une sorte de petite aristocratie populaire»*[123].

Fondé sur cette exaltation populiste, le révolutionarisme culturel des militants du Théâtre du Peuple vise à la fois au relèvement moral et intellectuel du «peuple» par l'art et au renouveau de l'art par l'apport des vertus populaires. La «dégénérescence» du théâtre, qui s'est «embourgeoisé» et a entraîné la désaffection du public (c'est la fameuse «crise théâtrale») doit être jugulée grâce au souffle nouveau apporté par le «peuple»: «Ce n'est pas seulement le bien du peuple que nous avons en vue, écrit Romain Rolland, c'est le bien de l'art, c'est la grandeur de l'esprit humain»[124]. «Les beaux esprits n'ont pas fini de railler, prévient Georges Bourdon, car l'entreprise est encore plus vaste et plus folle [que la réalisation du "Droit du Peuple à la Beauté"]: appelant le peuple au culte de l'Art, c'est l'Art lui-même dont ils ont l'orgueil de rêver la rénovation, en faisant boire ses racines à des sources nouvelles»[125]. Le prosélytisme culturel se mêle ainsi à la subversion esthétique dans le prophétisme révolutionnaire de ceux qui font de la politique en littérateurs. C'est sous la plume de Louis Lumet qu'on trouve particulièrement exprimée cette dimension mystique.

> *«Nous avons dit au peuple: écoute les paroles des philosophes, des poètes, des penseurs, écoute les paroles de Beauté et de Liberté. Ces génies qui ont pressenti l'harmonie finale des sociétés humaines, gémissent sur ton sort présent, ils découvrent à tes pauvres yeux éteints la lumière immortelle qui doit luire pour l'homme libre, prends conscience, peuple, de ta force, sois un peuple libre!»*[126] *Plus tard, il évoque ainsi la première représentation de son «Théâtre civique», donnée à la «Maison du Peuple», le 3 juillet 1897 à Paris. «Maison du Peuple! Hangar symbolique d'une simplicité touchante. On y pénètre après avoir monté quatre marches, par une porte à double battant, et l'on est saisi de son aspect misérable et apostolique. [...] Sur la foule qui germe dans un obscur désir, des phrases éclatent qui présagent les lointaines fleurs d'espoir – Prolétaires de tous les pays, unissez-vous. – Tous pour un, chacun pour tous. – Ni dieu ni maître. – Et tout cela est pauvre et mystérieux comme une source fraîche qui monte de la terre, et tout cela semble gronder comme les flots orageux de la mer. Des drapeaux rouges sommeillent sur leur hampe, bâton vulgaire. Le grand vent de la révolte couve entre leurs plis lourds»*[127].

«Le théâtre du Peuple n'est pas un article de mode et un jeu de dilettantes. C'est l'expression impérieuse d'une société nouvelle, sa pensée et sa voix; et c'est, par la force des choses, en cette heure de crise, sa machine de guerre contre une société caduque et déchue»[128]. L'évocation de la révolution à venir s'enracine dans une référence très fréquente à la grande Révolution passée. Ainsi, c'est après les «représentations tumultueuses» d'une pièce intitulée *Thermidor* à la Comédie-Française en 1890 que Camille de Sainte-Croix entreprend «de réclamer pour le peuple républicain de Paris des théâtres républicains, puisque le peuple se voyait exclu des grands théâtres subventionnés par l'usurpation réactionnaire des abonnés mondains». Faisant souvent référence au Comité de Salut Public et aux fêtes révolutionnaires du 27 floréal 1794, Romain Rolland affirme que le théâtre du peuple «se rattache directement à la grande tradition démocratique des penseurs du dix-huitième siècle et des hommes de la Convention». Ne cherche-t-il pas à détruire les représentants d'un «ordre ancien»? «Il s'agit d'élever le théâtre par et pour le peuple. Il s'agit de fonder un art nouveau pour un monde nouveau». «Qu'on ne s'y trompe pas, rappelle-t-il en conclusion, il ne s'agit pas ici d'une tentative littéraire. C'est une question de vie ou de mort pour l'art et pour le peuple. Car, si l'art ne s'ouvre pas au peuple, il est condamné à disparaître; et si le peuple ne trouve pas le chemin de l'art, l'humanité abdique ses destinées». Par ces références révolutionnaires, Romain Rolland, auteur de pièces sur la Révolution, ne cède pas seulement à la tendance, fréquente à l'époque, qui consiste à revendiquer une filiation avec les grands ancêtres de 1789. Il s'identifie également, conformément à une certaine lecture de la Révolution, aux écrivains qui «font l'histoire», se drapant comme les révolutionnaires de 1848 dépeints par Marx dans le *Dix-huit brumaire de Louis-Napoléon Bonaparte* dans les habits de ceux dont ils se veulent les héritiers.

La question de l'art et du peuple, comme celle de la création artistique dans ses rapports à l'État, prend forme au tournant du siècle, dans les débats foisonnants du champ littéraire. Elle en emprunte dès lors les formes: dans la dynamique de la distinction et les jeux de la polémique auxquels donnent lieu ces débats, campagnes et enquêtes, elle devient propice à la surenchère et la conjecture, se perd en subtilités et apparaît sous un jour des plus complexes. Cette complexité est bien faite pour décourager les agents de l'État qui prétendraient s'en soucier. Et comme si cela ne suffisait pas, la question de l'art et du peuple, comme celle de l'art et de l'État, est construite contre eux, dans les concurrences qui les opposent aux hommes de l'art désormais préoccupés de politique.

CHAPITRE II

Une politique impossible

«Il faut réellement un peu d'abnégation pour accepter la tâche de rechercher en quelques mots ce que sont les Beaux-Arts au point de vue de l'économie politique. C'est s'enquérir de limites de ce qui n'en a pas; c'est tenter d'isoler des opérations de l'esprit humain et de la nature qui se confondent et se pénètrent. Un tel travail est la conséquence du malheureux esprit de spécialité qui nous étreint et nous abaisse, au fur et à mesure que le langage des connaissances humaines devient plus lourd à porter. Plus nous nous instruisons, plus nous nous éloignons des divines perceptions de l'unité du monde. Il nous faut ranger nos connaissances en une foule de sciences, nous y parquer, et y étant absorbés, détourner nos regards du sublime ensemble»[1].

Construits contre l'État, les problèmes culturels ne suscitent que peu d'investissements de la part de ses agents qui, placés en situation de porte-à-faux, ont intériorisé leur illégitimité à traiter de telles questions. Parlementaires, personnel gouvernemental et théoriciens de l'administration n'interviennent à leur propos que de manière contrainte et incertaine. Intériorisée, cette illégitimité est aussi objectivée dans les positions et les institutions précaires des Beaux-Arts: les rôles des fonctionnaires et ministres sont mal établis, les organigrammes budgétaires et administratifs fluctuent; au total rien ne matérialise une «politique» unifiée et affirmée comme telle. L'incompétence des agents de l'État en matière artistique, leur illégitimité à y intervenir et la représentation d'une opposition de nature entre l'art et l'État s'analysent ainsi comme des «illusions bien fondées» dans les rapports entre les espaces de la politique institutionnelle et ceux de la production culturelle; illusions bien fondées que les incertitudes des pratiques d'intervention et l'instabilité des constructions et positions institutionnelles contribuent à réaliser.

L'ILLÉGITIMITÉ INTÉRIORISÉE D'UNE INTERVENTION SOUS SURVEILLANCE

Une intervention limitée

Les pratiques d'intervention publique dans le domaine des Beaux-Arts au début de la IIIe République sont essentiellement celles d'un État subsidiaire garantissant le fonctionnement d'un marché privé et se bornant à «faire pour l'art ce que l'individu ne peut pas faire» comme le dit Édouard Aynard[2], c'est-à-dire pour l'essentiel protéger le patrimoine et les monuments historiques. «Comme en beaucoup d'autres choses, il convient estime-t-il avec une fraction importante du personnel politique, de montrer un scepticisme marqué touchant l'efficacité de la protection et de la direction de l'art par l'État». Plus que l'État, ce sont les «classes riches» qui doivent stimuler la vie artistique. «C'est leur patronage libre et éclairé qui, de nos jours, doit se substituer à celui des princes et des États et qui, en stimulant la haute production artistique, peut beaucoup contribuer à augmenter le trésor moral et matériel d'une nation».

> «*Messieurs,* prévient-il lors de la discussion budgétaire à la Chambre le 28 novembre 1896, *je suis de ceux qui croient qu'il ne faut pas, pour favoriser les manifestations de l'esprit humain, trop demander à l'État, en général, et qu'il ne faut pas, en particulier, trop attendre de lui en matière de développement des Beaux-Arts. Je considère que l'État-artiste est sujet à de nombreuses défaillances et qu'il ne faut pas se reposer sur lui pour la prospérité de l'art dans ce pays de France.*»

Un partage implicite tend ainsi à être instauré – l'art du passé à l'État, l'art du présent au marché c'est-à-dire aux «classes riches» dont parle Aynard – laissant l'essentiel du soutien à la création artistique à l'initiative privée. L'intervention publique peut être vue comme procédant de ce partage[3]. Celui-ci passe par la reconnaissance juridique des activités liées à l'art. La loi de 1902 conférant à l'artiste des droits sur son œuvre marque ainsi, entre autres, la reconnaissance légale d'un groupe professionnel et d'un statut d'entrepreneur privé aux artistes. En inscrivant dans le droit «l'émancipation» de l'artiste individuel par rapport à ses commanditaires, la législation entérine l'autonomie d'un champ artistique que, selon l'expression alors consacrée, l'État se doit de protéger et non de diriger. D'un autre côté, un travail législatif continu complète l'administration des monuments historiques apparue sous la monarchie de Juillet et, avec les lois de 1887 et 1913, formalise les procédures de classement[4]. Bâtiments, monuments puis sites sélectionnés d'abord pour leur «intérêt historique» puis plus généralement pour leur «intérêt national» font ainsi l'objet d'un traitement public.

Mais tout n'est pas si simple, l'action publique dans le domaine des Beaux-Arts ne se réduisant pas aux deux pôles de la régulation du marché artistique et de la protection patrimoniale. La distinction idéale-typique création-privé *vs* patrimoine-public est ainsi régulièrement battue en brèche par des achats, commandes, subventions, financement d'institutions etc. qui, précisément, focalisent l'attention et les débats sur l'action artistique de l'État. Si l'on excepte le cas particulier des Expositions universelles qui mettent ponctuellement en scène le «progrès» dans des domaines variés et la capacité des pouvoirs publics à y prendre part, ces interventions passent surtout par la gestion et le financement d'un ensemble d'institutions héritées du passé et qui en prédéterminent les contours. Parce qu'ils font partie du domaine public – et cette obligation s'exerce également pour les municipalités à propos des institutions locales – les théâtres et les musées nationaux, les manufactures, ou encore les établissements d'enseignement artistique ne peuvent pas ne pas être administrés et financés. Cette part en quelque sorte incompressible forme l'essentiel de l'intervention. La répartition des dépenses selon les principaux postes du budget des Beaux-Arts indique ainsi la place prééminente occupée par les grandes institutions.

Notons au préalable que la simple restitution des dépenses globales dans ce domaine se heurte au caractère incertain et mouvant des nomenclatures budgétaires sauf, comme le fait Paul Gerbod, à reconstituer a posteriori *un chiffre des «dépenses culturelles» en agrégeant des chapitres budgétaires à l'époque pensés et traités distinctement*[5]*. Gerbod parvient à partir de ces différentes additions au chiffre de 0,74 % du budget de l'État consacré à la «culture» pour la période 1880-1900. La part du budget des Beaux-Arts* stricto sensu *se situe à cette période et dans la décennie suivante aux alentours de 0,5 %*[6].

L'importante proportion des dépenses appelées par l'activité des grandes institutions nationales indique le caractère largement incrémental de dépenses publiques qui procèdent davantage de la reconduction du financement de structures anciennes que d'un quelconque volontarisme politique. Que les seules manufactures nationales représentent une proportion comparable à celle de l'ensemble des travaux d'art, commandes et achats en fournit une illustration.

Tableau 3
La structure du budget des Beaux-Arts (%)*

	1890	1900	1911
Administration centrale	7,14	6,10	5,19
Travaux d'art, commandes et achats	14,83	13,52	8,87
Manufactures nationales	12,12	4,42	8,69
Écoles d'art	12,80	17,78	10,47
Conservatoires, sociétés musicales, concerts	6,49	6,10	4,43
Théâtres nationaux	17,94	16,50	11,44
Musées et expositions	12,72	21,6	12,90
Monuments historiques	15,96	14	38
TOTAL	100	100	100
TOTAL EN FRANCS	8 227 755	8 915 515	12 857 915

Prenons pour plus de détail le cas du budget 1913. Les Théâtres nationaux, qui forment le chapitre 23, se voient allouer une somme de 1 465 000 francs (800 000 francs à l'Opéra, 240 000 francs au Théâtre-Français, 300 000 francs à l'Opéra-Comique, 100 000 à l'Odéon, auxquels il faut ajouter les 25 000 francs des caisses de retraite. Aucune autre ligne budgétaire n'est prévue pour les théâtres. À titre de comparaison, les chapitres 26 (Concerts populaires et sociétés musicales à Paris et dans les départements et œuvres de décentralisation artistique) et 27 (Sociétés musicales à Paris et dans les départements), soit l'ensemble des dépenses – hormis les conservatoires – pour la musique en dehors des grandes institutions de la capitale représentent moins de 10 % de cette somme.

L'intervention publique pour les Beaux-Arts procède donc largement d'une gestion et d'un financement obligés d'institutions héritées du passé, en dehors desquelles tout développement est limité d'un côté par la surveillance parlementaire étroite de toute augmentation des dépenses publiques, et d'un autre côté par la surveillance plus diffuse – mais on va le voir non moins agissante – des défenseurs de l'autonomie du champ artistique à l'égard de toute vélléité interventionniste.

Un sujet délicat

Ces contraintes qui pèsent sur l'intervention publique sont rendues particulièrement visibles dans les propos des agents de l'État – parlementaires rapporteurs du budget des Beaux-Arts, responsables ministériels, fonctionnaires – qui doivent prendre part à sa définition ou à sa légitimation[7]. L'affirmation de l'autonomie des champs de la production culturelle et la défiance corrélative de ses agents envers une intervention qui pourrait la remettre en cause, la promotion d'artistes et d'intellectuels en concurrents des élus du suffrage pour la détention de la parole politique, les représentations qui s'ensuivent de l'art et de l'État comme couple d'antonymes et d'une intervention publique par essence illégitime, mais aussi les marques d'infamie que sont, en cette période d'affirmation républicaine, l'origine monarchique de nombre d'institutions artistiques et l'inégale répartition sociale des choses de la culture: autant d'éléments qui obligent les agents de l'État à ne s'engager qu'avec circonspection. Il faut encore y ajouter les importantes transformations en cours dans le recrutement social du personnel politique et administratif qui, en réduisant la proportion d'agents issus de la noblesse et de la grande bourgeoisie, ont également réduit celles des amateurs d'art et collectionneurs, ont ainsi contribué à ce que ces agents de l'État de moins haute extraction se sentent moins autorisés à parler d'art. Les propos teintés de mépris social de Gustave Larroumet cités plus haut incitent à le penser[8]. Concernant plus précisément les parlementaires, les liens qui s'instaurent entre élus et mandants à la faveur de l'institutionnalisation de la démocratie représentative ne favorisent guère l'investissement politique en faveur d'une intervention publique qui, bénéficiant presqu'exclusivement à la capitale et dont les produits – représentations théâtrales, collections des musées, etc. – sont surtout appréciés par les membres des catégories hautes, n'«intéresse» qu'une proportion limitée des électeurs. Pour le dire comme Norbert Élias, les transformations des chaînes d'interdépendance que constituent l'institutionnalisation de la République, l'autonomisation d'un champ de production culturelle et l'invention du groupe des intellectuels affectent l'économie psychique d'agents de l'État qui, comme le montre leur propension à l'autocensure, ont intériorisé leur illégitimité à parler d'art[9].

Les discours hésitants et multipliant les précautions oratoires des producteurs potentiels de l'intervention artistique publique révèlent les effets de tels changements et l'intériorisation des contraintes qui pèsent sur cette intervention. Les Beaux-Arts forment ainsi une matière délicate, au double sens du terme: si les considérations générales sur les arts et, en particulier, la question de leur rapport à l'État sont souvent présentées comme l'un des sujets parmi les plus nobles, les questions afférentes aux rapports des Beaux-Arts et de l'État sont surtout délicates au sens où les aborder implique d'infinis ménagements. Impossible en effet pour un parlementaire de s'engager sur ce terrain glissant sans débuter son intervention à la chambre par les précautions oratoires d'usage: un préambule en soulignera par avance la modestie et s'excusera de l'«ignorance» dans laquelle il se trouve de ces choses «complexes» que sont les dossiers des Beaux-Arts. Et s'il termine son allocution sur le ton lyrique des grandes déclarations de principe – «l'homme ne vit pas que de pain…» – c'est aussi une manière de ne pas trop s'engager. Au total, les atermoiements et la modestie affichée – voire l'évitement – l'emportent sur la revendication de fermes principes d'intervention.

Cette prudence ostensible consiste également à indiquer, pour les neutraliser ou s'en prémunir, les oppositions à l'intervention publique. De manière prétendument neutre, pour faire valoir l'actualité et le piquant du sujet; à la façon de prolepses, pour déjouer par avance les objections; sur un mode dénonciateur, pour délégitimer les accusateurs et ainsi légitimer les accusés: il n'est pas de propos sur les Beaux-Arts et l'État qui ne mentionne le caractère polémique de la question. Comme beaucoup d'autres, l'ancien ministre des Arts Antonin Proust évoque ironiquement la proposition répétée chaque année de supprimer la subvention pour les concerts et les théâtres[10]. Nicolas Boussu quant à lui commence son étude de l'administration des Beaux-Arts en mentionnant les provenances multiples des attaques dont cette administration et son action font l'objet: du parti qui vise à «la destruction de toutes les forces vives du pays» et qui «demande la suppression de la police des mœurs» aux adversaires de l'interventionnisme étatique en passant par ceux qui considèrent l'art comme un luxe[11].

Après avoir mentionné ces critiques multiformes, les producteurs de discours sur l'intervention publique n'ont de cesse d'affirmer le caractère nécessairement modéré de leurs théorisations. Cette modération est tout entière contenue dans la formule du juriste Pierre Bossuet, et que font leur l'ensemble des auteurs: entre État-gendarme et État-providence, entre liberté totale et autorité contraignante, *in medio veritas*[12]. Paul Sorin tente lui aussi de dépasser l'opposition entre «libéralisme» et «étatisme» pour élaborer un compromis intermédiaire[13]. La présentation des différentes «écoles» de pensée s'intègre toujours dans une démonstration qui tend à faire opter pour une voie médiane, pragmatique et modeste. L'exemple le plus clair en est donné par Couyba, qui formule de manière systématique les principes d'oppositions généralement reconnus[14]. Sinon sa conclusion, au moins sa manière de voir est à l'époque largement partagée, comme en témoignent les présentations identiques que l'on peut trouver tant dans la presse[15] que dans les prises de positions d'agents du champ politique qui, comme le très conservateur Henri Dujardin-Beaumetz, sont *a priori* fort éloignées de celles député de la gauche radicale Charles-Maurice Couyba[16]. Pour poser «la question toujours actuelle des rapports de l'art et de l'État», ce dernier distingue «trois façons générales» de les comprendre. Après avoir présenté sous un jour radical les deux premières, il peut les renvoyer dos à dos et aboutir ainsi «logiquement» à une solution «modeste et raisonnable», loin des excès symétriques des deux précédentes. Couyba présente tout d'abord la position de ceux qu'il appelle «les libertaires de l'art», défenseurs des «écoles individualistes».

> *«Il y a, d'une part, les artistes purs et intransigeants, ceux qui ne veulent à aucun prix de l'ingérence de l'État dans le domaine de l'art, ceux qui proclament l'art libre dans l'État libre, et qui disent avec les Goncourt et le Chassagnol de* Manette Salomon*: "Nous ne voulons plus être renfermés dans un pensionnat, sous la discipline et la férule d'un pion du Beau, patenté par l'Institut. Nous ne voulons plus de cette vie d'employé peintre, de cette existence qui tient de la communauté, du collège et du bureau, de cette claustration et de cette régularité monacale, de cette cuisine bourgeoise, nous ne voulons plus de pension!"»*[17].

Il leur oppose «l'école communiste» qui prône «l'art collectif dans l'État souverain». S'il reconnaît que cette école est «séduisante» il ne la juge pas moins «dangereuse»: elle risque de produire «artistes artificiels et œuvres médiocres». Pour critiquer cette conception trop exclusivement «politique», il rappelle qu'il n'est pas d'art sans «liberté individuelle». Il est alors possible d'énoncer la solution idéale: «l'art libre dans l'État protecteur». C'est le bon sens qui l'emporte contre les excès d'abstractions utopiques. Sans leurs ambitions – «ni superbes audaces» de l'individualisme ni «cadres magnifiques» de la doctrine communiste – mais aussi sans les risques qu'elles présentent – «individualisme anarchique» ou «collectivisme tyrannique» – la raison tempérée d'un intérêt réciproque doit l'emporter dans ce que Couyba désigne comme un «mutualisme bien entendu: "Aide-toi et l'État t'aidera"»[18].

Cette circonspection doctrinale, qui fait toujours préférer les solutions «modestes» aux options théoriques «excessives», trouve son prolongement dans les appels à la modération qui prédominent dans les prescriptions des attitudes à adopter en la matière. En plus des contraintes liées à la nécessaire prise en compte des règles du champ artistique, s'ajoute celle, plus directement politique, qui oblige ceux qui prétendent incarner la «République» et la «Démocratie» à se démarquer des pratiques des régimes antérieurs[19]. Ces deux contraintes amènent l'une et l'autre à limiter le caractère directif – et aussi la portée – de l'intervention publique. Ainsi, Antonin Proust fait valoir que l'intervention ne doit pas être la «direction» des arts, mais «une collaboration étroite, une sorte de pacte de confiance entre l'action publique et l'action privée»[20]. De même, Couyba souhaite que, dans le prolongement de ses considérations «théoriques», la pratique de l'intervention artistique soit respectueuse tant du principe de l'autorité que de celui de la liberté:

> *«C'est, ce semble, à la conciliation de ces deux principes que doit s'efforcer, dans l'état actuel de la civilisation, tout individu et toute collectivité. C'est en tout cas la tâche que, selon nous, doivent, en attendant mieux, se proposer tous ceux qui sont chargés d'étudier et d'administrer les rapports de l'art et de l'État.» Pour le bien de l'art, il faut affirmer la nécessité d'un soutien public, tout en repoussant l'épouvantail bureaucratique de «la norme officielle de telle ou telle grande école qui périclite, intoxiquée d'esprit fonctionnariste et de routine administrative»*[21].

Une rhétorique de la neutralité s'impose alors dans les propos des promoteurs d'une «politique artistique». «Je pense que la meilleure norme en matière de politique artistique, écrit Couyba [est] un éclectisme prudent, réfléchi, se gardant d'encourager outre mesure les tendances les plus extrêmes, mais n'en rejetant aucune qui aboutisse à des œuvres belles et ne refusant de reconnaître aucun talent réel. [...] Ainsi, notre art reste vraiment national»[22]. Joseph Paul-Boncour est plus direct et plus précis, lorsqu'il prescrit la fonction de l'intervention et le principe de sa traduction institutionnelle:

«le rôle des pouvoirs publics n'est pas d'imposer une formule d'art, mais seulement de chercher les moyens administratifs d'exprimer le plus exactement possible celles qui existent»[23]. Il ne fait alors que reprendre un schème déjà ancien, diffusé comme *modus operandi* de l'action artistique publique jusque dans les traités administratifs. Ainsi, l'article du Conseiller d'État Paul Dupré et du chef de bureau à l'administration des Beaux-Arts Gustave Ollendorf trace en 1885 une voie tout à fait similaire:

> *«Certes, le champ de la protection officielle a des bornes étroites; et l'État ferait entièrement fausse route en prétendant se mettre à la tête du mouvement de l'art, l'endoctriner et le conduire. [...] Mais à l'opposé de ce despotisme de petites allures, il y a la place pour une protection intelligente, délicate et jalouse de conserver à l'art toutes ses spontanéités»*[24].

Enfin, la circonspection qui régit l'intervention des agents du champ politico-administratif dans le domaine artistique est indiquée par la structure même de leurs discours. Considérés comme des «formes sociales objectivées» dont la structure reflète et ordonne les logiques de constitution et de représentation des objets dont ils traitent[25], les documents officiels sur l'art et l'État témoignent, dans leur économie rigide et routinière, de la difficulté d'établir l'intervention publique dans des principes qui lui seraient propres. Dans la structure de ces ouvrages, moins de «fonctions» étatiques ou de «problèmes» politiquement construits que des points de gestion exposés au cas par cas: les découpages préétablis des institutions artistiques l'emportent sur le cadre normatif de l'intervention publique. Le plan type de ces ouvrages qui, malgré leurs différences d'origine et de vocation, ont une économie en grande partie commune, s'organise à la manière d'un catalogue où se succèdent les différents secteurs et institutions artistiques. *L'Art et l'État* de Gustave Larroumet correspond bien à ce modèle: composé d'une série d'articles publiés dans *Le Temps*, il fait une place centrale à l'institution du Salon annuel qui lui permet de passer en revue le catalogue de l'action artistique des pouvoirs publics[26].

> *La première partie, «Lettres sur le Salon» énumère 1. Les achats de l'État; 2. Les commandes et les encouragements de l'État; 3. L'Architecture; 4. La Peinture; 5. La Sculpture; 6. L'Art décoratif. La deuxième partie, «Après le Salon», contient tout ce qui ne s'y rapporte pas: 1. L'enseignement des arts du dessin; 2. Les*

musées; 3. Le conservatoire et les théâtres nationaux. Le quatrième et dernier chapitre, «Rapports généraux de l'Art et de l'État», est moins une synthèse qu'une évocation du traitement politique et administratif de l'art.

Le sous-titre de l'ouvrage de Couyba – *Les écoles, les théâtres, les manufactures, les musées, les monuments* – reprend cette logique de construction, également adoptée à peu de choses près par Joseph Paul-Boncour dix ans plus tard[27]. La répartition par «fonctions» est exceptionnelle: seul Antonin Proust organise son propos autour des trois pôles que sont l'enseignement, la conservation et enfin la construction et la décoration des bâtiments, reprenant ainsi l'organigramme de son éphémère ministère des Arts[28]. À cette exception près, le traitement officiel de la question de l'art et de l'État demeure fort peu problématisé et structuré autour de logiques propres à l'intervention publique, portant ainsi les traces des contraintes dans lesquelles elle est prise et reproduisant la faible lisibilité d'une politique, qui de fait reste encore à écrire.

Des formes de justification contingentes

Les contraintes et attaques subies par l'intervention artistique publique entraînent une autre conséquence. Obligeant ses promoteurs plus ou moins occasionnels – rapporteurs du budget, ministres ou fonctionnaires – à une position défensive, ces attaques multiformes et changeantes appellent des réponses elles-mêmes multiformes et changeantes. Plus que de la formulation «d'idées» préexistantes ou d'une mobilisation autour d'une «cause», les discours politiques sur l'intervention publique pour les arts procèdent des critiques et objections auxquelles ils doivent faire face. Et si leurs figures se répètent, ce n'est qu'au gré de la répétition de ces critiques et objections. Plus qu'ils n'arrêtent des principes univoques – ou au moins recevables comme tels – utiles à la formalisation d'une politique, ces discours constituent dès lors un ensemble à la fois composite et labile – et dénoncé comme tel – de justifications au cas par cas. Plus qu'une politique légitimée, ces justifications tirées à hue et à dia reproduisent en fin de compte une intervention publique sans objet ni cadre normatif stable.

Les discours tentant d'établir la légitimité d'une intervention artistique publique sont de plusieurs ordres. Il y a, tout d'abord, les rapports budgétaires et interventions à la Chambre du ministre de tutelle des Beaux-Arts. Les ouvrages d'hommes politiques sur «l'art et l'État» – comme ceux de Couyba, Proust ou Paul-Boncour – qui forment une seconde source, proviennent plus ou moins directement de ces travaux parlementaires. Troisième type de discours: les mémoires, souvent en demi-teinte, d'anciens fonctionnaires des Beaux-Arts, comme Gustave Larroumet, Paul Léon ou Philippe de Chennevières. Enfin, les travaux de juristes ou spécialistes d'économie politique – Bossuet, Boussu, Sorlin, etc. – ou d'administration publique – Dupré, Ollendorf – constituent le pôle savant de production de ces discours.

Les uns et les autres se situent peu ou prou dans une entreprise de justification. C'est clairement le cas des parlementaires ou ministres, sommés de donner des arguments pour défendre le budget ou leur action: «le malheureux ministre, mis sur la sellette, doit avoir réponse à tout, improviser sur les notes que lui présentent ses directeurs. L'*Officiel*, revu, corrigé, effacera ses erreurs et grandira son éloquence», note ironiquement Paul Léon[29]. C'est le cas également de ceux qui, comme directeur des Beaux-Arts, ont pendant un temps dû leur position à cette administration. Justification également dans la production savante, par des auteurs souvent proches de l'administration des Beaux-Arts – Ollendorf en est issu, Boussu y avait un frère – et toujours portés à défendre une intervention qui forme en même temps leur objet d'étude.

Cette entreprise de justification commune à des agents occupant des positions différentes les amène à mobiliser des arguments de manière peu différenciée selon qu'ils appartiennent à l'univers de la politique, de l'administration ou de la production savante ou, pour les ministres et parlementaires, selon leur orientation politique. Placés les uns et les autres en situation de devoir produire des justifications, ils partagent un stock commun de schèmes discursifs qu'ils mobilisent à peu près indistinctement. La mobilisation d'arguments pour défendre l'intervention publique répond ainsi à des logiques de situation plus que de position. C'est l'obligation dans laquelle se trouvent les agents de devoir produire une justification à l'intervention publique qui les amène à puiser dans un même répertoire argumentatif. Retombées économiques de l'investissement artistique public, moralisation des masses, assistance aux artistes nécessiteux, idéal démocratique de «l'accès de tous à la Beauté» forment autant d'arguments, combinés les uns aux autres, et mobilisés en fonction des attaques auxquelles ils doivent répondre plus que de la position ou de l'orientation idéologique de celui qui les mobilise.

Ces attaques correspondent à l'activation – par des parlementaires notamment – des représentations dominantes des choses de l'art et de leur rapport à l'intervention publique en vigueur à l'époque. On peut en résumer trois parmi les principales. Celle, véhiculée entre autres par des esthètes libéraux comme Édouard Aynard, d'un caractère essentiellement privé des pratiques liées à l'art, fonde une position hostile au développement de l'intervention. Celle, bien en phase avec l'idée typique de la bourgeoisie du XIXe siècle des «arts d'agrément», d'une inutilité des choses de l'art interdit qu'on y investisse les deniers publics. Celle enfin, développée au fur et à mesure de la démocratisation de la vie politique, d'un domaine d'activité par définition réservé aux privilégiés, invalide pour cause d'injustice sociale une aide publique qui dès lors ne profiterait qu'aux riches.

Ces attaques, les défenseurs de l'intervention publique s'emploient à y répondre en utilisant les formes d'universalisation et de politisation disponibles dans le répertoire du discours politique de l'époque. Contre l'argument selon lequel les Beaux-Arts constituent l'apanage exclusif de la sphère et de l'initiative privées les défenseurs de l'intervention publique tendent à démontrer leur intégration aux fonctions étatiques telles qu'elles sont en train d'être définies. C'est le cas avec leur rapprochement de l'Instruction publique, sur lequel on reviendra à propos des constructions institutionnelles. C'est surtout en faisant des Beaux-Arts un vecteur (s'instruire par l'art) ou un but (s'instruire pour accéder à l'art) de l'instruction que les promoteurs de l'intervention artistique publique ont cherché à la républicaniser (contre son assimilation à une tradition d'Ancien régime) à en faire un projet «démocratique» (contre les accusations d'élitisme) et finalement à la promouvoir en une fonction relevant de la responsabilité des pouvoirs publics. L'intégration aux fonctions étatiques, contre l'idée d'une appartenance de l'art au seul domaine privé est également tentée en affirmant le «devoir d'assistance» que se doit d'assurer l'État dès lors que l'évergétisme et le mécénat des «classes riches» sont reconnus comme insuffisants pour assurer la protection des artistes. Conformément aux systèmes qui se mettent progressivement en place à partir de la fin du XIXe siècle, il faut donc porter «assistance» aux artistes et leur assurer la protection sociale par des financements publics. Ainsi, le directeur des Beaux-Arts Gustave

Larroumet s'adressant aux élèves de l'École des Beaux-Arts peut-il être assuré de recueillir l'assentiment général lorsqu'il justifie «la tutelle de l'État en matière d'art» par la nécessité de son assistance auprès des artistes.

«L'État, dit-il, doit réparer ces cruelles injustices nées de l'aveugle fatalité des choses et de l'insuffisante éducation artistique du public, qui conduisent à la pauvreté et à la souffrance un trop grand nombre d'entre vous, et des plus méritants. Si la tutelle de l'État, en matière d'art, avait besoin d'être justifiée, ne serait-ce pas là un argument décisif?»[30].

La chose est d'ailleurs souvent tournée en dérision, comme en témoigne par exemple les propos de Jacques-Émile Blanche reprenant ceux d'Edgar Degas dans l'enquête des *Arts de la vie*[31]. Contre l'argument de l'«inutilité» des Beaux-Arts il faut, pour faire valoir le bien-fondé de l'intervention publique, démontrer tout l'intérêt qui s'y attache. D'une part, ils forment un secteur économique producteur de richesses, d'autre part, ils induisent des effets qui profitent à nombre d'autres activités économiques, et donc à la collectivité dans son ensemble. Le schème économique ne se limite donc pas à l'assistance charitable; il se réfère également à l'intérêt bien compris des agents économiques, et plus généralement à celui de la collectivité. D'Antonin Proust à Gustave Larroumet, des rapporteurs du budget aux théoriciens de l'administration des Beaux-Arts, l'argument des retombées positives de l'investissement artistique public et de sa nécessité pour le développement des exportations françaises est régulièrement mobilisé. Développé lors de la création d'un ministère des Arts en 1881[32], cet argument est repris quatre ans plus tard par l'ancien secrétaire général des Beaux-Arts Louis de Ronchaud, qui regrette que les Allemands soient en la matière «plus avancés», et cherche une fois encore à convaincre de cette utilité.

«Peut-être tout le monde ne comprend-il pas la grande utilité qu'il y aurait à encourager les arts d'une façon continue et efficace, et tout le monde ne voit-il pas le lien étroit qui les unit entre eux. Il y a encore aujourd'hui des gens, intelligents et instruits d'ailleurs, qui regardent les Beaux-Arts comme une frivolité brillante, une charmante superfluité, un luxe de l'État et des particuliers, qu'on peut se permettre quand on a toutes ses aises, et qu'on se retranche à la moindre gêne»[33].

L'argument est régulièrement utilisé pour les musées – qui permettent d'améliorer la formation esthétique des ouvriers notamment dans les industries du luxe, importantes à l'exportation – et les théâtres – par l'activité commerciale greffée autour des spectacles. Les efforts déployés pour faire valoir l'«utilité» des Beaux-Arts ne se cantonnent pas à des arguments strictement économiques; l'«utilité indirecte»[34] dont parlent Gambetta et d'autres à sa suite est censée exercer ses effets positifs sur la «grandeur de la nation», et doit en conséquence être favorisée par l'État. Le développement artistique peut dès lors être désigné comme relevant de la responsabilité publique et l'intervention publique investie d'une utilité que ses défenseurs considèrent comme incontestable. La «grandeur des nations» se mesure à «l'effort artistique», fait valoir Couyba en reprenant un argument classique, qui permet de mettre entre parenthèses les luttes multiples dont les Beaux-Arts sont l'enjeu[35]. Le juriste Paul Sorin, qui cherche à établir les principes d'une intervention de l'État dans le domaine théâtral argue que la solution du problème des théâtres se trouve «sur le terrain économique» et ne peut être trouvée que par les «méthodes rationnelles d'investigation» de l'économie politique; mais il ajoute aux considérations strictement «utilitaires» les bénéfices à ses yeux les plus importants de l'«éducation des masses» et surtout de la «gloire du pays».

Avec l'utilité économique et la grandeur nationale, l'argument de la moralisation des masses compte parmi les plus fréquemment utilisés. Ainsi, lorsque les juristes Paul Dupré et Gustave Ollendorf cherchent à réfuter la «doctrine libérale» hostile à l'intervention publique, ils lui opposent des principes issus de la tradition juridique de la préservation de la morale publique: «laisser faire, c'est laisser passer la décadence»[36]. C'est que «l'État a besoin de l'art pour travailler avec lui à l'éducation du goût et de l'esprit publics, pour faire pénétrer dans le sein des masses, avec le sentiment du beau, un esprit de paix, d'ordre et de progrès»[37]. C'est en particulier le cas pour les spectacles. La croyance dans «l'influence sociale» du théâtre, *a priori* pernicieuse mais potentiellement bénéfique si l'on y présente la morale en exemple est ancienne – Platon et Rousseau sont régulièrement cités à l'appui – et a été renforcée à partir du milieu du XIXe siècle, notamment par le développement de spectacles populaires, comme les cafés-concerts, dont les effets sur les ouvriers sont assimilés à ceux de l'alcoolisme et de la débauche[38]. Sous le second Empire puis au début de la IIIe République et encore au moins dans le premier quart du XXe siècle s'impose alors, pour préserver l'ordre et la morale publique, de lutter contre cette influence perverse et pour ce faire d'offrir une alternative aux «divertissements grossiers», voire d'utiliser le «rôle social du théâtre» afin de propager les bonnes mœurs. L'argument est systématiquement repris par les rapporteurs du budget pour convaincre du bien-fondé des subventions théâtrales[39]. Il est également usé par les élus locaux, au point de former l'un des principaux lieux communs des discours politiques sur le théâtre[40]. Il est enfin théorisé comme fondement du financement public des théâtres.

> *«Depuis le jour où Aristophane par ses "Nuées" vouait Socrate à la cigüe, le théâtre n'a cessé d'avoir sur l'opinion publique, la marche des sociétés, la formation morale des peuples, la même puissante et redoutable influence; il peut être tour à tour soit un facteur de corruption, soit la forme la plus efficace de l'enseignement populaire. [...] Le but social de l'art scénique, celui qui semble surtout justifier le rôle que nous avons revendiqué pour l'État, c'est l'éducation morale et intellectuelle de la foule. Or, il est évident que c'est surtout pour la population ouvrière, à demi illettrée, que ce rôle sera utile. [...] Le travailleur a deux ennemis: le comptoir du marchand de spiritueux et le café-concert. Le premier lui détraque le corps par ses alcools frelatés, le second lui corrompt l'esprit par ses chansons, où la sottise se combine à l'obscénité. L'État, tuteur naturel des faibles, doit protéger ces derniers contre ce danger de démoralisation. La censure est impuissante. [...] Le seul moyen de réagir contre ce danger, c'est d'offrir à l'ouvrier un spectacle plus intéressant, à sa portée et à meilleur marché, de nature à former son goût et à le détourner des divertissements grossiers»*[41].

En désignant le peuple comme cible principale de l'intervention publique, l'argument moraliste compte aussi au nombre des formes de justification par lesquelles les promoteurs d'une politique artistique tentent de retourner l'accusation récurrente d'un financement public des théâtres ou des musées contraire aux principes de l'égalité républicaine et démocratique pour cause d'inégalité sociale dans l'accès à l'art. Produit par et pour la controverse politique, utilisé par des agents aux positions fortement diversifiées et à partir de formes antérieurement produites elles-mêmes très diverses (rhétorique de la moralisation des masses et de la lutte contre les fléaux sociaux incitant à «ouvrir toutes grandes les portes des théâtres», visées éducatives tendant à faciliter l'accès du peuple à l'art ou impératif de l'égalité fiscale supposant que tous les contribuables bénéficient également des services qu'ils financent) l'argument démocratique ne revêt pas l'unité et la cohérence originelles d'une référence construite par un groupe particulier, mais retire au contraire de ses conditions de production un caractère pour le moins hybride. Il est en cela plus généralement exemplaire des discours politiques sur l'art au tournant du siècle qui, produits essentiellement dans la logique des attaques subies par l'intervention publique pour les Beaux-Arts, contribuent par leur caractère hybride et multiforme à entretenir l'incertitude qui est à leur principe. À cela s'ajoutent les difficultés de la mobilisation par des représentants de la politique officielle d'un registre prosélyte largement investi contre eux par des intellectuels radicaux.

Le nombre des publications mêlant les termes art et démocratie comme les rapports budgétaires affirmant rituellement «le devoir de la démocratie de faire que ce qui était l'apanage d'une élite puisse devenir le bien commun de tous» et la nécessité d'«étendre les bienfaits de la démocratie à l'art»[42] suffisent à le montrer: l'association de ces deux vocables est une figure habituelle du langage politique du tournant du siècle. Certes la défiance des défenseurs de la pureté artistique à l'égard de toute «vulgarisation» oblige à quelques précautions; «l'art dramatique [...] si l'expression est permise, doit tendre de plus en plus à se "démocratiser"» avance prudemment Couyba, qui n'en formule pas moins son espoir de voir avec le XXe siècle «l'éclosion définitive d'un théâtre vraiment populaire, tout imprégné de vérité et d'esprit démocratique»[43]. Les exhortations à «l'abolition des privilèges» en matière d'art et proclamations d'un «droit de l'homme à la beauté» nourrissent cette rhétorique très répandue dès le tournant du siècle. Habituelle, la rhétorique démocratique en matière d'art l'est au point de pouvoir être raillée comme un lieu commun des discours pour banquets: «l'art et la démocratie, tel était toujours le thème aux variations infinies» ironise Paul Léon à propos des allocutions routinières de secrétaire d'État aux Beaux-Arts Dujardin-Beaumetz[44].

Habituel voire routinier, l'argument n'est, pas plus que les autres formes de justification de l'intervention artistique des pouvoirs publics, l'apanage d'une catégorie particulière d'agents du champ politique. Tous l'utilisent dès lors qu'ils se trouvent en situation de devoir donner les raisons de cette intervention. La mobilisation de l'argument prosélyte au tournant du siècle est ainsi loin d'être mobilisé prioritairement par les agents du champ politique prétendant représenter les intérêts des classes populaires et idéologiquement proches des références démopédiques. Ils peuvent, comme Couyba, s'en saisir ou, localement, tenter de l'appliquer[45]. Mais, comme on l'a vu, les organisations du mouvement ouvrier n'en font pas une priorité, et les logiques de la délégation politique dans lesquelles sont pris les élus socialistes les conduisent souvent à peu soutenir, voire à critiquer le financement public des activités artistiques au nom du caractère élitiste de l'art. La rhétorique démocratique est donc au moins autant le fait de conservateurs et de représentants des catégories socialement élevées – qui, parce que les logiques de la délégation politique les conduisent à l'inverse à soutenir le financement public des institutions artistiques sont fréquemment amenés à en produire la justification.

La référence à la «démocratisation» constitue le retournement des attaques auxquelles elle répond. La sempiternelle critique de l'inégalité dans la jouissance des choses de l'art qui fonde l'une des principales attaques contre l'intervention publique est en effet convertie en argument qui établit l'objectif même de cette intervention: réduire les inégalités. Les modalités d'accomplissement de ce retournement sont particulièrement visibles dans les controverses qui, à propos de financement public des Beaux-Arts, prennent la question de l'égalité des contribuables pour objet. Les contradicteurs se retrouvent pour affirmer que l'égalité devant l'impôt doit avoir pour corollaire l'égalité des citoyens dans l'accès aux services financés par l'argent public. Mais alors que – les comptes-rendus des séances parlementaires ou municipales en témoignent – de nombreux élus dénoncent l'injustice qu'il y a à «faire payer à tous le plaisir de quelques uns», les défenseurs de l'intervention publique reprennent l'argument pour, plutôt que d'en déduire la suppression du financement public, l'assortir d'une obligation supplémentaire: celle qui consiste à remplir les conditions nécessaires à ce que ce financement bénéficie effectivement à tous.

Couyba, tout particulièrement, défend cette position. Au cours de la séance à la Chambre des députés du 5 mars 1902, il s'accorde à dire qu'«il n'est pas juste que le pauvre, déjà si écrasé par toutes les iniquités fiscales et sociales, continue à payer pour la plus grande joie du riche». Mais, plutôt, comme le font certains, que de réfuter l'argument au nom du devoir de «solidarité nationale»[46], il fait de «l'injustice» la raison d'une action nouvelle, et partant la justification de l'intervention. Ainsi, dans un entretien au *Petit Parisien*, après avoir rappelé qu'il n'est pas normal que les pauvres paient pour les plaisirs des riches, il affirme la nécessité de créer des théâtres pour les ouvriers et en fait une obligation pour les pouvoirs publics[47]. On retrouve ce même argument, sous une forme métaphorique fréquente: celle de la chère. «Au banquet de l'art, tous les citoyens doivent être admis puisqu'ils en font les frais. Or, étant donné les prix actuels des places des théâtres nationaux, ces agapes artistiques ne laissent même pas aux pauvres le droit de ramasser les miettes des repas»[48].

UNE ILLÉGITIMITÉ INSTITUTIONNALISÉE DANS DES FORMES ÉTATIQUES INCERTAINES

«Ce livre est une étude administrative sur les Beaux-Arts: car n'en déplaise à ceux qui considèrent l'art et l'administration comme inconciliables, il y a une administration des Beaux-Arts»[49].

Construite dans les concurrences entre les champs artistique et politique, intériorisée au point d'entraîner des pratiques qui contribuent à la réaliser, l'illégitimité de l'intervention publique pour les Beaux-Arts marque jusqu'aux institutions d'État. Considérées à une date précise, celles-ci accusent l'éclatement qui leur est généralement attribué, non seulement par les jugements postérieurs, mais par ceux-là mêmes qui les font vivre et les pratiquent. Envisagées au cours du temps, elles apparaissent soumises à d'incessantes fluctuations beaucoup plus qu'à une institutionnalisation qui leur conférerait ce «naturel» des conventions d'État progressivement construit dans la cristallisation des pratiques, des références et des classements. Cet éclatement et ces fluctuations apparaissent comme les effets des processus de délégitimation d'une intervention publique qui, sans cesse dénoncée, ne suscite pas les investissements du personnel gouvernemental et administratif qui permettraient de lui conférer une place au sein de la panoplie des fonctions d'État. Faute de tels investissements, les regroupements opérés dans les nomenclatures administratives demeurent incertains, les positions des fonctionnaires chargés des Beaux-Arts instables et, comme le montre l'absence de département ministériel autonome, rien ne vient objectiver une politique en ce domaine. À la manière d'une prophétie auto-créatrice, la délégitimation de l'intervention artistique publique contribue ainsi à réaliser l'inconsistance de cette intervention qui, après l'échec des tentatives d'édification d'une politique républicaine des arts au début de la IIIe République – quand, pourrait-on dire, elle paraissait encore possible – se reproduit dans les décennies suivantes.

Des tentatives avortées de républicanisation

Dans les premières années de la IIIe République et jusqu'au début des années 1880, plusieurs initiatives visent à établir un système d'action publique pour les arts conforme aux principes républicains tels qu'ils sont en train de s'élaborer. La chose est rendue nécessaire par la proximité de l'héritage illégitime que constitue l'administration des Beaux-Arts formée sous la Monarchie et l'Empire. Elle est rendue possible par la proximité au pouvoir des élites culturelles (artistes, hommes de lettres, savants, universitaires), célébrées par une République à l'élaboration de laquelle elles participent[50]; en 1871, Renan peut encore se féliciter de «l'idée tenant à ce qu'il y a de profond dans l'esprit français, que les sciences, les lettres, et les arts sont une chose d'État, une chose que chaque nation produit en corps, que la patrie est chargée de provoquer, d'encourager et de récompenser»[51]. Mais ces tentatives d'édification d'une politique artistique républicaine font long feu. Le rattachement des Beaux-Arts à l'Instruction publique qui est censé la permettre – et qui marque l'administration centrale jusqu'à la création du ministère des Affaires culturelles au début de la Ve République – conduit à reléguer les questions artistiques au rang subalterne d'un dossier annexe plus qu'il ne les promeut en une politique à part entière. Quant à l'ambitieux ministère des Arts créé en novembre 1881 et supprimé une dizaine de semaines plus tard, il ne fait que figure d'occasion manquée.

De la surintendance des Bâtiments du Roi, des arts et des manufactures créée par Colbert en 1664 au ministère des Lettres, des sciences et des Beaux-Arts aux derniers jours du second Empire en passant par le regroupement des Beaux-Arts sous l'autorité d'un ministre d'État et de la Maison de l'Empereur en 1852 devenu ministre de la Maison de l'Empereur et des Beaux-Arts en 1862, les promoteurs républicains d'une politique artistique ont à faire avec une longue tradition associant les Beaux-Arts aux fastes de la monarchie puis des deux Empires, voire à la personne du souverain. Cet héritage encombrant oriente la définition des formes institutionnelles du traitement public des arts sous la IIIe République. Dès la proclamation de la République, le ministère des Beaux-Arts et son administration sont démantelés, ses services répartis par les décrets des 5 septembre 1870 et 10 janvier 1871 entre ceux des Travaux publics, des Cultes et surtout de l'Instruction publique. Ce dernier rapprochement sera à partir de ce moment pensé et désigné comme le moyen du rattachement symbolique et pratique des Beaux-Arts à la République. C'est le cas lors de la réorganisation de la direction des Beaux-Arts en 1875, suite au rapport du sénateur Édouard Charton présenté en septembre 1875. Membre de l'Institut, Charton se fait connaître en rédigeant un *Dictionnaire des professions* publié en 1842 puis réédité en 1850 et 1880. En 1848, il participe à la fondation de l'École Nationale d'Administration. Dans les années 1860, il crée plusieurs périodiques à vocation instructive et de vulgarisation (*Le Magasin pittoresque*, la *Bibliothèque des merveilles*, *l'Illustration*, le *Tour du Monde*...). Député à l'Assemblée nationale de 1871 puis élu sénateur en 1875 il participe au Conseil Supérieur des Beaux-Arts. Dans son rapport, il fait valoir qu'«alors qu'ils ont été attachés à la maison du chef de l'État, les Beaux-Arts ont apparu moins comme un service public que comme une partie du luxe royal ou impérial, un élément de la munificence, un rayonnement du trône, ou, ainsi qu'on l'a dit, une mise en scène de la puissance souveraine». Les différents rattachements opérés après le démantèlement de l'administration impériale ne sont d'après le rapport guère plus satisfaisants: au ministère de l'Intérieur, ils ont été «trop confondus avec les intérêts matériels des départements et des communes, ou ont été exposés au soupçon plus ou moins fondé de servir trop souvent de moyens de libéralités arbitraires ou de complaisances politiques». Au ministère du Commerce, ils ont été considérés sous un angle trop exclusivement économique. En revanche, en les mettant sous la tutelle du ministre de l'Instruction publique, on leur accorde «leur place légitime»:

> *«on reconnaît leur droit à la sollicitude de l'État non pas seulement parce qu'ils sont pour quelques esprits délicats une source de jouissances exquises et rares, mais parce qu'ils répondent réellement à un besoin général, en tendant à développer dans le pays entier le sentiment de l'amour du beau, dont une nation ne saurait se désintéresser impunément, soit pour le progrès de la civilisation, soit pour sa gloire»*[52].

Une logique comparable préside à la rédaction par un autre sénateur, Lambert de Sainte-Croix, d'un nouveau rapport élaboré au sein d'une commission du Conseil Supérieur des Beaux-Arts désignée par le ministre de l'Instruction Publique et des Beaux-Arts Agénor Bardoux. Daté de 1878, ce rapport énumère les mesures jugées nécessaires à la structuration de l'administration des Beaux-Arts et à sa conformation républicaine, et partant à la conduite et la légitimation d'une politique: réunion de différents services ressortissant aux Beaux-Arts sous une autorité unique; attribution d'une position centrale au directeur des Beaux-Arts (il doit présider tous les conseils et commissions); renforcement de l'inspection des Beaux-Arts propre à conférer à cette administration l'autonomie et l'autorité qui lui font défaut; normalisation du recrutement des fonctionnaires et enfin organisation des services suivant les trois fonctions attribuées aux pouvoirs publics (conservation, enseignement et production). Ces préconisations ne sont que partiellement suivies. L'année suivante, la direction des Beaux-Arts devient secrétariat d'État, toujours rattaché au ministère de l'Instruction publique. La réforme doit elle aussi permettre de «dégager cette administration de la pesanteur de ses traditions d'esprit monarchique»[53]. Le rattachement à l'Instruction publique qui prévaut tout au long de la IIIe République ne suffit pas à établir clairement le territoire et les compétences d'une administration qui reste peu unifiée et dont les visées éducatives sont plus proclamées qu'organisées. Les réorganisations se succèdent. «En moins de quatre ans, notre administration des arts a été transformée cinq fois», note un observateur en 1882; elle fonctionne selon un modèle «usé, détraqué, rapiécé» qu'on s'acharne à conserver en essayant de l'améliorer «au moyen de raccords impossibles et de soudures vaines»[54]. En bref, ces réformes incessantes ne conduisent pas à l'institutionnalisation d'une administration et encore moins de la politique qu'elle est supposée mettre en œuvre.

L'institutionnalisation d'une forme républicaine de traitement public des arts: c'est avec cette ambition qu'est créé un ministère des Arts le 14 novembre 1881. Cette forte innovation institutionnelle est tout d'abord rendue possible par les multiples projets de réforme du système d'action publique pour les arts engagés dès 1870 et multipliés à partir de 1875 qui, s'ils n'ont pas directement abouti, ont permis de mobiliser des parlementaires et des fonctionnaires (dans des commissions), d'accumuler des informations, de formaliser des principes (dans les rapports), d'inventer des modes d'organisation (dans les propositions de refonte administrative). Ensuite, dans le courant de l'année 1881, des agents en provenance de différents pôles du champ artistique ont apporté leur soutien à ces projets de réforme. C'est le cas des agents des fractions novatrices du champ artistique – comme les impressionnistes – qui, après la réforme du Salon annuel, désormais dégagé de la tutelle administrative et académique, ont pu envisager favorablement cette action gouvernementale réorientée et renforcée. C'est le cas également d'artistes et critiques d'art promoteurs des arts décoratifs et industriels, qui soutiennent ces réformes et mènent campagne pour qu'elles aboutissent à la création d'un ministère[55]. La configuration politique exceptionnelle de la fin de l'année 1881 forme une troisième condition favorable à l'innovation institutionnelle: nommé président du Conseil, Léon Gambetta n'a pu réunir les leaders républicains au sein du «grand ministère» qu'il souhaitait constituer, et a formé un gouvernement composé surtout de ses proches collaborateurs, laissant ainsi libre cours à de nouveaux partages des compétences que les arbitrages politiques habituels rendent malaisés. Ainsi, en même temps qu'est créé le ministère des Arts, l'Agriculture est constituée en département autonome et un sous-secrétariat aux Colonies est institué. Enfin, les ressources dont dispose Antonin Proust rendent envisageables la formation d'une fonction gouvernementale dans le domaine artistique. Ce dernier cumule en effet une forte proximité à Gambetta (dont il est l'ancien secrétaire particulier), une expérience politique certaine (élu municipal en 1870, député en 1876, collaborateur de *La Petite République*), d'importantes relations et une certaine reconnaissance dans le champ artistique. Il a fait des études de peinture, fréquente des artistes aussi différents qu'Édouard Manet – qui a fait plusieurs portraits de lui – Pierre Puvis de Chavannes, Auguste Rodin ou Émile Gallé, collectionne les œuvres d'art et s'est fait connaître pour ses travaux de critique (monographies sur les Beaux-Arts en Angleterre et dans différentes régions françaises, comptes-rendus des Salons dans lesquels il défend l'impressionnisme). Il multiplie enfin investissements et positions institutionnels en matière artistique. En 1870, il participe à l'inventaire des richesses artistiques de la France dirigé par Philippe de Chennevières et noue ainsi des relations avec des amateurs, collectionneurs d'art et érudits. Il participe ensuite à la commission des monuments historiques (dont il devient vice-président en 1879), à la commission chargée de préparer la réorganisation des services administratifs des Beaux-Arts (qui donne lieu au rapport Sainte-Croix en 1878), à la commission des théâtres et au conseil supérieur des Beaux-Arts. Enfin, il rapporte à plusieurs reprises le budget des Beaux-Arts[56], et des projets de loi dans le domaine artistique.

Les formes sous lesquelles apparaît le ministère des Arts et les pratiques engagées lors de sa brève existence portent la trace des différents facteurs qui ont favorisé sa création. Ce ministère reprend en effet largement les orientations dessinées par ceux qui, parmi les artistes et critiques d'art, ont appelé à sa mise en place. Il en va ainsi du principe de la liberté de l'art porté notamment par les fractions anti-académiques du champ artistique, que le ministère Proust se propose de réaliser en remplaçant des administrateurs suspects d'amitiés académiques par des fonctionnaires dont certains sont connus pour leurs «idées avancées» en matière d'art, en accordant la reconnaissance officielle à des artistes «libres» (Manet est décoré de la Légion d'honneur, des toiles de Courbet sont achetées pour le Louvre), en engageant des réformes qui satisfont aux revendications des artistes non-académiques (en ce qui concerne notamment l'organisation des musées, les conditions d'enrichissement des collections publiques, l'École nationale des Beaux-Arts).

Il en va de même du second principe fondateur de ce ministère, celui de «l'unité des arts», que défendent les promoteurs des arts «décoratifs» et/ou «industriels»[57] contre la classification hiérarchisante et discriminatoire cristallisée dans la catégorie des Beaux-Arts[58]. Antonin Proust, membre de la Société pour un musée des arts décoratifs, cumule les soutiens des deux pôles qui s'opposent dans cette nébuleuse: les nostalgiques du lustre perdu de la décoration d'Ancien régime et les réformateurs qui mêlent industrialisation et républicanisation. Le ministère «des Arts» et non pas «des Beaux-Arts» reflète cette alliance, en renouant avec une «unité des arts» perdue et en rompant avec une classification «qui ne correspond pas à l'état de nos mœurs»[59]. Cette réunion des arts est organisée dans les structures du ministère, qui réunit non seulement tous les services habituellement considérés comme relevant des Beaux-Arts – ceux du sous-secrétariat d'État aux Beaux-Arts (école des Beaux-Arts, musées, expositions, manufactures, commandes et acquisitions, monuments historiques, théâtre), les Bâtiments civils qui proviennent des Travaux publics et les édifices diocésains jusqu'alors au ministère de l'Instruction et des cultes – mais aussi ceux habituellement considérés comme relevant des «arts mécaniques» (enseignement du dessin dans les établissements scolaires, enseignement technique des arts et métiers). Fondé sur ces deux principes – liberté et unité de l'art – le ministère est pour la première fois – et la seule – organisé en trois grandes directions (enseignement, conservation, décoration) qui organisent et donnent à voir les fonctions artistiques de l'État républicain.

Ce ministère, unique et éphémère objectivation d'une politique artistique d'État, apparaît en quelque sorte victime des conditions qui l'avaient faite apparaître. D'abord le soutien des artistes «libres» et des milieux des arts décoratifs et l'orientation qui s'en est suivi dans la définition des orientations ministérielles n'ont pas été sans susciter l'hostilité des tenants de l'académisme, dont l'influence bien que déclinante reste alors forte dans les institutions artistiques[60]. L'article de l'académicien conservateur Henry Houssaye donne un bon exemple de ces réactions hostiles, qui dénonce les principes de liberté et d'unité de l'art comme contraires aux «hiérarchies du Beau»[61]. Ensuite et surtout, le soutien du président du Conseil s'est retourné contre Proust et son ministère: dès lors que Gambetta a été contraint à la démission et mis à l'écart des fonctions gouvernementales, Antonin Proust n'a plus occupé de position politique importante, et son département, démantelé dès la dissolution du «grand ministère» en janvier 1882, n'a jamais été reconstitué.

Constructions institutionnelles et déficit de légitimité

Après l'échec des tentatives d'institutionnalisation d'une politique artistique dans les années 1870-80, les formes institutionnelles qui donnent corps au traitement public des Beaux-Arts restent mal établies. Prise entre les attaques parlementaires et celles émanant du champ artistique, la formalisation d'une telle politique est régulièrement évoquée, parfois esquissée, toujours reportée. Sans ministère, les Beaux-Arts forment une catégorie éclatée et incertaine de l'intervention gouvernementale; le flou des nomenclatures budgétaires et les fluctuations de l'organisation administrative en sont deux indicateurs. Leur administration reste faiblement structurée, comme en témoigne l'absence de ce qui est généralement considéré comme la «colonne vertébrale» d'une administration centrale: un corps d'inspection. Enfin, la force particulière avec laquelle s'exprime dans le domaine artistique un impératif de délégation conduit à la constitution d'un ensemble complexe de commissions, comités et conseils qui en quelque sorte désagrège le traitement public des Beaux-Arts plus qu'il ne forme un «système» institutionnalisé et légitimé. Empêchant l'institutionnalisation d'une politique, la délégitimation de l'intervention publique pour les Beaux-Arts génère ainsi, avec l'incomplétude des formes institutionnelles qui s'ensuit, un argument dont elle peut se nourrir en retour: l'inanité d'une politique sans projet ni objet.

En dehors des deux-mois et demi du ministère Proust, les Beaux-Arts ne font pas l'objet d'un ministère de plein exercice. Le sous-secrétariat d'État de 1879 placé sous l'autorité du ministre de l'Instruction publique ajoute à sa place subalterne dans la hiérarchie gouvernementale un caractère épisodique: dans les années de 1882 à 1905, il n'est affecté aux Beaux-Arts qu'en 1885-1886 et il faut attendre la nomination de Dujardin-Baumetz pour qu'il soit véritablement reconstitué (Cf. Tableau 4).

Tableau 4
Les postes ministériels affectés aux Beaux-Arts et leurs titulaires (1879-1914)

Dates	Titulaire	Né en	Position politique	Profession
5.2.1879-13.11.1881	TURQUET Edmond	1836	Républicain	Magistrat
14.11.1881-29.1.1882	PROUST Antonin	1832	Union républicaine	Avocat
11.4.1885-10.12.1886	TURQUET Edmond	1836	Républicain	Magistrat
24.1.1905-13.01.1912	DUJARDIN-BEAUMETZ H.	1852	Radical de droite	Propriétaire
14.01.1912-8.12.1913	BÉRARD Léon	1876	Gauche républicaine	Avocat
9.12.1913-8.6.1914	JACQUIER Paul	1879	Radical-socialiste	Avocat
14.6.1914-15.11.1917	DALIMIER Albert	1875	Radical	Avocat

Les promoteurs d'une politique artistique présentent à plusieurs reprises la création d'un ministère comme une nécessité. Il s'agit tout d'abord de rendre «crédible» l'action gouvernementale pour les arts, et donc de permettre à un responsable politique d'assumer spécifiquement cette «vaste tâche». Dès la fin du siècle, on décrit et on pressent le développement des tâches gouvernementales qui, pour être convenablement assurées, doivent s'accompagner d'une plus importante division du travail. C'est la position défendue par Gustave Larroumet:

«L'Instruction publique est devenue un ministère plus que suffisant pour l'activité d'un homme politique. Il en est presque de même pour les Beaux-Arts. L'ampleur et le poids du service

croissant avec le développement qu'il ne peut manquer de prendre, il se pourrait que, d'ici à quelques années, le même ministre ne pût suffire aux deux départements». Il faut donc les séparer et désigner un «ministre des Arts»[62].

Cette division n'est pas opérée. La question reste donc entière, et est posée en des termes similaires par Joseph Paul-Boncour, une quinzaine d'années plus tard. L'administration des Beaux-Arts, dit-il est «trop vaste pour être l'objet d'une attention suffisante de la part de ministres que suffit à absorber la tâche de l'instruction nationale». Pour être convenablement administrés, les Beaux-Arts doivent donc avoir un ministère spécifique: «un vrai ministère, constitué avec tous ses organes, mettant la responsabilité là où est l'autorité, jouissant vis-à-vis des autres et du Parlement lui-même du prestige dont a besoin une défense plus efficace de l'art français»[63]. Créer un département ministériel pour les arts, c'est donc permettre à un responsable politique de s'en occuper comme ils le méritent; c'est également permettre de signifier qu'ils ont véritablement droit de cité dans les prérogatives d'un gouvernement et par-delà de l'État républicain.

Pourtant, si la nécessité d'un ministère peut être affirmée des années 1880 aux années 1910, autant d'arguments contraires s'y opposent et peuvent être aussi longtemps répétés. Un ministère chargé des questions artistiques peut en effet être considéré comme «un luxe de spécialisation»[64], argument de la rationalisation administrative des limites libérales à l'extension des prérogatives étatiques. «Les Chambres et l'opinion», absorbées par des préoccupations plus immédiates et peu au fait des choses de l'art « ne semblent pas disposées» à «reprendre l'idée de Gambetta»:

«Le jour où la République, pacifiée au dedans et dégagée de ses préoccupations extérieures, donnerait plus d'attention et de place aux questions d'administration intérieure qui intéressent l'honneur et la richesse de la civilisation française, le ministère des Arts pourrait être rétabli. Dans un pays où la conservation et le développement des richesses artistiques, le développement de l'art industriel et la diffusion de l'enseignement ont tant d'importance, ce ne serait pas trop que le service consacré à de tels intérêts reçût un chef politique capable de s'y donner tout entier et de le défendre en connaissance de cause. Mais je répète que ce n'est pas là une création d'aujourd'hui ni de demain. La République attendra longtemps avant de reprendre l'idée de Gambetta»[65].

C'est aussi que la création d'un ministère, en confiant la responsabilité des Beaux-Arts à un homme politique, suscite les craintes d'une politisation de l'art et de sa soumission à des ministres éphémères et, comme on l'a vu, inévitablement «incompétents». C'est ainsi que l'administrativiste amateur Boussu plaide pour une administration des Beaux-Arts remaniée et autonome mais, contre leur tutelle politique, refuse l'idée d'un ministère soumis aux aléas politiques au profit de l'instauration d'une Direction placée sous l'autorité d'un fonctionnaire «neutre» et «compétent».

«La direction des Beaux-Arts n'est pas un service politique [...] il est indispensable que le chef de l'administration des Beaux-Arts ne soit pas lui-même un personnage politique, ne soit pas amené là par un parti avec lequel il est condamné par avance à tomber»[66].

Henry Houssaye formulait le même argument lors de la création du ministère Proust: les hommes politiques sont inévitablement incompétents alors que les Beaux-Arts nécessitent une connaissance technique, et donc de préférence une simple direction. Car non seulement, écrit-il, un ministère entraîne des dépenses supplémentaires (logement du ministre, personnel plus nombreux) mais surtout, il fait prévaloir les logiques «politiciennes» sur la nécessaire connaissance des arts:

«Un ministère des arts sera nécessairement confié à un homme politique, au lieu qu'une direction des arts eût été nécessairement confiée à un homme compétent. [...] Les Directeurs des Beaux-Arts, Charles Blanc, le comte Nieuwerkerke, M. de Chennnevières, Eugène Guillaume, étaient «tous artistes ou écrivains ne s'étant jamais occupés de politique et s'étant toujours occupés d'art», alors que les ministres ou sous-secrétaires d'État, comme Turquet ou Proust, sont «tous députés, tous hommes politiques, tous hommes d'État, c'est à dire ayant l'omniscience, possédant toutes les aptitudes et aussi capables assurément d'être ministres de l'instruction publique, de l'agriculture, ou des affaires étrangères que ministres des arts»[67].

Pas de ministère, donc, mais un sous-secrétariat d'État qui en tient lieu, et qui pour une large part réalise les prévisions d'un strapontin attribué au hasard des coalitions gouvernementales formulées par les contempteurs de l'ingérence étatique. D'après Paul Léon, Paul Jacquier, député de Haute-Savoie, aurait été en 1913 «promu non pour sa compétence mais par des dosages politiques», son successeur Albert Dalimier aurait obtenu avec les Beaux-Arts une «récompense» pour avoir fait chuter le cabinet Ribot et «l'habitude» aurait été ensuite maintenue puisque c'est «le hasard des combinaisons» qui aurait conduit André François-Poncet rue de Valois[68]. Le cas d'Étienne Dujardin-Beaumetz – aussi prénommé Henry – par sa longévité exceptionnelle, mérite une attention particulière. Alors que le poste de sous-secrétaire d'État aux Beaux-Arts apparaît le plus souvent comme un bref épisode dans une carrière politique et, corrélativement, comme une instance gouvernementale de second ordre, Dujardin-Beaumetz tranche par sa longévité en l'occupant de 1905 à 1912. «Il avait eu cette fortune, que dut lui envier plus d'un parlementaire, de demeurer sept ans ministre», indique sa nécrologie parue dans *L'Illustration*[69]. Une telle durée est peu fréquente, pour les Beaux-Arts comme pour n'importe quel autre département ministériel sous la IIIe République. Mais cette longévité exceptionnelle, il la doit davantage à ses ressources politiques qu'à la reconnaissance d'une politique qui, pour l'essentiel, reproduit fidèlement les formes décriées des relations entre l'art et l'État des mondanités de salon et de l'art «officiel». Âgé de cinquante-trois ans lorsqu'il est appelé au cabinet Rouvier, il a déjà vingt ans de carrière politique derrière lui. Riche propriétaire de vignoble à Limoux, fils de préfet, il est élu conseiller général de l'Aude en 1886, puis député de ce département en 1889. À la Chambre, il intervient à plusieurs reprises sur les questions artistiques. «Désigné en 1900 comme rapporteur du budget des Beaux-Arts, il s'était livré à une étude étendue des réformes nécessaires. Le destin lui permettait de les traduire par des actes», note Paul Léon[70]. Radical de droite, anti-dreyfusard, il est un élément conservateur dans des gouvernements souvent marqués à gauche (cabinets Rouvier en 1905-1906, Sarrien en 1906, Clemenceau en 1906-1909, Briand en 1909-1910). Paul Léon peut ainsi dresser le portrait d'un «politicien» nettement conservateur.

> *« [...] il était passionné pour la politique. Nul ne connaissait mieux que lui l'échiquier électoral, le jeu des circonscriptions et les chances des candidats. Républicain convaincu, il était homme d'ordre et d'autorité; le chant de l'*Internationale *le faisait bondir. "Des balles pour les généraux", c'était la fin d'un pays»*[71].

Outre ces ressources et dispositions politiques, Dujardin-Beaumetz dispose sinon d'une «compétence» au moins d'une inclination qui permet de justifier sa nomination aux Beaux-Arts: il est peintre. Et c'est l'autre face que présente le portrait de Paul Léon, qui mobilise le registre bohème des milieux artistiques.

> *«Ce gros homme à l'œil bleu, profond, respirait une grande bonté jusqu'en ses pires colères. Il avait dû être très beau. Sur un corps de Silène un visage frémissant, quelques mèches autour d'un crâne chauve, vestige d'une crinière de lion, l'œil vif, la bouche amène sous le flocon de barbe, type d'artiste, de la race de ces cousins de l'arc-en-ciel que nous décrit Taine dans* Thomas Graindorge, *le chapeau toujours en bataille, même le chapeau haut de forme»*[72].

La pose désinvolte adoptée sur le cliché reproduit dans l'article de *l'Illustration* corrobore une telle description. Le poing droit sur la hanche froissant la jaquette, la main gauche soutenant la tête penchée, le coude négligemment appuyé contre un meuble, l'inclinaison générale du corps – au contraire du maintien parfaitement vertical de rigueur pour une photographie de manière générale à cette époque, et plus encore pour le portrait d'une personnalité publique: tout dans la pose du sous-secrétaire d'État témoigne d'un «négligé» quelque peu orchestré, propice à la production d'une identité d'artiste plus que de responsable ministériel. C'est toutefois un peintre d'un genre particulier, puisqu'il compose pour l'essentiel des scènes militaires, retraçant notamment la guerre de 1870. Certains de ses tableaux – «La Brigade Lapasset brûlant ses drapeaux», «Les voilà !» – sont reproduits dans l'imagerie populaire, et il aspire à la reconnaissance académique. Son goût pour l'esthétique martiale n'est du reste pas cantonné à la peinture: deux ou trois fois par semaine, il va écouter «les accents, doux à son oreille, des fanfares militaires»[73]. On perçoit dès lors où le situer dans le champ artistique: en bref, il incarne ce qui est dénoncé sous l'appellation infamante d'art officiel, qu'on l'accuse d'avoir favorisé. Certes, Dujardin-Baumetz affiche-t-il de hautes ambitions au moment de la création de son sous-secrétariat d'État:

> *«C'est pour mieux marquer le rôle essentiel de l'art dans une démocratie moderne que le gouvernement a substitué à l'ancienne Direction des Beaux-Arts, nécessairement limitée*

dans son action, un sous-secrétariat dont le titulaire pourrait plus librement plaider devant les Pouvoirs Publics, la cause et les revendications des artistes et de l'art»[74].

Certes, il revendique en revanche pour lui-même de faibles ambitions: «laisser la réputation d'un bon commis aux affaires artistiques»[75]. Mais ses pratiques d'intervention ne tranchent guère avec celles qui sont plus généralement observables à cette époque. Si l'on retient de lui certaines décisions «libérales» – suppression de la commission de censure des théâtres en 1906, ouverture du prix de Rome aux femmes – il est surtout connu pour s'être opposé à l'achat d'œuvres de Cézanne par les musées nationaux[76] et pour le scandale du vol de la Joconde en 1911 qui a marqué la fin de son secrétariat. Pour ses contemporains, il représente également le classicisme esthétique de l'art officiel, et il faut toute l'indulgence d'une notice nécrologique parue dans un journal à large diffusion pour affirmer que «les artistes» en général le considèrent comme «l'un des leurs», et qu'«à force d'aménité, de bon vouloir, de paternelle bonhomie, il s'était acquis parmi les artistes une très profonde popularité»[77]. Le panégyrique est d'ailleurs immédiatement suivi de nuances qui en relativisent la portée: son bilan doit être mesuré à l'aune de «l'excellence de ses intentions», plus à mêmes de recueillir un assentiment unanime que chacune de ses initiatives.

«Aucun de ses prédécesseurs n'encouragea avec plus de conviction, de zèle, d'affectueuse ardeur, les artistes. Si quelques unes de ses initiatives n'eurent pas l'heur de plaire à tous dans ce monde aisément passionné, le bilan de ses actes se résume en un excédent de bien, et l'excellence de ses intentions lui mériteraient toute absolution pour les erreurs qu'il put commettre»[78].

Promoteur de l'art officiel, Dujardin-Baumetz est également l'organisateur des fastes républicains et des réceptions où se côtoient artistes et hommes politiques.

«Ce digne et excellent homme avait rêvé de faire du Palais-Royal un lieu de rapprochement, d'union entre la politique, les arts et la société parisienne. De fastueuses réceptions eurent lieu dans les salons, sur les terrasses dominant le grand jardin clos, une des parures de Paris, chargée d'histoire et de gloire»[79].

Ces mondanités de salon dans lesquelles Dujardin-Beaumetz exerce ses talents sont d'ailleurs souvent tournées en dérision. Ainsi un dessin de caricature, paru dans *le Figaro* du 3 mars 1905 le représente en train d'offrir du thé sous les dorures de la rue de Valois à un artiste venu solliciter une aide. Politicien averti, «artiste» mais peintre incarnant l'académisme le plus étroit, chargé des Beaux-Arts mais officiant surtout comme maître des cérémonies officielles, Dujardin-Beaumetz, de par ses ressources personnelles, s'est imposé pendant sept ans comme titulaire du poste des Beaux-Arts. Il n'a cependant pas effectué le travail politique consistant à établir, sur les registres discursif de l'affirmation d'une mission spécifique et légitime, administratif de l'unification des services ou financier des moyens disponibles, l'autorité d'un tel poste indépendamment de son titulaire. À l'inverse, son exemple est utilisé, tant par ses contemporains que par les commentateurs ultérieurs, comme l'emblème négatif d'un système artistico-politique «inefficace», «ridicule» voire «néfaste»[80]. La longévité, comme le montre *a contrario* l'exemple d'Antonin Proust, peut certes être une condition nécessaire à l'institutionnalisation d'un rôle; elle ne saurait néanmoins y suffire.

Sans ministère, placés sous la responsabilité d'un sous-secrétaire d'État épisodique et au rôle mal établi, les Beaux-Arts ne font guère l'objet d'une politique unifiée et identifiée comme telle. Les classifications équivoques et changeantes dont ils sont l'objet – organisation de l'administration centrale, nomenclatures budgétaires – en témoignent. Les organigrammes de l'administration centrale ne donnent guère à voir une intervention stable, homogène et unifiée. «Aucun de nos services publics n'a subi plus de modifications que le service des Beaux-Arts, soit dans ses attributions, soit dans ses rapports avec les autres services», affirmait Gambetta lors de la création du ministère des Arts; le constat ne change guère dans les années qui suivent. «Les titres sont défectueux quand les attributions sont complexes, et c'est ici le cas», notent Dupré et Ollendorf[81]. Dujardin-Beaumetz réitère le constat dans son rapport pour le budget 1900, qui prévient de la déception qu'on est selon lui en droit d'éprouver quant aux effets de l'installation républicaine sur la mise en place d'une administration démocratique et performante:

> *«Il convient de dire ici que le régime artistique actuel n'est pas celui que l'on attendait de l'arrivée au pouvoir d'un gouvernement démocratique. Les artistes n'ont pas vu créer à la direction des Beaux-Arts l'outil perfectionné nécessaire à des aspirations nouvelles».*

En 1903, le rapport du député Deandreis sur l'organisation des Beaux-Arts mentionne une nouvelle fois ces hésitations[82]. L'administration des Beaux-Arts, qui prend la forme d'une Direction, parfois d'une Direction générale, d'un Secrétariat général ou d'un sous-secrétariat d'État, s'apparente à la juxtaposition de services relativement distincts les uns des autres. Elle comprend un nombre très variable de bureaux et de services dont les attributions respectives ne sont pas plus stables que précises. Les bureaux et services des travaux d'art, des musées nationaux, de l'enseignement, des monuments historiques, des bâtiments civils, des conservatoires et des théâtres nationaux ne bénéficient que très rarement de l'exclusivité d'un domaine de compétences qui leur serait entièrement affecté. Ils changent régulièrement d'administration de tutelle, subissent de fréquentes fluctuations dans leurs attributions comme en témoigne la succession d'innombrables décrets. Pour n'en citer que quelques-uns: réorganisation interne le 30 janvier 1886, réforme du bureau des musées le 26 septembre 1887, affectation des Bâtiments civils aux Travaux Publics en 1890, retour aux Beaux-Arts le 16 février 1895, rattachement aux Beaux-Arts des services d'architecture de la direction des cultes en 1905, nouvelle répartition des services en deux divisions de l'Architecture et de l'Enseignement et des Travaux d'Art le 18 juillet 1907...

De la même manière, la forme particulière de classification que constituent les nomenclatures budgétaires produit moins l'articulation cohérente d'un ensemble d'éléments formant une «politique» qui les englobe qu'une liste d'objets hétéroclites à la configuration mouvante et dont la logique de constitution paraît incertaine, aux dires mêmes de ceux qui ont à en connaître. Le budget des Beaux-Arts, qui forme la deuxième section du budget de l'Instruction publique, se présente sous une forme relativement distincte des autres chapitres du budget de l'État. Il comprend un nombre important et croissant d'articles: 64 en 1882, 68 en 1907, 104 en 1913. (À titre de comparaison, le service de l'Instruction publique ne compte que 45 chapitres budgétaires en 1882, alors que le domaine couvert est plus vaste et le budget nettement supérieur, les Beaux-Arts représentant alors 16 % du total du ministère de l'Instruction publique.) Moins constituée sur la base d'une taxinomie préétablie que par les effets croisés de la sédimentation des institutions héritées du passé et de l'addition de chapitres divers en quête d'affectation, la structure du budget des Beaux-Arts pose problème à qui voudrait connaître la «politique artistique» de l'État. Le contrôle budgétaire exercé par les députés leur donne l'occasion d'éprouver et de dénoncer – au moins sur un mode ironique – les difficultés quant aux opérations de classement dont font l'objet les dossiers des Beaux-Arts. C'est le cas dès le début des années 1870, comme le montre l'intervention du député et artiste Jules Buisson qui relate en séance ses problèmes à la lecture des documents budgétaires.

«Quand j'ai voulu, par exemple, rechercher sur quel chapitre étaient payés les inspecteurs des Beaux-Arts, je suis allé tout naturellement au personnel de l'administration centrale, puis au personnel des musées. Or, dans ces chapitres, nulle trace du traitement attribué à ces fonctionnaires. C'est au chapitre 40, et sous la rubrique "Ouvrages d'art et décorations des édifices publics", qu'il a fallu que nous allions les retrouver. L'Assemblée imaginerait difficilement tout ce qui est compris dans ce chapitre 40, tout ce qui est payé dans ce chapitre 40. Je lui épargne les détails: je n'en emprunte qu'un à un autre chapitre, le chapitre 46. Qui de vous, messieurs, eût deviné que, sous ce titre Indemnités des missions, se cachent les modestes frais de factage et de transport payés pour le voyage des objets d'art dans les palais et résidences dont la décoration est à la charge de la direction des Beaux-Arts?»[83].

C'est encore le cas dix ans plus tard, et tout au long de la IIIe République. Les difficultés rencontrées en 1881 par Paul Bert lorsqu'il souhaite proposer un amendement au budget illustrent la permanence d'un problème qu'il ne sera pas le dernier à soulever. La question qu'il se pose est précise, et devrait *a priori* trouver sans peine à s'insérer dans un chapitre bien identifié: il s'agit d'ouvrir un crédit pour le déménagement des écuries et magasins de fourrage établis sous la galerie de peinture du Louvre, situation qui, d'après le député, s'avère fortement préjudiciable à la conservation des œuvres. Pourtant, l'imbrication des compétences – les écuries sont militaires, le bâtiment sous l'autorité des Travaux publics, et les tableaux du ressort des Beaux-Arts – reproduite par le budget, rend complexe et incertaine cette opération en apparence simple. Après hésitation quant au choix «du meilleur des ministères», l'amendement se trouve finalement proposé au budget des Beaux-Arts.

«Je dois m'excuser un peu de l'avoir rattaché au département des Beaux-Arts. Peut-être dans l'application, quelques difficultés

peuvent s'élever; mais j'avoue que j'ai senti [de] l'embarras à savoir où le placer [...]. Mon amendement s'est [trouvé] à la recherche du meilleur des ministères. J'ai cru, dès lors, pouvoir le rattacher directement au ministère des Beaux-Arts»[84].

Enfin, l'échec de la constitution d'un corps d'inspection spécifique à l'administration des Beaux-Arts indique bien que celle-ci ne connaît pas une institutionnalisation comparable à celle qui intervient à la même époque dans d'autres domaines. Le premier poste d'inspecteur est créé sous la monarchie de Juillet; les effectifs fluctuent pour atteindre le nombre de sept inspecteurs et deux inspecteurs généraux à la fin du second empire; mais la réorganisation républicaine de l'administration des Beaux-Arts en 1872 tend à supprimer ces postes et les réduit à quatre inspecteurs. Recrutant parmi les institutions de l'élite intellectuelle (Collège de France, Institut), les critiques et historiens d'art reconnus, ou les hauts fonctionnaires, l'inspection des Beaux-Arts constitue une charge annexe assumée par des agents aux positions élevées, qui ne perçoivent pour cela au mieux qu'une faible indemnité. Elle est bien loin, autrement dit, de constituer un corps susceptible d'unifier une administration, à l'instar de celui des Finances ou des Affaires étrangères.

«C'est en particulier à son inspection générale, si fortement constituée, si sévèrement recrutée, si rigoureusement hiérarchisée, que l'administration financière de la France doit son grand renom. Rien de semblable n'existe pour le service public des Beaux-Arts; et comme on n'en peut accuser que la fréquence de ses évolutions et la nouveauté de sa constitution en une unité administrative bien imparfaite encore, il n'est peut-être pas inutile de lui signaler comme une des améliorations les plus urgentes, l'établissement de ce rouage important. Ce que coûterait une inspection générale est peu de chose, au regard des économies auxquelles conduirait son contrôle et du progrès dont ses investigations constantes pourraient être la source. À défaut d'inspection générale des Beaux-Arts, nous devons une mention aux inspections diverses qui en sont la menue monnaie. L'inspection de l'Enseignement du dessin, l'inspection générale des monuments historiques, l'inspection générale des Bâtiments civils, l'inspection des Beaux-Arts, l'inspection des Théâtres. L'inspection des Beaux-Arts elle-même n'a d'indéfini que son titre et voit ses attributions à peu près limitées à une simple collaboration dans le service restreint des acquisitions et des encouragements»[85].

Si à la fin des années 1870, plusieurs mesures avaient pu laisser espérer la formation d'un corps (la création de dix-sept postes d'inspecteurs est prévue par la réforme de l'administration des Beaux-Arts en 1878, un corps d'inspecteurs de l'enseignement du dessin est créé l'année suivante), chaque débat budgétaire à ce sujet tend à réduire les effectifs, et à faire assumer le travail d'inspection par le personnel administratif des Beaux-Arts. Un long débat oppose les partisans – qu'on trouve pour l'essentiel comme Ollendorf parmi des administrativistes et des fonctionnaires – d'une inspection générale, seule capable à leurs yeux d'établir la légitimité de l'administration des Beaux-Arts, à ses adversaires – des parlementaires pour la plupart – hostiles à la création d'un corps selon eux inefficace et qui surtout entraînerait des dépenses supplémentaires au budget. Ces derniers l'emportent finalement, qui obtiennent la suppression de l'inspection des théâtres en 1905, et, par voie d'extinction, de l'inspection des Beaux-Arts deux ans plus tard. En 1913, l'inspection se cantonne alors pour l'essentiel à l'enseignement (six inspecteurs de l'enseignement musical, treize inspecteurs de l'enseignement du dessin), l'inspection des Beaux-Arts se trouvant réduite à l'inspecteur général et un inspecteur.

À cette incomplétude des structures politiques et administratives vient s'ajouter la multiplication des conseils, comités et commissions qui complique encore ce fragile ordonnancement. Déjà présents sous le second Empire, leur nombre augmente tout au long de la IIIe République. Après entre autres la création de la Commission des théâtres le 30 avril 1872[86], celle du Conseil Supérieur des Beaux-Arts le 22 mai 1875, le décret du 29 mars 1882 recense ces institutions et en complète la liste: comités des travaux d'art, de perfectionnement des arts du dessin, des sociétés des Beaux-Arts des départements; conseil supérieur de l'enseignement de l'école nationale des Beaux-Arts de Paris; commissions des souscriptions aux ouvrages d'art, de l'inventaire général des richesses d'art de la France, des monuments historiques, et de surveillance des manufactures d'art. D'une dizaine en activité dans les années 1880, on passe à près de trente dans l'entre-deux-guerres; au total, plus de cinquante commissions, conseils ou comités auront fonctionné entre 1870 et 1940. Cette multiplication d'instances composées d'agents aux statuts variés auxquelles on délègue la définition d'orientations ou de choix publics n'est certes pas spécifique aux Beaux-Arts et marque au contraire l'élaboration de l'intervention publique dans tous les domaines – que l'on pense à la longue liste des Conseils supérieurs – au point de former un élément du «style» des politiques de l'époque. Mais dans le domaine des Beaux-Arts les institutions auxquelles participent des agents étrangers à l'administration – artistes, critiques, représentants des académies, élus – procèdent de logiques qui leur sont partiellement spécifiques et produisent des effets qui semblent moins observables ailleurs. Plus qu'un gage de concertation ou que la mobilisation par l'administration d'une expertise externe, le recours à de telles institutions marque une forme de dépendance à l'égard d'agents qui «surveillent» l'action publique plutôt qu'ils ne la légitiment – ce que la dénonciation d'une «emprise de l'Académie» désigne de manière exagérément globalisante et simpliste[87]. En témoignent les accusations récurrentes et contradictoires de «tyrannie administrative», de soumission aux intérêts partisans, aux caprices privés des parlementaires ou à la domination des académies et de leurs critères de goût, imposés par le double jeu des artistes académiques introduits dans les commissions et des prétendants (fonctionnaires des Beaux-Arts notamment) qui aspirent à la reconnaissance de l'Institut[88]. Dénoncés pour la mainmise qu'ils exerceraient sur l'activité artistique, les conseils dont l'activité apparaît souvent irrégulière et somme toute limitée ne permettent cependant guère une intervention décisive des pouvoirs publics dans le fonctionnement du champ artistique. Plus qu'à l'établissement de la stabilité et de l'autorité d'une administration des Beaux-Arts qui en est largement dépourvue, c'est à la dépossession des prérogatives de ses agents et à l'entretien de sa situation incertaine que contribue ce système de délégation.

Dès 1878, le directeur des Beaux-Arts Philippe de Chennevières regrette dans un rapport adressé au ministre que conseils, commissions et comités ôtent à l'administration – et en particulier à son chef – toute capacité d'initiative:

> *«Il est permis d'affirmer que nulle administration n'a jamais été plus entourée que la nôtre d'un formidable système de commissions et de sous-commissions consultatives, de comités délibérants, de conseils de protection ou de perfectionnement, en un mot du plus complet appareil parlementaire qui puisse contrôler avec défiance et brider au besoin les vélléités imprudentes d'une initiative personnelle. Mon humble avis, Monsieur le Ministre, est qu'une telle défiance de l'initiative n'est point trop favorable aux meilleurs résultats possibles d'une direction des Beaux-Arts,*

et qu'il vaut toujours mieux changer le directeur, s'il agit d'une façon illibérale ou inintelligente, ou partiale, ou contraire aux vrais intérêts de l'État, que le lier outre mesure dans la conduite d'affaires qui exigent une certaine aisance et un certain crédit sur les esprits»[89].

Le grief sera repris par ses successeurs, comme Gustave Larroumet qui ironise à propos du Conseil supérieur des Beaux-Arts sur ses «sous-commissions grossies [...], ordinaires ou extraordinaires [qui] ont pullulé», et demande qu'un organisme de concertation unique soit légalement institué: «Cette assemblée, une fois investie d'une autorité légale, fournirait le plus ferme point d'appui pour accomplir des réformes; elle permettrait de dissoudre une grande part des commissions actuelles et de défendre le service contre les importances tracassières»[90].

Prenons précisément le cas du Conseil supérieur des Beaux-Arts (CSBA), principale institution de ce type[91]. Si le Conseil a pu jouer un rôle important au début de son existence, il voit son activité décliner rapidement. La périodicité de ses réunions en témoigne: mensuelle à sa création en 1875, elle devient trimestrielle en 1880. À partir de 1887, le Conseil ne siège plus, sauf pour le prix annuel du Salon, qu'à la demande du ministre qui fixe l'ordre du jour; il n'a donc plus de périodicité régulière ni de compétences établies.

«Aujourd'hui [1895], sauf exceptions très rares, il n'est plus convoqué qu'une fois par an, pour voter le prix du Salon. En dehors de ce vote annuel et solennel, je crois bien que, depuis dix ans, il n'a tenu vraiment qu'une session, en 1891, lorsqu'il fût consulté sur divers projets de réforme relatifs à l'Académie de France à Rome, à l'organisation d'un enseignement des Beaux-Arts pour les femmes et à la création d'une caisse des musées»[92].

Son rôle diminue fortement, en même temps que les commissions qui le composent se multiplient et parcellisent le travail. Plus, elles s'en détachent: plusieurs de celles qui avaient été créées en son sein deviennent indépendantes, dotées d'un fonctionnement et d'un recrutement qui leurs sont propres. Le Conseil se trouve ainsi privé d'une part importante de ses prérogatives; dans la seconde moitié des années 1890, l'essentiel de sa tâche ne consiste plus qu'à examiner les titres des candidats aux bourses de voyage. La diminution du rôle du Conseil est également marquée par les transformations du recrutement de ses membres, de plus en plus nombreux – 32 en 1875, 45 en 1880, 55 en

1887, 80 en 1905, 91 en 1909. Parmi eux, la proportion des fonctionnaires des Beaux-Arts décline, sans pour autant que le CSBA s'instaure comme instance représentative des artistes au sein du champ politico-administratif. Les diverses tendances artistiques sont loin d'être équitablement représentées et le nombre des artistes académiques reste à un niveau important (entre 13 et 26, soit entre 22 et 32% de l'ensemble des membres) sans commune mesure avec leur place dans le champ artistique. Les différents projets de réforme visant à redonner vigueur au Conseil et à en faire une instance de représentation du champ artistique témoignent d'un récurrent problème de statut. Le sous-secrétaire d'État Dujardin-Beaumetz souhaite instaurer la règle d'un recrutement par voie électorale, sur le modèle du Conseil Supérieur de l'Instruction Publique[93]. Joseph Paul-Boncour, dans son rapport du budget pour 1911, propose en transposant les débats de l'époque sur les modes de scrutin d'instaurer une «proportionnelle de l'art» pour assurer une représentation équitable des artistes:

> *«Ce n'est pas par un impossible retour vers un dogmatisme quelconque que nous résoudrons la question, mais bien par la représentation loyale et sereine des diverses tendances au sein des Conseils qui représentera, à côté des ministres qui passent, l'élément technique et permanent. Ce sera, si l'on veut, la proportionnelle de l'art»*[94].

Aucun de ces projets n'aboutit, et si le CSBA se maintient tout au long de la IIIe République – il n'est dissout qu'en 1940 – la précarité du «système des Beaux-Arts» est maintenue avec lui.

Les positions mal établies des agents de l'administration des Beaux-Arts

Membres d'une administration sans cesse réorganisée et fragilisée plus que stabilisée par la multiplication des divers commissions et conseils, les fonctionnaires des Beaux-Arts occupent des positions mal établies. C'est le cas du personnel de l'administration centrale des Beaux-Arts dans son ensemble, et tout particulièrement de celui qui l'incarne, dans la presse, dans les relations avec les artistes et avec le personnel politique: le Directeur des Beaux-Arts. Tout comme l'incomplétude des constructions institutionnelles, la faiblesse de ces positions, produite pour partie par les pratiques de délégitimation de l'intervention publique, vient en retour leur fournir un point d'appui supplémentaire.

L'administration des Beaux-Arts ne compte que des effectifs relativement réduits. À la fin des années 1870, elle se compose du directeur, de quelques inspecteurs, de cinq ou six chefs et autant de sous-chefs de bureau, et d'une dizaine de commis[95]. Le personnel d'encadrement fluctue en fonction des modifications de l'organigramme, et tourne autour d'une dizaine de fonctionnaires jusqu'à la fin du siècle. Ce n'est qu'à partir des années 1910 que les effectifs augmentent sensiblement pour être composés en 1913 de la manière suivante:

> *Personnel de l'administration des beaux-arts: deux chefs de division, sept chefs de bureau ou contrôleur général, onze sous-chefs de bureau ou contrôleurs, trente-cinq rédacteurs ou réviseurs, trente-quatre expéditionnaires ou calculateurs, des agents auxiliaires, du personnel subalterne: un courrier, un brigadier, un huissier, onze gardiens de bureau, six hommes de service, une lingère, deux concierges. Personnel des inspections et des services extérieurs des Beaux-Arts: un inspecteur général des Beaux-Arts, un inspecteur des Beaux-Arts, un inspecteur général des musées départementaux, un inspecteur général commissaire du Gouvernement près les théâtres subventionnés, un conservateur du matériel de l'État près les théâtres subventionnés, un inspecteur général de l'enseignement musical, quatre inspecteurs de l'enseignement musical, un conservateur du dépôt des ouvrages d'art appartenant à l'État, un commissaire des expositions des beaux arts, un sous-commissaire des expositions des beaux arts, un gardien au commissariat des expositions et un gardien-concierge du dépôt des marbres, un inspecteur général de l'enseignement du dessin, neuf inspecteurs de l'enseignement du dessin et des musées, trois inspecteurs adjoints de l'enseignement du dessin et des musées*[96].

L'établissement d'un règlement du personnel, fixant entre autres les modalités de recrutement, les mises en congé et les conditions d'avancement s'avère particulièrement tardif. Il faut en effet attendre le décret du 1er avril 1909 pour que les fonctionnaires des Beaux-Arts soient soumis à un texte général reprenant les décrets partiels publiés jusqu'alors – 26 novembre 1897, 6 janvier 1905, 26 avril 1907. Il s'agit de mettre les Beaux-Arts en conformité avec les règles générales de l'administration telles qu'elles ont été peu à peu établies ailleurs. Un conseil, qui fonctionne comme conseil de discipline, est institué (Article 2). Le concours est rendu obligatoire pour tout recrutement (Article 3). Ses conditions ne sont plus fixées «par le ministre des Beaux-Arts» ni son organisation confiée directement au personnel de cette administration («une commission composée du directeur général et de deux chefs de bureau»[97]): il est décidé d'appliquer les règles générales de l'Instruction publique et même d'organiser des concours communs aux deux administrations, mettant ainsi fin aux particularismes de l'administration des Beaux-Arts. Enfin, les modalités de promotion sont censées garantir méritocratie et unité de la carrière: il faut être passé par l'échelon inférieur pour accéder à un poste.

L'instabilité des positions des agents de l'administration des Beaux-Arts est rendue particulièrement visible par les difficultés que rencontre son Directeur. Créé en même temps que la Direction en 1870, supprimé en 1905, puis rétabli en 1919, le poste de Directeur est décrié par les agents du champ artistique comme par ceux du champ bureaucratique. Le Directeur des Beaux-Arts est de fait placé sous les feux croisés des agents du champ artistique – pour lesquels il incarne la bureaucratie comme négatif de la vie artistique – et de ceux des champs politique et bureaucratique – qui le voient comme importateur illégitime dans l'État de la bohème, de la frivolité, des amitiés de Salons ou des héritages aristocratiques. «L'idéal serait assurément un directeur plein de goût, parfaitement éclectique et pourvu d'une autorité administrative absolue. Ce n'est pas demain, ni jamais que nous verrons réalisé cet idéal-là», estime Georges d'Espagnat dans sa réponse à l'enquête des *Arts de la vie*. Robert de Montesquiou y avait moqué la «démence» de la prétention à «diriger» les Beaux-Arts affichée dans son titre. En deux ans de direction, Henry Marcel a pu compter «nombre d'ennemis parmi la gent irritable des artistes»[98]. Et les mémoires des Directeurs successifs qui relatent abondamment les campagnes hostiles qu'ils ont dû affronté donnent bien l'image d'une position intenable; un «terrible métier» aux «perpétuelles tribulations», pour reprendre les mots de Philippe de Chennevières.

«Attaqué par tous et soutenu par personne», comme le dit Larroumet, le Directeur des Beaux-Arts doit jouer un rôle qui reste mal établi. Il est peu codifié, un décret de 1882 fixant l'essentiel de ses attributions qui seront ensuite revues à la baisse. Si une double proximité à l'univers artistique et à celui de l'administration caractérise fréquemment les directeurs, leurs récits font état de compétences limitées au moment de leur nomination. C'est le cas de Gustave Larroumet, lorsqu'il raconte comment, après l'avoir choisi comme chef de cabinet, le ministre Édouard Lockroy lui propose de succéder au Directeur des Beaux-Arts Jules Castagnary récemment décédé:

> *«Si un maître de conférences à la Sorbonne peut, tout naturellement, devenir chef du cabinet du ministre de l'Instruction publique, il faut une autre préparation pour faire un Directeur des Beaux-Arts. J'avais, en matière d'art, plus de goûts que de connaissances; je n'étais ni critique d'art, ni même critique dramatique. Je ne connaissais pas l'organisation et le fonctionnement de l'administration des Beaux-Arts. M. Lockroy me répondit que, pour rendre des services à l'art, même des services administratifs, il suffit de l'aimer et d'y appliquer une culture générale»*[99].

De même, Paul Léon relate comment Dujardin-Beaumetz a levé ses préventions quant à sa désignation comme chef de cabinet, avec la perspective – réalisée par la suite – de devenir Directeur:

> *« "Mais, Monsieur le Ministre, je ne suis pas un artiste; j'ai fait de tout autres études. Il y a un malentendu. Je me suis promené au Louvre et dans quelques grands musées au hasard de mes voyages. C'est là toute ma formation.*
> *– Peu importe, répond il, vous n'entendez rien aux Arts, c'est justement ce qui me plaît. Je m'y entends, moi, je suis peintre, et je suffirai à la tâche. J'ai seulement besoin d'un homme sûr, d'un bon administrateur, étranger à toute coterie. Vous êtres précisément le collaborateur qu'il me faut" »*[100].

Il n'est guère de profil-type du Directeur des Beaux-Arts (Tableau 5), en dehors du fait que leur proximité à au moins l'un des champs de la production culturelle tient à l'exercice de fonctions intermédiaires (critique d'art, enseignement) caractéristique des «hommes doubles» dont parle Christophe Charle[101] plus que par des productions artistiques ou littéraires proprement dites. Un artiste contrarié devenu fonctionnaire (Henry Roujon) succède à un universitaire (Gustave Larroumet). D'autres ont occupé des positions diverses dans la presse, le champ littéraire, l'administration ou la politique. Sous le Second Empire, Jules Castagnary est journaliste au *Siècle* et critique d'art, connu pour ses prises de position «libérales» (soutien aux «réalistes» – Corot, Courbet – critique de l'enseignement artistique officiel et du soutien trop exclusif aux peintures historique et religieuse). Au début de la troisième République, il occupe des fonctions politiques – il entre au conseil municipal de Paris en 1874, dont il est élu président en 1879 – et administratives – conseil d'État en 1879. Il est nommé au Conseil supérieur des Beaux-Arts. Lors du ministère Gambetta (1881-1882), il devient Directeur des Cultes, puis est nommé Directeur des Beaux-Arts par le ministre Spuller en 1887[102]. Henry Marcel devient quant à lui Directeur des Beaux-Arts après une trajectoire mouvementée. Critique d'art et homme de lettres, il a également occupé des positions aussi importantes que diverses dans la haute fonction publique (diplomate, conseiller d'État).

Tableau 5
Les chefs de l'administration des Beaux-Arts (1870-1905)

		Position occupée avant la nomination
1870-1873	Charles BLANC+	Graveur, critique d'art
1873-1878	Philippe de CHENNEVIÈRES+	Conservateur du musée du Luxembourg
1878-1879	Eugène GUILLAUME++	Sculpteur
1879-1881	Louis de RONCHAUD+++	Inspecteur des Beaux-Arts
1881-1882	Adolphe TÉTREAU+++	Maître de requêtes au Conseil d'État
1882-1887	Albert KAEMPFEN+	Inspecteur des Beaux-Arts
1887-1888	Jules CASTAGNARY++	Critique d'art, conseiller d'État, Directeur des cultes
1888-1891	Gustave LARROUMET+	Maître de conférences de lettres à la Sorbonne
1891-1903	Henry ROUJON+	Fonctionnaire, homme de lettres
1903-1905	Henry MARCEL+	Critique d'art, conseiller d'État

+Directeur; ++Directeur général; +++Secrétaire général.

Faiblement codifié, reposant sur des compétences incertaines, le rôle de directeur se caractérise également par la définition imprécise et l'éclatement des fonctions qu'il a à remplir. Que la définition des domaines de compétence du Directeur puissent être négociées lors de son entrée en fonctions, comme le suggère le récit de Chennevières, en fournit une bonne illustration:

> *«Je fixais mes conditions: ne pas être chargé des théâtres, à l'administration desquels j'étais complètement étranger; laisser une large et d'ailleurs utile autonomie à la direction des Musées, à laquelle j'étais attaché depuis 1846, et où il m'était difficile de commander impérieusement à des hommes dont j'étais fier d'avoir été l'élève; enfin, avant tout, me ménager le droit de rentrer dans mes fonctions de conservateur du Musée*

du Luxembourg, le jour où j'aurais cessé d'être en conformité de vue avec le ministre; et plus probablement dès que j'en aurai assez de ce terrible métier dont je prévoyais à l'avance les perpétuelles tribulations»[103].

«Touche-à-tout», «Protée», «bon à tout faire»: les termes employés par Paul Léon disent bien, du reste, l'éclatement des fonctions d'un Directeur qui doit superviser l'ensemble hétéroclite que constituent les dossiers traités par ses services.

«Le directeur des Beaux-Arts est une sorte de touche-à-tout, un véritable Protée. Son domaine est fort étendu: théâtres, concerts, écoles, musées, achats et commandes, construction et restauration de bâtiments. Le programme d'action est immense. La réalité le dépasse. Solennités, commémorations, visites de souverains, autant de tâches qui lui incombent. De là beaucoup d'imprévu dans le cours même de la journée, l'ubiquité nécessaire, la décision immédiate, aucun temps pour faire oraison, l'appel impérieux de l'incident qui surgit au moment inattendu. Dans cette dissipation d'esprit, l'obligation de résoudre maintes questions techniques et financières. Sait-on, par exemple, que c'est l'administration des Beaux-Arts qui pourvoit en eau potable la population de Versailles et des communes environnantes? Il faut passer à tout moment du peintre à l'ingénieur, de l'acteur à l'électricien, de la danseuse au comptable, et changer à tout moment de compartiment et de thème. Bon à tout faire est la devise»[104].

Jouer un rôle mal établi: c'est semble-t-il l'inévitable vocation d'un Directeur des Beaux-Arts qui, contraint à l'entre-deux, doit concilier l'inconciliable de l'art et de l'administration. Le portrait de l'administrateur des Beaux-Arts idéal que dresse Henry Roujon, ancien Directeur, à propos de son prédécesseur Gustave Larroumet, révèle bien, dans les oppositions qui le structurent, l'articulation des contraires que le Directeur doit réaliser.

«Respect des droits des artistes et claire notion du rôle de l'État, maintien d'un haut enseignement d'après les chefs-d'œuvre, dévouement aux institutions glorieuses qui assurent la continuité du génie français, union de l'art et de l'industrie par l'école, ni intervention tracassière ni coupable laissez-faire, la répugnance aux destructions brutales, un regard avisé vers ces nouveautés troublantes qui annoncent parfois la formule de demain, piété pour le passé, compréhension de la diversité du présent, et, pour

l'avenir, une foi profonde dans la vertu de la liberté, voilà quelques idées maîtresses qui animèrent son zèle et dirigèrent sa conduite»[105].

Au-delà de cette contrainte devenue en quelque sorte structurelle, le Directeur des Beaux-Arts doit se colleter avec les aléas d'une position très exposée – aux critiques de la presse, de la Chambre, des artistes, à des sollicitations multiples – et en même temps assez faible et peu autonome. Trop de notoriété pour trop peu d'autorité: là résident également les raisons d'un poste difficile à tenir, que présente bien l'extrait suivant, en comparant le Directeur des Beaux-Arts à ses homologues d'autres ministères.

«Outre l'attrait que les Beaux-Arts exercent sur tous les représentants de l'opinion, depuis le député à systèmes jusqu'au journaliste à potins, le Directeur des Beaux-Arts doit compter avec tous les ennuis que chaque jour suscite dans un pays où les Chambres et la presse ont tous les droits de la libre discussion. Il lui faut beaucoup payer de sa personne et, plus il agit, plus il sert de cible. [...] L'essentiel serait que, Directeur ou surintendant, le fonctionnaire chargé d'administrer les Beaux-Arts disposât d'une autorité suffisante pour faire de bonne besogne. À l'Instruction publique, de simples Directeurs ont pu, sous des ministères nombreux et divers, accomplir l'œuvre la plus importante, avec la réorganisation de l'armée, qu'ait eue à poursuivre la troisième République. Mais aux Beaux-Arts, l'autorité d'un Directeur, plus considérable en apparence, peut-elle autant, en fait, qu'à l'Instruction publique? Le contraire serait plutôt vrai. D'abord, en matière d'art, les questions de personnes sont particulièrement nombreuses et difficiles. [...] Il en est de même pour les questions de principe ou de fait. [...] Il faut toujours compter, au Palais-Royal, sur les discussions de presse ou de tribune provoqués par des incidents [mineurs]. Le théâtre, la politique et le patriotisme, trois motifs inégaux de passions vives, touchent aussi souvent aux Beaux-Arts qu'ils touchent rarement à l'Instruction publique. En pareil cas, le Directeur des Beaux-Arts est journellement mis en jeu. Ce n'est pas juste. Il n'a pas toujours provoqué ou décidé lui-même les mesures qui, huit jours durant, passionnent la presse et les Chambres. Si l'on s'en prend à lui, c'est que l'opinion est simpliste. Elle lui attribue une autorité supérieure à celle dont il dispose. Sa fonction est considérable et en vue. Cela suffit pour qu'on le suppose très puissant. Ni au

ministère de l'Intérieur, ni au ministère des Affaires étrangères, les plus exposés aux incidents journaliers, les chefs de service ne courent au même degré de pareilles aventures»[106].

On comprend dès lors qu'on ne fasse guère carrière au poste de Directeur, ni même au sein de l'administration des Beaux-Arts – seul Kaempfen deviendra Directeur des Musées après son départ. Le poste de Directeur fonctionne en revanche pour ces hommes de lettres et artistes sans œuvre comme tremplin pour accéder à cette reconnaissance institutionnelle dans les champs artistique et littéraire que constitue l'élection à l'Institut. Chennevières devient membre de l'Académie des Beaux-Arts l'année même de son départ, Eugène Guillaume, quelques années après, est coopté par l'Académie des Beaux-Arts puis l'Académie Française, Larroumet est élu l'année de son départ, en 1891, à l'Académie des Beaux-Arts dont il devient le secrétaire perpétuel en 1898, son successeur à la Direction Roujon lui succède également au poste de secrétaire perpétuel de l'Académie des Beaux-Arts, et devient membre de l'Académie Française. Et l'on sait que cette propension à chercher auprès des Académies des gratifications que l'administration des Beaux-Arts n'est pas en mesure de leur apporter compte en retour au nombre des griefs que retiennent les artistes non-académiques à l'encontre des Directeurs.

Une intervention limitée et circonspecte, des formes de justification contingentes, des formes institutionnelles incertaines et des rôles politiques et administratifs mal établis: l'illégitimité d'une politique artistique s'inscrit dans des pratiques, des institutions et des positions contraintes. Énoncée dénoncée et annoncée par les défenseurs de l'autonomie du champ artistique, des artistes et écrivains investis en politique mais aussi des parlementaires de tous bords – libéraux contre l'interventionnisme, socialistes contre le financement des plaisirs bourgeois, républicains contre les survivances d'Ancien régime – cette illégitimité est réalisée par ces pratiques, institutions et positions en porte-à-faux qui en fournissent en quelque sorte la preuve. Aucune institution, ni au sens restreint d'organisation bureaucratique ni au sens large de «répertoires de pensée ou de comportement cohérents et de long terme qui déterminent des résultats politiques»[107] ne vient donner corps à une politique et en établir la légitimité. Aucun texte ne vient codifier une fonction étatique et inscrire dans le droit une «mission» des pouvoirs publics. Le travail juridique joue en la matière en sens inverse comme obstacle plus que comme ressource pour la légitimation de l'action publique, la qualification de service public étant déniée aux institutions des Beaux-Arts, au moins jusqu'à la première guerre mondiale[108].

CHAPITRE III

La reproduction d'une absence (1920-1958)

Établies au tournant du siècle, les conditions qui empêchent la mise en forme d'une politique dans le domaine des choses de la culture se perpétuent dans les décennies suivantes. Les relations instaurées entre producteurs culturels et agents de l'État se rejouent, sous des formes certes partiellement différentes, mais avec des effets identiques: délégitimation de leurs «ingérences», faiblesse corrélative de leurs investissements, et, en conséquence, irrésolution des formes institutionnelles du traitement public de la culture. Les concurrences pour la représentation du peuple et plus généralement les luttes pour dire le monde social se rejouent également dans de nouveaux investissements pour la culture du peuple et les débats qu'ils occasionnent. C'est ce que révèle l'analyse des mobilisations collectives pour la culture – où s'élaborent l'essentiel des principes et les modalités du traitement social des questions culturelles jusqu'aux années 1960 – et des rapports entre ces mobilisations et les institutions publiques. Rapports en l'occurrence au moins ambivalents – et le plus souvent hostiles – qui ne favorisent pas l'intégration de ces principes et modalités de l'action pour la culture aux institutions et politiques d'État. Ces institutions et politiques d'État restent quant à elles, comme dans la période précédente, faiblement structurées et marquées par une suite de projets inaboutis et d'expériences éphémères.

MOUVEMENTS CULTURELS ET POUVOIRS PUBLICS

Après la première guerre mondiale, les nombreuses formes de mobilisation collective qui voient le jour en dehors des pouvoirs publics constituent un espace progressivement structuré de positions et prises de positions autour de la question du peuple et de la culture. Souvent éloignés du pôle institutionnel du champ du pouvoir, nombre des entreprises qui visent à amener la culture aux ouvriers sont aussi des entreprises politiques de subversion de l'ordre établi et de l'État qui le garantit. Au révolutionarisme culturel des intellectuels prolétaroïdes des années 1890-1900 s'ajoute de fait à partir des années 1920 la promotion des ouvriers par la culture et-ou la promotion d'une culture ouvrière par ou aux côtés des organisations politiques de la classe ouvrière – d'anciens intellectuels prolétaroïdes, comme Romain Rolland, deviennent d'ailleurs à cette époque des «compagnons de route». Il est toutefois des mouvements et des conjonctures qui rendent possibles des échanges avec les institutions publiques. Des organismes reçoivent alors le soutien – notamment financier – de l'État, pour une activité qui se trouve en phase avec l'orientation des pouvoirs publics à un moment donné: organisation des loisirs, décentralisation théâtrale, formation des animateurs, etc. C'est le cas d'une manière générale au moment du Front populaire, à la Libération, et aussi dans une certaine mesure avec Jeune France au début du régime de Vichy. Mais ces échanges ne suffisent pas à instituer une politique d'État: ils marquent plutôt la confirmation d'un partage des rôles qui maintient le traitement social des choses de la culture en dehors du champ bureaucratique. Plus, la faible institutionnalisation de ces échanges – soit qu'ils demeurent éphémères et conjoncturels, soit qu'ils ne donnent pas lieu à des procédures formalisées – ne permet pas l'établissement d'une politique par collusion entre champ bureaucratique et organisations privées, ou par délégation du premier aux secondes.

Des mobilisations pour la culture du peuple

De nombreuses organisations prennent en charge les «loisirs ouvriers» et l'«éducation populaire» après la première guerre mondiale. S'il est beaucoup question de loisirs ou d'éducation, le mot culture et ses différentes déclinaisons sont de plus en plus utilisés – dans les écrits d'intellectuels pour l'essentiel – à partir des années 1920 pour désigner ces différentes entreprises. Mais, signe à la fois de sa nouveauté et de l'embarras qu'il suscite, cet usage s'accompagne d'explications qui en précisent les conditions, voire s'en excusent. Deux exemples situés l'un au pôle légitimiste, l'autre à celui de la culture prolétarienne, indiquent les enjeux qui sous-tendent l'usage de ce mot. Dans sa thèse, François Bloch-Lainé qui se fait le promoteur d'une éducation populaire «réformiste» marque sa gêne à l'égard d'un adjectif «sorti des écrits marxistes»:

> *«Nous emploierons fréquemment ce mauvais mot à cause de son extrême commodité. L'Académie française a admis déjà que le terme de "culture" fût pris dans un sens figuré pour désigner le total du savoir, de la pensée, du goût, de la sensibilité, etc., à la fois comme un état passif (exemple: la culture de tel écrivain) et comme une fonction active (exemple: la culture latine). Mais l'usage seul a, jusqu'à présent, consacré l'adjectif correspondant "culturel", sorti des écrits des théoriciens marxistes et néo-marxistes. Nous n'avons pas cru, pour notre part, devoir attendre qu'il fût de bon français pour parler de* point de vue culturel, *par opposition aux points de vue politique, social, religieux...* d'action culturelle *considérée comme l'une des branches les plus récentes de l'action sociale... et de* vie culturelle *comme ici même»*[1].

Marcel Martinet marque une gêne symétrique dans son recueil sur la Culture prolétarienne en mettant à distance l'ambivalence des tentatives de donner la culture au peuple:

> *«Ce terme de* culture, *que je vais être contraint de répéter tant de fois, est bien déplaisant. Il est abstrait, obscur, prétentieux, et il a un arrière-goût assez prononcé de conformisme, de suffisance et de trahison. Il provoque les sarcasmes exaspérés d'excellents camarades, qui déclarent ne connaître d'autre culture que celle des petits pois et des laitues. Et je suis fortement tenté de partager leur répulsion. Mais que faire? La question est de savoir si ce mot désagréable recouvre tout de même une réalité, si la classe ouvrière peut renoncer à l'intelligence et à la possession de cette réalité sans s'abandonner elle-même. [...] Après tout, ce mot n'est qu'un moyen et, jusqu'à ce qu'on lui trouve un équivalent ou un remplaçant meilleur, il faut bien employer celui-là. Et, en l'employant, on peut essayer de le décrasser et de l'éclaircir, de lui restituer une signification concrète, simple et saine, une valeur d'usage et, ainsi, de contribuer à rendre au prolétariat la réalité que ce mot recouvre»*[2].

Certaines de ces organisations de loisirs, d'éducation, ou désignées comme culturelles, parmi les plus anciennes, sont alors sur le déclin, comme les Universités Populaires. D'autres apparaissent, sous une forme spécialisée comme les Ciné-clubs en 1920, regroupés en une fédération en 1929, ou à l'intérieur des organisations syndicales. De fait, même si à la veille du Front Populaire «la France paraît être le pays où les organisations ouvrières ont l'action la moins développée en matière culturelle»[3], des activités de «loisirs culturels» (spectacles, visites de musée, etc.) ont néanmoins fait leur apparition au sein des syndicats, d'abord orientés vers l'apprentissage technique ou doctrinaire, puis ouverts à la «distraction» et au «loisir» à partir de la fin des années 1920, au début des années 1930 pour la CGTU[4]. Les organismes du travail et les syndicats collaborent ainsi à la mise en place d'instances qui, comme le Comité National des Loisirs fondé en 1929, organisent des soirées théâtrales, des fêtes populaires ou des représentations de cinéma. Des groupements confessionnels comme la Jeunesse Ouvrière Chrétienne organisent aussi à cette époque des activités de ce type. La question des loisirs ouvriers est également prise en considération par les organisations internationales, après l'établissement de la journée de travail de huit heures[5].

Élaborées en dehors des institutions de la politique officielle – parlement ou administration des Beaux-Arts – les normes et expériences de la «popularisation culturelle» ne s'inscrivent pas moins dans des logiques proprement politiques. Les débats sur la culture formeraient alors le «champ de bataille où s'aperçoivent dans leur réalité charnelle les classes en lutte», selon l'un de ses protagonistes, Marcel Martinet[6]. Ils s'inscrivent plutôt, comme les conflits autour du théâtre du peuple dans les années 1895-1905, dans les concurrences entre agents prétendant représenter le peuple et prescrire la vision du monde social dont ils sont porteurs, qui s'opposent en fonction de leur inégale distance au pôle institutionnel du champ du pouvoir. Les années 1920 et les premières années de la décennie 1930 constituent ainsi la période où ces luttes sont les plus vives et les plus explicitement menées. Dans ces luttes complexes aux implications multiples, l'opposition se cristallise entre les positions symétriques du populisme militant de la culture prolétarienne et du légitimisme charitable des formes les plus institutionnelles de l'éducation populaire; opposition qui se superpose à celle qui met aux prises des agents – intellectuels, politiques, artistiques – hostiles aux institutions gouvernementales et à ceux qui en sont proches.

Le débat sur la culture prolétarienne apparaît dès avant la première guerre mondiale, dans les écrits d'agents de la fraction intellectuelle des organisations politiques ouvrières, comme Marcel Martinet, ou d'intellectuels qui en sont proches, comme Jean-Richard Bloch[7]. Mais il prend toute son ampleur dans les années 1920 et jusqu'aux années qui précèdent le Front Populaire. Débat complexe, puisqu'il engage à la fois la question du rapport du peuple à la culture et celle de la légitimité à faire parler le peuple, et qu'il se joue sur au moins deux tableaux: celui du champ littéraire – les positions qui le structurent, les possibilités d'une incursion de logiques politiques et, finalement, son autonomie[8] – et celui du mouvement communiste, avec la place qu'y occupent les questions culturelles et les intellectuels. Censé redéfinir les relations entre ces deux espaces, ce débat n'entame toutefois pas plus l'autonomie du champ littéraire qu'il ne remet en cause la marginalisation progressive des intellectuels au profit du recrutement ouvrier au sein du mouvement communiste. Il conduit en revanche à, selon l'expression utilisée, «transposer la lutte des classes à la culture»: par la multiplication de mobilisations et de discours pour une culture de la classe prolétarienne devant remplacer celle de la classe bourgeoise – création en mars 1932 de l'Association des Écrivains et Artistes Révolutionnaires qui prend pour mot d'ordre «Contre la culture bourgeoise, pour la culture prolétarienne et révolutionnaire», publication de *Pour une nouvelle culture* par Nizan... – et par le développement d'une «littérature prolétarienne» – romans d'ouvriers ou d'écrivains professionnels prenant le monde ouvrier pour sujet, concours d'autobiographies d'ouvriers dans *l'Humanité*. Les militants de la culture prolétarienne rejettent ainsi, en même temps que la culture de l'«ennemi de classe», toute forme de «paternalisme culturel» – les déviations «bourgeoises» des Universités Populaires sont sévèrement critiquées – et font de la culture un instrument des luttes pour la subversion de l'ordre social.

À l'inverse, la culture du peuple que cherchent à promouvoir les mouvements d'éducation populaire dont les promoteurs se définissent comme politiquement et socialement modérés est explicitement destinée à préserver cet ordre social. La thèse de François Bloch-Lainé peut être considérée comme un bon exemple de ces positions que leurs détenteurs définissent comme «modérées»[9]. Fermement opposé à ceux qu'il désigne comme les «extrémistes de gauche», il leur dénie la représentation exclusive de l'avenir de la culture du peuple: s'il faut «contribuer à un renouvellement de la culture, [...] les révolutionnaires ne sauraient être les seuls à [le] souhaiter et à [le] diriger». C'est qu'il convient de préserver ce que l'auteur appelle «la culture bourgeoise»; car, quoi qu'en disent les «révolutionnaires», «l'art populaire est nécessairement un art inférieur». Plus encore, les objectifs de ce «renouveau culturel», loin de la transformation des structures sociales, doivent résider en des améliorations qui les fassent accepter par tous. Le «désintéressement» et la «charité» qui animent les «œuvres» de l'éducation populaire, autant qu'à la «justice» sociale, doivent servir à la préservation de l'«ordre» social.

> *«Dans cette œuvre charitable, la société a manifesté son désintéressement. Cependant, le développement de l'Éducation populaire ne répond pas seulement à un désir de justice, il n'est pas uniquement un* acte gratuit *des classes dirigeantes au bénéfice des moins favorisés. Il apparaît aussi dicté par un souci de* l'ordre *et, comme tel, il est conforme à l'intérêt direct et personnel de la société».*

En 1936, François Bloch-Lainé peut l'écrire: «les extrémistes de gauche qui veulent faire table rase, remplacer de toutes pièces et non renouveler, sont de jour en jour moins nombreux». Il peut dès lors envisager une culture pour le peuple qui mêle préservation de l'héritage et renouvellement: «le maintien de la culture ancienne n'est [pas] strictement opposé à la formation d'une culture nouvelle». Ce faisant, il préfigure l'unanimisme et l'ambivalence des entreprises de prosélytisme culturel ultérieures, qui euphémisent tout en conservant toutes deux les positions contradictoires du «révolutionnarisme culturel» et du maintien de l'ordre social par la diffusion d'une culture minimale[10].

Les mobilisations collectives et les controverses des années 1920-1935 marquent ainsi les oppositions, hésitations et ambivalences des entreprises de prosélytisme culturel, prises entre deux projets culturels et politiques: celui du changement révolutionnaire contre un ordre social et culturel garanti par l'État et celui de la conservation des hiérarchies établies accommodées par une philanthropie culturelle éventuellement publique mais surtout privée.

Les limites d'une convergence: mouvements culturels et pouvoirs publics au début du Front Populaire

La conjoncture particulière du Front Populaire rend possible, dans une certaine mesure, le dépassement de ces controverses – tant en ce qui concerne les stratégies culturelles qu'au niveau des relations entre mouvements culturels et institutions publiques – dans une commune opposition au fascisme. Le Front Populaire[11] marque en effet une redéfinition des relations qu'entretiennent les différents mouvements culturels et les pouvoirs publics. La redéfinition de ces rapports, dans le sens d'un rapprochement, permet un effet d'entraînement que les protagonistes et à leur suite les historiens de la période décrivent comme un «élan culturel»; pour autant, cette convergence ne marque pas ce qui serait l'émergence d'une politique étatique de la culture, dotée d'un cadre normatif et objectivée dans un budget et des institutions. Il s'agit plutôt, pour reprendre la terminologie qui prévaut alors, d'une «politique des loisirs», qui repose largement sur les groupements privés, sans engager d'importants investissements publics, qu'ils soient financiers ou institutionnels[12].

La redéfinition des rapports entre l'État et les mobilisations collectives pour la culture du peuple est rendue possible par l'arrivée d'un personnel politique proche des cercles intellectuels de gauche. Surtout, le milieu des années 1930 est marqué, en matière culturelle comme ailleurs, par ce qu'il est convenu d'appeler un «tournant» politique du Parti Communiste, et plus généralement des mobilisations d'intellectuels qui se sont développées autour du mouvement communiste. On sait qu'un «tournant politique» s'opère au milieu des années 1930, qui n'est pas spécifique à la stratégie culturelle: d'une manière générale, la politique axée sur les luttes sociales laisse la place à la politique de la «main tendue». Ainsi, à partir des années 1934-1935, les références à la «culture prolétarienne» évoquées plus haut et les visées subversives de la littérature d'avant-garde laissent la place à ce qui est désigné comme «la défense de la culture» contre le fascisme. Le rapport de Paul Vaillant-Couturier au comité central du PCF en 1936 marque la version achevée de de «tournant». Il s'agit de réaliser l'union la plus large possible pour combattre l'avancée du «fascisme contre la culture». Il n'est plus question de remplacer la culture bourgeoise par la culture prolétarienne, mais d'œuvrer pour la préservation et l'enrichissement de ce qui est décrit comme l'héritage national commun.

> *«Dès à présent, nous travaillons avec acharnement pour développer parmi les masses la culture et pour défendre l'intelligence menacée. [...] Nous continuons la France. Et c'est parce que nous continuons la France que nous voulons sauver la culture»*[13].

Après le resserrement ouvriériste du recrutement des dirigeants communistes des années 1920, les intellectuels sont réintégrés au mouvement communiste notamment par l'intermédiaire d'organisations satellites[14]. Le changement du milieu des années 1930 n'est donc pas limité à la structure partisane du mouvement communiste: il est également opéré dans les organisations de gauche qui regroupent intellectuels et écrivains. C'est ainsi qu'est organisé le premier Congrès des écrivains pour la défense de la culture, à la Mutualité le 1er juin 1935, où il s'agit là aussi de préserver l'héritage national[15]. Au sein de l'Association des Écrivains et Artistes Révolutionnaires, comme dans d'autres mouvements, c'est la lutte contre le fascisme qui prévaut; la «défense de la culture» passe par la création de «Maisons de la culture», et l'AÉAR devient l'Association des Maisons de la Culture et des Cercles Culturels. Cet unanimisme qui conduit à réduire la référence à la lutte des classes au profit d'une politique d'«union nationale» contre les périls extérieurs n'est pas suivie par les agents issus des mouvances du syndicalisme révolutionnaire (Pierre Monatte, Marcel Martinet); mais à part ces positions qui sont devenues marginales au sein du mouvement ouvrier et des groupes intellectuels qui en sont proches, c'est effectivement un «rassemblement» d'un nombre croissant d'intellectuels que permet ce changement. Et au-delà des intellectuels, ce sont aussi tous les groupes de gauche pour la culture et l'éducation du peuple qui peuvent être rassemblés, et trouver après les élections de juin 1936 les conditions politiques nécessaires à leur développement. Reprenant la pose des militants du théâtre du peuple au tournant du siècle, mais cette fois en lien avec des organisations politiques – notamment le PCF – voire avec les pouvoirs publics, écrivains, intellectuels, artistes, musiciens s'engagent pour donner l'art au peuple[16]. C'est ce qui transparaît dans les propos bien connus de Jacques Soustelle, alors intellectuel proche du Parti Communiste, qu'il tient en juin 1936 dans l'hebdomadaire *Vendredi*, publication importante de ce rassemblement intellectuel et politique:

> «Parallèlement *au grand mouvement politique et social du Front populaire [...] se déroule dans note pays* un vaste mouvement culturel. *Sa devise pourrait être:* ouvrons les portes de la culture. *Brisons la muraille qui entourait comme un beau parc, interdit aux pauvres gens, une culture réservée à une "élite" de privilégiés»*[17].

Les termes mêmes de Jacques Soustelle le font apparaître: ce n'est pas à l'intérieur des institutions de l'État que s'opère un changement important en matière de traitement de la culture, mais de manière diffuse, comme un «mouvement» induit mais non directement organisé par les pouvoirs publics, qui se développe «parallèlement» à leur intervention. Aussi, si les termes de «politique culturelle», «programme» ou «plan culturel» apparaissent à cette période dans les revues intellectuelles comme *Europe* ou *Vendredi*, c'est pour désigner l'activité des groupes d'intellectuels ou des mouvements culturels (comme «Mai 36») plus qu'en référence à ce qui serait une politique d'État[18]. La politique culturelle n'est de fait pas mobilisée comme catégorie d'intervention publique: la «politique» construite alors dans les discours et les institutions publics est qualifiée de «politique des loisirs». Celle-ci prend appui sur une structure institutionnelle nouvelle: le Sous-secrétariat d'État aux Sports et Loisirs dirigé par Léo Lagrange, sous la tutelle de Jean Zay, ministre de l'Éducation nationale. Cette construction d'une politique des loisirs intègre les questions culturelles dans un ensemble qui les dépasse, et où prennent place entre autres le sport ou les vacances. Dans le prolongement des lois sur les congés payés et de la semaine de quarante heures, c'est cet ensemble de pratiques sociales, qui ont pour seul point commun de renvoyer à une vie sociale en dehors du temps de travail, qu'il s'agit de rendre accessibles aux «masses populaires». L'on connaît les propos de Léo Lagrange:

> *«Ni le sport, ni le tourisme, ni la culture ne sont des plaisirs nouveaux dans notre civilisation moderne. Ils sont cependant demeurés, à de rares exceptions près, le privilège d'une classe sociale et parfois l'aspect le plus saisissant de sa prééminence. Un régime démocratique, en créant par des réformes sociales nécessaires des loisirs de masse, doit, en même temps, organiser ces loisirs, c'est à dire donner aux masses populaires les moyens de pratiquer le sport et le tourisme et de connaître les joies de la culture»*[19].

Et c'est cette «politique des loisirs» qui donne sens aux diverses mesures prises: plus grande durée d'ouverture des musées dont les entrées sont moins chères, places à bas prix dans les théâtres nationaux, spectacles gratuits pour les fêtes nationales, etc. La référence aux loisirs s'impose ainsi, y compris dans les institutions anciennes des Beaux-Arts. Dans un article sur les rapports de l'art et de l'État, le Directeur des Beaux-Arts Georges Huisman déclare ainsi en 1937 qu'

> *«En réalisant une politique de loisirs, en marquant sa volonté que toutes les classes de travailleurs soient amenées, par étapes successives, à une exacte compréhension de la culture, notre Démocratie entend rompre avec des erreurs qui ont trop duré»*[20].

Cette politique des loisirs ne suscite pas d'important engagement des finances publiques, et prend essentiellement appui sur les associations et groupements privés. De fait, si une action réglementaire (statut juridique du «travailleur intellectuel» qui permet selon son promoteur un «véritable statut de la création intellectuelle et artistique en France»[21]) et d'indéniables innovations institutionnelles interviennent alors (nationalisation de l'Opéra et de l'Opéra-Comique, création de la Réunion des théâtres lyriques nationaux, Musée National d'Art Moderne, Cinémathèque, Phonothèque), elles ne sont pas intégrées à un programme systématique et voient surtout leur portée atténuée – pour les créations institutionnelles – par la relative faiblesse des moyens engagés, malgré une sensible augmentation du budget des Beaux-Arts. Quelques tentatives de rapprochement inédites sont envisagées pour pallier les insuffisances financières: ainsi, Jean Zay rapporte dans son livre de souvenirs son essai pour faire contribuer la radio à l'émergence d'une «véritable» politique, pour les théâtres notamment: «en France comme il en est déjà à l'étranger, les centaines de millions de la Radio doivent se prêter à l'élaboration d'une vaste et cohérente politique artistique»[22]. Il tente sans succès de transférer la radio de la tutelle du ministère des Postes à celle de l'administration des Beaux-Arts, mais obtient cependant quelques financements pour «sauver des théâtres de la faillite», et «relancer modestement les théâtres municipaux».

Surtout, les associations et groupes privés sont incités à développer leurs activités et sollicités comme «relais» du vaste «mouvement» impulsé par les instances gouvernementales, sans pour autant que cela ne donne lieu à une politique précise d'aide, financière notamment. Les propos de Léo Lagrange, concernant les entreprises visant à donner du théâtre au peuple, sont de ce point de vue explicites: il s'agit de favoriser les tentatives qui vont dans ce sens, sans toutefois que cela ne débouche sur autre chose que le soutien symbolique du «patronage officiel» auquel s'ajoute, au mieux, une subvention réduite.

> *«Il y a là une œuvre magnifique à entreprendre qui dépasse à la fois le cadre et les ressources de notre sous-secrétariat d'État. Nous considérons cependant le Théâtre du Peuple de la CGT comme un début de réalisation de cette œuvre. C'est pourquoi nous lui avons donné notre patronage officiel. Différents collectifs ont également notre appui»*[23].

Jean Zay témoigne de limites identiques: l'engagement financier des pouvoirs publics en matière de théâtre – bien qu'en hausse – reste inférieur en France à ce qu'il représente dans d'autres pays européens, et le ministre ne dispose largement que des ressources symboliques du soutien dans les discours publics et de la distribution de «distinctions honorifiques».

> *«En présidant à la délicate répartition de cette manne trop peu nourrissante, je ne pensais pas sans humiliation aux crédits massifs dont disposaient mes collègues étrangers, à la subvention de l'Opéra de Hambourg ou du Théâtre de Moscou qui, à elle seule, dépassait le total de mes crédits. [...] Comme toujours, l'État n'était vraiment généreux qu'en matière de distinctions honorifiques. On n'avait que là les coudées franches»*[24].

La faiblesse de l'investissement public peut être rationalisé, en ce qui concerne les loisirs, sur le mode de la différenciation à l'égard de l'organisation autoritaire qui prévaut, dans l'Italie fasciste notamment.

> *«Organiser les loisirs dans un pays démocratique ne peut consister à placer les individus sous le contrôle autoritaire de l'État dans l'emploi de leur temps libre. L'État doit être un guide pour l'utilisation des loisirs et pour le développement, sur le plan individuel et sur le plan social, de la santé et de la culture; son but suprême est que les travailleurs trouvent dans les loisirs la joie de vivre et le sens de leur dignité»*[25].

Plus généralement, si l'on en croit les récits et témoignages disponibles, c'est aussi qu'au delà des limites budgétaires, il n'était guère acquis que les loisirs et la culture du peuple puissent constituer une activité professionnelle rémunérée, et partant impliquer un fort engagement financier et institutionnel des pouvoirs publics: le prosélytisme culturel devait rester de l'ordre de la «vocation» individuelle plus que de la politique d'État. Bénigno Cacérès note ainsi que «la diffusion de la culture est encore considérée en 1936 comme une affaire privée, comme une vocation où la bonne volonté, le “don de soi”, la gratuité du travail de l'animateur (qui doit compter, pour vivre, sur une autre fonction rémunératrice), sont les règles essentielles»[26].

Décentralisation théâtrale sans subvention d'État, fort développement des maisons de la culture – l'Association des Maisons de la Culture et des cercles culturels compte 1 200 membres au début de sa création et 70 000 en 1937 – en dehors de la politique gouvernementale, ébauche d'un réseau régional de bibliothèques populaires avec la création de l'Association pour le développement de la lecture publique, la période du Front populaire marque d'importants changements dans le traitement social des choses de la culture plus que l'émergence d'une politique d'État objectivée dans des institutions et actualisée par une forte intervention des pouvoirs publics. Plus que la mise en forme d'une «politique culturelle», cette conjoncture particulière permet une convergence sans précédent entre mouvements culturels (Maisons de la culture, structures de loisirs des organisations syndicales, ciné-clubs, etc.), intellectuels mobilisés (Jean-Richard Bloch, Jean Guéhenno...) et représentants des institutions d'État; convergence qui, si elle produit objectivement des effets sociaux, est propice à la mythification rétrospective d'un gouvernement de gauche donnant la culture au peuple plus qu'elle ne conduit directement à la construction de la «politique culturelle» comme catégorie de l'intervention publique.

Le rapprochement conjoncturel des mouvements culturels et de l'État ne suffit donc pas à l'émergence d'une politique culturelle d'État. Aux difficultés propres à la conjoncture du Front Populaire – fortes contraintes budgétaires, caractère fragile et éphémère du gouvernement unitaire de gauche – s'ajoute un obstacle d'ordre structurel. Les mouvements pour la culture du peuple, parce qu'ils engagent toujours beaucoup plus que le simple fait d'encadrer quelques pratiques collectives, sont loin de fournir les bases les plus propices à l'institutionnalisation d'une politique d'État: le caractère inévitablement conflictuel du rapprochement d'agents mobilisés pour promouvoir de nouvelles manières de représenter le peuple et d'institutions publiques détentrices du monopole de cette représentation empêche en effet qu'un tel rapprochement puisse s'établir de manière durable.

C'est ce que révèlent deux des principales expériences en la matière après le Front populaire, très différentes l'une de l'autre mais proches de ce point de vue: celle de «Jeune France», association pour le «renouveau culturel de la nation» financée par les pouvoirs publics à la fin 1940 et dissoute en mars 1942 et celle de «Peuple et Culture», mouvement d'éducation et de culture populaires situé à l'articulation des mouvements associatifs et de l'action publique créé à la Libération.

«Jeune France» sous le régime de Vichy: un mouvement d'État contre l'État?

L'autonomie relative des espaces de la production culturelle a été fortement remise en cause sous l'Occupation. Plus que jamais, l'art et la littérature se sont trouvés pris dans des enjeux politiques[27]; la «surpolitisation» des agents du champ littéraire, par exemple, a conféré à leurs pratiques «une signification politique indépendamment du sens subjectif visé»[28]. Le traitement étatique des questions artistiques porte quant à lui la trace des orientations définies par la «Révolution nationale»: stigmatisation officielle et mise à l'index des avant-gardes des années 1930 comme expression de la «décadence» due à «l'individualisme» et aux «ennemis de la France», glorification symétrique des traditions de la «vraie France» incarnées dans le folklore[29]. Toutefois, l'intervention menée sous l'autorité de l'État Français en matière artistique reste sans comparaison avec l'ampleur qu'elle a pu prendre, tant sous sa forme répressive que par les investissements qu'elle a suscités, dans l'Allemagne nazie et l'Italie fasciste[30].

Cette intervention publique a été marquée en particulier par la création de l'association Jeune France. L'histoire de cette association fait l'objet d'une double controverse: quant à ses liens avec le régime de Vichy; quant à son statut de «précurseur» de la décentralisation théâtrale entreprise au début de la IVe République, et plus généralement des politiques culturelles. Ce «mouvement», comme le désignent ses promoteurs, est proche de l'école des cadres d'Uriage, tant par la coopération qui s'établit entre les deux organisations que par les personnes qui, comme Emmanuel Mounier, interviennent dans l'une et l'autre[31]; et Jeune France est, comme Uriage quoiqu'avec une moindre ampleur, l'objet de débats quant à la soumission de ses membres à l'État français et aux conditions de leur engagement dans les mouvements de Résistance. Dans l'histoire de l'intervention publique pour la culture, Jeune France est, du fait de ces ambiguïtés, également l'objet de controverses: en plaçant là le point de départ de la décentralisation théâtrale, on lui confère une généalogie équivoque, qui est souvent occultée dans les histoires militantes[32]. On voudrait, plutôt que de réactiver ces polémiques, revenir brièvement sur les ambiguïtés qui sont à leur origine.

De ses conditions particulières de création, Jeune France conserve les ambiguïtés d'une organisation à la fois relativement autonome dans sa direction et pourtant placée de fait en situation d'organisme para-public. À ces ambivalences dans les relations aux institutions gouvernementales, se superpose la double face d'un groupement qui se veut à la fois garant des formes de la culture légitime – «la continuité d'une haute tradition de culture française»[33] – et promoteur d'un renouveau de la culture populaire et quotidienne. La «décentralisation» culturelle, principe fondateur de Jeune France, permet de résoudre cette double ambivalence politique et culturelle mais révèle en même temps les contradictions qui fondent ce mouvement. Mouvement dont l'histoire est moins celle de l'échec d'une institution gouvernementale que celle de l'institutionnalisation improbable d'une organisation potentiellement incontrôlable.

C'est Pierre Schaeffer, alors jeune polytechnicien, ingénieur des PTT à la radio, par ailleurs auteur dramatique et animateur théâtral dans le cadre du mouvement des scouts de France, qui se trouve à l'origine de Jeune France. Il en devient président général au début 1941. Responsable de Radio-Jeunesse à partir d'août 1940 à Vichy, il anime avec une équipe d'artistes et d'animateurs – comme les «Comédiens routiers» issus de la compagnie fondée en 1931 par Léon Chancerel, elle même issue de la troupe de Jacques Copeau – une émission quotidienne dans laquelle «la jeunesse» exprime ses «espoirs» et qui, en octobre 1940, décline les thèmes de la Révolution Nationale: c'est la «réponse des jeunes au Maréchal». À partir de cette équipe, à laquelle s'ajoutent des agents des milieux intellectuels comme Emmanuel Mounier ou Paul Flamand, directeur des éditions du Seuil, est créée à Vichy le 22 novembre 1940 l'association Jeune France, «sous l'égide du Secrétariat Général à la Jeunesse, sous le patronage du Secrétariat d'État à l'Éducation nationale et à la jeunesse»[34].

Jeune France constitue donc, sous une forme associative, un organisme public qui, s'il est alimenté par quelques ressources propres (cotisations, billets) et diverses subventions de collectivités locales lors de l'organisation de spectacles, dépend surtout du financement gouvernemental: Secrétariat Général à la Jeunesse, Commissariat à la lutte contre le chômage, cabinet du chef de l'État[35]. Ses membres fondateurs sont eux-mêmes employés par le SGJ (Pierre Schaeffer et Paul Flamand y sont respectivement chef et chef adjoint du service «Propagande par le spectacle et la radio») ou par Radio-Jeunesse, comme Albert Ollivier qui y est rédacteur[36]. Dans le même temps, la constitution de cet organisme marque pour ses membres un éloignement des pratiques les plus «politiques» de l'information et de la propagande, reprises en main par le vice-président du conseil Pierre Laval, pratiques dans lesquelles, selon le manifeste de Jeune France, ils «n'étaient pas tellement à leur place». La constitution de ce mouvement est ainsi présentée par ses fondateurs comme une manière de contribuer à la rénovation nationale en se situant «hors de la politique».

L'on comprend dès lors l'ambivalence des relations que Jeune France entretient avec les instances gouvernementales: à la fois relais des pouvoirs publics – «Jeune France est un organisme qui rend un service public»[37] – et mouvement qui se veut autonome, cette organisation prend en charge certaines opérations de propagande du régime – les fêtes Jeanne d'Arc – et d'autres qui témoignent sinon d'une opposition, au moins d'une indépendance certaine. C'est le cas, par exemple, d'une exposition de 1941 qui, sous le titre équivoque «Vingt peintres de tradition française» présente certains peintres modernes honnis par la propagande officielle, ou encore l'organisation de conférences sur l'œuvre d'un peintre alors mis à l'index: Pablo Picasso. C'est, d'après les sources historiographiques disponibles, cette indépendance qui serait à l'origine de la disparition de l'association au moment du durcissement du régime: elle est dissoute par le gouvernement en mars 1942.

On trouve exprimée toute l'ambivalence de son rapport aux institutions gouvernementales dans le texte manifeste du mouvement, qui revendique une «position officieuse»: pour le «combat» qu'il s'agit de mener, les succès doivent être obtenus «davantage par séduction que par autorité». Pour cette raison, «un organisme plus officiel que Jeune France serait plus mal placé». C'est alors un ensemble de structures d'opposition et de dénégations du dirigisme qui forment les «principes» de cet organisme. Il s'agit de regrouper un ensemble de «groupements que Jeune France désire susciter (et non fabriquer) aider (et non diriger), coordonner (et non commander)». Logique de regroupement qui doit permettre une stratégie culturelle «nouvelle» et même «révolutionnaire», en ce qu'elle se fonde sur la destruction des cloisonnements anciens: «les principes de groupement à Jeune France s'écarte [sic] donc des ornières classiques: ni art indépendant, ni art dirigé, ni art neutre, ni art unique».

On le voit donc, l'ambivalence politique s'applique aussi dans les stratégies culturelles mises en œuvre. Jeune France affiche un vaste programme: «joindre l'art et la vie, le peuple et les artistes». C'est son élaboration qui suppose de mettre à distance les principes de classement qui ont conduit à détacher l'art du peuple, avec des conséquences néfastes pour l'un comme pour l'autre. Rupture avec les frontières disciplinaires (toutes les disciplines de la création artistique sont concernées) mais aussi entre les Beaux-Arts et l'art populaire (folklore, musique traditionnelle, etc.) et entre les différentes formes du rapport à la culture: il faut organiser la «réconciliation du créateur et de l'enseignement». C'est ainsi, par un syncrétisme militant, l'élaboration d'un programme «global» intégrant de multiples types de pratiques qu'entendent proposer les membres de Jeune France pour aider au renouveau culturel de la nation.

> *«La pensée originale du mouvement Jeune France est [...] de joindre, sans les confondre, les termes distincts et complémentaires qu'on a coutume, par esprit de système, de désunir. Ce sont principalement: qualité et rayonnement, création et éducation, art et vie, peuple et élite, communauté et solitude, action et spéculation, efficacité et désintéressement».*

Cette stratégie «globale» et globalisante trouve aussi ses raisons dans les origines même de l'association. Les institutions gouvernementales qui favorisent sa création – Commissariat à la lutte contre le chômage, Secrétariat Général à la Jeunesse – lui confèrent une double mission dont Pierre Schaeffer, Paul Flamand, Emmanuel Mounier et quelques autres déduiront un programme beaucoup plus ambitieux: il s'agit au départ d'aider les jeunes artistes au chômage, et de lutter contre la démoralisation des «jeunes» en les occupant à des activités collectives – tout comme les «Chantiers de Jeunesse»–, l'emploi des premiers pour la réalisation de spectacles servant à la distraction et à la moralisation des seconds. De cette double mission – «animer les artistes, éduquer le public» – procède un vaste programme social qui doit redéfinir conjointement les «conditions morales» de la création et la «fonction sociale» de la culture. Il s'agit ainsi de redéfinir les rapports entre l'art et le peuple, pour lutter contre les effets néfastes du «monde moderne» qui ont «avili» l'un et l'autre; redonner aux artistes une «mission» au sein de la communauté nationale et «rééduquer» le public dont le goût s'est «gâté».

> *«Le monde moderne a avili tout ensemble l'artiste, son art et son public.*
> *L'artiste a revendiqué le privilège d'un prophète et la liberté d'un dieu, alors qu'il s'asservissait sans pudeur aux chapelles, à l'argent ou à son propre caprice.*
> *L'art, se pavanant derrière des majuscules, abdiquait sa souveraineté réelle devant l'esclavage de la sensation rare ou massive ou celui du succès.*
> *Le public se raréfiait dans de petites cours au goût raffiné mais compliqué et parfois morbide, ou se ruait à la vulgarité que l'on jetait avec mépris au plus grand nombre».*

Il s'agit donc, par l'organisation de nombreux spectacles de théâtre – la moitié de la production théâtrale française en 1941[38] – et de fêtes populaires au folklore reconstitué par de jeunes artistes et ethnographes des traditions régionales[39], tout à la fois de favoriser la «définition nouvelle d'un art populaire qui ne doit être ni l'art vulgaire, ni le folklore réchauffé», et la création d'un «vrai public»: celui qui fait montre des «vertus populaires». Surtout, Jeune France organise l'implantation de «centres nationaux d'art populaire» qui doivent permettre la recherche et le renouveau de la création, et de «maîtrises» destinées à la formation des «cadres». La rénovation de l'art populaire passe donc d'abord par la formation d'une élite, qui doit guider le peuple vers une culture dont il est l'auteur, mais que le «monde moderne» lui a fait oublier.

Le programme n'est donc pas exempt de paradoxes, qui vise à rapprocher la culture et le peuple par la formation de spécialistes de la culture du peuple, à diffuser d'«en haut» la culture légitime tout en cherchant à la redéfinir «par le bas», en renouant avec les traditions populaires. L'organisation Jeune France n'est pas non plus exempte de dissensions internes, entre ceux qui occupent les positions les moins conciliables à propos de cette culture du peuple. La «décentralisation» que doit organiser Jeune France est un moyen de résoudre ces paradoxes, et également un élément qui contribue à marquer les clivages. L'on sait que la «décentralisation», schème historiquement constitué par des prises de position les plus éloignées entre elles, est largement mobilisé au moment du régime de Vichy. La «décentralisation» forme également l'un des principes fondateurs de Jeune France: il permet de concilier l'entreprise de diffusion de la culture légitime et l'application d'un projet «folkloriste». Ainsi l'association Jeune France doit-elle organiser la création d'un centre culturel dans chaque région, qui doit permettre partout l'accès aux formes les plus «avancées» de la création, tout en tenant compte des particularités locales, et en organisant la promotion des artistes et des traditions de chaque région. À Jeune France, comme à Uriage, on envisage la création d'institutions nouvelles – souvent nommées maisons de la culture – qui doivent organiser sur tout le territoire la rencontre du peuple et de la culture: de tout le peuple – il s'agit de redéfinir les hiérarchies sociales à partir du «talent» et plus de la «naissance» – et de toute la culture – remise en cause des classifications disciplinaires et elles aussi hiérarchiques. Ainsi, Emmanuel Mounier écrit au début 1941 qu'il faut «couvrir le pays d'un réseau serré de maisons de la culture» pour «faire un mouvement de qualité en même temps que populaire, de restauration provinciale en même temps que d'animation nationale»[40].

Mais au-delà de ces déclarations conciliantes, les oppositions qu'elles prétendent dépasser (qualité *vs* populaire, restauration provinciale *vs* animation nationale) sont réactivées en pratique au sein de l'organisation Jeune France. Celle-ci est elle-même «décentralisée» puisque son siège, initialement prévu à Vichy, est partagé entre Paris et Lyon, et que des «maisons Jeune France» prennent place dans les principales villes de la zone libre (Toulouse, Marseille, Aix-en-Provence). Mais ce double siège ne va pas sans conflits: entre Paris et Lyon, c'est non seulement l'opposition entre la capitale et la province qui se joue, mais aussi entre des formes concurrentes de la culture du peuple. À Paris, Pierre Schaeffer privilégie la «qualité» des spectacles, le renouveau de l'art savant; tandis qu'à Lyon, la structure de Jeune France – aussi plus étroitement contrôlée par les administrations de Vichy – organise des spectacles et fêtes populaires en plus grand nombre, et centre davantage ses activités sur la «culture populaire».

Ainsi Jeune France est loin d'avoir constitué, pendant les quelques mois de son existence, un «ministère de la Culture» qui aurait appliqué un projet culturel «totalitaire» défini par le gouvernement de Vichy. Plus, en s'assignant une mission large dont ils définissent eux-mêmes les termes, les animateurs de Jeune France instituent cette entreprise collective en un espace de production de normes relativement indépendant – voire concurrent – des institutions gouvernementales. Les objectifs que s'assignent les membres de Jeune France dans le manifeste de 1941 sont particulièrement vastes, et prétendent rien moins que d'élaborer une représentation nouvelle de l'espace social.

> *«Jeune France ne se donne pas pour but de combler des loisirs, mais de ranimer la vie de l'art et la vie de la culture, par les jeunes, dans le peuple français. Notre projet principal n'est pas de distraire ou d'enseigner, mais d'aider à transfigurer la vie quotidienne des français. [Jeune France] doit relier son action à l'ambiance créée par un réveil spirituel et par un renouveau social, sans lesquels toute culture repose sur des assises précaires. [...] En travaillant indissolublement à promouvoir les arts et à refaire les hommes et les milieux, nous menons contre la barbarie moderne une avance convergente».*

Cette représentation nouvelle de l'espace social, si elle est suffisamment convergente avec les principes de la «Révolution Nationale» première période pour recueillir l'assentiment des instances gouvernementales, n'en est pas moins produite en dehors d'elles et donc, au moins potentiellement, concurremment à elles. On comprend dès lors que l'association Jeune France qui en était à l'origine – et ce d'autant plus que cette structure s'est avérée difficilement contrôlable – ait été rapidement supprimée par des agents gouvernementaux qui pouvaient en craindre les débordements. «Jeune France était condamnée au départ, et Schaeffer et moi en avions très vivement le sentiment», relate à ce propos Paul Flamand[41]. Ainsi la brève histoire de Jeune France est-elle moins celle d'une institution gouvernementale éphémère que celle de l'institutionnalisation improbable d'un organisme para-public créé puis supprimé par des agents des instances gouvernementales qui risquaient d'en perdre le contrôle.

«Peuple et Culture» à la Libération: vers la production d'un «service public»?

La création de Peuple et Culture s'inscrit quant à elle dans ce qu'il est convenu d'appeler le vaste mouvement d'éducation et de culture populaires qui émerge en France à la Libération. Au sein de ce mouvement général qui l'englobe, l'organisation Peuple et Culture acquiert, grâce aux propriétés de ses membres et aux services nouveaux qu'ils inventent, une position centrale qui en fait l'un des principaux interlocuteurs des ministères en matière d'éducation populaire. Peuple et Culture diffère ainsi de Jeune France, tant dans ses modalités de création que dans certaines de ses activités et dans sa durée – Peuple et Culture est toujours en activité. Par delà ces différences, les premières années de Peuple et Culture illustrent, comme Jeune France, les rapports difficiles qu'entretiennent les institutions publiques et les organisations collectives qui prennent la culture du peuple pour raison sociale: la portée générale des ambitions affichées par ses fondateurs incluent Peuple et Culture et ses membres dans des luttes politiques qui font de cette organisation tout autre chose qu'un simple relais technique utile à l'action publique et à son institutionnalisation.

Après la Libération, souvent dans la continuité des mouvements de Résistance, de nombreux nouveaux mouvements d'éducation populaire apparaissent. «Travail et culture», proche de la CGT, organise des sorties théâtrales dans le cadre des comités d'entreprise récemment créés; «Tourisme et travail» se charge de lier voyages et loisirs culturels[42]... Ceux qui existent déjà avant la guerre se développent à cette période. C'est le cas des mouvements laïcs, comme la Ligue Française de l'Enseignement, ou la Fédération des Œuvres Laïques, liés à une organisation politique, comme la fédération des clubs Léo Lagrange (SFIO), ou d'inspiration religieuse (les «Bibliothèques pour tous», les Jeunesses musicales de France...). C'est qu'à partir de la Libération, et sous la IVe République, ces mouvements sont, beaucoup plus qu'auparavant, soutenus financièrement par les pouvoirs publics. Peuple et Culture s'inscrit pleinement dans ce renouveau général. Ses fondateurs sont issus de la Résistance et des groupes de formation des cadres apparus sous le régime de Vichy: Bénigno Cacérès, Joffre Dumazedier et d'autres sont passés par Uriage, Joseph Rovan, qui rejoint l'organisation quelques mois après sa création et en devient le vice-président en 1946, faisait partie de Jeune France[43]. Bénigno Cacérès évoque cette période avec nostalgie:

> *«Dans des conditions difficiles, dans ce temps où les structures de notre pays n'étaient pas encore reconstituées, tout se créait et devenait réellement possible. Il nous souvient, pendant le dur hiver de 1944, de certains colloques autour de tables de bois blanc dans le vieil immeuble du 5, rue des Beaux-Arts, où des hommes au ventre encore vide se réunissaient pour réaliser dans le domaine des arts, des expériences qui ont marqué notre*

pays.» Il revient plus précisément sur la création de Peuple et Culture. «Descendus du Vercors, ouvriers, instituteurs, professeurs, artistes, militaires, pour qui le partage de la culture était devenu une réalité vécue, voulurent continuer l'expérience. Ils lancèrent à Grenoble Peuple et Culture, *le premier mouvement français de formation d'animateurs. Il faut avoir vécu cette réelle épopée culturelle pour imaginer le souffle qui animait alors notre pays. [...] Alors que le ravitaillement était loin d'être assuré, dans des bâtiments mal éclairés, avec des moyens de fortune, ces animateurs arrivèrent à créer un extraordinaire foyer d'activité culturelle»*[44].

Joffre Dumazedier, membre du comité départemental de la Libération de Grenoble en août 1944, y dirige la commission chargée des problèmes d'éducation, au sein de laquelle il rédige un ambitieux projet d'action culturelle liant éducation populaire, formation des cadres de l'animation et nouvelles techniques[45]. C'est à partir de ce programme qu'est constituée l'association Peuple et Culture, le 5 décembre 1944 à Grenoble, avec d'anciens membres d'Uriage, des syndicalistes de la CGT et de la Bourse du travail de Grenoble qui avaient créé une association du même nom au moment du Front Populaire[46]. Dans le même temps, une association homologue est fondée à Annecy, également par des Résistants et anciens membres d'Uriage: «Peuple et Culture de Haute-Savoie», fondée le 10 avril 1945[47].

L'organisation Peuple et Culture occupe une position particulière – qui devient rapidement centrale – au sein du mouvement plus général dit de «renouveau de l'éducation populaire». Plus que les autres structures, ses instances dirigeantes sont composées d'intellectuels qui parviennent à diffuser les principes et les règles pratiques qu'ils élaborent. Joseph Rovan décrit ainsi Peuple et Culture comme «un mouvement de jeunes intellectuels [...] qui voulait être la conscience intellectuelle et morale de ce vaste mouvement de jeunesse et d'éducation populaire qui grouillait dans la France d'après-guerre»[48]. Dans cette période où «tout était à faire» et où «tout était possible», une telle position peut être obtenue, notamment par la définition de normes censées «rationaliser» les pratiques des militants de la culture populaire. C'est ainsi que les membres de Peuple et Culture parviennent à imposer les impératifs de la compétence technique formulés dans le manifeste du mouvement: «À l'illusion lyrique, doit succéder une technique efficace. [...]

L'éducation populaire ne s'improvise pas. Elle requiert une formation pour ses techniciens»[49]. Si le terme d'«action» revient sans cesse dans les discours des «populiculteurs», comme se désignent eux-mêmes les membres de Peuple et Culture, c'est ainsi dans la fixation du cadre de l'action que se réalise l'essentiel de leurs activités. Ils ne mènent pas ou peu d'interventions «de terrain» comme le font d'autres organismes, qui organisent des spectacles, des bibliothèques ou des expositions en milieu ouvrier. Ils montent en revanche des colloques, des stages de formation pour ceux qu'on appelle de manière encore indifférenciée les «militants» ou les «animateurs». Dès sa création, l'association comporte un bureau d'études, un centre de documentation et un service d'éditions. En réalisant des fiches de lecture, des fiches techniques pour l'action des «praticiens», en définissant des techniques pédagogiques («l'entraînement mental»), et en les inculquant au cours des stages de formation, les membres de Peuple et Culture élaborent les schèmes de perception et d'action largement importés par les autres organisations au sein desquelles ne peut être réalisé ce travail. De même, c'est à Peuple et Culture que s'opère l'importation – initiée à Uriage et dans une moindre mesure à Jeune France où des enquêtes de terrain préparaient l'organisation des projets culturels – des sciences sociales pour servir aux pratiques de l'éducation et de la culture du peuple. Cette importation place dès lors Peuple et Culture dans la position d'un organisme d'expertise qui peut prescrire aux autres organisations collectives, sous la forme d'indications «scientifiques» utiles à l'amélioration des «techniques», les principes qui sont élaborés en leur sein. Le témoignage de Joffre Dumazedier montre bien comment cet usage des sciences sociales a pu conférer une place spécifique au mouvement qu'il dirigeait:

> *«Peuple et Culture était très original de ce point de vue là. Les autres mouvements d'éducation populaire étaient encore dans le moule d'une action politique ou artistique sans affiner la connaissance de la dynamique ni la connaissance des résultats. [...] Je n'ai jamais conçu Peuple et Culture comme un mouvement de masse! Pour ça, il fallait aller à Travail et Culture, aux Centres d'Entraînement aux Méthodes de l'Éducation Active, aux Maisons des Jeunes, à la Fédération des Centres Sociaux ou à la Fédération des Centres Culturels. Peuple et Culture ne s'est jamais placé sur ce plan là. C'était une sorte de bureau d'études sociales liées à l'action»*[50].

L'on comprend que, par l'«expertise» dont il peuvent se prévaloir et par les liens tissés avec un grand nombre d'autres structures – pour l'organisation de stages notamment – les membres de Peuple et Culture aient pu rapidement bénéficier de relations privilégiées avec les instances administratives chargées de l'éducation populaire. Ainsi, moins d'un an après sa création, le 10 août 1945, Peuple et Culture est agréé et subventionné par le ministère de l'Éducation Nationale. Peu après, son président, Joffre Dumazedier, est nommé inspecteur principal de la Jeunesse et des Sports; l'association créée à Grenoble s'installe à Paris. On peut alors lire dans son bulletin: «Le but final de notre action reste la création d'un service public pour les loisirs et la culture des travailleurs»[51].

Toutefois, Peuple et Culture est bien loin alors de ne constituer qu'une structure associative de coordination de l'action ministérielle. Organisation pour la promotion de «techniques» nouvelles pour la culture du peuple, Peuple et Culture n'est pas seulement une organisation de «techniciens»: prise dans les luttes partisanes qui se déroulent après la Libération, c'est aussi une organisation dont les membres entreprennent de «faire de la politique autrement». Autant dire que même si des liens l'unissent à l'action publique dans la seconde moitié des années 1940, ces liens ne sont pas univoques.

Dès sa création, Peuple et Culture est traversé par des dissensions internes qui ont trait, pour l'essentiel, à l'adhésion de certains de ses dirigeants au PCF[52]. Relations complexes que celles que Peuple et Culture entretient avec le Parti communiste, puisque ce mouvement a été fondé selon ses animateurs «en dehors des partis», que l'organisation grenobloise puis parisienne en est plus proche que celle d'Annecy, et que les quelques adhésions au PCF entraînent des démissions de PEC. Surtout, ces relations complexes entraînent Peuple et Culture dans une situation de porte-à-faux à l'égard des instances ministérielles, à partir de 1947 notamment: Joseph Rovan rapporte que les dirigeants de l'association ont été convoqués à cette période par le ministre responsable de la Jeunesse et des sports afin d'obtenir des garanties quant à leur non-appartenance au mouvement communiste[53].

Plus généralement, les membres de Peuple et Culture et l'entreprise collective qu'ils composent entretiennent des relations ambivalentes à l'égard des formes institutionnelles de l'action politique. C'est que, mouvement culturel, Peuple et Culture est également, au terme même de son manifeste, une organisation politique: «Que la politique (au sens large des affaires de la Cité et au sens restreint de l'activité des partis) soit et doit [sic] être au premier plan des préoccupations des citoyens, nous le croyons et le proclamons»[54]. Mais c'est une organisation politique qui tend à instaurer des pratiques alternatives à celles jugées insuffisantes qui prévalent dans les organisations traditionnelles des partis et des syndicats. C'est ce qu'affirme Joffre Dumazedier lorsqu'il reformule les principes de la création de PEC:

> *«J'avais fondé ce mouvement, avec quelques autres, pour qu'il y ait une instance collective dans cette société qui ne soit pas les partis politiques, ni les syndicats, et qui soit totalement indépendante. [...] Je ne pensais pas faire un mouvement de masse. Je pensais faire un groupement de militants culturels, comme on disait à ce moment là, qui tout en voulant changer la société et en voulant l'améliorer ne faisait pas une confiance totale au système politique pour réformer cette société. Parce qu'au delà des structures, qu'est-ce qu'on peut vraiment changer? On comprend Peuple et Culture quand on a compris cette question là. Les hommes ne suivent pas les structures. Les partis sont naïfs en pensant qu'en changeant les structures les hommes vont devenir des saints. Moi je n'ai jamais pensé ça, et j'ai fondé Peuple et Culture pour corriger l'action des partis et des syndicats»*[55].

Ce qui est progressivement théorisé par Dumazedier comme la nécessité d'un «pouvoir culturel» – un espace composé d'intellectuels, d'artistes et de militants culturels qui, parallèlement aux autres espaces de la représentation collective et du pouvoir, contribue à l'orientation du «développement» social et culturel – prend, au début de Peuple et Culture, la forme d'un vaste projet culturel pour «une société sans classes», dont le manifeste de 1945 définit les principes et les modalités. «Rendre la culture au peuple et le peuple à la culture, voilà notre but». C'est en ces termes que se définissent les objectifs fondateurs de Peuple et Culture. Objectifs qui, en 1945, prennent une dimension politique et sociale très affirmée: celle d'un «humanisme révolutionnaire» présenté dans le manifeste. Cet «humanisme nouveau» doit permettre, selon l'expression maintes fois répétée, de «continuer l'union réalisée dans la Résistance», entre «ouvriers syndicalistes, ingénieurs, officiers, sous-officiers, étudiants, instituteurs, professeurs, artistes»[56]. Au-delà de ces catégories, c'est l'unité de tout le peuple qui doit permettre l'unité de la culture.

«Un peuple, une culture»[57]

«Dans sa nature, il [l'humanisme de Peuple et Culture] est révolutionnaire: il se dégage des mouvements du siècle, pour orienter la culture vers la vie moderne. Il ne saurait être ni conservateur, ni réactionnaire. [...] Il reflète les exigences éternelles de la tradition des humanités, mais il intègre à l'homme moderne l'apport des mouvements du prolétariat, de la jeunesse et de la science. Par l'action éducative, il contribue à la renaissance française et à l'avènement d'un homme nouveau».

«Nous ne voulons pas d'une culture aristocratique ou bourgeoise étendue à un nouveau public. La culture populaire ne saurait être qu'une CULTURE COMMUNE À TOUT UN PEUPLE: commune aux intellectuels, aux cadres, aux masses. Elle n'est pas à distribuer. Il faut la vivre ENSEMBLE pour la créer. Elle ne saurait être plaquée sur la vie du peuple. Elle doit en émaner. Les porteurs de la culture vraie ne sont pas seulement ceux qui en font profession».

«La recherche d'une culture commune à tout un peuple exige d'abord que ce peuple vive d'une vie unanime. Tant que la nation restera divisée en classes, en groupes fermés, comment se propagerait une culture commune? [...] La culture populaire exige l'abolition des classes économiques. [...] Qu'il soit bien entendu que la culture populaire ne peut être, en son terme, que "la culture d'un peuple sans classe qui, du haut en bas de l'échelle sociale, participe à une civilisation commune" ».

Cette redéfinition des rapports entre la culture et le peuple a des incidences sur les modes d'organisation tant culturelle que politique. Il faut dans un cas comme dans l'autre rompre avec les institutions établies qui spécialisent et parcellisent les pratiques, figeant des rapports sociaux qu'il s'agit de transformer. Aussi, pour permettre l'émergence d'un art et d'une éducation populaires qui rendront possible l'unité de la culture, faut-il rompre avec les institutions établies de l'art et de l'éducation. Ni conservatoires, ni écoles des Beaux-Arts ne rendent possible un art «réellement populaire». Quant aux structures d'éducation: «L'enseignement intellectualiste de l'université bourgeoise ne nous satisfait plus»[58]. Bien que moins présentes dans le texte du manifeste, les institutions politiques sont soumises à une critique similaire. C'est aussi, comme le dit Joffre Dumazedier, «pour corriger l'action des partis et des syndicats» que Peuple et Culture a été fondé.

«En dehors» des structures traditionnelles de la représentation politique, avec les limites et les ambiguïtés qu'on a pu mentionner[59], les dirigeants de PEC entretiennent, dans les années 1945-1950, des relations non moins ambivalentes avec les agents et les institutions de l'État, et ce surtout dans une conjoncture au cours de laquelle les organisations partisanes y prennent une importance particulière.

Peuple et Culture est à la fois proche des pouvoirs publics, comme structure d'expertise et de formation d'animateurs, et éloigné, comme mouvement d'intellectuels aux vastes ambitions sociales et à l'influence certaine dans les milieux de la culture et de l'éducation. Ce mouvement a contribué, en élaborant des principes, en définissant des techniques et en formant des animateurs, à structurer durablement l'espace de l'éducation et de la culture populaires: c'est le cas largement au-delà de la période de la Libération, jusqu'aux agents et aux structures de l'animation socio-culturelle, puis, on le verra, au programme élaboré au sein des commissions culturelles du Plan au début des années 1960. Mais la collaboration de Peuple et Culture avec les pouvoirs publics, développée à la Libération, n'a pas pour autant marqué l'inscription dans les institutions publiques d'une politique d'État de la culture du peuple.

CHRONIQUE D'UNE HISTOIRE PEU INSTITUTIONNELLE

Si les organisations culturelles d'origine privée se structurent peu à peu en un espace de coopération et de concurrence – tout particulièrement à partir de la Libération – le traitement public des questions culturelles demeure, jusqu'au début des années 1960, fluctuant et éclaté. La faible unité et la faiblesse des moyens en budget comme en personnel des institutions publiques qui gèrent les questions d'art et de culture observables à la fin du XIXe siècle le sont encore au milieu du XXe siècle. L'histoire de la non-institutionnalisation d'une politique se poursuit donc. Comme dans la période précédente, les éléments qui permettraient l'objectivation d'une politique dans le domaine culturel – un ministère, des institutions et structures administratives stables – font défaut jusqu'à la création du ministère des Affaires culturelles, en 1959. La succession de projets inaboutis, d'administrations éphémères, et l'effet de focalisation sur quelques individus marquants constituent l'inverse de ce qui serait l'histoire d'une institutionnalisation progressive. Les commentateurs les plus divers peuvent dès lors le répéter, des lendemains de la première guerre mondiale à la fin de la IVe République: les pouvoirs publics n'ont «pas de politique» visant à «rapprocher la culture et le peuple», ni même en ce qui concerne les divers secteurs artistiques.

En dehors d'un éphémère ministère de la Jeunesse, des Arts et des Lettres en 1947, le traitement public des Beaux-Arts et des questions liées à la culture du peuple n'est ni fixe ni unifié. Après la première guerre mondiale, le sous-secrétariat d'État aux Beaux-Arts est remplacé, toujours sous la tutelle du ministère de l'Instruction publique par un sous-secrétariat d'État à l'enseignement technique et aux Beaux-Arts. Il est reconstitué en 1928, et confié successivement à André François-Poncet (1928-1930), Léo Bouyssou (1930) Eugène Lautier (1930-1931) puis Maurice Petsche (1931-1933). De nouveau supprimé en 1933, il réapparaît l'année suivante. Sous la IV^{e}République il devient Secrétariat d'État, toujours sous la tutelle du ministère devenu en 1932 de l'Éducation nationale (André Cornu, août 1951-mai 1954), avant d'être remplacé par un secrétariat d'État aux Arts et Lettres (Jacques Bordeneuve, février 1956)[60].

Un seul département ministériel autonome est institué en 1947. L'on retrouve à ce propos les caractéristiques du «strapontin» ministériel décrit plus haut pour la période antérieure: l'attribution d'un tel poste constitue avant tout une ressource utile à l'équilibrage politique d'une coalition, avec les conséquences qui en découlent quant à ses possibilités de pérennité. Confié au journaliste Pierre Bourdan au sein du gouvernement Ramadier, le ministère de la Jeunesse, des Arts et des Lettres (22 janvier au 28 octobre 1947) constitue le plus important regroupement institutionnel de services avant le ministère créé en 1959[61]. Il associe deux administrations restructurées à la Libération (celles des Arts et des Lettres et du sous-secrétariat à la Jeunesse et aux Sports des derniers gouvernements provisoires), auxquelles sont ajoutées des prérogatives en matière d'information, à l'exception de la radiodiffusion. Cette innovation institutionnelle doit pour une large part ses caractéristiques à une configuration politique complexe dont on ne peut restituer ici tous les effets. Notons simplement que Pierre Bourdan forme avec François Mitterrand (ministre des Anciens combattants), tous deux membres de l'UDSR, le pôle dominé d'une coalition gouvernementale dont les postes importants sont détenus par des membres de la SFIO et du MRP. Le ministère, créé en janvier, ne reçoit de décret d'attributions que le 5 avril. Si l'étendue de ses compétences est sans précédent, elle est néanmoins limitée par le président du Conseil qui conserve la tutelle de la radio. Après les succès remportés par les candidats du RPF aux élections municipales, un remaniement ministériel est opéré: les membres de l'UDSR quittent le gouvernement, et les services regroupés au sein du ministère dirigé par Bourdan retournent à leurs administrations d'origine. Si l'UDSR compte de nouveau des représentants au sein du gouvernement Schuman constitué en novembre, Bourdan n'en fait pas partie, et son ministère n'est pas reconstitué[62].

L'isolement de cette expérience contraste avec le caractère récurrent de projets de réforme qui, tant du côté gouvernemental que parlementaire, et même à l'extérieur des institutions politiques, tendent à opérer un regroupement qui donnerait symboliquement forme à une politique et permettrait un traitement administratif unifié et spécifié de dossiers répartis dans divers départements. Donnons-en les principaux exemples. Jusqu'au milieu des années 1930, il n'est guère question de recréer un ministère des Arts sur le modèle de celui d'Antonin Proust mais plutôt, par mesure d'économie, de refondre les différents services de l'Instruction publique et de les placer sous l'autorité d'un responsable politique unique. C'est ainsi que Léon Bérard, ancien sous-secrétaire d'État aux Beaux-Arts devenu ministre de l'Instruction publique, dépose en 1922 un projet de loi pour la création d'un unique ministère «de l'Instruction publique, des Lettres, Sciences et Arts en 1922[63]. Au début du Front Populaire, le ministre de l'Education nationale Jean Zay envisage en revanche l'autonomisation d'un ministère couvrant arts, sciences et loisirs[64]. C'est également un vaste regroupement que propose le député communiste Johanny Berlioz dans son rapport du budget des Beaux-Arts pour 1937 qui, dénonçant l'incapacité du système en vigueur à maintenir «le rang de la France», à «populariser» la culture et à faire qu'elle soit «partie intégrante de la chose publique» souhaite la création d'«un grand ministère de l'art français» aux larges attributions.

Pour un «grand ministère de l'Art Français»[65]

«La France d'aujourd'hui est l'*héritière d'un patrimoine artistique* considérable. [...] La France est restée digne de ce passé. Malgré des conditions économiques et politiques défavorables – dont *la lamentable pauvreté du budget des Beaux-Arts* n'est qu'un aspect – qui empêchent les facultés individuelles créatrices de s'épanouir, écrasées qu'elles sont par des difficultés matérielles et des contraintes sociales, notre pays est toujours pour l'univers un rayonnant foyer de culture spirituelle et artistique. [...] Ce serait *trahir la mission historique de notre pays*, celle que plusieurs siècles de suprématie culturelle lui ont conférée, que de ne pas se décider à pratiquer *une politique artistique plus hardie*. Ce serait donner raison à ceux qui rêvant de *repousser l'humanité dans la nuit barbare des temps primitifs*, accusent si injustement la France de décadence irrémédiable. Les masses profondes de la population française se sont prononcées pour le pain, la paix et la liberté. *Le pain de l'esprit* est aussi une de leurs revendications fondamentales. Il faut cesser de regarder l'art comme un domaine réservé aux classes les plus aisées, aux spécialistes et aux snobs qui le déshonorent. *L'art doit se rapprocher du peuple*. Du peuple qui a conquis un développement intellectuel considérable en même temps qu'il se frayait la route du progrès social, en particulier de ces millions de travailleurs qui ont ou vont avoir *plus de loisirs*, pour lesquels il faut trouver *un emploi agréable*, profitable à chacun d'eux et à la société tout entière. *La culture doit devenir «républicaine» au sens étymologique du mot, c'est-à-dire qu'elle doit être partie intégrante de la chose publique*. Qu'on se représente de ce point de vue la situation de l'habitant moyen d'une ville moyenne. [...] Il sera le plus souvent privé de toutes les nobles émotions auxquelles il aspire cependant et que l'État se doit de lui procurer. Pourquoi la présentation théâtrale, l'exposition de peinture, le concert symphonique, la visite d'un monument résumé d'une époque et d'un mode de vie et de pensée ne seraient-ils pas *de véritables services sociaux*? *La culture, sous toutes ses formes, peut être popularisée* [...]. Bien sots, avait coutume de dire Karl Marx, ceux qui ne sentent pas toute la valeur de l'antiquité grecque pour le jeune socialisme triomphant dans sa tâche de reconstituer la vie humaine. Il n'est pas possible de terminer cette introduction sans dire quelques mots du personnel des Beaux-Arts. Qu'il s'agisse du personnel scientifique, administratif ou du petit personnel, sa situation se ressent de *l'extrême étroitesse des crédits budgétaires* et est très souvent inférieure à celle du personnel de qualification correspondante dépendant d'autres ministères. [...] C'est un fait que depuis longtemps *le veto d'un fonctionnaire de la rue de Rivoli suffit à réduire à néant les propositions les mieux fondées, les demandes les plus urgentes, les initiatives les plus heureuses du sous-secrétariat des Beaux-Arts* [...]. Semblable incompréhension du rôle immense de l'art français dans le monde entier pour l'accroissement de notre influence spirituelle *ne peut être tolérée plus longtemps*. [...] Notre renom si mérité pourrait pâlir si continuaient les errements que nous dénoncions. La France voit *ses charges militaires s'enfler d'année en année*. La défense de la culture, le renforcement du potentiel artistique sont aussi *une forme d'une défense nationale bien comprise. Peut-être une simple "direction des Beaux-Arts" adjointe au ministère de l'Éducation nationale n'est-elle pas assez haut placée sur l'échelle des valeurs officielles pour pouvoir faire valoir utilement des droits qui sont ceux de la nation. Que l'on reprenne alors l'idée d'un grand ministère de l'Art Français* sous l'autorité duquel seraient placés, avec l'enseignement artistique dans les divers ordres de l'enseignement général – qui reste à créer dans ce pays – tous les moyens d'éducation et d'expression artistiques, y compris le cinéma, les bibliothèques, l'animation de la partie artistique de la radiodiffusion, le tourisme auquel est lié étroitement la propagande artistique, l'organisation des loisirs des masses laborieuses, etc. Peut-être alors les Beaux-Arts cesseraient-ils d'être le parent pauvre qu'ils sont actuellement et auraient-ils dans le budget général une place plus digne du passé et de l'avenir de notre pays».

En 1942, Robert Brasillach signe dans *Je suis partout* un éditorial intitulé «Un ministère indispensable» dans lequel il envisage la création d'un «grand ministère de la culture populaire» qui regrouperait les arts, la jeunesse, la propagande et l'information[66]. À la Libération, le banquier Maxime Blocq-Masquart, dirigeant de l'Organisation civile et militaire (OCM) qu'il représente au Conseil national de la Résistance élabore dans son livre-programme pour «une nouvelle révolution française» un projet très détaillé de «réforme de la vie culturelle» dont l'instrument doit être «ministère de la vie culturelle» composé d'un «secrétariat d'État à l'Éducation nationale» et d'un autre à l'«Expression nationale» chargé du relèvement réciproque de l'art et du peuple dans une «mystique collective»[67]. En 1946 le député Le Bail intervient pour souligner l'importance des arts dans les relations internationales, qui justifierait à ses yeux la création d'un grand et unique ministère réunissant le cinéma, la culture et la propagande intellectuelle, et qui aurait pour mission de «diffuser la pensée française». Dans son pamphlet de 1955 contre la «démission artistique de l'État» Jeanne Laurent appelle de ses vœux la création d'un «ministère des Arts»[68]. Un appel identique est lancé l'année suivante par Robert Brichet, fonctionnaire du secrétariat d'État aux Arts et aux Lettres:

> *«[Le] droit à la culture a été affirmé par la déclaration universelle des droits de l'homme. À ce droit de l'homme correspond un devoir de l'État: en permettre l'exercice. [...] La IVe République doit se ressaisir, devenir une grande République démocratique et désigner un ministre responsable de la haute mission d'élever le niveau culturel de la nation»*[69].

À cette affirmation générale d'un devoir d'intervention des pouvoirs publics, Robert Brichet ajoute un argumentaire détaillé pour chaque discipline artistique, la définition d'une ligne de conduite du futur ministère et propose même un modèle pour son organisation administrative. Aucun de ces projets ne voit le jour jusqu'au début de la Ve République; de l'entre-deux-guerres à la IVe République, tout comme dans la période précédente, le problème du ministère reste, à tous les sens du terme, irrésolu.

Cette absence de ministère spécifique conduit à laisser le traitement administratif des questions culturelles partagées entre les administrations les plus diverses: s'agissant du «rayonnement» français à l'étranger, c'est au sein du ministère de la Guerre qu'est créé à l'initiative du directeur des Beaux-Arts Paul Léon un «Service d'études et d'action artistique à l'étranger» qui servira de base à la création de l'Association française d'action artistique en 1920, et au ministère des Affaires étrangères qu'est constitué la même année un «Service des œuvres», devenu «Direction générale des relations culturelles» à la Libération[70]. Les techniques de diffusion (cinéma, radio) sont traitées par les administrations du commerce et de l'industrie ou, pour la radio, celle des PTT. S'agissant d'organiser l'accès des différents groupes sociaux aux biens culturels, c'est au sein de chaque ministère (Agriculture, Armée, Justice...) que se développent, surtout après la première guerre mondiale, les organismes qui en sont chargés. Quant aux institutions administratives des Beaux-Arts, elles sont comme on l'a vu pour l'essentiel maintenues sous la tutelle du ministère de l'Instruction publique. La Direction des Beaux-Arts, fortement diminuée après la première guerre mondiale, est reconstituée en 1928. Son organigramme, qui comprend sept bureaux (secrétariat général; enseignement, manufactures nationales et mobilier national; travaux d'art, musées et expositions; musique, spectacles et radiodiffusion; bâtiments civils et palais nationaux; monuments historiques et sites; contrôle des travaux d'architecture) reste relativement stable jusqu'à la seconde guerre mondiale, mais ses effectifs diminuent sensiblement au cours des années 1930. Les Beaux-Arts sont administrativement renforcés sous le régime de Vichy: ils forment, comme l'Information et la Jeunesse, un secrétariat général placé sous l'autorité de Louis Hautecœur. Les dossiers culturels restent néanmoins répartis entre l'Éducation nationale, la Jeunesse et l'Information[71]. Et les tentatives d'instauration d'un Ordre national des artistes qui devait permettre l'administration autoritaire des arts plastiques par l'État échouent[72].

C'est après la Libération que l'administration des Beaux-Arts connaît une réforme durable. Remaniée, promue au rang de Direction générale elle est rebaptisée «des Arts et lettres». Outre l'abandon du label des Beaux-Arts, la création, par l'ordonnance du 20 novembre 1944, de la Direction générale des Arts et lettres au ministère de l'Éducation nationale, marque un regroupement de services qui permet, notamment, de rapprocher le traitement de la lecture publique (les bibliothèques) de celui de l'activité littéraire (édition, aide à la création, etc.). La Direction générale comprend cinq directions (Arts plastiques, Musées de France, Bibliothèques et lecture publique, Archives de France, Spectacles et musique), et un service des lettres[73]. Ce regroupement est donc important; il est également stable, puisqu'il reste inchangé jusqu'à la création du ministère des Affaires culturelles en 1959. Mais, malgré la pérennité de cet organigramme et l'importance des prérogatives qu'il regroupe, les conditions du fonctionnement de la Direction générale des Arts et des lettres rendent peu d'importantes réalisations possibles. De fait, la tutelle exercée par le ministère de l'Éducation nationale se traduit notamment par la faiblesse des ressources budgétaires disponibles au regard de l'étendue du domaine de compétences.

Parallèlement à cette réforme, il faut indiquer la création d'une éphémère Direction de la culture populaire et des mouvements de jeunesse au ministère de l'Éducation nationale[74]. Elle est confiée à Jean Guéhenno, dont la biographie est érigée au rang de référence collective: il marque par sa trajectoire sociale les vertus émancipatrices de l'acquisition de savoir (origine populaire, École normale supérieure, enseignement, engagement intellectuel, production littéraire) et par son engagement au moment du Front Populaire le lien entre la gauche intellectuelle et les mouvements visant à donner la culture au peuple[75]. Le projet d'une Direction de la culture populaire et des mouvements de jeunesse est élaboré en septembre 1944; elle est instituée en novembre, et devient la Direction des mouvements de jeunesse en de l'éducation populaire. L'essentiel de ses attributions consiste à soutenir et à organiser des activités considérées comme complémentaires au système éducatif (œuvres périscolaires, mouvements et maisons de jeunes, centres éducatifs, etc.). Mais l'histoire de cette administration nouvelle est brève: «c'est une histoire triste, celle d'un fiasco», écrit plus tard Jean Guéhenno[76]. Plusieurs raisons sont invoquées pour expliquer ce qui, selon le titre du dossier réunissant études et témoignages à ce propos, représente une «espérance contrariée»: l'inexpérience administrative de Guéhenno, qui démissionne dès juin 1945, la situation de porte-à-faux entraînée par l'origine institutionnelle de la direction (le Secrétariat général à la Jeunesse du régime de Vichy), la résistance d'agents du ministère de l'Éducation nationale aux positions bien établies ou celle des organisations confessionnelles et politiques à l'origine des différents mouvements d'Éducation populaire. Après la démission de Guéhenno, les services de la Direction font l'objet de divers transferts, et sont finalement réunis aux sports au sein de la Direction générale de la jeunesse et des sports du ministère de l'Éducation nationale, fin 1947. De la sorte, ni la culture ni l'éducation populaires ne sont constituées en un secteur administratif où s'élaborerait une politique spécifique.

Que l'histoire du traitement public des questions artistiques et culturelles ne prenne pas la forme d'une institutionnalisation progressive est également indiqué par la prégnance d'une forte personnalisation. La fréquente focalisation des débats sur des individus – Directeurs des Beaux-Arts, responsables ministériels ou administrateurs d'institutions – en fournit un premier indice. Les prises de position publiques et l'importante activité éditoriale des responsables administratifs en constitue un autre. Enfin, les récits épiques – une individualité forte, gagnant la sympathie des artistes et réussissant contre les lourdeurs et hiérarchies politico-administratives avant d'en être la victime – des discours rendant compte de l'action publique dans le domaine culturel tendent à ériger en norme la personnalisation de cette action[77].

Faiblesse des moyens, absence d'objectivation institutionnelle, fluctuation et dispersion des structures, tendance à la personnalisation: on comprend que, comme au cours de la période précédente, la description de l'intervention publique de l'entre-deux-guerres à la fin de la IVe République s'apparente à un constat de carence. Les multiples projets présentés pour établir une politique ne manquent pas au préalable de rappeler l'inconsistance de l'action existante. «Les pouvoirs publics n'ont pas de politique» destinée à rapprocher la culture du peuple: c'est ce jugement définitif que formule François Bloch-Lainé dans sa thèse soutenue en juin 1936, à l'issue d'une étude systématique qui accorde notamment une place importante à la comparaison internationale.

> *«Nous avons montré [...] la part de l'art dans l'éducation populaire à l'étranger. Arts pour le peuple, arts par le peuple, y sont l'objet d'institutions nombreuses, auxquelles s'intéresse directement l'institution officielle des Beaux-Arts. En France, rien de semblable. Par* des compilations patientes, *on arriverait sans doute à dresser une liste des réalisations effectuées ou patronnées par la Direction générale des Beaux-Arts, qui ont contribué à l'éducation artistique du peuple: prolongation de la durée d'ouverture des musées, abaissement des droits d'entrée à certaines manifestations d'art officielles, subventions au Théâtre populaire, etc... En sorte que l'on peut dire que* les Pouvoirs publics n'ont pas de politique en ce domaine »[78].

Vingt ans plus tard, le constat est identique dans l'ouvrage de Jeanne Laurent, récemment évincée de la sous-direction des spectacles et de la musique: «la quatrième République a renoncé à mener toute politique artistique»[79]. Le texte de la quatrième de couverture explique:

«Si, depuis la Libération, des expériences heureuses ont été entreprises, elles n'ont pas servi de base à une politique nouvelle, dont le Parlement ne semble pas voir la nécessité et que l'opinion publique ne réclame d'ailleurs pas. C'est pour éclairer cette opinion publique, trop soucieuse souvent de défendre le pseudo-libéralisme artistique et qui redoute un académisme d'État, que Jeanne Laurent a écrit ce livre courageux, pour l'amener à convertir à l'action un gouvernement enfin conscient d'une nécessité historique».

Il reste à voir comment la «nécessité historique» dont parle Jeanne Laurent a pu être effectivement identifiée comme telle, et comment cette absence de politique si longtemps dénoncée a pu être – au moins partiellement – comblée.

Annexe. Quand l'État s'intéresse au Théâtre:

Jean Giraudoux, *L'impromptu de Paris*, 1937[80].

L'impromptu de Paris, de Jean Giraudoux, créé au théâtre de l'Athénée en 1937, utilise le procédé littéraire de la pièce dans la pièce et ce de manière redoublée: la troupe de Louis Jouvet y est mise en scène répétant *L'impromptu de Versailles* où Molière joue son propre personnage en train de diriger une répétition. Comme Molière, Giraudoux utilise cet artifice d'écriture pour aborder les questions du théâtre et du rapport des comédiens au public, et surtout pour dresser un tableau ironique de la critique théâtrale et de l'intervention gouvernementale dans ce domaine. Ce dernier point constitue le nœud de la pièce. Mettant en scène un député plein de bonne volonté mais, de son aveu même, «profane» en matière de théâtre, qui intervient à la faveur d'un excédent budgétaire imprévu et sans vraiment savoir pourquoi, Giraudoux réactive la représentation d'un personnel politique incompétent et faiblement investi en matière de théâtre. Dans la scène finale, un dialogue direct entre le Théâtre et l'État démontre la supériorité du premier sur le second pour faire accéder le peuple au bonheur véritable. L'État, placé dans une situation ridicule et inconfortable, ne peut qu'accepter les préconisations du Théâtre; lorsqu'il le fait, il s'envole vers une direction inconnue.

SCENE TROISIEME

[Le député arrive par les coulisses en jaquette et haut-de-forme, et manque de se faire congédier par les comédiens qui le prennent pour un huissier.]

ROBINEAU : Jamais je n'aurais osé franchir les barrières du Théâtre si je n'avais été envoyé par la République. Je suis Jules Robineau, Monsieur Jouvet. L'ancien professeur de grammaire, le député, le chef de groupe! [...] Ce matin, en commission, la Chambre m'a désigné à l'unanimité pour son commissaire au budget des théâtres.

JOUVET : Je vous félicite.

ROBINEAU : Comme une plus-value soudaine des impôts a libéré une somme consignée fort importante, j'ai eu l'idée de proposer à la Chambre qu'on l'affectât tout entière à l'art théâtral... Cette somme est de cent millions.

JOUVET : Asseyez-vous donc.

ROBINEAU : Puis, réfléchissant que j'étais un profane, je me suis dit que je n'avais qu'un recours. Va voir Jouvet! me suis-je dit, utilisant le monologue invocatif dans mon premier instinct théâtral. Son accueil est assuré aux inconnus.

JOUVET : En effet, vous venez de le voir.

ROBINEAU : Et puisque ton rapport doit être prêt demain, demande-lui de t'expliquer en un quart d'heure le théâtre, ses secrets, ses gloires et ses plaies.

JOUVET : En un quart d'heure?

ROBINEAU : Je sais. Je sais que je suis ridicule. Je suis comme Madame de Staël qui, à Weimar, demanda à Fichte, dans une embrasure de fenêtre, de lui expliquer le système philosophique qu'il avait mis quarante ans à construire, et, au bout de deux minutes, l'arrêta, ayant tout compris.

JOUVET : Non! Non! On peut dire beaucoup de choses en un quart d'heure! Restez, les enfants... Pour cette scène, le meilleur décor c'est sûrement les comédiens. Faites une petite répétition à l'italienne, là, au jardin. Et aussi, répondez vous-mêmes, quand je serai coi... Nous vous écoutons, Monsieur. [...]

SCENE QUATRIEME

[Robineau écoute les avis et les doléances des comédiens à propos des auteurs, de la mise en scène, des spectateurs, de la critique théâtrale. Il essaie en même temps les accessoires de théâtre, et en particulier la «gloire»: le système de poulies qui permet d'élever un comédien dans les airs. C'est à un mètre au dessus du sol que le député en vient à la question principale: celle des rapports entre le théâtre et l'État.]

ROBINEAU : Puis-je, avant de vous quitter, et après cette heure dont je garderai la précieuse mémoire *(la gloire monte doucement et s'arrête)*... vous offrir pour la défense du théâtre mon modeste concours? Je suis aujourd'hui le mandataire de l'État auprès de vous. Avez-vous à lui transmettre quelque message?

JOUVET : Certes.

ROBINEAU : Je bois vos paroles.

JOUVET : Courez lui dire ceci!

ROBINEAU : J'y cours. *(Nouvelle montée de la gloire.)* J'y vole.

JOUVET : Je lui dis ceci, à l'État: État, puisque tu te penches amicalement vers nous, – non! non! ne bougez pas! – je voudrais te poser une question... Excusez-moi de le tutoyer, mais c'est le tutoiement du théâtre.

ROBINEAU : Cela est protocolaire. Le vous avec l'État serait irrespectueux.

JOUVET : État, mon grand cher État, tu m'entends...

ROBINEAU : Admirablement, mon petit Jouvet.

JOUVET : Je sais combien ta position est difficile, mais reconnais que tu nous fais une vie qui n'est pas, si j'ose ainsi parler, le rêve. Avoue que tu ne la facilites pas. Tu nous fais les grèves, tu nous fais les faillites, tu nous fais les crises. Tu nous demandes de travailler pour toi deux jours sur cinq. Tu nous saisis au moindre manquement... Ne proteste pas, tu nous saisis!... Tu nous livres le pétrole au prix du lait, le journal au prix des classiques. Tu nous fais les lotissements, les conseils de révision, la radio, le panneau affiche, le poinçonnage des tickets de métro, la guerre... Ne proteste pas! tu nous l'a faite... Bref, tu amènes le soir à mes guichets un peuple énervé, usé par ses luttes de la journée, méfiant, irrité, et surtout contre toi... Ah! tu le sais... C'est heureux!... Et nous en échange, que faisons-nous de lui? Nous l'apaisons, nous l'égayons. Nous donnons à cet esclave éculé la toute-puissance sur les couleurs, les sons et les airs. Nous donnons à cet automate un cœur de chair avec la générosité, avec la tendresse, avec l'espoir. Nous le rendons sensible, beau, omnipotent. Nous lui donnons la guerre où il n'est pas tué, la mort dont il ressuscite. Nous lui donnons l'égalité, la vraie, celle devant les larmes et devant le rire. Nous te le rendons à minuit sans rides au front, sans rides à l'âme, maître et du soleil et de la lune, marchant ou volant, apte à tout, prêt à tout. Est-ce que vraiment tu te juges à jeu avec nous?

Pendant tout ce discours, Robineau, de sa gloire, a ponctué les mots qui l'atteignaient.

ROBINEAU : Évidemment non. Alors?

JOUVET : Alors ne crois-tu pas d'abord que si le rôle du théâtre est de faire un peuple qui tous les matins se réveille joyeux à l'idée de jouer sa partie dans l'État, le moindre rôle d'un État serait de faire un peuple qui tous les soirs soit dispos et mûr pour le théâtre?

ROBINEAU : Le chariot de Thespis et le char de l'État se relevant! Je vois. Tu voudrais le théâtre gratuit!... Oh! pardon, monsieur Jouvet, voilà qu'aussi je vous tutoie!

JOUVET : J'en suis flatté... Mais si tu crois qu'il s'agit du théâtre gratuit, tu commets là un de tes nombreux impairs, et pas le moindre. Il s'agit de savoir si l'État voudra enfin comprendre qu'un peuple n'a une vie réelle grande que s'il a une vie irréelle puissante. Que la force d'un peuple est son imagination, et que le soir, quand la nuit avec sa fraîcheur l'amène doucement au repos et au rêve, il ne suffit pas de colorer à l'électricité les monuments de son passé. C'est très bien d'illuminer la tour Eiffel, mais ne crois-tu pas que c'est encore mieux d'illuminer les cerveaux?

ROBINEAU : Tu es fou? Tu demandes que le président du Conseil soit un dramaturge politique ou social?

JOUVET : Je demande au nom des directeurs syndiqués du théâtre, que l'État, au lieu de nous donner tout le jour de petits soucis, nous donne de grandes volontés et nous réclame de grandes actions...

ROBINEAU : Tu prétends que j'aille lui dire: Cher président du Conseil, un peu plus de folie dans ton urbanisme, de rêves dans tes finances, un peu plus de mise en scène dans ton économie agricole!

JOUVET : Tu crois que cela en serait beaucoup plus mal? [...]

ROBINEAU : Admettons. Mais en quoi, toi, le théâtre, peux-tu m'aider dans cette tâche?

JOUVET : As-tu entendu parler d'un nommé Molière?

ROBINEAU : Le fils du tapissier, mort dans un fauteuil?

JOUVET : Oui, celui auquel, à l'époque de Descartes, la France doit la clarté, à l'époque de Colbert la justice, à l'époque de Bossuet, la vérité. T'es-tu demandé ce qu'il aurait pu faire, triste paria, contre les trois états, les toutes-puissances, contre la mode et la cabale, si l'État n'avait pas été derrière lui?

ROBINEAU : Amène-moi Molière, et je me charge d'être Louis XIV.

JOUVET : C'est Louis XIV qui a commencé. Commence. D'ailleurs tu n'as pas le choix. [...] Puisque tu as cent millions, emploie-les d'abord à chasser des temples – tu ne m'en voudras pas d'appeler ainsi nos salles – les faux marchands. Tu y gagneras, malgré ce pas de porte!... Et maintenant, cher Monsieur Robineau, nous voudrions bien poursuivre ce bavardage... mais il y a le théâtre! Il nous reste une heure pour la répétition. En scène, les enfants! Amène ta gloire, Léon!

ROBINEAU : Amène ta gloire, Léon!

La gloire, au lieu de descendre, se met à remonter.

JOUVET : Qu'est-ce que tu fiches, Léon, tu m'as compris?

LÉON : Le mouvement s'est détraqué. Je n'ai plus de commandes!

ROBINEAU : Ne vous affolez pas, messieurs. Quelle que soit l'issue par où je sors de cette scène, l'État connaîtra vos désirs!

LA PETITE VÉRA, criant: Restez droit, calme.

ROBINEAU : Je reste droit, calme...

RAYMONE : Voilà qu'il monte au ciel!

ROBINEAU, montant: Tant mieux!... C'est du théâtre!

Il disparaît.

Rideau

DEUXIEME PARTIE

Un grand retournement

Genèse et ambiguités de la politique culturelle

Une politique étatique de la culture émerge à partir du début de la Ve République. Dotée d'un ministère spécifique, elle est produite et donnée à voir dans des institutions (comme les maisons de la Culture), des positions et des rôles politiques et administratifs (un ministre, des administrateurs culturels), des discours et des textes (le décret de création du ministère, des allocutions publiques innombrables, des rapports administratifs etc.). Contrairement à la période précédente, les différents opérateurs de l'objectivation d'une politique sont ainsi réunis. La proclamation d'une «mission culturelle» des pouvoirs publics et la formalisation d'une doctrine d'intervention – ce sont les termes de l'époque – succèdent à la timidité de la gestion publique de dossiers placés sous l'appellation générique des Beaux-Arts. Désormais, au sein des institutions d'État – ministère, commissions du Plan – sont discutés les problèmes de la liberté de création, de la diffusion de la culture et jusqu'à celui de sa définition qui, jusqu'alors, avaient été construits en dehors de l'État et même en partie contre lui. L'on tentera ainsi dans cette seconde partie de restituer les modalités et la portée d'un tel retournement, et de montrer comment les conditions dans lesquelles il s'est opéré dessinent les formes sous lesquelles la politique culturelle émerge et est institutionnalisée.

L'émergence de la politique culturelle ne se laisse guère appréhender comme la réponse à un «problème» l'affirmation d'une «volonté politique» ou la prise en compte d'une «demande sociale»[1]. Le schème rationaliste de la réponse institutionnelle à un problème préexistant est ici particulièrement inopérant, en l'absence de l'identification préalable d'un problème. Certes peut-on penser aux inégalités sociales d'accès à la culture; encore n'ont-elles pas été plus particulièrement dénoncées à la fin des années cinquante, et aucune mobilisation n'est venue affirmer qu'il incombait au gouvernement de les réduire. Surtout faut-il rappeler que leur désignation comme problème à résoudre procède de l'intervention publique autant sinon plus qu'elle en constitue le préalable. La thèse du volontarisme politique quant à elle s'accorde mal avec ce qu'on sait des conditions directes de la genèse de cette politique: aucun projet n'a été préalablement formulé par ses producteurs et la politique en question apparent dans un premier temps comme le résultat d'un bricolage politico-administratif où les opportunités de la conjoncture ont joué un rôle prépondérant – ce que révèlent tout particulièrement les conditions de création du ministère des Affaires culturelles. Enfin, nulle mobilisation, pression ou «demande» même imprécisément formulée n'a précédé l'émergence de la politique culturelle. Pas d'«affaire» suscitant des prises de positions publiques, pas d'«appels» lancés par des autorités culturelles ou politiques, pas non plus de transactions entre groupes mobilisés et fractions de la haute administration[2] comme pour la consommation[3] ou l'environnement[4], faute précisément de groupes mobilisés et de l'investissement de hauts fonctionnaires dans ces questions[5]. Le rappel des conditions socio-historiques générales qui ont pu favoriser cette émergence apparaît plus riche d'enseignements que la recherche – vaine – de «causes» directes. Si, comme on a tenté de le montrer précédemment, l'affirmation de l'autonomie des champs de production culturelle, par le rejet systématique des principes hétéronomes qui l'accompagne, a pu former une condition d'impossibilité de la mise en forme d'une politique étatique, on peut logiquement faire fonctionner l'hypothèse dans l'autre sens: la cristallisation progressive de ces espaces sociaux a conduit à abaisser le seuil de vigilance à l'égard des «dangers» qui guettent leur autonomie – toujours relative – par rapport à la période «héroïque», de la «conquête»[6], rendant dès lors possible si ce n'est souhaitable une intervention publique envisageable par les artistes comme une aide et plus seulement comme une ingérence. Par ailleurs, l'augmentation et l'allongement de l'exposition au système scolaire, la tendance à l'augmentation du poids relatif du capital culturel dans les rapports sociaux, ainsi que leur corollaire, la «montée des classes moyennes» distinguées précisément par l'importance du capital culturel en leur sein[7] ne sont certainement pas étrangères à la construction des problèmes culturels comme problèmes politiques – qui pourrait dès lors être comprise par la prise en compte et la mise en forme des «aspirations», engendrées dans ces transformations sociales. En les reliant à ces transformations, il faut aussi prendre en compte les changements intervenus dans ce qu'il est convenu d'appeler le rôle de l'État, avec l'augmentation de ses ressources de tous ordres. L'émergence de la politique culturelle pourrait ainsi être envisagée comme une manifestation parmi d'autres de la forte augmentation de l'intervention étatique après la seconde guerre mondiale, et plus précisément de la place peu à peu prépondérante occupée par l'État dans la «gestion du symbolique» attestée entre autres par la forte expansion des politiques scolaires, la mobilisation étatique de l'expertise ou encore l'essor des politiques de communication gouvernementale[8]. L'apparition et le développement de la politique culturelle s'inscrit de fait dans de tels processus de transformation des politiques publiques.

Cristallisation de l'espace de la production culturelle, développement de la scolarisation, rôle croissant du symbolique dans l'action publique (et vice-versa): pour importantes qu'elles soient, ces transformations ne peuvent néanmoins être tenues pour des facteurs explicatifs. D'abord, s'en tenir là ne permet pas de comprendre pourquoi des changements comparables dans les autres pays occidentaux ne se sont pas accompagnés des mêmes innovations politiques – sauf à poser comme postulat une «spécificité française» qu'il convient précisément d'expliquer. Ensuite, si ces transformations générales apparaissent comme des conditions de possibilité, il manque les chaînons qui, comme des mobilisations – des organisations parlant au nom des classes moyennes, des artistes ou au sein de l'administration d'État – auraient pu les relier plus directement à l'émergence de la politique culturelle.

On voudrait donc ici porter plutôt le regard sur le moment et les lieux dans lesquels cette politique apparaît, les agents qui la produisent, leurs pratiques et les relations dans lesquelles ils sont pris et partant sur les modalités concrètes de cette émergence. C'est à partir de 1959 et dans les premières années de la décennie 1960, autrement dit dans la période d'«installations» de l'ordre politique nouveau construit autour de Charles de Gaulle et codifié dans la constitution de 1958 que s'opère cette émergence. Ces années forment une «conjoncture critique» au cours de laquelle se joue la formalisation de la politique culturelle et se définit l'autorité qui y a cours[10]. Les termes de «politique», «programme» ou «planification» culturel(le) intègrent alors le lexique politico-administratif. Avec la création d'un ministère des Affaires culturelles s'impose l'idée qu'il s'agit d'une prérogative nationale et s'organise peu à peu la prééminence du niveau central. Ses dirigeants travaillent à conférer un sens et une unité aux différentes actions qui se développent en son sein et en son nom. Vis-à-vis de l'extérieur, ils établissent son territoire, le démarquant notamment de ceux des départements ministériels – comme la Jeunesse et les Sports ou l'Éducation nationale – avec lesquels la distinction était problématique. C'est ainsi à cette période que sont pour la première fois sélectionnés et réunis les éléments qui ressortissent à une politique culturelle, proclamés les objectifs à la réalisation desquels elle doit tendre, désignés les agents autorisés à la produire, et définies les modalités légitimes de sa production.

Cette première institutionnalisation de la politique culturelle n'est pas sans liens avec l'avènement du régime gaulliste dans lequel elle s'inscrit[11]. La formation de la politique culturelle au temps d'André Malraux présente en effet des traits communs voire des relations d'homologie avec les modalités du changement de régime politique. Dans un cas comme dans l'autre un changement radical est en effet proclamé. Le système antérieur est fortement dévalorisé. Une rupture complète est affirmée avec les pratiques qui le caractérisaient – la multiplication des intermédiaires, le jeu des compromis – au profit d'une «communion nationale» retrouvée grâce aux liens directs établis entre le peuple et son chef, entre le public et les chefs d'œuvre. Par ailleurs, tout comme l'avènement de la Ve République, la mise en forme d'une politique culturelle se marque par la promotion, au nom de la modernité, de pratiques politiques «rationnelles» pour partie fondées sur des outils et des compétences techniques[12]. Le nouveau régime s'instaure par la redéfinition des critères de la compétence politique, ce dont témoigne en particulier l'émergence du ministre technicien par opposition au modèle du parlementaire qui prévalait jusqu'alors. Certes le ministre André Malraux ne compte-t-il pas au nombre de ces «techniciens». L'invention de la politique culturelle n'en passe pas moins par des tentatives de rationalisation, comme en témoignent l'importance prise par la planification dans l'élaboration des programmes culturels publics, et en son sein le rôle joué par l'expertise sociologique. Suivant des voies en partie homologues à celle de l'avènement de la Ve République, la formation d'une politique culturelle constitue en même temps l'un des moyens mobilisés pour faire advenir le changement politique.

Elle contribue à le marquer symboliquement en démontrant ce que les commentateurs de l'époque décrivent comme le renouveau d'une politique de la grandeur. Elle contribue également à le réaliser: la relégation des élites anciennes se joue aussi sur le terrain culturel, et la contemplation des chefs-d'œuvre est censée permettre la communion du peuple transformé en public. Les conditions et modalités particulières de cette genèse ne sont pas sans conséquences sur les formes que revêt la politique culturelle en France. La liant étroitement à l'émergence de la République gaullienne, celles-ci lui confèrent d'emblée une charge politique qui la distingue du simple produit d'une spécialisation administrative. Politique au sens partisan du terme, sans doute, avec une forte présence des réseaux du mouvement gaulliste, mais aussi au sens où cette action publique nouvellement mise en forme compte au nombre des éléments qui symbolisent le changement de régime. Par là, la politique culturelle revêt une dimension politique au sens plus général puisque c'est, entre autres, par son entremise que sont symbolisées et organisées les modalités du rapport au peuple et les modes d'exercice du pouvoir qui spécifient le nouvel ordre politique instauré en 1958. L'apparition de la politique culturelle ne marque donc pas seulement l'émergence d'un nouveau «secteur» de l'intervention étatique, mais bien plutôt celle d'un nouveau lieu d'élaboration et d'un nouveau moyen de diffusion des représentations étatiques de l'espace social.

Ces conditions et les pratiques qui y sont associées situent donc d'emblée la production de la politique culturelle dans un espace de référence et de concurrence plus «global» que «sectoriel»[13]: ni profession ni secteur d'activité dont il faut «réguler les désajustements»[14], mais le peuple, une dimension jugée essentielle à la «condition humaine» (la culture), une «mission» (en démocratiser l'accès) et par là des visées qui n'engagement pas moins que la sauvegarde de la civilisation face à «la trinité du sexe, de l'argent et de la mort», pour reprendre les mots du ministre[15]. À cet espace de référence large et aux implications multiples dans lequel ses producteurs – ministre, hauts fonctionnaires, planificateurs – placent la politique culturelle correspondent des enjeux et des concurrences eux aussi vastes et multiples, de la redéfinition des modalités légitimes de la représentation politique à de nouvelles formes de production et de diffusion de visions étatiques du monde social en passant par les enjeux de la définition de la culture. Ces enjeux et ces concurrences sont d'autant plus forts que les diverses catégories d'agents – des élus locaux aux artistes en passant par les divers intermédiaires culturels – dépossédées ou reléguées par l'émergence de la politique culturelle sont par là même disposés à faire de la mise en forme de cette politique l'objet d'un débat très vif.

Objet et enjeu de vastes luttes, la définition de l'objet de la politique étatique de la culture s'opère dès lors sur un mode dénié et euphémisé qui s'ajoute au grand niveau de généralité des principes et objectifs qui lui sont assignés pour lui conférer une forme aux contours incertains. Le «grand retournement» par lequel les problèmes culturels construits contre l'État deviennent des problèmes d'État se conjugue ainsi aux conditions plus spécifiquement politiques de l'avènement de la Ve République qui le rendent possible pour que la politique culturelle, dès sa première institutionnalisation au début des années 1960, présente d'importantes ambiguïtés et un flou qui la distinguent de la plupart des politiques dites sectorielles. Revenir sur les deux principaux opérateurs de la genèse de cette politique que sont la création du ministère des Affaires culturelles (Chapitre IV) et l'élaboration d'une planification culturelle dans les années 1960-65 (Chapitre V) nous permettra d'en rendre compte.

CHAPITRE IV

Un ministère pour la culture

La création d'un ministère des Affaires culturelles peut s'analyser comme un «coup» politique en forme d'innovation institutionnelle[1]. L'hypothèse est en effet permise d'une inscription de cette innovation dans l'éventail des activités tactiques des protagonistes des conflits qui président à l'avènement de la Ve République, et en particulier de celles qui mettent en scène la «grandeur» retrouvée de l'État et en particulier de son nouveau chef grâce au changement de régime. Si l'on peut voir dans ce nouveau ministère l'invention d'une «nouvelle figure du rapport État-société», pour reprendre l'expression de Pierre Rosanvallon – et non le résultat de l'un des trois autres facteurs typiques de la création d'un ministère qu'il distingue: «logiques administratives de spécialisation», «gestion des urgences» ou «exigences du clientélisme»[2] – encore faut-il donc rappeler les conditions précises et les modalités pratiques de cette invention. En l'occurrence, celle-ci s'inscrit dans des relations et concurrences multiples – entre gouvernement et champ culturel, au sein du champ politique, et entre administrations. Elle procède moins d'un projet préalable que de la saisie d'une opportunité; moins de l'application d'un programme que d'un «bricolage» politico-administratif. Cette innovation conjoncturelle et fragmentaire – aux dires mêmes de ses promoteurs – va pourtant, contre les prévisions pessimistes formulées à son encontre, s'installer progressivement au sein du champ bureaucratique et bouleverser peu à peu les conditions du rapport entre la culture et l'État.

LES CONDITIONS DE L'INNOVATION ET LEURS EFFETS

Un coup politique

La création du ministère des Affaires culturelles s'inscrit dans la conjoncture particulière de l'installation du pouvoir gaulliste. L'étatisation d'une «mission» diffuse – la croyance dans la nécessaire démocratisation de la culture – à laquelle correspond cette création est servie par une affinité entre deux «personnages» – de Gaulle et Malraux – et vient en retour servir ce qui constitue l'une des principales ressources dans l'instauration du nouveau régime: le charisme en politique.

Le ministère des Affaires culturelles n'est pas constitué puis confié à André Malraux; à l'inverse, André Malraux est désigné comme ministre – délégué à la présidence du Conseil, chargé de l'Information (1er juin 1958) puis ministre d'État sans portefeuille (8 janvier 1959) – et c'est autour de lui et pour lui que sont agrégés des services pour former un ministère, dont la création est officialisée en juillet 1959. C'est qu'André Malraux occupe à cette date une position pour le moins particulière. Tout comme celui de Charles de Gaulle[3], le personnage d'André Malraux permet des usages politiques multiples. La multiplicité de ses propriétés et des aspects de sa trajectoire lui confèrent en outre des ressources fortes, utiles à sa désignation comme ministre. André Malraux est tout d'abord un «gaulliste historique»: héros de la Résistance sous le nom de colonel Berger, il est un compagnon de la Libération, participe à la fondation du RPF dont il est chargé de la propagande[4]. Ses engagements passés, dans la lutte antifasciste des années 30, dans la guerre d'Espagne et au moment du Front populaire en particulier, lui permettent dans le même temps de présenter une image d'«homme de gauche» qui lui reste attachée en 1958, en tout cas dans les milieux de la gauche non communiste[5]. Sa position d'écrivain célèbre, enfin, rendent impensables les accusations d'incompétence dont faisaient jusqu'alors généralement l'objet les responsables gouvernementaux intervenant en matière culturelle, et lui confèrent au contraire une forte légitimité à intervenir. Car André Malraux n'est pas seulement l'auteur de romans célèbres, au premier rang desquels figure *La condition humaine* dotée en 1933 du prix Goncourt; il est également connu pour ses discours et écrits sur l'art, diffusés dès les années 30, et qui ont entre autres donné lieu à la trilogie de *La psychologie de l'art* (1947-49) et à celle du *Musée imaginaire* (1952-54). Même s'il ne faut pas en exagérer la portée et établir un lien direct entre elles et sa nomination comme ministre des Affaires culturelles, il a dans plusieurs prises de position antérieures envisagé favorablement le développement de l'intervention artistique publique tout en posant la question des rapports entre l'art et l'État de manière conforme aux règles du champ culturel. Ses déclarations contre la censure, réitérées après sa nomination, en constituent l'illustration la plus connue. En 1952 il publie un entretien dans la revue *Carrefour* intitulé «L'État n'est pas fait pour diriger l'art mais pour le servir». Pressé de le faire par celui qui l'interroge, il donne les grandes lignes d'un éventuel programme et indique les principes devant selon lui guider l'action d'un ministre.

> Q. – *À supposer que vous fussiez [...] ministre des Beaux-Arts, que feriez-vous? Quel serait votre programme immédiat?*
> Cette fois nous nous sommes peut-être avancés un peu loin. Notre interlocuteur aperçoit la malice de la question. Il nous fait un signe complice et répond:
> R. – *D'abord, je ne suis pas candidat. Ce programme, n'importe qui pourrait l'établir et l'exécuter aussi bien*[6].

Il fait enfin figure, de par ses déclarations et sa trajectoire personnelle, de héros de la promotion sociale par la culture. Dans les années 30, il participe au mouvement des premières maisons de la culture. Il entretient des relations étroites avec les grands personnages du prosélytisme culturel, comme Léo Lagrange. Il exhorte régulièrement depuis les débuts de sa carrière intellectuelle à «ouvrir le domaine de la culture à tous ceux qui veulent l'atteindre» comme dans l'«Appel aux intellectuels» du 5 mars 1948. Des origines modestes – il est le fils d'une épicière de Bondy[7] – complètent le portrait héroïque de celui qui est dès les années 50 reconnu comme l'un des plus grands écrivains français.

Ces multiples propriétés, décrites par ses nombreux biographes sous l'angle du «mystère» d'un homme aux «nombreuses facettes», forment un ensemble de ressources importantes qui peuvent tout particulièrement être mises à profit dans la conjoncture particulière de l'émergence de la Ve République; la «vertu» rencontre alors la «fortune», pour reprendre les catégories dans lesquelles Machiavel invite à penser l'obtention de l'autorité politique. Forte proximité à Charles de Gaulle[8], position stratégique au sein du mouvement gaulliste: ces importantes ressources politiques permettent à André

Malraux de s'imposer «naturellement» comme un personnage important de la nouvelle République et, en premier lieu, de son gouvernement. Bienveillance d'une partie de l'opposition politique, position forte dans le champ culturel, trajectoire d'intellectuel exemplaire: ces ressources symboliques – les nombreux commentaires de l'époque vantent sa «hauteur de vue» et son «envergure» – et culturelles elles aussi très fortes rendent possible ce qui, sans elles, ne l'aurait guère été. Le «personnage» Malraux, dans cette conjoncture particulière, permet en effet l'importation – hautement improbable dans d'autres conditions – dans le champ politico-bureaucratique de normes et répertoires d'action – liberté de l'art, prosélytisme culturel – constitués dans le champ culturel. «Le crédit dont il jouissait était tel, note Jeanne Laurent dans un essai pourtant très critique, que les intellectuels, même opposés au régime, eurent l'impression d'avoir en lui un représentant personnel au gouvernement»[9].

La mise à plat de ces ressources personnelles ne saurait toutefois conduire à la construction rétrospective d'une «prédestination» de Malraux au poste de ministre des Affaires culturelles, ni même à la reconstitution du choix «rationnel» par le chef de l'État et le premier ministre du meilleur individu pour occuper un tel poste. Sans ses déclarations jugées intempestives sur la torture en Algérie, Malraux aurait sans doute pu rester à l'Information; et il aurait très bien pu conserver son rôle de héraut du gaullisme à l'extérieur du gouvernement. Malraux lui-même décrit sous la forme d'une parabole littéraire le caractère fortuit et transitoire de sa désignation à ce poste, «ministre des Affaires culturelles» ne constituant que le dernier avatar en date de son personnage. Il relate ainsi l'une de ses rencontres avec Nehru:

> *– Ainsi, vous voilà ministre...*
>
> *La phrase ne signifiait pas du tout: vous faites partie du gouvernement français. Un peu balzacienne, et surtout hindoue, elle signifiait: voilà votre dernière incarnation...*
>
> *– Mallarmé, lui répondis-je, racontait ceci: Une nuit, il écoute les chats qui conversent dans la gouttière. Un chat noir inquisiteur demande à son chat à lui, brave Raminagrobis: "Et toi, qu'est-ce que tu fais? – En ce moment, je feins d'être chat chez Mallarmé...*[10]

Et plus qu'André Malraux n'était «fait pour» le ministère des Affaires culturelles, ce ministère a été fait par et pour lui; plus qu'il n'était «à la hauteur» de ce nouveau poste ministériel, ce dernier a été conçu et créé pour être à la hauteur du personnage auquel il était destiné. Quelles que soient leurs différences, tous les témoignages indiquent en effet que c'est le souci de nommer Malraux et non une quelconque volonté de réorganiser le traitement politique de la culture qui a présidé à la constitution du ministère[11]. Alain Peyrefitte présente la création du ministère comme le résultat d'une «intuition», en juillet 1958, de Georges Pompidou alors directeur de cabinet de Charles de Gaulle, quand ce dernier souhaite confier à Jacques Soustelle le ministère de l'Information détenu par André Malraux – poste qu'il avait déjà occupé en 1945[12]. Le portefeuille des Affaires culturelles aurait ainsi été inventé pour permettre à André Malraux de rester au gouvernement. Michel Debré, quant à lui, cite dans ses mémoires les propos que lui aurait tenus Charles de Gaulle lors de la formation du premier gouvernement de la Ve République en janvier 1959:

> *«Il vous sera utile de garder Malraux. Taillez pour lui un ministère, par exemple, un regroupement de services que vous pourrez appeler "Affaires culturelles". Malraux donnera du relief à votre gouvernement»*[13].

La longue durée – une année complète – qui s'écoule entre l'abandon du ministère de l'Information et l'obtention effective de celui des Affaires culturelles tend à confirmer la version d'une création *ad hominem*. Si à la fin juillet 1958 il se voit confier des missions relatives «à l'expansion et au rayonnement de la culture française», il traite aussi des dossiers de la recherche scientifique et de la Jeunesse et des sports[14]; surtout, il participe à de nombreux voyages officiels dans la France d'outre-mer et dans les pays d'Afrique et d'Asie au cours desquels il représente le général de Gaulle[15].

Si le ministère des Affaires culturelles apparaît d'abord comme le ministère d'André Malraux, ce dernier apparaît en effet avant tout comme le ministre du général de Gaulle. Plusieurs éléments permettent en effet de formuler l'hypothèse d'un ministre auxiliaire du charisme gaullien. On connaît le rôle de Malraux comme orateur et propagandiste du RPF, faisant l'éloge de Charles de Gaulle. Il joue également ce rôle dans ses interventions comme ministre de l'Information, puis dans ses discours politiques au «peuple fidèle» lors de la campagne pour le référendum d'octobre 1958. Deux évocations journalistiques en fournissent une illustration.

> *«Qui a vu Malraux sur une estrade, ses mains griffant, déchirant soudain l'air, tandis que sa voix se gonfle d'une fabuleuse éloquence dont le pouvoir de fascination peut porter à la frénésie une audience de milliers de personnes, comprend que le général de Gaulle, en lui donnant la responsabilité de la propagande nationale, a choisi l'agitateur populaire le plus efficace de France»*[16].

> *«C'était la première fois qu'un porte-parole du gouvernement de Gaulle traitait tous les grands problèmes politiques d'actualité. Et quel porte-parole! Le plus prestigieux des collaborateurs du président du Conseil, le plus proche de sa pensée. [Les héros des romans de Malraux] parlaient par la bouche du ministre du Verbe délégué à la Présidence et chargé de l'Information. Mais c'était aussi la France et la République, de Gaulle et le gouvernement, la révolution permanente et l'ordre éternel qui, ensemble, participaient de cette méditation historique»*[17].

Au début 1959 il est présenté au sein du gouvernement comme «ministre du rayonnement français». Le titre de «ministre d'État» qui lui est alors attribué serait «à entendre au sens qui lui était accordé sous le second Empire: celui de ministre chargé de la Parole»[18]. Ce même qualificatif lui est attribué lors de sa nomination comme ministre des Affaires culturelles, *Le Monde* le présentant comme le ministre «du Verbe et du Geste»[19]. C'est lui qui organise la première manifestation officielle de la Ve République, avec l'inauguration le 21 octobre 1959 de l'Odéon-Théâtre de France à laquelle il procède aux côtés de Charles de Gaulle[20]. Les célèbres phrases des *Mémoires d'espoir* sur «l'ami génial» de Charles de Gaulle accréditent également cette idée d'un «auxiliaire charismatique»:

> *«À ma droite j'ai et j'aurai toujours André Malraux. La présence à mes côtés de cet ami génial, fervent des hautes destinées, me donne l'impression que, par là, je suis couvert du terre à terre. L'idée que se fait de moi cet incomparable témoin contribue à m'affermir»*[21].

Le rôle du ministre des Affaires culturelles, dont on dit qu'il est souvent consulté par le chef de l'État et qui intervient sur d'autres «affaires» que celles de la culture, tranche ainsi avec celui qui est généralement dévolu aux ministres des débuts de la Ve République, davantage tenus au silence et cantonnés dans les limites de leur domaine de spécialité[22]. C'est aussi que le charisme prêté à André

Malraux ne vient pas seulement appuyer celui du général de Gaulle; il le seconde plus généralement dans l'instauration de nouveaux rapports politiques qui spécifient l'ordre politique qui émerge en 1958.

L'on retrouve ainsi les relations établies plus haut entre les deux émergences concomitantes de la Ve République et de la politique culturelle. La rupture par laquelle elles s'opèrent se marque dans les deux cas par la suppression des intermédiaires – politiques et culturels – supposés responsables de la «sclérose» du système ancien au profit d'un rapport direct – «charismatique» – entre le chef d'État et le peuple, et entre la culture et le peuple. Les promoteurs de la Ve République entendent supprimer les intermédiaires politiques – vaincre «la tyrannie des partis», encadrer l'activité parlementaire, bousculer les notabilités locales – au profit de l'institution d'un pouvoir reposant sur la croyance en la qualité extraordinaire d'un personnage et sur l'instauration qui s'ensuit de relations directes et «émotionnelles» entre le chef et le peuple[23]. C'est de manière pour partie homologue qu'est instituée la politique du ministère des Affaires culturelles. Celle-ci est également formée autour d'une personnalité «extraordinaire» fréquemment évoquée pour son génie et le pouvoir d'attraction qu'il exerce: André Malraux[24]. Si le chef de l'État s'adresse sans intermédiaire à la Nation, le ministre d'État chargé des Affaires culturelles est quant à lui l'homme qui «fait un lien, par sa personne, entre les masses et la culture»[25].

Le charisme du ministre se double de la promotion, dans les discours officiels mais aussi dans les réalisations de la politique culturelle, d'une représentation charismatique du rapport à l'art, fondée sur la croyance dans la force intrinsèque des chefs d'œuvre auxquels il suffirait d'être directement exposé pour en apprécier le sens et la valeur – et ce quelles que soient la position et les dispositions de celui qui les contemple et sans qu'aucun apprentissage ne soit nécessaire[26]. Cette représentation charismatique du rapport à l'art préside à l'élaboration des nouveaux programmes culturels, comme celui des maisons de la culture, qui doivent être des lieux de «communion» et de révélation de la «sensibilité esthétique», et qui, jusque dans leur organisation, doivent réaliser la confrontation immédiate – au sens premier du terme – entre les œuvres et le public. Sont ainsi court-circuités et mis à l'écart les intermédiaires culturels issus de la période précédente – enseignants, associations locales, militants de l'éducation populaire – au profit de la rencontre directe entre les individus formant le public et l'art qu'incarnent les créateurs[27].

Sans doute cette mise en parallèle resterait-elle artificielle si l'intervention placée sous l'égide du ministre des Affaires culturelles n'était pas pour partie mise au service de l'instauration du nouvel ordre politique. L'action culturelle est de fait explicitement destinée à opérer, symboliquement mais aussi en pratique – comme dans les grandes expositions d'art ou lors de la représentation des chefs d'œuvre du répertoire – le «rassemblement», la «communion», l'«unité nationale» que le régime gaulliste est censé permettre et réaliser[28].

La délimitation incertaine d'un territoire

«Coup politique» réalisé par et grâce à un personnage exceptionnel, la création du ministère des Affaires culturelles s'accomplit par un travail moins visible mais pas moins important de redécoupage des compétences administratives, de regroupement de services et d'organisation bureaucratique. Doublement contraint par l'héritage du passé et les résistances que lui opposent les autres administrations, l'établissement de ce territoire est, dans les premières années du ministère, difficile et incertain.

La création des «Affaires culturelles» ne marque pas l'ouverture d'un nouvel espace pour l'intervention publique; elle ne fait qu'en unifier partiellement la forme dans ce domaine. À l'étatisation de l'anti-étatique que marque l'affirmation d'une mission culturelle d'État s'ajoute ainsi la redéfinition de pratiques étatiques héritées de l'histoire administrative complexe du traitement des Beaux-Arts dont, quoi qu'ils en aient, les promoteurs de la politique culturelle sont amenés à «recycler» les produits[29]. C'est en effet par un transfert de compétences réalisé pour l'essentiel par le décret du 3 février 1959 et non par l'invention de compétences nouvelles qu'est constitué le ministère. Le directeur général des Arts et des lettres du ministère de l'Éducation nationale, Jacques Jaujard, est chargé de coordonner les services transférés en préfiguration du ministère. Le transfert provient pour l'essentiel de l'Éducation nationale (direction générale des Arts et lettres, direction de l'Architecture, direction des Archives de France), auxquelles sont ajoutés les services du haut commissariat à la Jeunesse et aux sports chargés des activités culturelles et le Centre national de la cinématographie, auparavant rattaché au ministère de l'industrie et du commerce. Sur la base de ces transferts s'élabore l'organigramme du ministère.

Aux côtés du ministre et de son cabinet figure un secrétaire général (auxquels s'ajoutent en 1960 un Service de l'administration générale et le Bureau du Cabinet). Sont placés sous l'autorité du ministre le Centre national de la cinématographie, la direction des Archives, celle de l'Architecture, et l'importante direction générale des Arts et des Lettres qui comprend la direction des Musées, la sous-direction des Spectacles et de la musique, le service des Lettres, les services de l'Enseignement et de la Production artistiques[30].

La longue année nécessaire à ce travail de regroupement indique l'importance des tractations et négociations entre administrations qu'il a impliqué[31]. L'un des principaux hauts-fonctionnaires du ministère, Pierre Moinot, parle à propos de ces transferts de «chair arrachée», marquant ainsi le caractère artificiel et conflictuel du rattachement[32]. Certaines attributions ne vont pas sans poser problème, voire sont remises en cause. Ainsi les associations transférées du haut commissariat à la Jeunesse et aux Sports vers le ministère des Affaires culturelles en 1959 retournent-elles à leur première administration de tutelle deux ans plus tard, lorsque le «projet d'action culturelle» du ministère plus exclusivement circonscrit exclut de son champ d'intervention les pratiques d'une éducation populaire «terriblement isolée des grandes valeurs littéraires et artistiques de notre pays»[33].

Les problèmes dans la définition des attributions du nouveau ministère tiennent également au non rattachement de secteurs pourtant appelés par la mission de «démocratisation culturelle» que les créateurs du ministère entendent assumer. Si, dans ce qui a été rétrospectivement désigné comme une déclaration programmatique, André Malraux a pu désigner «le rattachement aux Beaux-Arts du haut commissariat au Tourisme» comme «une décision qui s'impose»[35], ce rattachement n'a pas été réalisé dans le ministère de 1959. Les questions potentiellement «rattachables» dont s'est occupé Malraux dès 1958 puis en tant que ministre sans portefeuille – Jeunesse, Recherche – n'ont pas non plus été rassemblées sous l'égide des Affaires culturelles.

«En [...] décembre 1958, Malraux attache assez d'importance aux actions en direction des jeunes pour inclure la jeunesse dans le premier schéma de ministère des Affaires culturelles qu'il soumet à de Gaulle, ce qui ne soulève pas d'objections de la part de celui-ci. L'opération n'aboutit pas [...]»[36].

Tableau 6
La création du ministère des Affaires culturelles : chronologie (1958-59)[34]

1er juin 58	Décret nommant A. Malraux ministre délégué à la présidence du Conseil, chargé de l'Information.
26 juillet 58	Décret stipulant qu'A. Malraux «peut être chargé par délégation personnelle du président du Conseil de la réalisation de divers projets et notamment de ceux qui ont trait à l'expansion et au rayonnement de la culture française».
8 janvier 59	Ordonnance portant nomination des membres du gouvernement. André Malraux est nommé ministre d'État.
21 janvier 59	Réunion sur le partage des compétences avec le haut commissariat à la Jeunesse et aux sports.
3 février 59	Décret d'attribution du ministère d'État par transfert du ministère de l'Éducation nationale (direction générale des Arts et lettres, directions de l'Architecture et des Archives); du haut commissariat à la Jeunesse et aux sports (services culturels); du ministère de l'Industrie et du commerce (Centre national de la cinématographie).
23 février 59	Le directeur général des Arts et lettres (M. Jaujard) est chargé de coordonner les directions, services et organismes transférés.
7 mars 59	Avant-projet d'organisation administrative.
13 mars 59	Décret instituant une commission interministérielle chargée de fixer l'organisation des services transférés au ministère d'État.
1er mai 59	Projet d'organisation administrative soumis à la commission interministérielle. Projet de décret sur le ministère et projet d'organisation envoyés par Malraux au directeur de cabinet du secrétariat général du gouvernement.
15 mai 59	La commission interministérielle demande à Malraux la préparation d'un projet de décret portant constitution d'un ministère des Affaires culturelles et organisation de son administration.
23 mai 59	Remise au secrétaire général du gouvernement du projet de décret constitutif en vue du conseil des ministres du 3 juin 1959.
3 juin 59	Le secrétaire général du gouvernement ne peut présenter le projet de décret au conseil des ministres.
juin 59	Négociations avec le ministère des Finances pour les postes et les effectifs.
27 juin 59	Lettre de Malraux au premier ministre à propos des locaux du ministère.
22 juillet 59	Décret relatif à la composition du gouvernement. André Malraux prend le titre de ministre d'État chargé des Affaires culturelles.
24 juillet 59	Décret sur la mission et l'organisation du ministère: «Le ministère chargé des Affaires culturelles a pour mission de rendre accessibles les œuvres capitales de l'humanité, et d'abord de la France, au plus grand nombre possible de français; d'assurer la plus vaste audience à notre patrimoine culturel, et de favoriser la création des œuvres d'art et de l'esprit qui l'enrichissent». Le ministère comprend un bureau du cabinet; la direction générale des Arts et lettres à laquelle sont rattachés des services de l'éducation populaire; la direction des Archives; la direction de l'Architecture; un service d'administration générale; le Centre national de la cinématographie.

Alors que le ministre d'État fait fonction d'ambassadeur culturel de la France dans le monde, les relations culturelles internationales restent sous l'égide du quai d'Orsay. Des attributions ressortissant «naturellement» aux affaires culturelles restent en dehors des compétences de la nouvelle administration. C'est le cas des bibliothèques, l'importante direction des Bibliothèques et de la lecture publique restant au ministère de l'Éducation nationale jusqu'en 1975[37]. De même, la radio-télévision reste attachée à l'Information et, surtout pour la télévision, directement prise en charge par les services du chef de l'État ce qui paraît s'être décidé dès avant la constitution officielle du ministère.

André Brinquet, journaliste au Figaro, témoigne ainsi: «À trois mois d'intervalle, André Malraux m'a dit: "Bien entendu, je couvre tout, à commencer par la télévision" (juin 1958) et "J'ai suffisament de problèmes à résoudre. Pas question que je m'occupe de la télévision" (octobre 1958)»[38].

André Holleaux, directeur de cabinet du ministre de 1962 à 1965, indique que Malraux a tenté à plusieurs reprises et sans succès d'étendre ses prérogatives à ces secteurs importants[39]. L'héritage de la direction générale des Arts et des lettres et ces lacunes constituent un champ de compétences incomplet et à l'unité incertaine. Les attributions du ministère procèdent d'«une division un peu arbitraire», reconnaît le directeur chargé de l'Action culturelle[40]. «Nous nous demandions vraiment si nous allions pouvoir faire quelque chose de cet ensemble très disparate et si maigre que nous avions obtenu de l'Éducation nationale», témoigne-t-il plus tard[41]. Cette situation est du reste unanimement et régulièrement dénoncée comme mettant à mal la crédibilité de la politique ministérielle: comment prétendre donner la culture à chacun des français en laissant échapper avec les bibliothèques l'un des principaux vecteurs de sa diffusion, et avec la radio-télévision, celui dont on pressent qu'il occupera à l'avenir une place de premier plan?

«Ce qui éclate à tous les regards, constate Jean Lacouture dans un bilan de dix ans de politique culturelle menée par Malraux, c'est d'abord le caractère bâtard d'un organisme qui cessant d'être le secrétariat d'État aux Beaux-Arts pour devenir le ministère de l'action culturelle, n'a réussi qu'à se glisser tant bien que mal et par à-coups entre ces deux colosses de la diffusion culturelle que sont l'éducation nationale et la télévision[42]*».*

L'établissement des Affaires culturelles dans les fonctions gouvernementales passe également par celle d'un budget et d'un personnel qui leur soit propre. Dans les deux cas, les limites demeurent importantes. L'objectivation de la politique culturelle dans une ligne budgétaire est réalisée fin 1959. Présentant la spécification des moyens comme la condition nécessaire à une action culturelle publique autonome, André Malraux affirme l'importance de ce changement lors de la discussion de la loi de finances à l'Assemblée nationale:

> *«Il n'y avait pas jusqu'ici d'affaires culturelles, avant tout parce qu'il n'y avait pas de budget particulier aux affaires culturelles. Le fait qu'inévitablement les crédits réservés aux opérations culturelles vinssent à la fois de l'énorme et parfois dramatique budget de ce que l'on appelait jadis l'instruction publique impliquait que chaque fois qu'il était nécessaire d'obtenir un crédit supplémentaire, celui-ci était refusé, non pour de mauvaises raisons, mais parce qu'il était plus nécessaire ailleurs. L'autonomie au budget permet l'autonomie de l'action».* (Séance du 17 novembre 1959).

Autonome, le budget des Affaires culturelles reste néanmoins faible. Après son détachement de la tutelle de l'Éducation nationale à partir du budget 1960, il forme avec environ 0,4 % du budget total de l'État le poste le plus faible[43]. Le ministre, pourfendeur des précédents secrétaires d'État aux Beaux-Arts, se voit ainsi rappeler qu'il ne dispose que de ressources en proportion inférieure à ce qu'elles étaient avant la première guerre mondiale[44].

Quant au personnel, il reste tout d'abord en nombre limité: les effectifs du ministère sont inférieurs à 400 personnes, alors que les besoins sont évalués à 589 dès le début de 1959. Le personnel d'encadrement provient pour une part des services rattachés de l'Éducation nationale, et surtout d'horizons assez différents des autres ministères: réseaux de relation du ministre, anciens administrateurs de la France d'outre-mer notamment (C*f infra*). C'est que, dans toute la décennie 1960, le ministère des Affaires culturelles conserve une place à part dans l'administration centrale. Décalé par rapport au modèle dominant de l'administration, incertain quant à sa durée, il occupe un rang secondaire dans l'ordre des hiérarchies bureaucratiques et, à cette époque, reste peu couru par les hauts fonctionnaires classiques issus de l'ÉNA.

Une politique de la rupture

> *«Tout se passe comme si le ministère des Affaires culturelles était la suite de l'ancien service des Beaux-Arts [...] avec une orientation, disons un peu plus moderne qui serait donnée par mon département. Or c'est absolument erroné. En définitive, les Beaux-Arts étaient au service du décor de la vie; d'un point de vue marxiste, on dirait qu'ils étaient au service de la bourgeoisie, mais peu importe. Ce qui est certain c'est que, jusqu'au retour du général de Gaulle, l'État a assumé des fonctions tout à fait déterminées et qu'aujourd'hui ces fonctions sont complètement différentes»*[45].

Les problèmes rencontrés dans l'installation du ministère – domaine de compétences incomplet, ressources administratives limitées, situation incertaine – sont en quelque sorte contre-balancés par les intenses investissements intellectuels et symboliques consentis par le ministre et ses auxiliaires, comme pour conjurer un sort bureaucratique *a priori* peu enviable. Ces investissements, dont l'abondance des discours indique l'ampleur, trouvent dans une politique systématique de rupture par rapport aux formes antérieures du traitement public de la culture le moyen d'affirmer – essentiellement en creux – l'unité et l'identité d'une politique qui restent encore largement à établir.

La politique culturelle qui se construit dans les premières années de la Ve République, tout comme cette dernière, est présentée par ses promoteurs comme une innovation radicale par rapport aux pratiques antérieures; «comme un accomplissement *ex nihilo*»[46]. La proclamation de cette politique «nouvelle» forme ainsi un exemple particulièrement achevé de rite d'institution[47]. La rhétorique politique du commencement absolu qui la caractérise tend en effet à produire «du discontinu avec du continu», transformant par la parole l'agrégation de pratiques et institutions préexistantes en une création inédite. La conjoncture politique et les ressources multiples du ministre permettent que ces actes de foi puissent susciter si ce n'est l'adhésion à tout le moins la croyance dans leur vertu inaugurale. En même temps qu'ils ouvrent «une ère nouvelle», ces discours performatifs réalisent l'investiture de leurs auteurs: lorsqu'ils désignent la charge qui leur incombe, ministre ou fonctionnaires du ministère fondent dans le même mouvement leur propre légitimité à l'assumer.

Tout comme la geste gaullienne de 1958, cette nouveauté proclamée n'est bien sûr pas une nouveauté absolue; les pages qui précèdent montrent que cette innovation s'inscrit dans une histoire complexe. Mais les héritiers refusent d'être hérités par cet héritage, pour paraphraser la formule de Marx. À l'instar des pratiques politiques de la IVe République rétrospectivement présentées sous un jour unilatéralement funeste, les modalités anciennes du soutien public aux Beaux-Arts ou de l'organisation des loisirs sont sévèrement critiquées par les producteurs de la politique culturelle qui la définissent contre ces pratiques et références dont l'«archaïsme» est dénoncé pour mieux faire valoir la nouveauté de l'entreprise et la nécessité de cette nouveauté. La mise à distance du passé est d'abord celle du «style» de l'intervention, les «habitudes» héritées étant dénoncées comme contraintes plus que revendiquées comme points d'appui. Huit ans après la création du ministère, Pierre Moinot qui en a supervisé l'administration indique ainsi dans un rapport sur l'organisation des services que «l'accomplissement des tâches du ministère» a été rendu difficile «par un esprit, des privilèges, des habitudes héritées de l'ancien secrétariat d'État aux Beaux-Arts» dont les services issus de l'Éducation nationale restaient empreints[48]. Le rejet du passé, c'est ensuite celui, méthodiquement formulé, de toutes les formes d'action publique qui constituent la base institutionnelle du ministère avec lesquelles la politique culturelle risquerait d'être – à tort – confondue. «Si, comme je le crois, la création d'un ministère de la Culture est pleinement justifiée, *c'est qu'il existe un domaine essentiel qui n'est ni Enseignement, ni Divertissement ni Création artistique*», souligne Gaëtan Picon, directeur général des Arts et lettres lors de l'inauguration de la maison de la culture de Béthune le 19 janvier 1960[49]. Un rapport sur *La mission culturelle de la collectivité* rédigé en 1968 par le directeur de cabinet du ministre reprend systématiquement la démonstration répétée depuis 1959 des différences qui opposent un «avant» et un «après» ministère des Affaires culturelles[50]. La politique culturelle est ainsi distinguée de catégories de l'action publique qui, comme les loisirs ou l'éducation populaire, renvoient à des «milieux», des organisations, des professions – comme celle d'animateur – mais pas à des institutions de l'action gouvernementale. Ces distinctions sont intellectuellement justifiées par la différence «nécessaire» qu'il convient d'établir entre ce qui n'est qu'un moyen et ne présente pas forcément un contenu «élevé» – les loisirs ou l'éducation populaire – et la culture érigée en finalité et définie comme voie d'élévation[51].

«Pendant des années on a cru que le problème de la culture était un problème d'administration des loisirs. Il est temps de comprendre que ce sont deux choses distinctes, l'une étant seulement le moyen de l'autre», affirme ainsi André Malraux à l'Assemblée nationale en novembre 1963.

Le travail de distinction est aussi et surtout opéré vis-à-vis des visées pédagogiques en général[52]. Celui-ci n'est bien sûr pas sans rapports avec les relations de concurrence qui opposent le ministère des Affaires culturelles à celui de l'Éducation nationale dont il est largement issu. Il n'est sans doute pas non plus sans rapports avec la trajectoire d'autodidacte revendiqué d'un André Malraux arrivé «au sommet de son art» et doté d'une «immense culture»[53] alors qu'il a abandonné ses études à l'âge de 17 ans, sans jamais avoir passé le bac. Ce rejet de la pédagogie – «il ne s'agit pas d'apprendre, mais de faire aimer» répètent Malraux et les fonctionnaires du ministère à sa suite – fonde celui des intermédiaires dans l'instauration du rapport charismatique aux œuvres d'art.

«Où est la frontière? L'Éducation nationale enseigne: ce que nous avons à faire, c'est rendre présent. [...]. Il appartient à l'Université de faire connaître Racine, mais il appartient seulement à ceux qui jouent ses pièces de le faire aimer. Notre travail, c'est de faire aimer les génies de l'humanité et notamment ceux de la France, ce n'est pas de les faire connaître. La connaissance est à l'Université; l'amour, peut-être, est à nous»[54].

Que ces distinctions et la «nouveauté» qui leur est liée procèdent pour une large part de l'effet d'annonce ne doit toutefois pas conduire à en minorer la portée. Si l'affirmation de la nouveauté tient à des effets de croyance, elle n'en produit pas moins, dans le même temps, des effets de réalité. La dévalorisation des pratiques et références anciennes entraîne – ou à tout le moins justifie – la mise à l'écart du personnel qui en était porteur. Cette politique de rupture marque ainsi le déclin de positions administratives, comme celles des fonctionnaires chargés des Beaux-Arts au ministère de l'Éducation nationale, et celui de mobilisations antérieures qui, comme les mouvements d'éducation populaire, occupaient le terrain de la culture du peuple[55]. Elle occasionne l'arrivée corrélative d'un personnel nouveau qui se retrouve de fait en position de devoir inventer tout ou partie de ses propres pratiques et références.

Cette stratégie de la «table rase» est ainsi porteuse d'autres conséquences: rompre avec le déjà-là des routines héritées du passé oblige à l'exploration nécessairement tâtonnante de voies et moyens présentés mais aussi pensés comme inédits. Délaisser le cadre restrictif et *a priori* clairement délimité des Beaux-Arts au profit des «Affaires culturelles» et de «la culture» qui, au contraire des précédents, ne constituent pas des formes sociales cristallisées, reposant sur des institutions – comme les académies, par exemple – c'est ainsi rouvrir la boîte de Pandore de la définition de la culture et poser comme problématique la délimitation du domaine couvert par l'intervention.

> *«La définition des domaines d'action, existants ou à créer, qui concernent la nouvelle mission culturelle de la Collectivité pose, à elle seule, un problème. À première vue c'est tout ce qui touche à l'art, aux techniques de communication de masse, au cadre de vie et, bien entendu, à l'enseignement. Mais beaucoup d'autres domaines sont également concernés; il est sans doute peu de secteurs où la prise de conscience par la Collectivité de sa nouvelle mission n'entraîne aucune modification dans la nature de ses interventions. Et nous pressentons que d'autres domaines s'ajouteront à ceux auxquels nous pouvons penser aujourd'hui et qu'on les définira autrement que nous pouvons le faire en l'état de structures et d'actions datant d'une autre société»*[56].

S'imposent alors l'invention de nouvelles logiques d'agrégation et d'action. Ainsi le programme dit d'«action culturelle» construit l'objet de la politique en référence aux objectifs qu'elle est censée poursuivre et non plus par addition d'éléments préexistants (peinture, théâtre, musique…). Le terme d'«action culturelle» n'est pas inventé à la fin des années 1950; il apparaît au milieu des années 1930 dans les écrits savants sur le loisir et l'éducation populaires[57]. Son usage systématique dans le langage administratif appliqué aux théâtres ou aux institutions culturelles polyvalentes et plus encore son objectivation dans des découpages institutionnels sont en revanche nouveaux. Le terme même le marque: il ne s'agit plus simplement de traiter administrativement les problèmes du secteur culturel, mais d'une forme d'«engagement» visant à amener la culture au peuple. Abandonnant toute référence aux disciplines artistiques des «Beaux-Arts», l'«action culturelle» traduit dans les pratiques d'intervention et les institutions le principe directeur de la «démocratisation culturelle», principe qui vient justifier la création du ministère des Affaires culturelles et en désigne la mission: «rendre accessibles les œuvres capitales de l'humanité, et d'abord de la France, au plus grand nombre possible de français»[58]. L'invention de la politique nouvelle passe ainsi par la formulation d'objectifs ambitieux et généraux qui établissent les principes sur lesquels elle doit se fonder. Collective sans se limiter à l'organisation des loisirs de masse, esthétique sans pour autant intéresser la seule jouissance individuelle, élévatrice sans le côté «laborieux» des pratiques pédagogiques, la mission de la politique culturelle est rien de moins que de définir un «projet de société» et choisir le «type de civilisation» vers lequel s'orienter. La politique culturelle constitue «pour la première fois dans l'histoire de l'humanité une action de la Collectivité en faveur des valeurs de la civilisation», annonce un directeur de cabinet du ministre[59]. «La définition d'une politique culturelle est la forme que prend actuellement la réflexion sur la finalité d'une civilisation», estime quant à lui un professeur de lettres et animateur culturel, membre de la commission des affaires culturelles du VIe Plan[60].

INSTALLATION ET OPPOSITIONS

Un ministère «comme les autres»?

Institution à la création fortuite, au domaine incertain et aux moyens faibles, le ministère des Affaires culturelles ne se voit crédité que d'un avenir limité par les commentateurs et agents du champ politico-administratif. «Personne ou presque n'y croyait, y compris parmi les proches du Général», relate un membre du cabinet du ministre[61]. Le Directeur de cabinet de 1962 à 1965 confirme que l'accueil fait à cette création fut au mieux réservé: «le mot de "gadget" correspond assez bien à ce qu'une part de l'administration française a vu naître avec le ministère Malraux»[62]. Étroitement lié à la personne de celui pour lequel il a été créé, le ministère des Affaires culturelles est considéré comme ne devant durer que le temps, imprévisible, du soutien présidentiel à André Malraux.

Pourtant, le ministère perdure, tout au long de la période gaullienne et au-delà[63]. Même si la relative faiblesse de sa structuration administrative est durable – «en 1969, le ministère des Affaires culturelles n'existe toujours pas», estime l'un de ses directeurs[64] – les institutions bureaucratiques qui constituent un «vrai» ministère sont peu à peu mises en place[65]. Une direction de l'Administration générale puis une inspection générale sont créées, respectivement en 1961 et 1965. La structuration interne de l'administration centrale du ministère s'accroît, comme en témoigne une division plus fine du travail politico-bureaucratique: en 1969 l'importante direction générale des Arts et des lettres laisse place à la constitution de deux grandes directions sectorielles autonomes, celle des Spectacles, de la musique et des lettres et celles des Musées de France. La déconcentration administrative s'engage dès 1963, avec la création des Comités régionaux d'action culturelle et la désignation de «correspondants permanents» en province dont les directions régionales des affaires culturelles instituées en 1977 sont issues[66]. Surtout, des réalisations rendent visible l'action ministérielle: blanchiment des monuments de Paris, loi sur les secteurs sauvegardés (1962), Sécurité sociale pour les artistes, politique des maisons de la culture qui, «le plus directement, met en œuvre les idées de Malraux et de son administration sur ce que devait être une politique culturelle»[67]. Enfin se constitue peu à peu au sein du ministère un personnel et des rôles administratifs qui lui sont – au moins partiellement – spécifiques.

C'est la sociologie de ce personnel dirigeant que l'on voudrait ici privilégier comme indicateur de deux phénomènes liés l'un à l'autre. Celui tout d'abord du «retournement» qui s'opère à partir du début des années 1960 et qui permet, au contraire de la période précédente, l'invention et l'établissement de positions et de rôles d'administrateurs publics de la culture. La sociologie de ce personnel est ensuite l'indicateur du double jeu plus généralement observable dans la conduite et la mise en forme de la politique culturelle, qui consiste d'un côté en une intégration aux logiques plus générales de l'administration et de l'action publiques, et d'un autre côté à la dénégation de l'«administrativisation» ou de l'«étatisation» de la culture, rendue visible ici par l'entretien d'un profil singulier auquel se livrent les administrateurs culturels, comme gage de conformité cette fois aux règles du champ culturel.

Les conditions particulières de la création du ministère des Affaires culturelles font qu'une proportion importante des premiers fonctionnaires occupant des positions de direction est assez éloignée du modèle habituel du haut fonctionnaire. En effet, compte-tenu de ses conditions de création, le ministère des Affaires culturelles est à ses débuts jugé comme un département peu propice à une bonne carrière. Ainsi, nombre des fonctionnaires issus du ministère de l'Éducation nationale refusent d'y être intégrés et quittent les services rattachés (archives, direction des arts et lettres) pour rester dans leur ministère d'origine. «On a demandé aux administrateurs civils [de l'Éducation nationale] s'ils voulaient rentrer dans le nouveau corps. Deux sur trois ont refusé: “Malraux ne va pas rester”», note un ancien directeur du ministère des Affaires culturelles[68]. Un autre directeur évoque à ce propos «un entourage administratif totalement sceptique et souvent hostile, qui guettait la fin de l'expérience»[69]. La volonté affichée par le ministre de rompre avec les habitudes de l'ancienne administration des Beaux-Arts compte également parmi les raisons de cette désaffection. Les proches du ministre se plaisent à répéter que les fonctionnaires issus de l'Éducation nationale affectés aux Affaires culturelles comptent parmi les plus «médiocres». Ceux qui proviennent directement de la direction générale des Arts et lettres conservent néanmoins une place importante, comme Jacques Jaujard, le directeur, qui devient secrétaire général du nouveau ministère.

Faiblement investi par les fonctionnaires du ministère de l'Éducation nationale, le ministère des Affaires culturelles suscite également peu de vocations du côté des énarques qui, à leur sortie de l'ÉNA, éprouvent des réticences à y être affectés – et ce d'autant plus que l'absence jusqu'en 1964 d'un corps unique interministériel d'administrateurs civils fait craindre à ceux qui y occuperaient leur premier poste de ne pouvoir par la suite intégrer un département plus «sûr». Le ministère des Affaires culturelles offre d'ailleurs peu de postes aux jeunes énarques. Les deux premiers le sont en 1962, deux à quatre postes par an sont ensuite mis au concours dans la première moitié des années 1960[70]. Les énarques restent ainsi très rares au ministère: un seul pour soixante-dix administrateurs de la France d'outre-mer en 1962[71]. Ces premiers énarques n'ont pas forcément – et loin s'en faut – de «vocation culturelle» particulière. Ils se retrouvent au ministère des Affaires culturelles souvent «faute de mieux» – c'est-à-dire contraints à ce choix par un rang de sortie médiocre – optant par exemple pour la Culture comme manière d'approcher l'Éducation nationale qu'ils visaient en priorité[72]. Ceux qui y restent se présentent comme peu soucieux de leur carrière: «nous étions atypiques, raconte l'un d'entre eux. Nous sommes allés dans un ministère où on ne faisait pas carrière. Si on y restait, c'est parce que ça nous intéressait et qu'on ne se préoccupait pas des postes qu'on aurait par la suite»[73]. Car non seulement le ministère n'est guère considéré comme un «tremplin» pour une carrière réussie dans la haute administration, mais de plus, les énarques y sont alors, à en croire les témoignages, souvent relégués à des tâches subalternes par les administrateurs plus anciens[74].

Peu d'anciens des Beaux-Arts, peu d'énarques: c'est un personnel administratif d'un type particulier, volontiers présenté comme une équipe de «pionniers» qui forme l'encadrement du ministère à ses débuts. Celui-ci provient pour une part des réseaux personnels de Malraux et du général de Gaulle: anciens résistants ou «compagnons» du parti gaulliste, affectés notamment aux postes les plus proches du ministre (cabinet, secrétariat). Parmi les amis personnels du ministre: Marcel Brandin, chef de service presse puis chef de cabinet, Albert Beuret, chef de cabinet puis chef du secrétariat particulier, Gaëtan Picon, philosophe et critique d'art, auteur d'une biographie et d'un recueil de textes de Malraux[75], nommé directeur général des Arts et des Lettres en 1959. Le premier directeur de cabinet, Georges Loubet[76], ainsi que Bernard Anthonioz chargé de mission puis conseiller technique au cabinet, époux de la nièce du général de Gaulle, sont d'anciens résistants. Ils ont tous deux étés les collaborateurs de Malraux pour la propagande du RPF à partir de 1947, Anthonioz, éditeur d'art après-guerre (il collabore aux éditions Skira qui publient la *Psychologie de l'art* de Malraux), étant plus précisément chargé des éditions et des affiches[77]. La chef du secrétariat particulier, Madeleine Caglione, vient également du mouvement gaulliste.

Outre ces proches ou anciens collaborateurs du ministre, ce recrutement particulier provient également de l'administration de la France d'outre-mer, dont les cadres sont rendus disponibles par la décolonisation[78]. La place importante qu'ils occupent dans le personnel de direction et ces administrateurs et leur position souvent centrale dans la structuration administrative du ministère amènent à s'intéresser de plus près à ces fonctionnaires d'un genre particulier. Ainsi Guy Brajot, ancien de la France d'outre-mer, arrive à la direction générale des Arts et lettres en octobre 1961 alors qu'elle est en cours d'organisation. «Gaëtan Picon [le directeur] me supplie d'éloigner de lui les caciques administratifs»[79]. Il rejoint peu après Émile Biasini, lui aussi issu de la France d'outre-mer, à la direction du Théâtre. C'est également un ancien administrateur colonial, Jean Autin, qui est chargé d'organiser la direction de l'administration générale. Directeur de l'Administration générale de 1962 à 1969, sa position centrale lui permet de recruter d'anciens camarades de l'École nationale de la France d'outre-mer (ENFOM). En plus de la direction de l'Administration générale, il organise ces autres piliers de l'administration du ministère que sont l'inspection générale des affaires culturelles – à la tête de laquelle est placée un ancien d'outre-mer, Claude Charpentier – puis l'administration déconcentrée du ministère – des trois premiers directeurs régionaux des affaires culturelles, deux viennent de l'ENFOM[80]. C'est toujours Jean Autin qui, avec d'autres anciens d'outre-mer, s'occupe de la refonte des grilles du personnel du ministère.

Fortement présents dans la structuration administrative du ministère, les anciens d'outre-mer le sont également dans les projets d'action culturelle et des maisons de la culture autour desquelles se structure la politique ministérielle. Alors que les secteurs plus traditionnels des archives ou du patrimoine restent gérés par les membres de corps anciennement constitués, ils incarnent la «nouveauté» de la «mission culturelle» par laquelle est affirmée la spécificité du ministère. C'est que, de par leur formation et leur expérience, les anciens administrateurs de la France d'outre-mer présentent des dispositions qui les placent en affinité avec cette «mission culturelle»[81]. Plusieurs indices permettent d'étayer cette hypothèse. Tout d'abord, une assez grande importance – par rapport à l'ÉNA, en particulier – est accordée à la formation littéraire au concours d'entrée puis dans le cursus de l'ENFOM. Une proportion non négligeable d'anciens élèves ayant intégré le ministère des Affaires culturelles est ainsi titulaire d'une licence en lettres en plus de la licence en droit. Ces dispositions littéraires ont d'ailleurs pu trouver à s'exprimer en Afrique, où certains, comme Émile Biasini, ont établi des maisons de la culture. Biasini rapporte ainsi cette phrase que Malraux lui aurait adressée à son arrivée au ministère: «Ce que vous avez fait en Afrique avec les africains, pourquoi ne le feriez-vous pas en France?»[82]. D'autre part, l'affinité entre les dispositions des anciens de la France d'outre-mer et le «projet» exprimé par le ministre des Affaires culturelles et ses proches collaborateurs, comme Gaëtan Picon, tient à la valorisation d'un rapport à la culture sous certains aspects analogue. L'ENFOM dispense une formation de type pratique, par l'expérience directe, sans apprentissage didactique. Cette formation et l'expérience de terrain qui lui succède ne pèsent pas seulement sur les pratiques administratives des anciens de l'ENFOM; il est permis de penser qu'elles les prédisposent à envisager favorablement la mise à distance des intermédiaires pédagogiques qui caractérise la politique ministérielle, et même à partager la croyance «charismatique» dans la force intrinsèque de l'œuvre d'art. Des témoignages font d'ailleurs état d'un rapport à la culture homologue à l'œuvre au cours de l'expérience de la France d'outre-mer et dans l'activité ultérieure au ministère; c'est le cas tout particulièrement dans les mémoires d'Émile Biasini.

> *«Ma conviction de l'importance de la communication me venait de mon expérience de la brousse, là où les gens paraissaient pourtant, a priori, les moins préparés à s'y livrer. Pour susciter leur intérêt, je m'étais fait une règle de les mettre sans aucune préparation en contact avec des œuvres de notre patrimoine artistique. Incontestablement, c'était la musique qui offrait pour cela le plus de facilité, et j'étais émerveillé du résultat. Lors de mes tournées qui duraient parfois plusieurs jours, j'emportais toujours avec moi un tourne disques. [...] J'ai découvert de la sorte l'intérêt de la provocation dans l'approche culturelle, au point que je l'ai par la suite systématisée en cherchant toujours à mettre le public directement en contact avec les œuvres, sans préparation didactique. Inconsciemment, j'allais ainsi dans la direction de Malraux qui affirmait la capacité de chaque individu de capter le mystérieux message des chefs d'œuvre, phénomène irrationnel de même nature que le "coup de foudre". Je l'ai vérifié auprès des Africains les plus frustres»*[83].

Corollaire de cette croyance, les anciens administrateurs coloniaux prônent avec Malraux un prosélytisme culturel fondé sur la certitude légitimiste de détenir la vérité culturelle[84]. Les administrateurs coloniaux ont été formés dans un esprit de mission civilisatrice. À l'instar du peuple auquel le ministre et les administrateurs culturels entendent donner la culture universelle qu'ils prétendent incarner, les africains «ne pouvaient que tirer bénéfice d'accéder par nous à la pensée universelle. Nous mêmes avions beaucoup à apprendre de leurs vertus»[85]. Cette prétention à incarner l'universel trouve à s'exprimer dans cette nouvelle mission qu'est la démocratisation culturelle. Elle s'exprime également dans un rapport particulier au territoire, c'est-à-dire à la «province», lui aussi en phase avec le politique ministérielle. Formés à promouvoir les formes «universelles» de la culture nationale, ayant passé souvent plusieurs années à l'étranger – et donc sans attaches locales fortes – ils sont prédisposés, tout comme c'est le cas dans les politiques dites d'«équipement culturel», à promouvoir la culture en dehors de Paris non pour «exalter communautés et particularismes, mais installer partout une attraction instinctive pour un universel pour lequel les maisons de la culture seront pensées comme des ambassades»[86].

À cet esprit «missionnaire» s'ajoutent d'autres types de dispositions qui éloignent ces administrateurs passés de l'Afrique au ministère des Affaires culturelles du modèle classique du haut fonctionnaire. La formation délivrée à l'ENFOM valorise la «sensibilité» et l'«humanité» contre l'«esprit de système» du bureaucrate anonyme[87]. Les témoignages font systématiquement état de la «souplesse», de «l'inventivité» et du «pragmatisme» de fonctionnaires aguerris à des mœurs très peu administratives. C'est le «sens du terrain» que revendiquent les anciens d'outre-mer, et l'attachement à suivre les réalisation concrètes dont le meilleur exemple est la construction de bâtiments.

> *«Il y a un sens du terrain que tous les administrateurs de brousse ont. De même qu'ils avaient un sens de l'itinéraire. Vous savez, quand vous avez fait vingt kilomètres à cheval en brousse, on ne vous fera pas faire un kilomètre de plus parce que vous avez vu l'itinéraire et qu'il n'est pas question de sortir de la piste»*[88].

C'est enfin le goût du dialogue, «l'art de la palabre» appris en Afrique et utilisé au ministère des Affaires culturelles qui distingue ces premiers administrateurs culturels du modèle bureaucratique classique. Ainsi du témoignage de Paul-Charles Florenson: «L'art de la palabre, j'y tiens, car très souvent j'ai à faire face à des professions qui se battent et dont nous essayons de régler les problèmes pour éviter qu'ils aillent devant le juge»[89].

Les administrateurs en provenance de la France d'outre-mer ont contribué à la fondation administrative du ministère et à la définition des orientations de sa politique; ils ont aussi, de par leur profil singulier dans l'univers de la haute fonction publique, contribué à singulariser cette administration et cette politique, dont l'absence de formalisme et l'esprit d'aventure sont volontiers soulignés. Ce n'est que très progressivement – et pour l'essentiel après le départ d'André Malraux – que le ministère des Affaires culturelles «normalise» son recrutement et recrute des administrateurs civils issus de l'ÉNA plus proches de ceux qui administrent d'autres département ministériels.

Encore cette «normalisation» n'est-elle que partielle, tant l'invention des positions et carrières de hauts fonctionnaires de la culture se fait par différence avec le modèle pour partie dénié du haut fonctionnaire classique[90].

Dès le milieu des années 1960 un changement s'amorce qui éloigne les «pionniers» des premières années au profit d'administrateurs plus classiques. Une première évolution avait été amorcée avec la nomination d'un haut fonctionnaire «classique» comme directeur de cabinet du ministre (André Holleaux, maître de requêtes au conseil d'État). «Le passage de Holleaux introduisait le sérieux administratif», témoigne un fonctionnaire du ministère[91]. En mai 1965, c'est un énarque (Antoine Bernard, sorti en 1948) maître de requêtes au conseil d'État qui le remplace. L'année suivante, l'un des principaux administrateurs issus de la France d'outre-mer, Émile Biasini, quitte le ministère où il occupait le poste de directeur des Théâtres, de la musique et de l'action culturelle. Il est remplacé par Francis Raison, conseiller à la cour des Comptes. C'est un autre membre de la cour des Comptes, Pierre Moinot, qui remplace Jacques Jaujard (issu du ministère de l'Éducation nationale) à la tête de la direction générale des Arts et des lettres.

Mais c'est surtout à partir du début des années 1970 que l'administration culturelle devient un terrain d'investissement pour des hauts fonctionnaires. Ce changement est rendu possible par des conditions institutionnelles nouvelles: le ministère a acquis une certaine stabilité (il existe depuis plus de dix ans est n'est donc plus considéré comme voué à une disparition rapide) et souffre moins de la réputation «frivole» qui le marquait dans la période précédente au sein du champ bureaucratique. Le ministère de la Culture aurait ainsi été «réhabilité»[92]. Terrain d'investissement envisageable, la culture le devient d'autant plus pour de jeunes énarques «ambitieux» que la situation y est pour eux moins concurrentielle pour accéder à des postes de responsabilité: il n'y a pas pour la culture l'équivalent de ce que sont les ingénieurs des Ponts pour l'Équipement, ou des Mines pour l'Industrie, et le domaine de compétences du ministère ne correspond pas non plus à une profession unifiée dont les représentants pourraient investir en priorité des positions dominantes comme les médecins et pharmaciens pour la Santé ou les universitaires pour l'Éducation nationale[93].

À ces conditions institutionnelles s'ajoute l'élément plus conjoncturel de l'arrivée de Jacques Duhamel comme ministre. Lui-même haut-fonctionnaire, il arrive aux Affaires culturelles avec une partie de son équipe du ministère de l'Agriculture, au premier rang desquels Jacques Rigaud, qu'il conserve comme directeur de cabinet.

«Ce qui a frappé avec l'arrivée de Duhamel, note un fonctionnaire du ministère, ça a été l'arrivée des technocrates de l'Agriculture. [...] Des jeunes loups. Ils se sont mis à discuter avec les Finances. Les cabinets précédents sont apparus comme de distingués amateurs un peu désemparés devant les arbitrages budgétaires.[94]» Arrivent du ministère de l'agriculture: Jean-Marie Roche, Antoine de Clermont-Tonnerre, Michel Desmet, Denis Baudouin, Pierre Méhaignerie, Jacques Rigaud; restent parmi les collaborateurs de Michelet, le précédent ministre: Dominique Ponnau, Raymond Labelle; arrivent de l'ÉNA ou d'autres administrations Léone Nora, Hubert Astier, Gérard Montassier.

Les anciens de la France d'outre-mer sont en nombre moins élevé et occupent moins de positions stratégiques. S'engage alors une période de restructuration administrative. Les mots prêtés à Jacques Duhamel lors de sa prise de fonction indiquent bien cette orientation administrative: «Je ne penserai pas au niveau de Malraux, je ne vivrai pas au niveau de Michelet, mais j'essayerai d'administrer ce ministère, car c'est cela que je sais faire»[95]. Sont ainsi instaurées des réunions régulières des directeurs, auparavant quasi-inexistantes, avec un rôle de coordination du cabinet jusque là inédit. Cette orientation se traduit aussi par une politique de recrutement visant à attirer des énarques, notamment de la part de Jacques Rigaud, qui intervient à l'IEP Paris et y cherche de futures recrues[96]. S'opère alors un important changement: les énarques administrateurs civils commencent à être en nombre relativement important au sein de l'administration centrale du ministère (une centaine), et loin d'être l'affectation des derniers reçus à l'ÉNA, le ministère des Affaires culturelles suscite des vocations parmi les mieux classés.

Les transformations qui interviennent à partir du début des années 1970 tiennent ainsi à la fois au fait que le ministère soit administré par des hauts fonctionnaires aux origines plus classiques (ÉNA) et, pour les positions les plus hautes, à la formation de positions de grands commis culturels de l'État. La nouveauté consiste alors à ce que des hauts fonctionnaires occupant des postes de direction de l'administration centrale ou à la tête de grands établissements culturels publics, passant souvent d'un type de poste à l'autre, mènent désormais une part essentielle de leur carrière à des postes culturels. L'administration culturelle, d'un lieu de passage temporaire, devient une spécialisation possible. Toutefois ces administrateurs culturels ne sont pas à proprement parler des administrateurs «comme les autres»: souvent recrutés, au début des années 1970, parmi cette fraction des énarques que caractérise un activisme politique et syndical fortement marqué à gauche, fréquemment engagés dans des activités culturelles antérieures ou parallèles à leurs fonctions au ministère, ils se présentent en effet comme des «militants de la culture» à l'inverse du type idéal du bureaucrate assumant sa tâche «sans passion».

Une institution génératrice de débats

Progressivement installé, peu à peu – et partiellement – «normalisé» sur le plan administratif, le ministère des Affaires culturelles n'en reste pas moins au centre d'importantes controverses, qui portent non seulement sur la politique produite en son nom mais sur son objet et son existence mêmes. On l'a vu: ses conditions de création font d'emblée de ce ministère un fort enjeu politique. L'étatisation des problèmes culturels antérieurement construits en dehors voire contre l'État a de fait pris une forme singulière, celle d'une ressource utile à l'instauration du régime gaulliste. Et ses producteurs ont en quelque sorte renchéri en conférant à la politique ministérielle des ambitions dont les opposants peuvent, au regard des moyens disponibles, dénoncer la démesure. Les controverses prenant le ministère pour objet resteraient cependant limitées si, précisément, les implications multiformes associées à ces vastes ambitions n'engageaient de fait cette institution et sa politique dans des enjeux et des concurrences tout aussi vastes et multiformes. Le caractère insaisissable de la politique culturelle dans cette première institutionnalisation ministérielle tient ainsi non seulement à la définition globalisante de leur «mission» nouvelle par les agents du ministère, mais aussi aux controverses qu'elle suscite et, finalement, aux accommodements, compromis et euphémisations que ces controverses imposent aux producteurs de la politique culturelle.

Si la création d'un ministère des Affaires culturelles et la production concomitante d'une politique de la culture sont fréquemment présentées rétrospectivement comme une «conquête» bénéfique à tous[97], s'en tenir là conduirait cependant à oublier que cette genèse chargée d'enjeux a suscité nombre de résistances et d'oppositions de la part d'agents qui, censés être *a priori* «conquis» – au sens de la séduction – ont dû l'être, mais bien au sens et de la lutte et du rapport de forces. Rappelons brièvement les trois principales séries d'enjeux qu'occasionne la création du ministère des Affaires culturelles. La première concerne l'autorité à parler de culture, à la définir et à désigner le rapport légitime à la culture, autorité que des agents de l'État revendiquent désormais, entrant par là même en concurrence avec les agents du champ culturel, et intégrant dans les discours autorisés sur les questions de culture des logiques proprement étatiques. «Désormais, note Évelyne Ritaine, le discours sur la culture n'est plus le discours sur une fonction militante, sur une revendication, sur un engagement à l'institutionnalisation minimale. Il est un discours sur un droit à exercer; sur des pratiques collectives et socialement situées, sur une profession – les unes et les autres organisées sous l'égide de l'État»[98]. Ce qui se joue au début des années 1960, c'est bien alors l'acceptation de cette étatisation du discours sur la culture.

Compte-tenu des investissements symboliques intenses dont les questions culturelles sont l'objet, et qui en font l'un des principaux vecteurs de la représentation de l'espace social et des groupes sociaux et par là même l'un des principaux enjeux des stratégies de reproduction ou de subversion de l'ordre social[99], cette première série d'enjeux renvoit nécessairement à celle, plus générale, de la définition des visions légitimes du monde social. À l'enjeu de l'étatisation du discours sur la culture que suscite la création du ministère des Affaires culturelles se combine ainsi celui de la production et de la diffusion, par la culture, des visions étatiques du monde social. Si l'État dispose de longue date de multiples moyens – avec en particulier l'appareil scolaire – pour «produire et imposer les catégories de pensée»[100], la création d'un ministère et d'une politique de la culture vient renforcer ces ressources symboliques et rendre en même temps leur usage particulièrement visible. L'émergence d'une politique de la culture conduit en effet à «étatiser» un discours intellectuel sur la société désormais de plus en plus élaboré soit par ou pour l'État – avec la figure du ministre-intellectuel André Malraux mais aussi l'élaboration au ministère ou dans les commission culturelles du Plan de ce qu'on pourrait appeler des «intellectuels collectifs officiels» – soit en réponse aux discours étatiques. De plus, à l'instar des pratiques anciennes de censure, l'action culturelle publique pèse de fait directement et, contrairement à la période où elle n'était pas formalisée, explicitement, sur les conditions de la création artistique et partant sur les formes esthétiques de la représentation du monde social. Elle intervient par ailleurs, ne serait-ce que par la définition de ce sur quoi elle porte, à la base des processus généraux de légitimation culturelle: non seulement la consécration de telle ou telle œuvre d'art, mais plus largement celle de formes culturelles, reprenant ou traduisant les oppositions chargées d'enjeux bien plus vastes que «purement» esthétiques – «haute culture» *vs* culture dite intermédiaire ou populaire, «modernité» *vs* «tradition», ou entre formes concurrentes d'«avant-garde» par exemple[101]. Enfin, de par le projet même qu'elle est censée poursuivre – la «démocratisation culturelle» – cette action culturelle publique organise en pratique la diffusion de ces formes culturelles désignées comme légitimes, et par là même l'inculcation des manières de voir qu'elles charrient. Et ces enjeux sont d'autant plus forts qu'au travers de ces formes culturelles et de leur promotion par l'État se transmettent en plus de visions du monde étatiquement légitimées des représentations de l'universel et la prétention des agents de l'État à l'incarner.

Une troisième série d'enjeux s'ajoute à ces deux premières, qui s'inscrit plus particulièrement dans la conjoncture politique du changement de régime. La création du ministère des Affaires culturelles est cette fois prise dans les luttes pour la définition de la bonne forme de la délégation politique, avec la réaffirmation de l'autorité étatique – contre les partis politiques – et du pouvoir central – remisant les collectivités locales à une place secondaire. Elle renvoit de fait à un «style» politique, ou se mêlent centralisme, prophétisme et pratiques « technocratiques» – ou à tout le moins dénoncées comme telles. Dès lors, ces luttes se jouent aussi pour partie sur le terrain de la politique culturelle et prennent le ministère des Affaires culturelles comme point d'ancrage.

Plusieurs catégories d'agents se trouvent impliquées dans ces enjeux noués autour du ministère et de sa politique. Et ils sont d'autant plus fortement impliqués dans ces enjeux que la forme sous laquelle émerge la politique culturelle conduit sinon à les déposséder, du moins à leur imposer une concurrence nouvelle. Il s'agit en premier lieu d'intellectuels et d'artistes aux positions diverses, dont la prétention à monopoliser la représentation de valeurs universelles et la définition légitime de la culture se trouve battue en brèche. Ceux d'entre eux qui se présentent comme les défenseurs du pôle de l'autonomie reprennent alors les imprécations de leurs «pères» du tournant du siècle sur les dangers généraux d'un art régi par l'État. Mais l'agitation du spectre – en l'occurrence brandi à l'époque par bien d'autres que les seuls artistes et intellectuels – d'un État autoritaire ou la dénonciation par Jean-Paul Sartre de la «trahison d'un clerc» – André Malraux se mettant au service de l'État gaulliste[102] – n'ont plus pour raison l'affirmation d'une indépendance récemment conquise ni la prévention des risques que lui ferait courir le développement éventuel d'une intervention étatique; c'est cette fois pour préserver les «acquis» de cette indépendance et lutter contre leur remise en cause par l'essor avéré d'une politique culturelle d'État. On ne saurait toutefois voir dans les résistances opposées au ministère des Affaires culturelles et de sa politique le fait des seuls artistes et intellectuels «critiques». Car en rompant fût-ce symboliquement avec le «système des Beaux-Arts», André Malraux et ses auxiliaires éloignent de fait les tenants de l'«ordre culturel ancien», au premier rang desquels figurent les membres des Académies[103].

Dans ces résistances et oppositions au ministère des Affaires culturelles s'ajoutent aux artistes et intellectuels des adversaires politiques du gouvernement gaulliste, et au premier chef les élus et membres du PCF. Dans ce cas, les concurrences pour le traitement politique des questions culturelles se combinent de fait aux luttes spécifiquement partisanes. C'est en effet au sein du PCF, notamment par l'entremise des municipalités gérées par ses élus, que les questions culturelles ont été le plus précocément et le plus fortement politiquement traitées. Dès le début des années 1950 s'engagent dans ces municipalités des politiques destinées à «donner la culture au peuple»[104]. Et l'on connait l'importance des «compagnons de route» intellectuels ou artistes au sein du PCF ou dans les revues et organisations satellites. Rien d'étonnant dès lors à ce que la prétention gouvernementale à réaliser la «démocratisation culturelle» et à promouvoir les avant-garde esthétiques, qui rompt cette situation de quasi-monopole politique, suscite des réactions hostiles. Celles-ci se déploient dans trois principales directions, ce qu'illustre bien la série d'articles publiée dans *La Nouvelle Critique* de mai à décembre 1959[105]. Il s'agit tout d'abord d'une critique spécifiquement politique de la «dictature» du général de Gaulle: Malraux et son ministère apporteraient «une caution de gauche à la politique fasciste et à la propagande». «Dans le nouveau régime, André Malraux est l'esprit; de Gaulle la puissance: l'alliance de la plume et du bouclier», écrit Roland Desné (p. 38). Il s'agit ensuite de dénoncer «l'entreprise de mystification» que constitue le ministère Malraux. Si l'on peut adhérer à certains des principes qui fondent son ambition, encore convient-il d'identifier le décalage important entre «les paroles et les actes». C'est ce que fait Pierre Juquin dans son article de juillet, qui recense de manière systématique ce décalage dans un tableau récapitulatif. Roland Desné met quant à lui en garde: le crédit de son statut d'écrivain ne doit pas rendre aveugle à la faiblesse des réalisations effectives du ministre. Citant ses paroles – «Le problème politique majeur, c'est de concilier la justice sociale et la liberté. Le problème culturel majeur, de rendre accessibles les plus grandes œuvres au plus grand nombre d'hommes» – il s'interroge sur son souci de les mettre en pratique:

> *«Notre ministre adopte-t-il une ligne d'action conforme à ce propos de messager volubile? Ce qu'il a fait relève-t-il de l'idéologie malthusienne de ses écrits sur l'art ou bien d'un généreux et soudain dévouement à la cause de l'art pour tous?» (p. 44).*

Les réponses évidemment négatives sont sans appel:

> *«À ceux qui conservent encore quelques illusions sur la portée des méditations sur l'art, la politique culturelle d'André Malraux sonnera creux. Ministre sans scrupule, l'homme n'a pas de principe, sinon ceux d'un gouvernement bourgeois jaloux de son absolutisme. Il a parlé: il parlera encore. Grand voyageur, il parcourra le monde: "Ministre du Verbe", a-t-on dit. [...] Le ministère de Malraux, c'est du génie la promesse toujours recommencée. Il est douteux qu'elle soit tenue». (p. 54-55).*

S'engage par là un dernier type de critique, sur le projet de démocratisation culturelle. La réduction de la culture aux seuls «chefs d'œuvre» et sa soumission à l'«ordre bourgeois» ramène la politique culturelle d'une «véritable entreprise de démocratisation» vers «une sorte de paternalisme culturel apportant au peuple la culture comme un simple héritage»[106].

Une troisième catégorie d'agents impliqués dans les enjeux que génère la création du ministère des Affaires culturelles regroupe des intermédiaires politiques et culturels que cette nouvelle institution tend à remiser dans une position secondaire. Doublement relégués dans l'«archaïsme» et l'«infra-culturel» par l'élaboration d'une politique culturelle nationale inscrite dans la mise à l'écart plus générale des médiations locales ou partisanes, élus locaux, animateurs ou militants culturels s'opposent à cette politique dans des termes qui mêlent ces différentes dimensions politiques et culturelles. Dès la création du ministère des Affaires culturelles, ces intermédiaires culturels et politiques locaux se mobilisent en effet pour tenter de défendre leur place dans la politique nationale, puis très rapidement pour s'y opposer et lui opposer une alternative. C'est le cas en particulier des animateurs et élus locaux réunis au sein de la Fédération nationale des centres culturels communaux en 1960, dont l'opposition au ministère des Affaires culturelles s'inscrit plus généralement dans des luttes pour la définition de bonne forme de la délégation politique[107].

Cette fédération est créée à l'initiative de Michel Durafour, qui en devient président. Premier adjoint au maire de Saint-Étienne, il est par ailleurs journaliste, auteur de plusieurs romans et pièces de théâtre et a été chargé de mission au cabinet de différents ministres de l'Information – dont André Malraux – entre 1944 et 1946. Regroupant une cinquantaine de villes les premières années, elle en compte soixante dix-neuf en 1963, cent six en 1964, cent soixante en en 1965, deux cent vingt en 1967[108]. Après avoir vainement tenté d'obtenir la reconnaissance ministérielle – ne serait-ce que par une place au Conseil économique et social ou dans les commissions culturelles du Plan – ces intermédiaires culturels et politiques locaux entendent «promouvoir un programme d'équipement culturel du pays» qui se donne explicitement comme une politique alternative à celle du ministère. Contre les projets ministériels qui court-circuitent les médiations locales, politiques et culturelles, les programmes préconisés par la FNCCC mettent en avant l'importance des relais politiques traditionnels que sont les élus locaux et insistent sur le rôle des associations locales et des intermédiaires (pédagogues, militants) dans la diffusion de la culture. À rebours de ce qui est dénoncé comme une imposition autoritaire du haut vers le bas (de Paris vers la province, de la «haute culture» vers le peuple), ils entendent faire de la «base» le point de départ nécessaire d'un processus inverse de «remontée», en ce qui concerne tant les modalités de la représentation politique que les modes d'élaboration, l'orientation et les moyens de la politique culturelle.

Reprenant la dénonciation classique des excès du centralisme et la non moins classique exhaltation symétrique des municipalités comme «cellules de base» de la vie démocratique, les animateurs de la FNCCC se posent en porte-parole des aspirations des citoyens.

Leur nombre assez rapidement important et leurs origines politiques et géographiques diversifiées leur permettent d'afficher de plus hautes ambitions: celle de voir leur organisation reconnue comme une véritable instance de représentation nationale, reflètant la «vraie France» dans sa diversité à l'inverse de la représentation dénoncée comme monolithique instaurée par le gouvernement gaulliste et les bureaux parisiens du ministère. Le terrain culturel est ainsi investi comme lieu d'affrontement politique, entre les collectivités locales et le gouvernement, et entre les gaullistes et leurs concurrents politiques de droite (comme Michel Durafour) et de gauche (la Fédération compte rapidement une proportion importante d'élus communistes très actifs)[109].

Ces concurrences politiques déterminent pour partie les controverses sur les méthodes de définition de l'action culturelle. «On veut nous imposer *par le haut* une *certaine politique culturelle.* Cette forme de démocratie à rebours ne peut recueillir notre adhésion»[110]. À l'inverse, les militants de la FNCCC prônent le «dialogue». En 1963 est ainsi lancée l'opération des «villes-témoins» censée mettre en œuvre cette méthode «pragmatique» et «véritablement démocratique». Des «états généraux de la culture» réunissent animateurs, élus, artistes, intellectuels l'année suivante. Il s'agit dans les deux cas de «confronter des expériences concrètes» initiées localement et d'en déduire collectivement un plan d'ensemble, contrairement aux programmes définis «abstraitement» par les fonctionnaires du ministère et «imposés» sans concertation ni connaissance préalable du «terrain».

Les controverses qui opposent la fédération au ministère à propos de politique culturelle ne se limitent pas à ses modes légitimes d'élaboration. Elles portent aussi sur la définition même de l'action culturelle comme secteur d'intervention. Au contraire des distinctions opérées par les producteurs de la politique culturelle nationale, la politique prônée par les élus et animateurs locaux regroupés au sein de la FNCCC intègre les dimensions éducatives et de loisir, milieux dont ils sont socialement proches. Les élus locaux chargés des questions culturelles comptent en effet de nombreux instituteurs parmi eux, ce qui s'ajoute aux structures de l'action culturelle locale – les bibliothèques municipales ou les conservatoires sont souvent très proches de l'univers scolaire – pour faire qu'éducation et culture soient pensées comme indissociables. Des raisons identiques – origines sociales proches, réseaux de relation partiellement communs –

expliquent le lien entretenu par ces acteurs locaux entre les questions culturelles et les activités de loisir ou l'éducation populaire.

C'est dans le projet de «centre culturel» que se réalisent ces conceptions de l'action culturelle opposées à celles qui prévalent au niveau ministériel. Les centres culturels qui fournissent sa raison sociale à la FNCCC se donnent ainsi comme des institutions différentes et concurrentes de celles qui forment le fer de lance de la politique culturelle nationale: les maisons de la culture[111]. La formule du centre culturel communal, proche en cela de celle des offices municipaux des sports, consiste en un regroupement d'associations culturelles locales. Elle se distingue ainsi radicalement des maisons de la culture en ce qui concerne leur mode de fonctionnement. Le centre culturel est censé partir de la population, de ses pratiques et de ses «demandes» plus que du contenu ou de la «qualité» des activités. Il s'ensuit d'importantes différences entre le projet de centre culturel et celui de maison de la culture, cette fois en ce qui concerne le type de pratiques valorisées et proposées dans ces deux institutions. Contrairement aux maisons de la culture, les centres culturels font en effet une large place aux pratiques amateurs et intègrent des formes culturelles généralement considérées comme mineures, et placées hors du champ de l'action ministérielle, telles que les spectacles folkloriques ou des pratiques collectives comme les clubs photo ou cinéma. Les concurrences multiples engagées dans les controverses qui opposent les producteurs de la politique culturelle nationale aux intermédiaires politiques et culturels que cette politique laisse de côté se prolongent ainsi jusqu'à la définition la plus concrète des formes culturelles à promouvoir.

Ces concurrences ne se cantonnent pas plus que celles qui engagent des artistes et intellectuels ou des opposants politiques à la seule institution ministérielle. Prenant plus généralement pour objet la définition de la politique culturelle nationale, elles se jouent aussi sur les autres scènes de sa production, comme les commissions culturelles du Plan.

CHAPITRE V

Les contradictions de la planification culturelle

C'est à partir de la préparation du IVe Plan en 1961 que la planification française s'étend aux questions culturelles. Les commissions dites «de l'équipement culturel et du patrimoine artistique» et les groupes de travail qu'elles suscitent lors de l'élaboration des IVe et Ve Plans (qui couvrent respectivement les années 1962-1965 et 1966-1970) forment à cette période un lieu central dans la production et la légitimation de la politique culturelle. Cette position centrale est rendue possible par la faiblesse des ressources de tous ordres dont dispose alors le ministère des Affaires culturelles, et que le Plan permet pour une part de compléter. C'est le cas en ce qui concerne les crédits, la mobilisation d'un personnel qualifié, la constitution d'un capital d'information et d'expertise jusqu'alors inexistant. Les commissions du Plan permettent l'accumulation du crédit apporté par ses membres, qui occupent le plus souvent des positions dominantes dans leurs espaces respectifs. Le registre de l'expertise s'y combine à celui de la consultation démocratique dans la production d'une «doctrine» d'action culturelle qui contribue largement à la légitimation de cette politique nouvelle.

Lieu de production des principes, objectifs et frontières de la politique culturelle, la planification culturelle est un opérateur décisif de son objectivation. Les commissions du Plan produisent des textes qui fixent un cadre général d'intervention en plus de programmer des mesures et dépenses à moyen terme[1]. Les conditions de production de ces textes – règles formelles de la planification et de la rédaction d'un rapport de synthèse – renforcent ce travail d'objectivation, qui passe en l'occurrence par une présentation raisonnée de l'action menée qui la rend visible et lisible – état des lieux, problèmes à résoudre, objectifs à poursuivre, moyens à engager. De ce point de vue, les rapports des commissions du Plan n'ont guère d'équivalent du côté des discours et documents produits par le ministère; du reste nombre des textes marquants – du fait de leurs visées normatives et de leur diffusion – élaborés par les dirigeants des Affaires culturelles l'ont précisément été à l'occasion d'un exposé devant la commission ou l'un de ses groupes de travail[2]. Beaucoup plus que de simples documents administratifs, les rapports du Plan constituent ainsi les principaux textes qui font exister la politique culturelle nationale. Ils sont largement diffusés. De nombreux articles de presse en font état, et c'est en grande partie sur la base des travaux du Plan qu'est commentée et discutée la politique culturelle gouvernementale[3]. Ceux-ci servent de référence – fût-elle négative – pour quiconque (élus locaux, intellectuels, fonctionnaires, parlementaires...) entreprend de s'exprimer sur les questions de politique culturelle.

Les commissions culturelles du Plan dessinent dans le même temps l'espace des agents autorisés à produire cette politique. Cet espace organise l'intervention de nouvelles catégories d'agents dans le traitement des questions culturelles: hauts fonctionnaires, experts, sociologues. Il organise également la mise à l'écart d'importantes catégories d'agents qui, comme les artistes, sont de peu de poids dans les instances de la planification lors même qu'ils prennent une part prépondérante à la construction des problèmes culturels. Instance dite de «concertation», la planification forme aussi un mode de sélection des agents étatiquement habilités à parler de culture.

Cette recomposition de l'espace des agents autorisés à parler de culture transforme inévitablement la manière d'en parler. Celle-ci est désormais ajustée aux principes en vigueur dans la définition de l'action publique, comme en témoigne le recours systématique à l'argument chiffré et plus généralement au discours d'autorité des experts. Mais il y a plus. Les commissions culturelles sont aussi l'occasion de produire un discours très général sur le monde social, désignant bien au-delà des seules questions d'équipement culturel les manières légitimes de voir les problèmes sociaux. La planification culturelle apparaît ainsi sous deux aspects apparemment contradictoires. D'un côté, avec l'application de procédures techniques, la sélection d'agents en fonction de leur compétence présumée, l'importation de schèmes de pensée à prétention scientifique, elle clôt l'espace des agents autorisés à parler de politique culturelle, et plus généralement de culture. D'un autre côté, elle est l'occasion de débats insondables sur la définition de la culture, le rôle de l'État, le modèle souhaitable de la société à venir, et brouille ainsi les frontières de la politique qu'elle est censée définir.

UN ESPACE DE PRODUCTION DE LA POLITIQUE CULTURELLE

L'invention de la planification culturelle

Deux éléments se conjuguent pour permettre l'émergence d'une planification culturelle au moment de l'élaboration du IVe Plan: l'«humanisation» de la planification française qui s'opère à ce moment et la recherche de soutiens et ressources diverses par les agents du récent ministère des Affaires culturelles.

Alors que les trois premiers Plans s'attachent pour l'essentiel à programmer la reconstruction et à moderniser l'appareil productif, ses promoteurs entendent marquer «un tournant qualitatif» avec le IVe Plan. Le changement de titre en témoigne: le Plan qui est désormais «de développement économique et social» doit se placer dans une perspective moins exclusivement productiviste; il s'agit, pour reprendre les termes de Pierre Massé, commissaire général du Plan, de «répartir les fruits de la croissance», ce qui passe notamment par la programmation d'équipements collectifs et l'aménagement du territoire. Ce dernier retrace en ces termes l'évolution de la planification lors de la séance inaugurale de la commission de l'équipement culturel et du patrimoine artistique:

> *«Le Plan est parti en 1946 sur les activités de base, s'est étendu peu à peu à l'ensemble des activités économiques du pays et maintenant, avec cette commission, nous toucherons aux activités de l'esprit. Le progrès est important. Il correspond d'ailleurs aux directives qui m'ont été données par le Gouvernement pour la préparation du IVe Plan qui a demandé qu'à côté de la distribution des biens de consommation, on se préoccupe des équipements collectifs qui sont destinés à apporter aux hommes de notre pays des satisfactions plus nobles. D'où l'idée que le Plan doit contribuer, à son modeste niveau, à la recherche d'un nouveau mode de vie, d'une nouvelle échelle de valeurs»*[4].

À cette période d'«humanisme technocratique» apparaît dans les sphères dirigeantes de la haute administration et de l'économie la nécessité de compléter l'indispensable «rationalité économique» par la défense des «valeurs partagées», celle-ci étant au service de celles-là[5]. Si elle engendre des «malaises sociaux» (gonflement des centres urbains, «crise morale», disparition des valeurs anciennes, etc.) la croissance économique offre dans le même temps les moyens d'y remédier; c'est à cette bonne affectation des ressources qu'une planification «rationnelle» doit s'employer, entre autres par l'aménagement du cadre de vie ou la programmation d'équipements collectifs permettant des «loisirs élevés». Cette orientation est définie dans les directives adressées par le gouvernement au commissaire général du Plan, qui préconisent la planification d'équipements sociaux, sportifs et culturels pour prémunir «la santé physique et l'équilibre psychologique de la population» des dangers que lui fait encourir, malgré ses «aspects positifs», la «civilisation industrielle»[6]. Un raisonnement analogue est présenté dans le texte d'introduction du rapport général du IVe Plan, qui présente l'investissement culturel comme un moyen de:

> *«remédier à ce que présente souvent de discordant et d'inhumain la civilisation technicienne». «Des avis recueillis se dégage l'idée d'un plus large recours aux services des équipements collectifs. On peut penser en effet que la société de consommation, que préfigurent certains aspects de la vie américaine et qui a trouvé aux États-Unis ses critiques les plus pénétrantes, se tourne à la longue vers des satisfactions futiles, elles-même génératrices de malaise. Sans doute vaudrait-il mieux mettre l'abondance progressive qui s'annonce au service d'une idée moins partielle de l'homme»*[7].

C'est dans cette perspective que la culture est envisagée comme objet de planification et, partant, comme objet d'intervention publique: «l'évolution des conditions de la vie sociale doit bouleverser et augmenter dans des proportions fantastiques les tâches des pouvoirs publics dans le domaine de la culture», rappelle le rapporteur de la commission culturelle[8].

À cette évolution «qualitative» du Plan s'ajoute l'appel à une planification culturelle rapidement lancé par le ministre. Dès la discussion du premier budget de son ministère, André Malraux présente ainsi la création d'une instance de programmation des Affaires culturelles comme une ressource utile à l'établissement d'une politique suivie en la matière:

> *«On ne peut comparer, déclare le ministre à l'Assemblée nationale le 17 novembre 1959, le développement des affaires culturelles de la France à celui de quelques autres pays parce que pendant quinze ans, il a toujours été impossible de continuer une action culturelle d'une année sur l'autre. [...] C'est dans le Plan d'équipement national et dans ce plan seulement que l'on peut concevoir un développement véritable et durable des affaires culturelles [...]. 1960 sera l'année de l'élaboration par une commission très large d'un plan de cinq ans qui trouvera sa place dans le IVe Plan d'équipement national sous la rubrique culturelle». Trois semaines plus tard, le 8 décembre 1959, il annonce aux sénateurs: «Je joue le Plan et je vous demande de le jouer avec moi[9]».*

«Jouer le Plan»: la tactique peut surprendre de la part d'un ministre que rien ne rapproche *a priori* de l'idéologie et des réseaux sociaux de la planification. Sa trajectoire personnelle n'est jalonnée d'aucune des étapes typiques de celles des promoteurs de la planification (École des cadres d'Uriage, *Esprit*, gauche moderniste, passage par les grandes entreprises et-ou la haute administration) et son orientation intellectuelle n'est en rien empreinte du «rationalisme technique» ou de l'«humanisme personnaliste» qui caractérise les milieux du Plan[10]. Et l'on a vu que le personnel dirigeant du ministère était également assez éloigné du modèle et des réseaux réformistes et modernisateurs du Plan. En revanche, «jouer le plan» se comprend mieux si l'on y voit une tactique dans la stratégie plus générale d'installation et de consolidation de leurs ressources des agents du nouveau ministère des Affaires culturelles[11]. Le Plan a pu en effet être envisagé comme un renfort institutionnel permettant de rallier une partie de la haute fonction publique dont on a vu que la majorité était hostile ou indifférente au ministère des Affaires culturelles. Le passage par le Plan formait en outre un moyen de rendre acceptables et d'augmenter les dépenses culturelles publiques dans les arbitrages budgétaires pour la négociation desquels les agents du ministère ne disposaient que de peu d'atouts[12].

Espace de positions et formation d'une politique: une participation sélective

Apparus grâce à cette mise en phase des institutions du Plan et des Affaires culturelles, les commissions et groupes de travail «de l'équipement culturel et du patrimoine artistique» forment l'espace des agents autorisés à produire la politique culturelle qui, en cette première moitié des années soixante, n'est pas encore socialement et institutionnellement établie. Au contraire des politiques déjà structurées et auxquelles correspondent des «partenaires» préalablement identifiés et des groupes objectivés[13], à cette période aucun espace de positions bien défini n'est à la base de la politique culturelle. Autant dire que la désignation des membres des commissions culturelles forme en ce cas un enjeu particulièrement important: ce n'est en l'occurrence pas entériner un espace de relations déjà existant, mais bien plutôt définir ce qui dorénavant constituera les contours légitimes de cet espace. C'est un enjeu pour les agents du ministère des Affaires culturelles, qui doivent négocier avec le commissariat au Plan la nomination de ceux qui seront ainsi officiellement désignés comme leurs interlocuteurs privilégiés, tout en respectant l'obligation de mettre en scène si ce n'est d'organiser la «concertation» et si possible la conciliation de points de vue divers. Ces nominations sont également un enjeu pour les agents susceptibles d'être ainsi intégrés au groupe des producteurs légitimes de la politique culturelle: certains peuvent consolider leur position ou diversifier leurs investissements alors que d'autres, maintenus à l'écart, se retrouvent par là même délégitimés – comme ce fut le cas des animateurs de la FNCCC évoqué plus haut.

Deux traits saillants ressortent de la sociographie des commissions culturelles[14]. Il s'agit tout d'abord d'une hétérogénéité plus forte que dans les autres volets de la planification: elles regroupent des syndicalistes et des artistes, des sociologues et des académiciens, des hauts fonctionnaires et des militants de mouvements culturels... Le second trait, sur lequel on voudrait davantage insister, concerne la sélection opérée dans ces commissions.

D'importants écarts de représentation séparent les différentes catégories d'agents présentes. La relativement faible présence des représentants d'organisations syndicales et professionnelles[15] ne procède pas d'une éviction des syndicats de la planification culturelle, mais plutôt d'un faible investissement de leur part dans ce domaine[16], alors même que les syndicats peuvent y intervenir à plusieurs titres – comme représentants des salariés du secteur (le spectacle et le cinéma, notamment), comme «partenaires sociaux» participants à une discussion à caractère général (plusieurs des syndicalistes présents ne font valoir aucune spécialité culturelle particulière), et enfin comme agents engagés dans l'action culturelle[17].

Tableau 7
L'espace de la planification culturelle

	IVe Plan				Ve Plan			
	Commission	Groupes	Total	%	Commission	Groupes	Total	%
Administrations	33	48	81	44,26	52	96	148	45,26
Ministère des Affaires culturelles	14	28	42	23	15	50	65	19,88
Autres ministères et administrations	12	8	20	11	23	34	57	17,43
Grands corps	7	8	15	8,2	13	10	23	7,03
Commissariat au Plan	–	4	4	2,2	1	2	3	0,92
Institutions culturelles publiques	4	23	27	14,75	8	32	40	12,23
Agents culturels hors institutions publiques	18	26	45	24,6	25	33	58	17,74
Éducation populaire, associations culturelles	9	5	14	7,65	10	1	11	3,36
Associations beaux-arts, patrimoine	2	5	7	3,8	–	4	4	1,22
Professions et industries culturelles	2	7	9	5	5	13	18	5,5
Critiques, journalistes	2	–	2	1,1	1	4	5	1,53
Architectes	–	5	5	2,7	1	6	7	2,14
Membres de l'Institut	1	1	2	1,1	3	–	3	0,92
Artistes	2	3	5	2,73	4	5	9	3,06
Représentants politiques et sociaux	6	2	8	4,37	13	3	16	4,9
Syndicalistes	3	–	3	1,64	8	2	10	3,06
Groupements divers	3	1	4	2,2	3	–	3	0,92
Hommes politiques	–	1	1	0,55	2	1	3	0,92
Université et recherche	11	7	18	9,84	12	32	44	13,45
Autres	3	1	4	2,18	6	15	21	6,42
Total	76	107	183	100	116	211	327	100

La faiblesse apparemment paradoxale de la représentation des agents autorisés du champ culturel est plus importante et obéit à de tout autres logiques. Si les institutions culturelles publiques sont relativement peu représentées, c'est qu'elles sont encore dirigées par des agents issus de l'époque des Beaux-Arts avec laquelle les agents du ministère entendent rompre. Des raisons analogues expliquent la relativement faible place des académiciens de l'emprise desquels André Malraux entend dégager son ministère: «Malraux redoutait par dessus tout que le vieil Institut [...] fasse la loi [dans] la toute nouvelle commission culturelle du Plan», relate l'ancien chef du Service des études au ministère et membre des commissions du Plan[18]. Encore faut-il préciser que si très peu d'académiciens participent au Plan en tant que tels, (deux lors du IVe Plan, trois lors du Ve Plan), plus nombreux sont les membres des groupes et commissions qui, désignés à un autre titre – tels Jacques Jaujard, directeur général des Arts et lettres, ou André Chamson, directeur des Archives – font par ailleurs partie de l'une des sections de l'Institut[19]. Plus encore, les artistes sont quasiment absents: avec seulement deux sur soixante-seize dans la commission du IVe Plan et quatre sur cent seize dans celle du Plan suivant ils représentent moins de 3 % des agents engagés dans la planification culturelle. Ils n'occupent pas de position importante dans les instances du Plan (aucun rapporteur ni président de groupe). Ni peintre, ni écrivain dans la commission du IVe Plan, seulement un compositeur de musique savante, présent au titre de directeur de la musique à la Comédie-Française (André Jolivet), et un cinéaste connu (André Cayatte), mais artiste à la trajectoire particulière, puisque, docteur en droit, il a tour à tour été avocat, éditeur, journaliste, romancier, scénariste, adaptateur et dialoguiste avant de devenir réalisateur de films[20]. Les artistes ayant participé aux groupes de travail du IVe Plan sont quant à eux situés aux marges du champ artistique, puisqu'il s'agit de trois décorateurs de théâtre[21]. Quelques artistes renommés participent en revanche aux groupes de travail du Ve Plan: le sculpteur Georges Adam (1904), le peintre André Masson (1896) l'écrivain Georges Pillement (1898), le ferronnier d'art Raymond Subes (1893). À l'exception de François Truffaut – le plus jeune membre de la commission – les artistes membres de la commission du Ve Plan occupent par ailleurs d'importantes positions institutionnelles. Le comte Jacques de Bourbon-Busset, présenté comme homme de lettres (il est auteur d'essais et d'ouvrages historico-littéraires) est surtout, après avoir été directeur de cabinet au ministère des Affaires étrangères de 1948 à 1952, directeur des relations culturelles internationales dans ce même ministère[22]. Si Henri Dutilleux et Pierre Dux sont quant à eux de «vrais» artistes – ils n'ont exercé et n'exercent que des activités en rapport direct avec la musique pour le premier et le théâtre pour le second – ils n'en détiennent pas moins d'importantes positions institutionnelles et exercent des fonctions de direction an plus de leur activité artistique: directeur de la production musicale à la Radiodiffusion française, membre du bureau du Syndicat national des auteurs et compositeurs, du comité exécutif du Conservatoire international de musique de l'UNESCO et du Conseil supérieur du Conservatoire (Henri Dutilleux); sociétaire puis administrateur général de la Comédie française, professeur au Conservatoire d'art dramatique (Pierre Dux). Tous deux sont chevaliers de la Légion d'honneur et officiers des Arts et lettres. Sans doute la faible organisation collective des artistes professionnels et la difficulté à en désigner les représentants qui en découle expliquent-elles pour partie cette quasi-absence. On peut y voir également une autre manifestation de la stratégie ministérielle de distinction par rapport à la politique des Beaux-Arts et des tentatives de représentation des artistes au sein de l'administration d'État qui l'ont accompagnée.

Au regard de cette faible représentation des syndicalistes et des artistes, les hauts fonctionnaires, universitaires et experts apparaissent en proportion importante. Le poids des fonctionnaires, et notamment des membres des grands corps, n'est pas pour surprendre dans des institutions de ce type, et n'est pas spécifique aux commissions culturelles[23]. Les agents du champ universitaire et de la recherche sont quant à eux mieux représentés que dans les autres domaines[24]. Ces derniers sont présents à plusieurs titres. Il est pour une part des universitaires représentants des formes savantes de culture qui, par leur position et/ou leur notoriété, garantissent les formes de la légitimité culturelle. Participent ainsi au Plan des enseignants de lettres, des doyens d'université, le professeur Jacques Chailley, directeur de l'Institut de musicologie de Paris et auteur de plusieurs ouvrages, le sociologue de l'art Pierre Francastel qui participe à un groupe de travail, ou encore l'historien d'art André Chastel[25]. D'autres agents du champ universitaire marquent davantage les travaux des commissions, qui n'y participent pas comme représentants de la culture savante mais comme chercheurs, auteurs d'enquêtes de public et sur ce qu'on appelle alors les «besoins» culturels et les moyens d'y répondre. On trouve parmi ceux-ci Paul-Henry Chombart de Lauwe et Georges Friedmann, tous deux directeurs d'études à l'École pratique des hautes études, ou encore Michel Crozier, alors maître de recherches au CNRS[26].

Cette mise à plat de l'espace des positions de la planification culturelle donne un premier aperçu de la définition du groupe des agents autorisés à définir la politique culturelle nationale et des principes de sélection sur lesquels elle repose. Des indications plus précises quant aux propriétés et aux positions des agents ainsi sélectionnés permettent d'établir à quel titre ils sont autorisés à parler et, partant, de révéler les modes de légitimation de la politique culturelle à l'œuvre dans les instances de la planification.

Les conditions sociales de légitimation de la politique culturelle

Cette structure sociale des commissions permet la légitimation de la politique culturelle, et ce selon des modalités qui lui sont pour partie spécifiques, c'est-à-dire différenciées des formes antérieures du soutien public aux arts. D'abord, les agents de la planification culturelle occupent pour la majeure partie d'entre eux des positions qui permettent que leur parole soit reconnue comme légitime: la plupart d'entre eux cumulent en effet des capitaux multiples. Plus que les agents ministériels, les autres membres des commissions peuvent se prévaloir d'une expérience préalable faite des positions – au sein d'organisations collectives ou d'instances de consécration – et des prises de positions – articles, ouvrages, participation à des colloques – antérieures concernant les questions qu'ils ont à traiter et se voient donc plus facilement qu'eux reconnaître représentativité et compétence en la matière. Ensuite, les commissions culturelles, en faisant converger vers elles des formes diversifiées de légitimité – administrative, scientifique, militante, culturelle etc. – obtiennent un crédit symbolique collectif qui rend leur production largement acceptable. Ces commissions forment ainsi un lieu de rencontre d'agents multipositionnés propice à l'invention des positions-carrefour constitutives de la politique culturelle. Elles permettent dans le même temps la constitution d'un crédit collectif particulier – fait d'esprit militant et de compétence technique, de sérieux bureaucratique et de bonne volonté culturelle – qui fonde la légitimité des préconisations du Plan et celle, encore à inventer, de la politique culturelle. Cette mise en commun repose pour partie sur des réseaux sociaux antérieurement constitués.

Si tous les membres des commissions et des groupes n'occupent pas de positions socialement dominantes – l'on pense par exemple aux représentants syndicaux dont le statut social modeste n'est pas toujours compensé par la détention d'une position importante au sein de l'organisation dont ils sont mandatés, ou même, dans une moindre mesure, à des agents nommés pour leurs compétences strictement techniques – c'est toutefois le cas de la majeure partie d'entre eux. On trouve un premier indicateur de la place prépondérante des agents appartenant à ce qui est socialement défini comme l'élite sociale dans le fait qu'une importante proportion de planificateurs culturels aient leur notice dans le *Who's Who*: c'est le cas pour trois sur cinq en dehors les directeurs de ministère qui y figurent presque tous[27]. Le grand nombre de décorations et distinctions est un second indicateur de ce recrutement dans l'«élite»[28].

Cette élite, c'est d'abord l'élite culturelle et intellectuelle, au sens le plus classique avec les membres des différentes académies évoqués plus haut, et au sens des positions occupées dans le champ littéraire et intellectuel de l'époque, dont d'importantes figures sont représentées, comme Raymond Aron[29], l'économiste Jean Fourastié, essayiste influent auprès du Commissariat au Plan, auteur d'ouvrages à succès vantant les mérites du progrès technique et d'un *Que-sais-je?* sur *La civilisation de 1960*, l'historien Ernest Labrousse, professeur à la Sorbonne, ou encore Jean Paulhan, co-directeur – avec Marcel Arland, lui aussi membre de la commission – de la *Nouvelle revue française* et co-fondateur des éditions de Minuit. Élite administrative également, puisqu'en plus des directeurs d'administration qui participent à la commission du seul fait de leur position institutionnelle, de grands commis de l'État font partie des membres importants de la commission: son président pour les IVeet Ve Plan, Henri Hoppenot, ambassadeur de France et conseiller d'État, François Bloch-Lainé, alors président de la Caisse des dépôts en consignations. Outre leurs ressources propres au champ bureaucratique, ces hauts fonctionnaires témoignent souvent de fortes dispositions culturelles, de par leur formation (Hoppenot ajoute une licence en philosophie au cursus classique Droit-École libre des sciences politiques) ou leur production littéraire (Henri Hoppenot, Jean-Marie Delettrez ou, parmi les agents du ministère, Pierre Moinot).

Occupant des positions dominantes, les membres des commissions du Plan sont aussi et surtout multipositionnés. Sans doute est-ce une caractéristique sociale de la planification à cette époque que de valoriser l'«échange» entre les fractions dominantes d'espaces sociaux différents, et ainsi de promouvoir des agents qui, par les positions multiples qu'ils occupent, font le lien entre ces différents espaces, tels ces intellectuels proches de la haute administration, ces universitaires engagés dans des mouvements d'action culturelle, ou cet ingénieur des Mines, président du conseil de perfectionnement de l'École Polytechnique, professeur à l'ÉNA, PDG de la SNCF (de

1955 à 58) puis d'Euratom (1958-59), par ailleurs membre de l'Académie des sciences morales et politiques et de l'Académie française (Louis Armand).

Plus encore, la planification culturelle permet à des agents sociaux de s'établir à des positions-carrefour, centrales dans la définition de la politique culturelle. Les agents qui les occupent – désignés à la fin des années 1960 par l'appellation critique d'«ingénieur culturel»[30] – ont pour point commun de se mouvoir simultanément dans les espaces de la haute administration, des sciences sociales et du militantisme culturel, et de promouvoir une action culturelle fondée à la fois en rationalité technique et en légitimité militante. Ces positions-carrefour ont une origine plus lointaine que l'émergence de la planification culturelle (les grandes associations culturelles apparues à la Libération, notamment). Mais c'est dans ce lieu privilégié de rencontre entre agents issus d'espaces différents (éducation populaire, recherche, haute fonction publique…) que se forme l'univers mental composite (esprit à la fois militant, rationaliste et de service public) correspondant à ces positions, univers mental au principe de la production de la «doctrine» en matière d'action culturelle. «C'est de cette rencontre, note Jacques Ion, hors de leurs institutions d'origine, que s'élabore, se formalise et mûrit, peu à peu, à partir de thématiques diverses (celle de l'éducation populaire, de la démocratisation culturelle, de la participation), une idéologie unifiée du développement culturel, et que s'objective et se légitime l'idée d'une intervention des pouvoirs publics hors de l'école et des groupements privés»[31]. La formation de la politique culturelle se fonde ainsi moins sur la rencontre de deux pôles – l'art et les artistes d'un côté, l'action publique et les agents de l'État de l'autre – que comme l'invention d'un espace intermédiaire où s'investissent des agents capables, par la multiplicité de leurs ressources, de lui donner consistance.

Le cas de Joffre Dumazedier, acteur central de ces convergences, est exemplaire de l'invention de ces positions-carrefour qui, grâce à la planification, peuvent jouer un rôle important dans la définition de la politique culturelle[32]. Né en 1915, il se plaît à rappeler ses origines ouvrières et sa promotion sociale, permise par l'école, qui l'amène à devenir enseignant de lettres. En même temps, il s'engage dans l'éducation populaire, et donne des cours dans les Collèges du travail à la fin des années 1930. Intéressé par la connaissance scientifique des problèmes sociaux et pédagogiques, il engage, en l'absence de cursus universitaire en sociologie, des études de linguistique. «La sociologie empirique n'existait pas à la Sorbonne, sinon j'aurais terminé en sociologie», dit-il[33]. Pendant la seconde guerre mondiale, il s'occupe également de pédagogie et de recherche en sciences sociales au sein de l'école d'Uriage, dans laquelle il s'occupe du bureau d'études et forge la méthode dite de «l'entraînement mental». Militantisme pour l'éducation populaire et études sociologiques: c'est encore sur ce double registre, celui de l'action et de la recherche, qu'il fonde en 1945 le mouvement Peuple et Culture. Dès les premières années du mouvement, des appels répétés sont lancés pour une collaboration entre chercheurs et militants, collaboration qui trouverait tout particulièrement l'occasion de se développer dans le cadre d'une planification élargie. Ce double registre n'est donc pas réductible à l'ambivalence ou à la duplicité. Il est au contraire revendiqué et théorisé comme une nécessité pour l'action comme pour la recherche. C'est ce qu'il fait dans un entretien biographique au cours duquel il affirme avoir «toujours défendu l'introduction d'une pensée militante dans la politique de recherche», et pose que «tout sociologue a toujours deux casquettes», celle de militant et celle de chercheur[34]. La manière dont il se présente dans l'ouvrage qui l'a fait connaître, en 1962, illustre bien ce va-et-vient revendiqué entre «la recherche et l'action»:

> *«C'est par l'action que l'auteur de ce livre en est venu à cette découverte de la recherche. Depuis vingt ans, bien avant d'entreprendre des travaux sociologiques, il a pris une part active au développement de l'action culturelle à l'échelle nationale et internationale; ex-inspecteur principal de la jeunesse et des sports, président-fondateur de plusieurs organisations d'éducation des adultes, dont la principale est Peuple et Culture, membre de la commission culturelle du commissariat au Plan et du conseil supérieur de l'Éducation populaire, il s'est heurté, à la fois, à la complexité des problèmes du développement culturel des masses et au caractère hasardeux des solutions actuelles. […] la découverte des besoins manifestes ou latents des masses dans le domaine culturel, l'exploration des véritables frontières de ce qui est possible, l'invention des solutions coordonnées à l'échelle de l'ensemble des moyens dont dispose l'ère de la technique, la connaissance des effets de ces solutions à court terme et à long terme, échappent à la connaissance intuitive. Elle demande une vigoureuse promotion de la recherche scientifique. […] L'expansion d'une action culturelle*

à la mesure du loisir des masses devrait être traitée dans une perspective évidemment différente, mais avec le même esprit de recherche qui a contribué à cette remarquable expansion de l'action économique concertée ou planifiée de ces dernières années. [...] Aujourd'hui, nous avons besoin de traiter par la recherche empirique les vrais problèmes que pose l'approche d'une civilisation du loisir. Les sciences de l'homme ne doivent pas s'enfermer dans les querelles théoriques du siècle passé [...]. Cette recherche sur l'action est également une recherche pour l'action et si possible par l'action: il s'agit d'une recherche active qui implique, dans l'indépendance, des rapports nouveaux entre les responsables de l'action et ceux de la recherche»[35].

Jusqu'au CNRS, au sein duquel il crée sous l'impulsion de Georges Friedmann le groupe de sociologie du loisir en 1953, Dumazedier n'a de cesse de proclamer cette nécessité commune. Sa manière de penser les problèmes culturels et jusqu'aux termes employés pour les construire – comme celui de «développement culturel» – ont directement servi à la formalisation de l'action culturelle publique.

Ces échanges et ces positions-carrefour prennent également forme dans différents réseaux sociaux et lieux de rencontre dont la planification permet la promotion. C'est bien sûr le cas de l'école des cadres d'Uriage, dont plusieurs membres des commissions des IVe et Ve Plan issus (François Bloch-Lainé, Paul Chombart de Lauwe, Joffre Dumazedier, Pierre Schaeffer...). C'est plus généralement le cas des réseaux de Résistance, dont sont issus, en plus de plusieurs collaborateurs d'André Malraux, plusieurs membres des commissions. C'est enfin le cas de ces lieux de rencontres entre intellectuels et hauts fonctionnaires que sont à l'époque les clubs (Citoyen 60, club Jean Moulin), des institutions organisant des colloques comme les décades de Cerisy ou le Centre culturel de Royaumont[36].

Dans ces différents lieux ont été discutés et expérimentés les principes d'une action culturelle. C'est le cas de l'école d'Uriage. C'est le cas également des milieux de la Résistance dont sont issus les principales associations culturelles apparues à la Libération. C'est le cas enfin de la Fondation Royaumont, où sont abordés des thèmes très proches de ceux discutés au sein de la commission du Plan: un colloque sur «Culture “supérieure” et culture “de masse”» s'y tient en 1963, un autre sur «le rôle de la télévision dans le diffusion culturelle» est organisé en 1965. Sans être forcément des spécialistes ou des professionnels des questions touchant au domaine d'intervention du ministère des Affaires culturelles, les membres des commissions qui en sont issus disposent donc – souvent plus que les fonctionnaires de ce ministère – des ressources intellectuelles et sociales utiles à la production d'une politique de la culture. On comprend mieux, dès lors, de quelle manière leur travail peut s'imposer comme le cadre légitime de toute politique culturelle.

UNE POLITIQUE SCIENTIFIQUE : STATISTIQUE ET ACTION CULTURELLES

L'importation des sciences sociales et des statistiques dans la planification culturelle forme un élément central dans la spécification du groupe d'agents autorisés à définir la politique culturelle et dans la légitimation de cette politique. Elle permet l'intervention de nouveaux agents dans le traitement des questions culturelles (experts) et la mise à l'écart corrélative d'agents dont sont délégitimés les principes d'action (de l'«humanisme vague» des tenants des Beaux-Arts à la bonne volonté naïve des militants de l'éducation populaire non convertis au culte de l'observation «objective»). Elle est au centre des rencontres entre agents et espaces sociaux divers qu'organise la planification (administration, économie, université, associations culturelles, etc.). Elle fonde «scientifiquement» l'objectif de démocratisation et l'existence de «besoins» culturels à satisfaire et en offrant des garanties de «sérieux». De plus, cette importation de modes de pensée, d'arguments et de principes de légitimité de la science vers l'action culturelle publique compte parmi les facteurs qui permettent l'invention étatique de nouvelles manières de voir et de traiter les questions de culture.

Les conditions d'une collaboration

Alors que l'usage des données quantitatives est encore peu courant en dehors de ce qui concerne les activités économiques, et que les représentations dominantes de la culture en font le domaine exclusif de la subjectivité, la mise en place d'une statistique culturelle de la France peut paraître improbable. C'est la concordance de l'état du champ de la haute administration avec ceux de la sociologie et du militantisme culturel qui rend possible cette innovation improbable[37].

La restructuration du champ de la haute administration dans le sens d'une valorisation de la compétence technique contribue à placer ses agents dans des dispositions *a priori* favorables à l'égard de la recherche en sciences sociales. C'est tout particulièrement le cas pour les questions qui, comme celles qui ont trait à la culture, ne peuvent être appréhendées par les seuls indicateurs de la modélisation économique. L'élargissement évoqué plus haut des prérogatives du Plan aux facteurs non économiques a ainsi entraîné l'émergence d'une forte demande d'expertise en sciences humaines.

«On avait le sentiment qu'on allait insérer l'humain par le biais des sciences sociales dans la mécanique économique, rapporte Augustin Girard. [...] Il y avait un très grand besoin qui était lié au développement, qui était un besoin d'inventaire. L'atmosphère était totalement à la maîtrise de l'économie, une atmosphère très rationaliste. Pierre Massé disait à cette époque là que le Plan, c'était une étude de marché généralisée. La révolution, c'était de partir d'une économie de la demande, après avoir relancé la production. On parlait beaucoup de besoins à cette époque, et ces besoins, il fallait les mieux connaître, et donc procéder à des dénombrements et des relevés statistiques»[38].

Cette demande est à l'époque très clairement exprimée par le directeur général de l'INSEE Claude Gruson lors d'une réunion à la Société française de sociologie consacrée aux recherches sociologiques dans le cadre du Plan:

«Économiste et fonctionnaire, je suis devant vous, sociologues, en quémandeur. Les fonctionnaires chargés du Plan de développement économique ont besoin aujourd'hui des sociologues. Ils ressentent très vivement la nécessité de recherches sociologiques. Le succès de cette nouvelle forme de gestion de l'État et des sociétés est lié à la manière dont les divers spécialistes des sciences humaines pourront y collaborer»[39].

La demande la plus forte exprimée par Gruson concerne tous «les comportements non réductibles à des facteurs économiques», et plus précisément «l'évolution des modes de vie» et «le niveau culturel» – c'est là que résident les «incertitudes les plus grandes» – c'est-à-dire les questions que sont censées discuter les commissions culturelles du Plan. «Si nous sommes orientés, à échéance de dix, quinze ou vingt ans, vers une civilisation de loisirs, que seront ces loisirs? seront-ils des loisirs de distraction ou des loisirs essentiellement culturels?», demande-t-il ainsi, reprenant les termes mêmes de l'ouvrage de Joffre Dumazedier qui fait référence pour les travaux du Plan[40].

L'état du champ des sciences sociales permet que des chercheurs puissent répondre favorablement à ces demandes. La professionnalisation en cours de la recherche en sciences sociales et les stratégies d'autonomisation par rapport aux disciplines dominantes du champ universitaire placent en effet nombre de sociologues dans des dispositions favorables à l'égard des commanditaires publics, qui peuvent être envisagés comme des auxiliaires de l'émancipation. La sociologie est alors peu autonome et n'offre que peu de carrières spécifiques[41]. Son autonomisation par rapport aux disciplines universitaires traditionnelles (la philosophie, notamment) passe par la mise à distance des formes de recherche jugées trop théoriques – celle des «sociologues en chambre» – au profit de la promotion d'un travail plus empirique qui, précisément, rencontre les demandes des commanditaires publics, au Plan notamment. Comme aux États-Unis – avec la figure emblématique de Paul Lazarsfeld dont se réclame Joffre Dumazedier, avec beaucoup d'autres sociologues français à l'époque[42] – les stratégies de professionnalisation et d'autonomisation de la sociologie passent ainsi paradoxalement par un rapprochement de positions institutionnelles extra-scientifiques, le renforcement transitoire de la dépendance externe étant le prix à payer pour sortir d'une situation de dépendance au sein des institutions traditionnelles[43]. L'«entrisme» dans les administrations et le Plan était par ailleurs le corollaire d'une stratégie d'alliance entre les fractions modernistes des sciences humaines et des représentants des sciences exactes pour présenter un front commun contre les disciplines traditionnelles qui dominent alors l'université: droit, médecine et lettres[44]. De fait, les promoteurs de «la rencontre entre chercheurs et hommes d'action» sont aussi engagés dans des tentatives visant à dégager l'organisation universitaire du modèle littéraire[45]. Si ces luttes et processus engagent le champ de la sociologie dans son ensemble, des sociologues dont les travaux portent peu ou prou sur les questions culturelles y prennent une part active, en œuvrant pour la collaboration avec les commanditaires publics. Outre le cas déjà cité le cas de Joffre Dumazedier, il s'agit en particulier de Michel Crozier qui, bien que connu pour ses travaux sur d'autres thèmes, mène à cette époque des enquêtes sur les effets culturels du développement de la télévision dans le cadre des commissions culturelles du Plan auxquelles il participe[46] et de Paul-Henry Chombart de Lauwe qui, bien que spécialiste de la sociologie urbaine, a également effectué des travaux, dans le cadre du Plan ou ailleurs, intégrant une dimension «culturelle»[47] ou portant spécifiquement sur les questions qui y ont trait[48].

Enfin, l'évolution que connaît alors la nébuleuse du militantisme culturel et de l'éducation populaire fournit des agents disposés à s'investir et à investir dans la recherche pour l'action culturelle, et produit à tout le moins des dispositions favorables à la réception de ce qui peut être considéré comme une aide technique. Les fonctions d'encadrement culturel – animation socio-culturelle, éducation populaire – connaissent en effet alors un début de professionnalisation, dans lequel les sciences sociales sont mobilisées comme «outil» pour servir à la formation de ces nouveaux spécialistes[49]. Cette formation de «techniciens» de l'action culturelle n'est certes pas entièrement nouvelle: elle a été engagée notamment à Peuple et Culture dès les lendemains de la Libération[50]. Mais le mouvement s'intensifie au début des années soixante, précisément quand les principes défendus par Peuple et Culture trouvent, dans les commissions du Plan, une consécration officielle.

Une mobilisation pour la recherche: le colloque de Bourges

La réunion de «120 chercheurs et hommes d'action» autour du thème «Recherche scientifique et développement culturel» à l'occasion d'un colloque organisé à la maison de la culture de Bourges du 2 au 4 novembre 1964 marque une étape décisive dans cette intégration des sciences sociales à l'élaboration de la politique culturelle[51]. La préparation du IVe Plan avait été l'occasion de déplorer le manque de connaissances scientifiques mobilisables, et d'appeler au financement de recherches pour la préparation du Plan suivant. On peut ainsi lire dans le rapport général de la commission que

> *«La préparation du Ve Plan nécessite des études qui porteront sur les structures sociales des milieux dans lesquels s'exerce l'action culturelle et sur les conditions d'implantation des équipements culturels; elle nécessite en outre l'établissement de statistiques: recensement des investissements et dépenses de fonctionnement de l'État, des collectivités locales, des associations, des entreprises, des particuliers; ces statistiques devront préciser les chiffres du personnel employé, les subventions accordées aux associations, et le public atteint, notamment par*

> *l'écoute de la radio et de la télévision, par les spectacles et expositions; elles tendront à établir des indices et des critères des besoins dans ces domaines»*[52].

Cet appel est plus particulièrement formulé dans le rapport du groupe de l'action culturelle, rédigé par Augustin Girard, qui insiste sur la nécessité de créer un organisme permanent pour la coordination des recherches[53]. À la veille de l'élaboration du Ve Plan, l'ambitieux projet de réaliser un vaste «inventaire» des éléments existant et d'évaluer les «besoins» qu'une politique culturelle «démocratique» aurait à satisfaire est toutefois loin d'avoir été mené à son terme. Dans les travaux préparatoires à l'élaboration du Ve Plan, les quelques études effectuées à l'occasion du Plan précédent sont jugées lacunaires; il est souhaité qu'elles soient désormais menées «de façon plus systématique» afin de «mieux connaître les relations actuelles entre le public le plus étendu et la culture, mieux saisir les besoins, les aspirations et les possibilités de vie culturelles des différentes catégories de la population, et enfin d'évaluer l'efficacité de certains moyens de diffusion culturelle»[54]. La structure permanente de coordination et suivi des études culturelles préconisée dans le rapport du groupe «Action culturelle» n'a pas encore véritablement vue le jour; Augustin Girard a, de son propre chef, pris en main cette coordination, sans que la mission ni les moyens ne lui en aient été confiés par le commissariat au Plan ou par le ministère. Les «grandes orientations» fixées par le ministère des Affaires culturelles peu de temps avant la désignation officielle de la commission font état de l'importance de la recherche, qui «constitue dans le développement culturel une fonction jusqu'alors insuffisamment appréciée»: «Pour l'action culturelle de l'État [...] une optimisation du rendement des investissements peut être obtenue grâce à des études et des recherches»[55]. Celles-ci doivent avoir lieu dans les domaines des dépenses publiques et des ménages, de l'économie, des enquêtes psychosociologiques doivent permettre de déceler les besoins culturels. Quant aux sciences exactes, elles doivent fournir des éléments utiles aux techniques de conservation. Au total, l'usage des sciences sociales en matière culturelle a ses militants – Augustin Girard et Joffre Dumazedier, en particulier – et la nécessité des études s'est imposée aux membres des commissions comme aux fonctionnaires du Plan et à ceux des Affaires culturelles. Mais cet usage reste limité et faiblement institutionnalisé.

C'est dans ce contexte qu'est organisé le colloque de Bourges, qui apparaît comme un véritable coup de force pour développer le recours aux sciences sociales et accélérer son institutionnalisation. Ce colloque est préparé par des militants de la recherche – Augustin Girard et le vice-président de «Peuple et Culture», Joseph Rovan, Bertrand Girod de l'Ain – auxquels s'ajoute l'économiste André Piatier, professeur d'Université à Paris et membre de la commission du Plan. Il est placé sous l'égide de l'Association d'étude pour l'expansion de la recherche scientifique. Celle-ci est fondée en juin 1958 alors qu'André Malraux traite des questions de la recherche suite à un colloque organisé à Caen en 1956 par Jean-Louis Crémieux-Brilhac à l'appel de Pierre Mendès-France. Cette association réunit des chercheurs renommés, des dirigeants d'entreprise, des hommes politiques de différents bords et des fonctionnaires. Au départ exclusivement consacrée aux sciences exactes et à la technologie, elle intègre progressivement les sciences humaines, d'abord avec la sociologie industrielle[56]. Le colloque de Bourges se situe dans la droite ligne des activités de l'association, qui favorise les échanges entre producteurs et utilisateurs de recherche et entreprend de mobiliser «l'opinion» et les pouvoirs publics pour développer la science par de tels échanges.

Parmi les universitaires, chercheurs des institutions publiques et de cabinets privés, participent au colloque entre autres Jean-François Bernard-Becharies, économiste; Pierre Bourdieu, maître de conférences à la faculté des lettres de Lille; Paul-Henry Chombart de Lauwe, École pratique des hautes études; M.-J. Chombart de Lauwe, sociologue; Michel Crozier, CNRS; Émeric Deutsch, directeur des études de psycho-sociologie à la Société d'économie et de mathématiques appliquées; A. Duffaure, sociologue; Joffre Dumazedier, CNRS; Monique et Raymond Fichelet, Société d'études et de recherches en sciences sociales; Pierre Guetta, Société d'économie et de mathématiques appliquées; M. Huguet, sociologue; J.-P. Imhof, sociologue; René Kaës, assistant à la faculté des lettres d'Aix-en-Provence; M.-T. Lanfant, sociologue; Benoît Matalon, sociologue; S. Mollo, sociologue; André Piatier, professeur agrégé des facultés de droit et de sciences économiques. Du côté des «utilisateurs de la recherche», les organisateurs ont pu convaincre le directeur de cabinet du ministre d'État chargé des Affaires culturelles, André Holleaux, de participer aux rencontres. Participent également des hauts fonctionnaires (comme Jacques Delors, Conseiller pour les affaires sociales au Commissariat général au plan, André Maréchal, Délégué général à la Recherche scientifique et technique), des intellectuels de l'action culturelle (Jacques Charpentreau, directeur de la revue Affrontements*), des syndicalistes (Xavier Joseph, UNEF; Michel Le Tron, CFDT), etc.*

Le colloque de Bourges est alors explicitement conçu comme un moyen de persuasion pour conférer aux sciences sociales la place qu'elles n'occupent pas encore dans l'élaboration de la politique culturelle[57]. Si l'objectif affiché par les organisateurs du colloque est de permettre la «rencontre», la «connaissance réciproque» et le «dialogue» entre chercheurs et «hommes d'action», il s'agit aussi de faire nombre et de montrer, par la mobilisation de personnalités «compétentes», l'importance de l'enjeu que représente le recours aux sciences sociales et la nécessité de l'organiser de manière plus stable et plus large. Les propositions présentées lors de sa préparation reviennent ainsi à plusieurs reprises sur la question de la création d'un organisme permanent pour la recherche et sur celle de la «planification de la recherche». Joseph Rovan le proclame: ce colloque doit marquer la «reconnaissance officielle de la rencontre et même de l'alliance entre les agents des actions de développement culturel et les chercheurs des sciences sociales»[58].

Cette alliance ne va pourtant pas de soi tant les problèmes culturels sont réputés tenir à des choses inquantifiables et impossibles à appréhender selon le point de vue objectif de la science: la «sensibilité individuelle», à l'«émotion», au «goût», à l'«inspiration». Comme le note Augustin Girard dans l'exergue de l'article qu'il publie à l'issue du colloque, la quantification des choses de la culture peut être vue comme une «provocation»; «provocation» du reste assumée par ses auteurs qui peuvent par là afficher leur «non-conformisme» et se camper dans la position des «modernes» attentifs aux «faits» contre les «anciens» enfermés dans leurs «préjugés».

«Recourir à la recherche scientifique pour préciser une politique de développement culturel est une entreprise qui paraît se situer à mi-chemin entre la plaisanterie et le sacrilège. Voilà bien nos technocrates "saisis" par la statistique et les sondages, envoûtés par les chiffres jusqu'à vouloir maintenant mathématiser les "mystères sacrés de l'art"... Halte-là! Halte à la mode et gare à l'imposture! Que la culture, au moins, reste le dernier refuge de l'homme! Mais le recours à la science – aux sciences sociales essentiellement – est commandé par les faits»[59].

Il faut également convaincre les responsables de l'action publique de la nécessité d'un recours à la science qui doit également être de mise en matière culturelle. «Il paraît normal de faire appel à la science pour étudier les effets sur la santé du tabac ou de nouveaux modes de conservation des produits alimentaires, rappelle Bertrand Girod de l'Ain. Pourquoi ne ferait-on appel aux psychologues et aux sociologues pour étudier les effets des produits culturels frelatés?»[60].

Les conditions dans lesquelles s'opèrent ce «rapprochement» entre sciences sociales et action culturelle publique ne sont pas sans conséquences sur le type de recherche valorisé et promu dans et par cette «collaboration». Le «modèle américain» vient ici à point nommé pour servir les stratégies de recentrage empirique des experts-sociologues et permettre dans le même temps les visées opératoires attendues par les commanditaires. Les préférences des intermédiaires entre «producteurs» et «utilisateurs» de recherche vont ainsi à des travaux «de style américain» éloignés de l'«aspect trop normalien, trop théorique» des traditions universitaires en la matière[61]. Ces préférences vont également à la quantification pour partie importée des États-Unis: le chiffre fonctionne comme gage de scientificité – «le terme de “chiffre” [était] destiné à faire référence aux sciences exactes et a rendre crédibles ces recherches bizarres et jargonnantes»[62] – et il garantit dans le même temps la possibilité d'utilisation des résultats scientifiques dans l'action politique. Quantification des résultats et utilisations politiques de la science: l'importation ne se fait pas seulement des États-Unis vers la France, mais aussi des sciences économiques vers la sociologie à laquelle contribue le colloque de Bourges, qui réunit des économistes, des militants culturels et des sociologues. Penser les relations entre «économie et culture», pour reprendre le titre de l'article de l'économiste André Piatier dans un «développement planifié et concerté», c'est alors transposer à la culture des schèmes éprouvés à propos d'économie[63]. Enfin, la conception de la recherche qui prévaut intègre des visées «démocratiques» telles qu'elles sont alors définies dans le cadre de la planification. Quantifier les «besoins», c'est prendre en compte les «aspirations» culturelles de toute la population et par là même ne plus limiter la culture à ce qu'en disent les élites et les professionnels; comptabiliser les pratiques et repérer leur inégale répartition, c'est aussi fonder scientifiquement l'impératif de «démocratisation culturelle» et fournir les éléments objectifs à sa réalisation[64].

La résolution du colloque de Bourges

Les membres du colloque national sur la recherche scientifique et le développement culturel: chercheurs de l'Université, du C.N.R.S. et des organismes d'études publics, semi-publics ou privés d'une part, représentants de l'administration, d'organisations d'éducation populaire, de mouvements de jeunesse, de mouvements d'étudiants, de milieux professionnels et de syndicats d'autre part, réunis au nombre de cent vingt à la Maison de la culture de Bourges:

– convaincus que l'élévation du revenu national et l'accroissement des revenus privés doivent notamment se traduire par la libération de temps et de loisirs accrus pour un nombre de plus en plus grand d'hommes et de femmes; prenant acte de la progression continue du niveau d'instruction de la collectivité nationale et convaincus qu'il est urgent de la prolonger par la mise en place de moyens accrus de formation et d'information à l'échelle d'une société de masse; *constatent avec satisfaction que la demande de biens culturels s'est considérablement accrue au cours des dernières années et qu'elle est appelée à s'amplifier dans les décennies à venir*;

– convaincus d'autre part de la nécessité (également reconnue par les responsables de la planification nationale et régionale) de faire la plus large part dans les investissements collectifs prochaines aux investissements culturels et à tous les moyens du développement culturel *estiment qu'une politique rationnelle, efficace et équitable de développement culturel au sens le plus large du terme, ne saurait dépendre de choix purement subjectifs relevant de la générosité ou du goût, mais doit s'appuyer sur une connaissance objective de l'action culturelle ainsi que des conditions de la création, source première de cette action* ;

– rendant hommage aux efforts déployés dans ce sens par les pionniers de la recherche, ainsi qu'aux premières initiatives déjà prises par certains services publics, organisations d'éducation populaire, etc. *affirment la nécessité d'une action de recherche scientifique méthodique et continue dans le temps, qui seule peut éclairer les planificateurs dans l'orientation des investissements culturels* ;

– rappelant enfin que la politique du développement culturel engage simultanément la responsabilité de nombreux départements ministériels; *tiennent à souligner les responsabilités de recherche qui en découlent pour les différents intéressés.*

«Le colloque de Bourges», *Expansion de la recherche scientifique*, n° 22, avril-mai 1965, p. 7-8.

Institutionnalisation de la science, institutionnalisation par la science?

La mobilisation dont le colloque de Bourges est la principale manifestation contribue à affermir l'usage des sciences sociales dans la production de la politique culturelle. De nombreuses enquêtes sont lancées[65]. Sociologues et chercheurs sont en nombre croissant au sein de la commission culturelle et des groupes de travail. Ils prennent une part active à ces travaux, intervenant fréquemment pour augmenter les crédits accordés à la recherche[66]. Ils sont soutenus en cela par les élites modernisatrices de la planification.

> *«On doit [...] rappeler les promesses non tenues du IVe Plan: qu'un organe de recherche se préoccupe d'une nouvelle approche socio-économique des questions culturelles, qu'une liste de problèmes charnières, jouxtant en général deux administrations ou organisations, soit dressée et constitue l'approche la plus concrète du Plan, qu'un organe permanent enfin prépare le travail de la prochaine commission. [...] Existera-t-il ou non un organe de recherche aux Affaires culturelles, chargé de poser, en termes autres que ceux des "Beaux-Arts" traditionnels, les problèmes de production et de consommation culturels, indépendamment de toute question d'attribution administrative, et en liaison avec d'autres organismes ayant des missions analogues? »*[67].

En recommandant l'inscription au Ve Plan de quatre millions de francs en 1965 pour les études, le rapport de la commission rend possible la stabilisation du recours aux sciences sociales. «La nécessité d'associer les chercheurs sociologues dans un comité permanent, à toutes les études entreprises» est largement reconnue par les protagonistes de la planification[68]. Après de longues hésitations entre la création d'un service spécifique au ministère ou au Plan et l'intégration des questions culturelles dans un organisme de vocation plus générale, comme le Comité d'organisation des recherches sur le développement économique et social (CORDES) alors en voie de constitution – il est officiellement créé en 1968 – un Service des études et recherches s'implante peu à peu au ministère des Affaires culturelles, sans décret de création ni mandat officiels, sur la base de la structure mise en place par Augustin Girard à partir de 1963.

Si le recours aux sciences sociales est progressivement institutionnalisé, il offre en retour une ressource utile à l'institutionnalisation de la politique culturelle. Sans doute les sciences sociales ne jouent-elles qu'à la marge le rôle d'aide à la décision en matière de politique culturelle. Il n'est guère de cas où les conclusions d'une enquête aient véritablement infléchi le sens d'une intervention, ce qu'avouent à regret les hauts fonctionnaires, et que dénoncent les chercheurs engagés dans la planification culturelle. «On a, au plan de l'administration, confié un certain nombre d'études et de recherches à des sociologues mais, pratiquement, on ne les a pas exploitées. On se garde même bien de les exploiter: qui pourrait le faire?» interroge le rapporteur général adjoint de la commission du Ve Plan[69]. Le recours aux sciences sociales produit néanmoins bien des effets, mais qui portent plutôt sur les modes de légitimation et les constructions intellectuelles de l'action culturelle publique.

Il permet de prétendre élaborer une «vraie» politique, basée sur des constats objectifs, disposants de moyens rationnels, poursuivant des objectifs clairs. Quand Augustin Girard annonce «la fin de l'ère des goûts et des couleurs», il stigmatise le décalage entre les transformations récemment intervenues en matière de «besoins» et l'obsolescence des moyens disponibles pour y satisfaire, les pouvoirs publics disposant «d'institutions et de méthodes de gestion qui sont celles du XIXe siècle»[70]. C'est précisément la recherche scientifique mise au service de la programmation culturelle – une entreprise «unique au monde» – qui permettra de combler ce décalage et de définir une politique «radicalement nouvelle». Grâce à la science, «on ne peut plus [...] plaider aux Finances le dossier de la culture en termes de "Beaux-Arts"»[71]. «Au lieu d'accorder à la Nation, au jugé, une somme forfaitaire pour les "Beaux-Arts", il s'agit maintenant de reconnaître et d'évaluer les besoins, d'établir en somme la proportion du revenu national consacrée à l'équipement culturel et de faire assumer par l'État les charges qui doivent lui incomber à cet égard»[72]. L'intervention des pouvoirs publics ne peut plus être réduite au goût personnel de tel ou tel responsable politique, puisqu'elle répond à des «besoins» objectivement identifiés et dûment répertoriés. «La politique culturelle ne doit plus être seulement commandée par des impératifs esthétiques et moraux; elle doit être conçue à partir de données objectives et se fonder scientifiquement sur des besoins sociaux», affirme le chef de cabinet du ministre[73].

L'imposition progressive de l'idée selon laquelle «la statistique est la science préliminaire à l'action culturelle»[74] permet par là même de conférer à cette politique une légitimité à la fois scientifique et démocratique. Légitimation scientifique car grâce aux «chiffres pour la culture», «les crédits consacrés à la culture ont désormais justification objective»[75].

> *«On avait beaucoup plus de force dans la discussion avec les financiers, les budgétaires, si on pouvait prouver l'existence de besoins, relate Augustin Girard. La statistique permettait de délimiter des manques, des déserts – à l'époque on parlait de désert français. Lorsque, avec nos premières enquêtes on*

pouvait montrer que 90% des Français n'avaient jamais mis les pieds de leur vie dans une salle de concert, ou 90% dans une salle d'opéra ou 73% au théâtre, ça montrait l'ampleur du terrain qu'il fallait parcourir pour arriver à l'égalité d'accès dont se targuait la République dans ses principes et la planification dans sa réalité. [...] C'étaient ces raisonnements logistiques, économico-sociologiques, qui me paraissaient fonder le développement du financement par les pouvoirs publics de la vie culturelle. [...] Est-ce que le plaisir [que la culture] procure est tel qu'il faille que les finances publiques soient ponctionnées pour donner ce plaisir aux individus selon une conception esthético-hédoniste, ça n'entraîne pas beaucoup l'adhésion des gars qui font le budget rue de Rivoli! Vous ne pouvez pas partir seulement du discours de Malraux, «la culture c'est la noblesse du monde, ça permet de dépasser la mort, c'est le rapport avec la mort...», [rire], ce n'est pas quand même un motif dans la préparation des budgets, quoi! »[76].

Le recours à la science permet une légitimation «démocratique» de la politique culturelle, en offrant des «outils» utiles à la démocratisation de la culture. Comme l'affirme Joseph Rovan, «la recherche sur les problèmes du développement culturel est une condition indispensable à tout effort de démocratisation de la vie culturelle, c'est-à-dire de l'élargissement et de l'intensification de la participation à tous les niveaux de la vie culturelle»[77].

Le recours aux sciences sociales n'est cependant pas réductible à un outil de légitimation. Il pèse également sur la définition des manières légitimes de construire les problèmes culturels et des notions utilisées pour formaliser l'intervention publique. Les rapports des commissions du Plan font référence aux études menées et utilisent un vocabulaire inspiré de celui des sciences sociales, à tel point que même Paul Angoulvent, directeur des presses universitaires de France – et donc *a priori* proche de la littérature intellectuelle – regrette «la forme un peu trop savante et un peu trop remplie d'allusions de sociologie» des propositions de la commission[78].

La question de la «démocratisation culturelle» telle qu'elle est alors formulée correspond ainsi à l'importation d'un «problème social» dans l'analyse sociologique – mesurer les inégalités sociales dans «l'accès à la culture» et si possible offrir des moyens susceptibles d'y remédier – en même temps que sa construction comme objet d'intervention publique procède de logiques issues des sciences sociales – observation chiffrée des pratiques dites de «consommation culturelle», répartition par catégories sociales[79]. Des catégorèmes ont été inventés dans les interactions entre savants et politiques, diffusés et convertis labels institutionnels. C'est le cas de la notion de «développement culturel», forgée par Joffre Dumazedier comme concept indissociablement scientifique et politique tendant à rassembler décideurs et chercheurs autour d'une problématique commune, qui permette aux premiers d'agir sur la base d'éléments objectifs et aux seconds de ne perdre de vue ni les contraintes spécifiques à l'action ni l'horizon des valeurs à défendre[80]. Si la notion n'a eu qu'une postérité scientifique limitée, elle a en revanche connu d'importants usages sociaux: elle est employée dans les travaux du Plan puis dans de nombreuses appellations administratives[81].

Le recours aux sciences sociales a enfin partie liée avec l'institutionnalisation de la politique culturelle en ce qu'il contribue à maintenir à l'écart des agents que l'«ignorance» ou la non conversion à l'argument scientifique réduisent au statut de profanes. Il en va ainsi des tenants de la tradition humaniste et lettrée des Beaux-Arts dont les compétences se retrouvent ainsi démonétisées. Il en va également ainsi de ceux qui entendent entretenir un rapport direct avec le peuple, basé sur un engagement personnel et non médiatisé par la connaissance scientifique. Cette mise à l'écart est l'occasion de prises de positions hostiles à l'usage des statistiques en matière culturelle. Les défenseurs d'une culture d'élite par définition irréductible à des chiffres sont alors rejoints par des agents aux positions très éloignées: des créateurs et intellectuels qui, se voulant proches du peuple, mêlent sociologues et planificateurs dans un même anathème anti-technocratique. Les animateurs du Théâtre de l'est parisien mettent ainsi sévèrement en cause la planification et le recours aux sciences sociales qu'elle organise.

> *«Dès qu'il est question de culture, les sociologues et les planificateurs interviennent avec une sorte d'arrogance et exercent un terrorisme qui s'appuie sur un vocabulaire de spécialistes et sur des statistiques en apparence irréfutables. Les problèmes complexes et subtils d'épanouissement de la personne humaine sont littéralement vidés de leur contenu. Devant ces fiches, ces graphiques et ces organigrammes, ceux qui sont aux prises avec le drame quotidien de la culture populaire ressemblent aux parents du petit leucémique qui cherchent en vain à saisir la vérité de*

leur souffrance dans les hiéroglyphes anonymes qu'ils viennent de retirer au laboratoire d'analyses»[82].

DE LA MISE EN FORME D'UNE POLITIQUE AU « DÉBAT DE SOCIÉTÉ »

Les commissions du Plan sont censées établir le domaine d'intervention de la nouvelle politique culturelle, lui conférer des orientations programmatiques et une légitimité, permettre enfin sa conduite «rationnelle». Elles sont cependant loin de se limiter à ces tâches. Plus encore que dans les autres chapitres de la planification, les membres de la commission se sont en effet volontiers campés dans le rôle de prophètes sociaux en plus de jouer celui d'expert. La commission «a pensé que, compte-tenu de la mission du ministère des Affaires culturelles dont le qualificatif et les attributions, sinon les moyens, avaient une ouverture beaucoup plus considérable [que l'équipement culturel et le patrimoine artistique], il convenait de poser une question plus large: comment, dans une démocratie, peuvent être effectivement coordonnés, harmonisés, le développement culturel et la liberté?» explique ainsi le rapporteur Paul Teitgen[83]. Compte-tenu de cette «ouverture», ce sont rien moins que «les finalités de la croissance» et «l'avenir de la société industrielle» qui sont ainsi portés à l'agenda des commissions culturelles.

L'importance prise par ces montées en généralité procède de plusieurs facteurs. Elle n'est pas sans rapports avec les conditions d'émergence d'une planification culturelle engagée dans la perspective d'une «humanisation» du Plan et de son élargissement au-delà des seuls problèmes de reconstruction et de production économique. Les conditions de l'engagement des différentes catégories d'agents sociaux dans la planification culturelle constituent un autre élément d'explication. Pour les hauts fonctionnaires, c'est là une occasion d'être autorisés à intervenir dans la définition d'objectifs, la défense de valeurs et de visions du monde, autrement dit d'affirmer un rôle qui dépasse les tâches administratives pour intégrer celles qui sont traditionnellement dévolues aux agents du champ politique et aux intellectuels. Pour les universitaires, chercheurs et agents du champ culturel, il s'agit de ne pas se laisser cantonner à un rôle d'assistants techniques ou de représentants professionnels, et de maintenir, en se situant au niveau des «principes» et des «finalités culturelles» leur identité d'intellectuel ou d'artiste, au sein des commissions mais aussi vis-à-vis de la communauté des pairs. Enfin, la nécessité historiquement constituée de fournir des gages de respect de l'autonomie du champ culturel conduit à repousser, ne serait-ce que sur un mode rhétorique et de mise en scène, tout ce qui pourrait apparaître comme la production d'une «culture officielle». Plutôt que de codifier avec précision le domaine couvert par la politique culturelle, les planificateurs – pour des raisons différentes mais quelle que soit leur position – sont dès lors conduits à dénier toute imposition d'une définition de la culture par l'État, à faire du tracé des frontières de la politique à mener le sujet d'une interrogation continuelle propice à la réactivation de questions aussi vastes que celle de la définition de la culture ou de la place de l'État dans la société.

L'élaboration d'une «doctrine» de l'action culturelle

«L'action culturelle est née de la commission culturelle du Ve Plan»; «L'action culturelle pense que l'essentiel de sa mission est l'épanouissement de la culture et, corollairement, l'éducation du public»[84]. Si l'action culturelle existe, s'il est possible de définir une «pensée» qui lui soit propre, c'est très largement grâce à la planification culturelle qui forme à la fois la date et le lieu de sa «naissance». Mais du fait de la configuration particulière des rapports qui les lient au ministère des Affaires culturelles et du caractère «incitatif» des préconisations du Plan, c'est avant tout une «doctrine» – c'est le terme employé par les planificateurs et hauts fonctionnaires du ministère – unifiant symboliquement l'action culturelle et donnant cohérence à l'ensemble des éléments qui la compose que produisent ces commissions, conférant dès lors à cette politique la forme d'un projet intellectuel plus que d'un programme administratif d'intervention. Encore le nécessaire «respect» des principes du libéralisme culturel officiellement professés oblige-t-il à présenter cette «doctrine» comme un cadre souple et non contraignant.

Le cas des maisons de la culture en fournit un bon exemple. Les commissions du Plan ne sont pas le lieu exclusif de l'élaboration de la politique des maisons de la culture; ces institutions – leur construction, leur organisation, la désignation de leurs responsables – s'inventent de fait en dehors des commissions, notamment dans les relations internes au ministère des Affaires culturelles et dans celles qui le lient à ses interlocuteurs, culturels ou municipaux. Les commissions du Plan forment en revanche le lieu officiel de la programmation de ces équipements, présentée comme «une réalisation du IVe Plan»[85].

Cette programmation planifiée constitue un thème central de la planification culturelle[86], qui permet de conférer, ne serait-ce qu'*a posteriori*, une cohérence à un ensemble de pratiques et d'orientations définies de manière extrêmement pragmatique et au cas par cas[87]. Cette formalisation de la politique des maisons de la culture renvoit plus généralement à celle de la politique culturelle dont elle constitue l'axe central. Pour les commissions, définir les «fonctions» et les «missions» des maisons de la culture, en préciser l'organisation et en décider l'implantation revient en effet à établir le cadre d'ensemble de la politique d'action culturelle. Comme le note le directeur du Théâtre, de la musique et de l'action culturelle en 1962, le travail du Plan concernant les maisons de la culture «matérialise une politique définie pour la première fois dans le domaine culturel, l'amorce d'une grande aventure qui devrait aboutir à modifier profondément et de façon irréversible le rythme de la vie culturelle de notre pays»[88].

Un glissement s'opère ainsi de la programmation d'équipements et de dépenses à l'élaboration intellectuelle d'un projet général. Cette «dissertation sur les thèmes culturels»[89], pour reprendre l'expression ironique de Pierre Schaeffer, est censée former la «doctrine» de l'action culturelle publique. Encore cette «doctrine» se présente-t-elle sous une figure inverse du cadre normatif stable, précis et contraignant auquel renvoit ce terme, plus couramment employé dans les espaces les plus strictement codifiés – l'Église, le droit, la stratégie militaire. C'est là tout le paradoxe du travail de la planification, qui consiste à établir un cadre normatif dans un domaine représenté comme impossible à régenter, à proclamer l'élaboration d'une «doctrine» tout en la présentant sous la forme euphémisée d'un ensemble de principes généraux, en l'entourant de guillemets et de précautions oratoires. Lorsqu'il présente la planification, le fonctionnaire qui en a la charge au cabinet du ministre commence ainsi par accorder à ses auditeurs que «l'extension de la planification française non seulement aux équipements culturels mais aussi à l'action culturelle peut sembler paradoxale, sinon inquiétante». Il ajoute aussitôt, comme pour lever l'inquiétude, que «la planification culturelle française n'implique nullement que l'État veuille imposer sa propre conception de la culture, ni décider des valeurs collectives de la société»[90]. Quand, dans une annexe présentant de manière systématique les principes d'une «définition de l'action culturelle», il est mentionné qu'elle «se présente sous trois formes dominantes» – «a. La diffusion des œuvres d'art et de l'esprit, et l'expérience de la création artistique; b. La formation économique, sociale et civique; c. Les activités manuelles et les activités purement récréatives» – le point suivant mentionne aussitôt après qu'«on peut mettre l'accent sur l'une ou l'autre de ces trois formes d'action culturelle, sans pouvoir cependant exclure les deux autres»[91]. De semblables dénégations sont formulées dès que, exposé de manière systématique, le projet de l'action culturelle publique risque d'être suspecté de dogmatisme ou de dirigisme. Le rédacteur du rapport sur l'action culturelle pour le Ve Plan revient ainsi sur les nécessaires précautions quant à l'usage du mot «doctrine».

> *«Le terme de doctrine serait à vrai dire quelque peu impropre s'il évoquait un cadre rigide et complet de préceptes rigoureux et de définitions systématiques. Car la caractéristique majeure de la pensée qui anime l'action culturelle [...] est certainement d'éviter tout dogmatisme et, quelques principes fondamentaux étant posés, de laisser l'évolution naturelle des organismes mis en place et des tentatives entreprises, le soin d'en préciser le contenu, d'en détailler les éléments, de leur donner leur coloration finale et leur exacte portée. La "doctrine" de l'action culturelle se ramène de la sorte essentiellement à la définition d'une méthode et d'un certain nombre de moyens pour la mettre en œuvre»*[92].

L'existence et les frontières de la politique culturelle en question

Dans cette «discussion de la méthode», la question des contours et des limites de la politique occupe une place centrale. Celle-ci est l'occasion de remettre en question l'existence même d'une politique définie et menée par le ministère, et partant d'affirmer le rôle de la commission dans ce qui est par ailleurs élevé au rang de mission indispensable des pouvoirs publics. Sous la forme euphémisée de l'affirmation de «l'impérieuse nécessité de l'élaboration d'une politique d'ensemble de la culture» dès le rapport du IVe Plan, et plus encore de manière ouvertement critique lors de l'élaboration du Plan suivant, les commissions culturelles, en regrettant l'absence de cette politique d'ensemble en même temps qu'elles en démontrent le caractère indispensable, affirment l'ampleur et l'importance de leur tâche. Il est temps que «les échelons suprêmes de la responsabilité de l'État» reconnaissent cette «impérieuse nécessité», répète le rapport du Ve Plan[93]. À la manière d'un constat de carence – «il n'y a pas actuellement de politique globale de la culture»; «les conditions de cette politique ne sont pas actuellement réunies[94]» – ou pour mieux démontrer la nécessité de pallier les insuffisances gouvernementales par l'élaboration d'une planification rationnelle et concertée, les prises de position individuelles ou collectives sont nombreuses qui tendent à contester l'existence d'une politique ministérielle. Contestation formulée au vu de la faiblesse des moyens engagés, mais surtout en raison du flou des projets et de l'indétermination de l'objet. Dès l'introduction, le rapport général de la commission du Ve Plan prévient ainsi qu'

«elle a été amenée à constater que loin d'embrasser la vocation qui lui semble en principe dévolue au regard de la Culture en général, le ministère des Affaires culturelles ne pouvait actuellement exercer que des compétences d'attribution au niveau des seules disciplines qui lui sont, matériellement et administrativement, directement rattachées. En conséquence à défaut d'un responsable unique du développement culturel, la Commission n'a pu dans certains domaines que se limiter à faire des "recommandations", [qui] ne sont pas de pure forme et ne procèdent pas d'une volonté abstraite de synthèse. Dans l'état actuel de l'organisation des pouvoirs publics, et à défaut d'une politique globale de la culture, la coordination des entreprises qui peuvent et doivent concourir au développement culturel constitue un minimum pour que ce développement puisse être sérieusement envisagé»[95].

Dans une première version du rapport, cette dernière phrase appelant à la concertation revêt la forme d'une dénonciation sans appel: «dans l'état actuel de l'organisation des pouvoirs publics, le principe même de la conception d'une politique d'ensemble échappe totalement à la simple influence du ministère des Affaires culturelles»[96]. La remise en cause est telle qu'elle appelle une mise au point de la part du cabinet du ministre, dont un représentant regrette après lecture du projet de rapport une «appréciation dont le pessimisme, excessif, prend un caractère désobligeant» et tient du «procès d'intention» dont les attendus se résumeraient ainsi:

«les pouvoirs publics n'appréhendent pas correctement le problème du développement culturel; et même ne l'appréhendent pas du tout, se contentent de poursuivre, en quelque sorte par routine, sans idées directrices, quelques actions disparates». Il s'interroge enfin: «le rapport signifie-t-il que l'effort doctrinal de la Commission vient combler une carence totale des pouvoirs publics en matière de politique culturelle?»[97].

Cette mise au point débouche sur la production d'une note, sous la forme d'un aide-mémoire annexé au compte-rendu de la réunion, qui atteste de l'existence d'une «véritable» politique culturelle engagéc par le ministère.

«Aide-mémoire en vue de la définition d'une politique culturelle»

«La Politique de la culture diffère radicalement de la politique traditionnelle des Beaux-Arts, placée sous le signe de la superfluité et de l'accessoire anachronique et anti-démocratique. La politique de la culture doit se donner principalement les cinq objectifs suivants:

1) rendre accessible au plus grand nombre, grâce à tous les moyens de diffusions, l'héritage culturel et la création contemporaine. C'est à dire "déprivilégier" l'accès à la culture. Cette action concerne tout autant les privilèges géographiques (le phénomène parisien par exemple) que les privilèges sociaux (problèmes de la culture populaire, problèmes de l'accès du monde rural à la culture...).

2) sauvegarder l'héritage culturel tout en le restituant aux hommes d'aujourd'hui dans toutes ses significations. Ce qui peut se résumer ainsi: de la restauration de l'héritage culturel à la participation à la culture vivante.

3) stimuler la création d'oeuvres qui puissent témoigner du génie propre de notre époque: – amélioration des conditions objectives de la création (éducation, enseignement artistique, situation économique, juridique et sociale du créateur...); – politique de commandes, de témoignages.

4) organiser l'espace et aménager le cadre architectural et naturel en vue d'assurer à l'homme son plein équilibre.

5) empêcher que les grands moyens de diffusion ne contribuent à l'avilissement de l'homme.

Il s'agit moins ici de multiplier les "quarts d'heures culturels" que de promouvoir une certaine qualité culturelle d'ensemble. C'est à l'État qu'il appartient de donner à la société française le mouvement qui donnera à la culture sa vraie place. La vitalité et l'extension de la culture passent par l'organisation même de la vie collective tout entière sans une certaine qualité de laquelle c'est l'esprit de l'homme qui est menacé. Il en va donc aujourd'hui pour la culture comme il en alla autrefois pour l'instruction dont seul l'État a pu assurer la généralisation.

Bien entendu la politique de la culture ne signifie pas que l'État va régenter la Culture, ni que l'État doit tout faire en ce domaine. Le problème pour l'État n'est pas d'augmenter son budget culturel pour améliorer la proportion existant entre ses dépenses et celles des individus, mais bien plutôt de faire en sorte que cette dépense des particuliers, qui s'analyse économiquement en une demande, trouve à s'employer dans des objets, dans des services, dans des activités, en un mot dans une offre d'une nature ou d'une qualité telles que la culture y trouve, si l'on peut dire, son compte».

Annexe au compte-rendu de la réunion plénière de la Commission de l'équipement culturel, 16 juin 1966.

L'absence d'une politique globale peut être dénoncée au motif de la dispersion, mais surtout de l'absence dommageable d'éléments importants dans ses attributions – comme la télévision. Cette dénonciation est d'autant plus forte qu'elle place les commissions dans une situation inconfortable. Dotées d'attributions restreintes calquées sur celles du ministère[98], elles sont dans le même temps invitées à élaborer un «programme de développement culturel global». «On peut se demander si l'intitulé même de la commission et le formalisme administratif auquel elle se plie docilement ne contiennent pas le germe de son impuissance», suggère Pierre Schaeffer lors de la réunion plénière du 16 juin 1966. De même, le rapporteur général regrette à plusieurs reprises «que le domaine de la culture abordé dans le Plan se restreigne à celui de la compétence du ministère des Affaires culturelles», et que notamment, la radio, la télévision, le livre soient exclus des travaux[99], évoque les problèmes de délimitation du champ à couvrir[100], mais il met dans le même temps en garde contre tout débordement de ce territoire institutionnel.

> *«La commission a été très prudente, jusqu'à présent, dans l'examen de ce qui devrait être l'action des pouvoirs publics dans les domaines extérieurs aux administrations dépendant du ministère d'État, celles-ci ayant déjà formulé leurs propositions du IVe Plan par d'autres voies, comme cela doit être. Toute intervention dans ces différents domaines au stade actuel des travaux aurait pu paraître une immixtion intempestive dans le fonctionnement et les structures des autres départements ministériels»*[101].

Cette situation est du reste entretenue par les administrations qui encadrent les travaux de la commission: le commissariat au Plan et le ministère des Affaires culturelles. Dans les documents préparatoires à l'élaboration du Ve Plan, une note du commissariat insiste ainsi sur l'absence de délimitation stricte de l'action culturelle et invite à dépasser le cadre limitatif des prérogatives ministérielles: «il faut souligner que si elle est multiforme, l'action culturelle en général est mitoyenne de nombreuses autres disciplines» (architecture, tourisme, Jeunesse et sports, bibliothèques, archives, cinéma, télévision…)[102]. De même, une lettre du directeur de l'administration générale du ministère des Affaires culturelles adressée au président de la commission, tout en indiquant l'ambiguïté des relations entre le ministère et la commission, et des prérogatives de cette dernière – doit elle établir une politique? se contenter de seconder le ministère? – lui demande de mettre en cohérence l'intervention publique dans le domaine culturel sans se limiter à l'organigramme ministériel. Il faut, affirme Jean Autin, s'éloigner du cadre administratif «afin d'embrasser dans une vue synthétique les données essentielles du Ve Plan», et privilégier «les notions polyvalentes essentielles», sans pour autant perdre de vue les objectifs et les moyens spécifiques au ministère.

> *«Au lieu d'élaborer pour chacune des directions un catalogue d'opérations particulières dont les finalités profondes risqueraient de ne pas apparaître avec une netteté suffisante, il me parait préférable que les premiers travaux de la commission nationale aient pour objet l'étude synthétique des grands problèmes du ministère d'État, compte-tenu des ambitions qui sont les siennes, des buts qu'il se doit d'atteindre et des moyens dont il dispose»*[103].

Si la planification est officiellement désignée comme un moyen de «réduction de l'incertitude», elle prend en matière culturelle la forme d'une rationalisation de l'incertitude qui passe par la discussion jamais achevée des frontières mêmes de l'objet à planifier. Du côté des fonctionnaires du ministère, le problème de l'incertitude est transformé en gage de non-dirigisme et de pluralisme, et résolu de manière pragmatique par les invites répétées à la coordination.

> *«Le ministère des Affaires culturelles n'a aucunement vocation d'accaparer le domaine culturel dans son ensemble», précise Émile Biasini; «Il paraît inévitable, souhaitable même que les divers aspects d'une politique culturelle, diffuse par définition, soient assumés par plusieurs administrations», renchérit Kerever. Tous deux font valoir que «les problèmes de frontière entre le domaine propre aux Affaires culturelles et celui des autres administrations dont l'action devrait intégrer une préoccupation culturelle doivent être analysées cas par cas» (Kerever), et que le domaine culturel «est l'objet d'actions si diverses, si nombreuses et si dispersées, qu'une action coordinatrice et prospective dans ce vaste ensemble paraît nécessaire» (Biasini)*[104].

Mais tous les membres de la commission ne se contentent pas de ce rappel au réalisme institutionnel. Si les membres des grands corps qui encadrent les travaux de la commission (Hoppenot, Teitgen, Mangin, Fougère) critiquent les découpages administratifs tout en acceptant plus ou moins explicitement de s'y plier[105], les intellectuels et/ou militants du «développement culturel global» (Dumazedier, Schaeffer...) et plus généralement les personnalités «compétentes» indépendantes des structures administratives font de ce problème une question de principe.

«Le procès de la méthode»: critique des constructions institutionnelles et globalisation des problèmes

La réunion plénière de la commission du Ve Plan, au cours de laquelle le rapport général est discuté, donne lieu à de vifs échanges prenant pour objet le rôle dévolu à la commission, l'étendue de ses prérogatives, et partant la possibilité de définir une «politique globale de développement culturel» dans le cadre des institutions existantes (ministère des Affaires culturelles et Plan). Parmi ces interventions, celle de Pierre Schaeffer, particulièrement longue et critique, concentre les points d'achoppement et indique bien la manière dont, à partir de la question en apparence «technique» des découpages institutionnels, les problèmes les plus vastes sont abordés.

«Je constate que, soucieuse surtout des attributions du ministère des Affaires culturelles, la Commission ne s'est pas comportée autrement dans les grandes lignes, qu'une Commission parlementaire qui eut été chargée du contrôle des crédits mis à la disposition de ce Département, en assortissant ses approbations ou ses déplorations de ce qu'elle intitule "une doctrine de l'action culturelle". [Pierre Schaeffer entreprend dès lors d'intenter ce qu'il appelle «le procès de la méthode».] De toute évidence, les sous-commissions sont plus ou moins présidées par chacune des neuf muses et reconstituent assez naïvement un "shadow" ministère des Beaux-Arts, auquel le 8e art est ajouté, mais qui ignore tout ou feint d'ignorer les nouveaux venus, issus du phénomène majeur des communications de masse. On aurait pu repartir à l'envers, analyser sérieusement la situation du citoyen contemporain, les traits saillants de la civilisation de l'image et du loisir, de la démographie et de l'urbanisme. Adoptant alors un point de vue objectif, prospectif, appuyé sur des constats économiques, politiques et sociaux, nous aurions parlé de langage des autoroutes et des grands ensembles et nous aurions peut-être pu non seulement disposer d'arguments adéquats à la situation contemporaine, mais aussi et surtout confronter les partenaires d'un dialogue qui ne saurait plus être à sens unique entre les responsables du message artistique et les bénéficiaires irresponsables, confus et diffus d'une communication si totalement renouvelée. Seuls quelques chiffres, cités en note, rappelant les études isolées et toujours considérées comme aberrantes entreprises à ce sujet. [...] De deux choses l'une [...]: ou un futur ministère monolithique doit regrouper toute la culture, et il faudra alors ajouter aux affaires du même nom, l'Éducation nationale, l'Information, la Jeunesse, la Promotion sociale, et j'en passe, ou bien alors, tout en ayant son secteur propre, fort partiel en effet, le Département des Affaires culturelles, heureusement déchargé de multiples soucis de gestion et d'organisations spécialisées se préoccupe d'une finalité majeure: la circulation, le renouvellement, l'invention s'il le faut, de niveaux de culture constamment redistribués et réajustés en fonction de l'évolution actuelle: moyens de communications, modes d'expression, besoins. L'attitude interdisciplinaire, décrite précédemment, bousculait les muses. À présent, nous bousculons les ministères. Le rapport aborde en effet la question, et dans le grand effroi que cela provoque, ouvre déjà le parapluie d'un Comité interministériel. On est ici pris de vertige entre ces deux abîmes: celui d'un impensable ministère de la propagande et celui d'un improbable Comité interministériel où viendront mollement expirer les vagues de nos quelques remous. Il faut dénoncer ici la double issue des sorties de secours: pas plus que les arguments des Beaux-Arts ne persuaderont les gens des finances, les schémas organisatoires ne sauveront les administrations».

Commission de l'Équipement culturel, compte-rendu de la réunion plénière du 16 Juin 1966.

De la discussion des frontières à la discussion sans frontières

En fournissant l'occasion de ce qui est décrit comme une réflexion d'ensemble sur la définition de la culture, ses fonctions sociales et le rôle dévolu à l'État, la mise en question des frontières de la politique culturelle permet à certains de ses membres, et à la commission de manière collective, de s'ériger en producteurs ou défenseurs de normes et de valeurs qui dépassent, et de loin, la simple programmation de quelques équipements culturels et de crédits pour la protection du patrimoine. De fait, c'est largement à partir de la question de la définition de l'objet de la politique que s'opère la généralisation du travail de la commission, de la programmation culturelle au traitement des grands «problèmes sociaux». Invitées à élaborer un cadre stable pour l'action publique, les instances de la planification culturelle en viennent ainsi à discuter de «la société dans sa totalité»[106].

Lorsque le 22 juin 1961, la commission de l'équipement culturel et du patrimoine artistique du IVe Plan est réunie pour examiner le projet de rapport, la discussion qui s'engage porte en grande partie sur des problèmes de définition. En reproduisant les structures de l'administration des Affaires culturelles, le rapport entérine implicitement une définition restrictive du domaine couvert par la politique de la culture, et partant diminue la portée des «problèmes culturels». Or l'existence de la commission, la diversité de ses membres et l'étendue de leurs compétences n'ont de sens que dans la mesure où elles donnent lieu à une mise en perspective générale qu'elles justifient et qui les justifie en retour. On comprend dès lors que, pour défendre leur position et faire valoir leur compétence, les agents engagés dans la planification culturelle – qui ne sont qu'en minorité des spécialistes de questions particulières ou techniques – tiennent à la globalisation qui constitue leur raison d'être.

«J'engage cette discussion en faisant remarquer que cette vue d'ensemble donne de la culture une définition qui ne semble pas être tout à fait suffisante. Je lui reproche [...] de la considérer seulement comme un ordonnancement de la vie, comme quelque chose de facultatif et d'accessoire. Or je crois qu'à notre époque de civilisation dominée par les industriels et les techniciens, la culture devient plus nécessaire. Cela correspond à la santé, à la morale, à la sécurité de l'homme et de la collectivité et que, si nous avons créé des Assurances Sociales pour protéger l'homme de la maladie, de l'accident, nous avons aussi le devoir de le protéger contre les accidents de la civilisation, nés de cette période de désordre, de déséquilibre que les savants, les écrivains, les artistes connaissent fort bien pour en nourrir leurs thèmes de prédilection»[107].

Ces appels à la généralisation, également formulés par les responsables du ministère, portent leurs fruits: le rapport du IVe Plan est introduit par de longues considérations sur le rôle social de la culture, celui du Ve Plan également qui, note son rédacteur, «a mécontenté les spécialistes et les ponctualistes»[108].

C'est que la production d'un discours globalisant s'impose comme une nécessité. Celle-ci procède tout d'abord de la stratégie d'affirmation de la nouveauté que représente l'intervention publique en matière culturelle. Refusant de limiter la création du ministère des Affaires culturelles à «une manière d'anoblissement circonstanciel des compétences et des responsabilités qui dépendaient autrefois du secrétariat d'État aux Beaux-Arts», affirmant au contraire que cette innovation – comme l'application de la planification au domaine culturel – constituent «deux événements politiques majeurs», la commission a ainsi «refusé d'être une quelconque commission des Beaux-Arts», et partant traité des «grands problèmes de société»[109]. La nécessité d'un discours globalisant tient ensuite au fait de devoir lever les craintes que peut susciter l'affirmation de cette politique «nouvelle» – n'est-elle pas «dangereuse pour la liberté»? – et de produire des justifications à la mesure d'une action publique qui ne porte plus seulement sur les choses de l'art, mais sur la culture entendue en un sens plus général. «Dans une nation qui affirme la liberté, reconnaître soudain à l'État la responsabilité générale d'une action culturelle concertée [...] c'est poser tout le problème des rapports de la culture et de la démocratie». Il faut dès lors justifier l'intervention: «La commission a [...] retenu les mutations du monde moderne comme une des justifications fondamentales d'une politique globale». Cette justification définit en même temps la «mission» des pouvoirs publics: «Pour la commission, il est donc apparu que la mission générale du ministère des Affaires culturelles englobait la société, dans sa totalité»[110].

La planification culturelle et toute production d'une politique culturelle démocratique repose ainsi sur un paradoxe que seule la généralisation permet de résoudre. L'exigence de la cohérence et de la rationalisation amène la nécessité d'établir une définition préalable de la politique; mais, parce que définir la politique de la culture c'est aussi définir la culture, cette codification entraîne d'emblée la suspicion, intériorisée par les codificateurs, de la production d'un carcan contraire à la culture elle-même, et d'une culture officielle négatrice de la liberté qu'il s'agit de préserver. Dès lors, les agents chargés de l'élaboration de la politique culturelle sont contraints à osciller entre une définition implicite issue des formes institutionnelles et une mise en question sans limites des limites de la politique, qui conduit à lui faire embrasser la totalité du social et à faire de l'absence de limites précises la définition de sa forme même. S'agissant des instances de la planification culturelle, dont l'existence est justifiée par l'élaboration d'un projet cohérent et qui, pour affirmer leur position et la pertinence de leurs propositions, sont amenées à mettre à distance l'arbitraire des formes institutionnelles du ministère, c'est très nettement la seconde solution qui l'emporte.

> *«Certes, et c'est une des premières sources d'équivoque, lorsqu'il s'agit d'entreprendre la planification de ses conditions de développement, on ne saurait utilement donner de définition objective de la culture sans précisément en figer le contenu. C'est donc finalement dans ses rapports avec d'autres problèmes, ou dans certains de ses aspects particuliers, que l'on tente d'appréhender le problème général du développement culturel»*[111].

Dans le cas de secteurs d'intervention fortement institutionnalisés et dont la définition ne prête pas à équivoque, la «mise en perspective» qui conduit, dans les propos introductifs ou les notes de synthèse, à en élargir la portée, permet d'élever leurs principes et leurs finalités; mais la conversion des règles techniques en impératifs moraux n'affecte qu'à la marge la définition des politiques menées. En revanche, la catégorie politique culturelle ne préexiste guère aux généralisations auxquelles elles donne lieu, de sorte qu'en l'absence d'un cadre préalablement établi, celles-ci contribuent notablement à en éclater la forme. C'est à cet éclatement que conduit l'élévation de la planification culturelle au rang de prescription du modèle de civilisation et de ses protagonistes à celui d'entrepreneurs de la morale collective, créant les normes et désignant les dangers qui menacent la société[112]. L'on peut citer à ce propos un extrait de la conclusion du rapport du Ve Plan qui, inspirée des critiques de la «technique» – épinglant au passage l'idéologie de la planification – prend la forme d'une critique sociale de portée générale.

> *«L'ère de la concentration technique des moyens serait celle de la prolétarisation culturelle de la majeure partie de la société. Au mieux, la culture collective ne serait à l'usage des foules qu'un succédané vulgarisé de la culture humaniste. Conséquence des structures économiques de la société industrielle liée à la science technicienne, le passage à l'appropriation des connaissances par les techniciens, c'est à dire des moyens, conduit ainsi inéluctablement à perpétuer l'inégalité devant la culture. […] La planification [du développement culturel collectif] ne représente pas en l'espèce une opération "anti-hasard", mais implique beaucoup plus profondément l'affirmation d'un choix politique déterminant pour surmonter la contrainte»*[113].

Si, d'une manière générale, la planification des années 1960 peut être analysée comme l'un des lieux privilégiés de description-prescription de «l'état de la société» et d'objectivation des visions du monde[114], le travail des commissions culturelles consiste tout particulièrement en cette production normative; plus, celle-ci en vient à former une part essentielle de leur rôle. De fait, c'est en leur sein que s'établissent en priorité les orientations «des finalités de la croissance», la programmation culturelle se transformant alors en espace de discussion générale sur la société. Les propos de Jacques Delors selon lequel «dans son sens le plus noble, le Plan est l'occasion de s'interroger sur le modèle de civilisation que la nation souhaite» s'appliquent en particulier au travail des commissions culturelles.

> *«Cette commission s'est précisément interrogée sur le modèle de civilisation qu'il convenait de proposer au pays pour qu'il surmonte les contraintes fondamentales qu'imposent désormais, au développement culturel de toute collectivité, les mécanismes inéluctables de la société technicienne moderne»*[115].

Interrogation qui fonde l'exhortation à élaborer une politique globale de la culture organisant la «participation effective de tous les citoyens» à sa mise en œuvre; interrogation qui, en même temps, fait exister cette politique sur le mode instable et indéfini de la remise en question permanente. L'institutionnalisation de la politique culturelle au sein de la planification s'opère ainsi par deux processus apparemment contradictoires: d'un côté, la sélection des agents autorisés à en parler et l'imposition de principes nouveaux – comme la référence aux sciences sociales – produisent un effet de clôture; d'un autre côté, les conditions de l'élaboration des normes de l'action culturelle conduisent à des généralisations qui en brouillent les frontières.

Les prétentions à tenir un discours général sur le monde social de ces prophètes sociaux mandatés par l'État s'inscrivent dans les conditions socio-historiques particulières du début des années 1960, caractérisées entre autres par l'affirmation de l'«État modernisateur»[116] et l'importance des transactions liant des intellectuels et des hauts fonctionnaires. Elles n'en marquent pas moins durablement les formes de la politique culturelle qui, dans cette période «fondatrice», est de cette manière institutionnalisée par le flou. Deux raisons principales expliquent cette forme particulière d'institutionnalisation: d'une part la nécessaire mise à distance du spectre du dirigisme culturel conduit à préférer les définitions molles et non restrictives susceptibles d'interprétations multiples; d'autre part la définition de cette politique est saisie par les agents qui la produisent comme une occasion d'obtenir et d'exprimer une parole autorisée sur les problèmes sociaux au nom de la défense de valeurs universelles, bien au delà de l'élaboration pragmatique d'un programme d'action publique.

À ce discours intellectuel produit par et pour l'État succèdent des prises de position critiques dès lors que les liens entre agents de l'État et intellectuels «experts» se délitent. Initialement occasion d'un «débat de société» structurés dans les termes des élites modernisatrices du début des années 1960, la définition de la politique culturelle devient alors l'un des thèmes privilégiés de la «contestation» pour ceux qui entendent réactiver la figure de l'intellectuel «critique» dans le courant et surtout à la fin de cette même décennie. Si la conjoncture du début des années 1960 était propice aux échanges entre chercheurs en sciences sociales et commanditaires publics, des résistances à l'égard de l'«instrumentation de la science» mise au service de «techniques de contrôle social» se font peu à peu jour. Le développement de l'usage des enquêtes suscite ainsi des interrogations : «Dirigisme culturel au nom du savoir statistique? Atteinte au dernier bastion de la liberté et de la sensibilité sous le masque de la technique? Qui sont donc ces planificateurs?»[117]. Sociologues proches du pouvoir et bureaucrates scientificisés sont finalement associés dans une violente remise en cause commune à la toute fin de la décennie[118]. Plus généralement, les intellectuels qui s'expriment à propos de politique culturelle le font de moins en moins comme experts auxiliaires du pouvoir, et de plus en plus de manière critique[119]. Plus encore, les «lieux neutres» dans lesquels sont définies les orientations de la politique culturelle sont peu à peu marqués par la revendication du «pouvoir» par les «créateurs», pour paraphraser la célèbre formule de Roger Planchon[120]. La commission du développement culturel du VIe Plan a ainsi été l'occasion de vives controverses entre ses membres et les autorités gouvernementales. Elle aurait cherché non à planifier la culture mais à transformer la société. Son président l'affirme: «Le projet culturel n'est tout au plus qu'une remise en cause, c'est-à-dire une remise en forme, de la société par elle-même»[121]. L'ancien directeur de cabinet du ministre des Affaires culturelles qualifie, en retournant la formule de Pierre Massé, le travail de la commission d'«anti-Plan», et dénonce la production par ses membres d'une «représentation dramatique et pessimiste de la société et de l'État»[122]. Et quand le projet de la commission d'instaurer un conseil permanent est refusé, ses membres démissionnent collectivement. Précisément, le changement intervenu dans les relations entre intellectuels et agents de l'État conduisent à ce que toutes les tentatives des pouvoirs publics pour instaurer une structure permanente de concertation sur les questions de développement culturel se soldent rapidement par un échec. Dès le IVe Plan, Joffre Dumazedier avait proposé au sein du «Groupe 1985» propose l'instauration d'un «Conseil national de la culture», traduction institutionnelle du «pouvoir culturel».

> *«Nous avons un parlement politique, un conseil économique, mais nous n'avons pas de conseil culturel», regrette Dumazedier. Il faudrait favoriser la «création d'un pouvoir culturel, chargé d'élaborer une politique de développement culturel à long terme. Ce quatrième pouvoir pourrait s'incarner dans un conseil national culturel, où se confronteraient les différentes forces culturelles de toutes les tendances»*[123].

Le projet préconisé par la commission du VIe Plan d'une structure rendant permanente la «concertation» organisée au sein du Plan est finalement accepté: un «Conseil du développement culturel» est mis en place en 1971, en phase avec le projet de «nouvelle société» élaboré par le premier ministre Jacques Chaban-Delmas[124]. Mais des conflits homologues à ceux déroulés au sein de la planification se rejouent au Conseil de développement culturel, qui est dissou par la démission de ses membres en octobre 1973.

TROISIEME PARTIE

L'institutionnalisation du flou

Professionnalisation de l'action culturelle et élargissement de la culture

«Vingt-deux ans après après sa naissance, ce ministère doit enfin accéder à l'âge adulte, être un ministère à part entière, doté d'un vrai budget, d'une vraie administration», déclare le ministre de la Culture Jack Lang lors de sa prise de fonctions en 1981[1]. La période qui suit l'alternance politique de 1981 semble bien confirmer cette annonce: entre 1981 et 1982, le budget du ministère connaît une croissance sans précédent de 74 %, confirmée et amplifiée les années suivantes[2]. Les effectifs du ministère et plus généralement ceux des institutions culturelles publiques augmentent sensiblement, et l'élaboration de politiques culturelles constitue désormais un rôle administratif et-ou professionnel à part entière. Les questions qui y sont liées suscitent des investissements politiques plus importants que jamais, et font l'objet d'un large traitement médiatique. La culture occupe donc une place jusque là inédite dans les champs administratif et politique. La réciproque est également vraie. Le poids des finances publiques dans le fonctionnement des différents marchés de l'art devient prépondérant. Dans le cadre des politiques culturelles nationale et locales, des équipements nouveaux sont conçus (Fonds régionaux d'art contemporain, médiathèques, etc.) d'autres sont développés et revisités (comme les musées) augmentant et transformant considérablement ce qu'il est désormais convenu d'appeler l'offre culturelle. En bref la politique de la culture et le ministère qui en a la charge seraient bien, comme le souhaitait le ministre, parvenus «à l'âge adulte».

Comme la précédente, cette seconde phase critique de l'institutionnalisation de la culture comme catégorie de l'intervention publique a partie liée avec un changement politique majeur. Quelques brefs rappels suffiront à se convaincre de l'intensité de ces liens. L'augmentation de l'offre publique de culture et sa promotion en enjeu politique d'importance n'est pas sans rapports avec la structure sociale des soutiens de la nouvelle majorité: non seulement intellectuels et artistes ont largement été mobilisés autour de François Mitterrand lors de la campagne électorale[3] mais, plus généralement, les soutiens les plus actifs du PS se recrutent largement parmi les classes moyennes à fort capital culturel, qui forment en même temps les principaux bénéficiaires de l'action culturelle publique[4]. La construction «culturelle» du rôle présidentiel par François Mitterrand[5], les liens qui unissent celui-ci au ministre de la Culture[6], et enfin le fait que ce dernier dispose d'un capital politique et médiatique et-ou de titres l'autorisant à parler de culture[7] nettement supérieurs à ceux de ses prédécesseurs après André Malraux[8] attestent également des rapports entre changement politique et développement de la politique culturelle. Ces derniers tiennent aussi au fait que le traitement public de la culture vient fournir un puissant marqueur du changement politique et donner sens aux multiples actes accomplis en son nom: produit du changement politique, l'investissement culturel contribue en retour à le symboliser. On se souvient des déclarations de Jack Lang annonçant en 1981 le «passage de l'ombre à la lumière», qualifiant de «culturels» les premiers actes et projets du nouveau gouvernement – l'aide aux pays en voie de développement, la réduction du temps de travail, l'abolition de la peine de mort – et affirmant que le gouvernement compte quarante ministres de la Culture. Au-delà de ces figures rhétoriques, la culture a de fait constitué l'un des terrains permettant d'opposer en actes un «avant» construit comme marqué par le poids des traditions et des hiérarchies, l'uniformité et le replis sur soi et un «après» censément pétri d'imagination, de créativité, de liberté, de jeunesse, de diversité et d'ouverture, pour reprendre quelques uns des principaux termes du lexique alors en vigueur[9].

Dans cette nouvelle étape de l'institutionnalisation de la politique culturelle, deux processus analogues – *mutatis mutandis* – à ceux observés dans la période précédente se rejouent: d'un côté le resserrement de l'espace des agents producteurs de cette politique, d'un autre côté l'éclatement de son objet. Resserrement tout d'abord: le développement et l'institutionnalisation des politiques de la culture conduisent, cette fois à partir d'un processus de professionnalisation, à une redéfinition exclusive de l'espace des agents engagés dans leur production. Des formations et diplômes spécifiques apparaissent, dévalorisant du même coup les «militants culturels» et autres bénévoles; le maniement de références et d'une rhétorique «professionnelles» s'imposent au détriment de celles des agents de la période précédente, remisées au rayon des accessoires «idéologiques» et «naïfs». Éclatement ensuite: au prosélytisme de la «démocratisation culturelle» se combinent désormais les stratégies de réhabilitation de la «démocratie culturelle» qui étendent la politique culturelle à des objets et pratiques extrêmement diverses et qui en étaient jusqu'alors exclues[10]. Cette politique ne porte plus seulement sur les œuvres consacrées, mais doit précisément organiser la consécration culturelle de formes «minoritaires», «populaires» ou «marginales», telles que le rock, la bande dessinée, le cirque, la photographie, la mode, l'architecture industrielle etc., rendant son champ d'application potentiellement illimité.

Ces deux traits saillants des politiques culturelles de la décennie 1980 que constituent les processus de professionnalisation de la culture et d'élargissement de l'acception du mot «culture» peuvent paraître contradictoires; ils sont en fait liés l'un à l'autre. En effet, si la constitution des politiques culturelles comme un marché sur lequel des «professionnels» entrent en concurrence conduit à la clôture de l'espace des agents autorisés à y intervenir, elle conduit dans le même temps à augmenter l'étendue potentielle de leur intervention. D'abord, et suivant en cela un processus classique[11], la formation d'un espace de spécialistes s'accompagne du développement de stratégies de distinction qui conduisent à des différenciations de plus en plus nombreuses entre les «projets culturels». Comme le note l'une des figures de proue des «managers culturels», «chacun sait que, depuis que l'économie et la communication sont partie prenante du métier, la course aux résultats et à la différence est engagée»[12]. Ensuite – et cela est directement lié à ce qui précède – la concurrence entre ces spécialistes – chargés de mission au ministère de la Culture, dirigeants d'institutions culturelles, responsables locaux des Affaires culturelles, etc. – les conduit à rechercher des «débouchés», «créneaux» et alliances sans cesse plus nombreux et variés, reliant l'action culturelle qui au tourisme, qui au développement économique, y intégrant qui la cuisine, qui le patrimoine ethnographique, la destinant qui aux personnes âgées, qui aux détenus à réinsérer. Ces stratégies d'élargissement du marché sont d'autant plus efficaces et connaissent d'autant moins de limites que personne – et surtout pas les «décideurs» politiques – n'est habilité à clore *a priori* le domaine de ce qui relève de la «culture» et partant l'espace des possibles de l'intervention culturelle publique. À la manière des politiques culturelles locales analysées au début des années 1980 par Erhard Friedberg et Philippe Urfalino qui «se gèrent moins qu'elles ne s'accroissent», du fait du «monopole de la définition de l'offre» par les professionnels de la culture et de l'impossibilité pour les élus de revendiquer et d'assumer des «critères de choix», c'est plus généralement la définition de la culture comme catégorie d'intervention publique qui apparaît soumise à la «spirale inflationniste» du «jeu du catalogue» engagée à la faveur de la spécialisation des rôles professionnels dans ce domaine[13]. L'expansion de l'intervention culturelle publique liée aux politiques dites de réhabilitation culturelle ne procède ainsi pas seulement de la conversion des responsables administratifs et politiques au relativisme culturel ou à la définition ethnographique de la culture; elle tient aussi et surtout à l'essor des positions de «médiateurs» ou «administrateurs» culturels et aux relations dans lesquelles ces agents sont pris[14].

Ce second moment fort de l'institutionnalisation de la culture comme catégorie d'intervention publique confirme et renforce ainsi la manière dont ce processus s'est opéré dans la première étape: c'est une catégorie floue qui est institutionnalisée et ce n'est que grâce au flou qu'elle est institutionnalisée[15]. La professionnalisation des fonctions liées à l'action culturelle publique se marque moins par la définition claire de positions et de rôles que par l'augmentation de leur «pouvoir d'attraction». Ceux-ci agrègent dès lors des statuts hétérogènes, recyclant plus qu'ils n'excluent des agents sociaux aux provenances multiples et avec eux les principes et références dont ils sont porteurs. Ce pouvoir d'attraction est d'autant plus fort que la production de politiques culturelles permet d'accéder à des positions de «spécialistes du général», articulant et confondant les univers sociaux de la culture, des médias, de l'administration et de la politique, et avec eux leurs modes privilégiés de représentation du monde social, du registre de l'esthétique à celui du discours «engagé» en passant par les techniques de «communication» (Chapitre VI). L'extension du domaine d'objets[16] de la politique culturelle permet moins d'en parfaire les frontières en en comblant les lacunes qu'elle n'entretient l'incertitude de ses limites et de ses finalités. De plus, cette «excroissance des Affaires culturelles»[17], loin de conduire à un consensus relativiste, réactive les polémiques quant à la définition de la culture. Ces polémiques sont d'autant plus vives qu'elles s'inscrivent dans des concurrences plus vastes – notamment entre «intellectuels» et représentants du gouvernement – pour la définition des représentations légitimes de l'espace social et la prétention à incarner des valeurs universelles (Chapitre VII).

CHAPITRE VI

La professionnalisation paradoxale des politiques culturelles

Le titre d'un «manifeste pour une nouvelle manière de penser l'action culturelle» – *Profession: ingénieur culturel*[1] – celui d'une revue adressée aux «gestionnaires, médiateurs, managers... culturels» – *Profession Culture* – ou encore celui d'un article sur les cadres dirigeants du ministère de la Culture[2] – «Culture: les professionnels de la rue de Valois» – en constituent quelques exemples: le souhait puis le constat d'une importante professionnalisation des fonctions d'administration culturelle caractérisent une transformation majeure intervenue dans le courant des années 1980[3]. L'augmentation des budgets culturels publics aidant, les positions traditionnelles du champ culturel (artistes, écrivains, metteurs en scène...) bénéficient, plus qu'auparavant, de conditions propices à l'exercice permanent et à la reconnaissance de leur métier. De plus – et c'est ce qui nous retiendra ici – les intermédiaires culturels formant l'ensemble composite (administrateurs, responsables de services et d'institutions, animateurs...) des agents qui fondent leur position sur l'élaboration de politiques culturelles et sont placés au centre de leur production revendiquent une qualification – au double sens du terme – professionnelle, et contribuent ce faisant à modifier la praxis de l'action culturelle publique. À la manière des prêtres exerçant une charge de «membres d'une entreprise sociétisée de salut», les administrateurs culturels se substituent à ceux qui, comme les magiciens et les prophètes, agissaient en vertu de leur engagement, de leurs dons ou de leur charisme personnels[4]. Des fonctions bénévoles sont devenues activités permanentes rémunérées, des formations spécialisées dans l'administration et la gestion de la culture sont apparues, des espaces de socialisation et de représentation tels que des colloques spécialisés se sont développés; des étiquettes, des normes, un lexique professionnel se sont peu à peu imposés, modifiant les manières de faire et finalement le style de l'intervention publique.

Cette professionnalisation revêt cependant des formes particulières, qui ne correspondent que très partiellement aux critères habituellement retenus par la sociologie des professions[5]. Tout d'abord, ce processus ne prend pas appui sur les positions les plus instituées de la gestion publique de la culture – bibliothécaires, conservateurs de musées – dont la professionnalisation est plus ancienne[6], mais donne lieu à la promotion de généralistes prétendant aux critères du professionnalisme. Ensuite il affecte une nébuleuse d'agents aux statuts et positions divers plus qu'un corps d'agents spécifique: des fonctionnaires des administrations nationale et locales, des responsables d'institutions, des intermédiaires «de terrain». Enfin, s'il se fonde sur le développement de savoirs et savoir-faire spécialisés – en matière d'administration et de gestion, tout particulièrement – ce processus tient tout autant de l'affirmation rhétorique et de l'effet de croyance. L'usage insistant des termes de profession et de professionnalisation par les intéressés eux mêmes en témoigne: tout autant qu'à des éléments objectifs, le changement qui s'opère tient à la revendication croissante de l'identité de professionnel par des agents occupant souvent des positions mal établies, au regard de leurs homologues de secteurs connexes de l'action publique, tels que l'éducation ou le social, par exemple.

Si cette professionnalisation tient pour une part de la manipulation ostensible des signes extérieurs de la professionnalité, elle n'en est pas moins réelle dans ses modalités et ses conséquences. En revendiquant pour eux l'identité de professionnel, les agents qui exercent les fonctions hybrides et non codifiées de la «médiation» ou de l'administration culturelle contribuent bien ce faisant à dessiner les contours d'une identité professionnelle, agrégeant un ensemble de positions quand bien même elles demeurent objectivement hétérogènes. Comme souvent, cette identité professionnelle individuellement et collectivement revendiquée se définit d'abord *contre* en se constituant des repoussoirs:

l'amateur qui ne satisfait pas aux exigences de la «qualité professionnelle»; le politique «opportuniste» qui oublie la rigueur et la cohérence nécessaire à un «véritable projet culturel» ou encore «le socio-cul» forcément contraire à la «culture exigeante» et réduit aux activités «peinture sur soie et macramé». En se définissant comme spécialistes de l'administration culturelle, ces agents rendent aussi possible l'invention de nouvelles trajectoires – de la direction d'un théâtre à celle d'un service culturel municipal, d'un établissement culturel public à une Direction régionale des affaires culturelles, du ministère de la Culture à une institution culturelle publique ou privée, etc. Et en pensant et présentant ces positions successives comme les différents postes d'une même carrière[7], ils dessinent ainsi la cartographie d'un seul et même univers professionnel. Enfin, la revendication de professionnalité, si elle affecte la manière dont les producteurs de politique culturelle pensent leur position, transforme également leurs pratiques: la constitution progressive d'un groupe de pairs conduit à l'édiction de normes[8] qui, si elles sont rarement codifiées, ne doivent pas moins être respectées. Dans les moments où les positions professionnelles sont encore à définir, et pour ceux qui doivent encore les acquérir, on comprend que les administrateurs de culture puissent être amenés à surinvestir dans la conformité à ces normes professionnelles en cours d'élaboration, contribuant par là à réaliser la professionnalisation et en tout cas à renforcer ses effets pratiques[9].

Et en effet si ce processus particulier de professionnalisation n'a pas conduit à spécifier les contours et les logiques de l'action culturelle publique – c'est même en un sens le contraire – il n'en a pas moins affecté les formes. L'imposition de la référence professionnelle comme un impératif s'imposant à tous a de fait fortement modifié le style des politiques culturelles tant nationale que locales[10]. C'est plus encore l'espace des actions pensables qui a été modifié, tendant en particulier à remplacer les principes idéologiques et l'imprécision militante par la «qualité» et la «rigueur» des professionnels. Ce tournant «gestionnaire» observable à cette période dans l'ensemble des activités culturelles des secteurs privé et public[11] – comme dans bien d'autres univers sociaux et dans l'administration publique de manière générale – produit l'apparence d'une intervention publique «dépolitisée», où le politique et le social ne sont dicibles que retraduits dans les termes de la nouvelle rhétorique de la neutralité professionnelle[12]: l'opposition ne se fait plus entre culture d'élite et culture populaire, mais entre productions de «bonne» ou de «mauvaise» qualité; les inégalités sociales dans l'accès à la culture sont désormais appréhendées à travers le prisme de la «communication culturelle» et des techniques du marketing... Autant dire que cette transformation dans les manières de voir et d'agir n'a fait que mettre un voile sur les liens entre hiérarchies sociales et hiérarchies culturelles, participant par là plus généralement à la transformation des modes de domination liée à la complexification des rapports sociaux qu'entraîne une différenciation de plus en plus poussée des espaces sociaux[13].

UNE POLITIQUE DE PROFESSIONNALISATION

Les conditions de la professionnalisation

La professionnalisation des politiques culturelles n'est pas le résultat «naturel» des progrès inéluctables de la division du travail ni la satisfaction nécessaire d'un «besoin» objectif. Elle est bien plutôt le produit, dans une conjoncture particulière, de l'investissement réussi d'agents pour qui elle constitue le moyen d'asseoir leur position et qui œuvrent à élever cette transformation au rang de nécessité collective. Des appels à la formation de professions spécifiques à l'action culturelle se font jour dès la Libération, autour notamment de Peuple et Culture[14]. Au début des années 1960, les planificateurs culturels évaluent les «besoins» en personnel formé pour la mise en œuvre de la politique culturelle. «On peut envisager le jour où toutes les entreprises importantes en France auront besoin d'un animateur culturel au même titre que d'une assistante sociale», prophétise le directeur chargé de l'action culturelle[15]. Compte-tenu de la nouveauté des tâches qu'ils devront accomplir, ceux qu'on appelle alors les animateurs devront suivre une formation spécifique de nature à leur conférer les compétences «inédites» nécessaires à l'action culturelle[16]. Une «double formation» est envisagée: un animateur doit avoir des «connaissances artistiques développées» mais aussi être «formé aux disciplines et aux techniques particulières de la "communication" avec le public»[17]. Présentée comme une priorité[18], la création d'un centre de formation des animateurs est toutefois reportée. À la même période, les activités d'encadrement se développent dans les secteurs de l'action sociale pour le ministère des Affaires sociales ou de l'animation socio-culturelle pour la Jeunesse et les sports; surtout, ces professions et les formations qui y conduisent connaissent alors un important travail de codification, avec l'émergence de formations, de diplômes et de statuts spécifiques[19].

Dès la fin des années 1970 des études préconisent une meilleure organisation du marché du travail dans ce domaine et un renforcement des spécialités professionnelles[20]. Des agents engagés dans l'action culturelle observent les signes d'une telle évolution, l'acceptent comme un mal nécessaire produisant une coupure avec le «terrain» ou prophétisent ses effets négatifs. Ainsi, Michel Simonot, théoricien de l'action culturelle et formateur d'animateurs, note en 1978 que

> *«la professionnalisation s'est considérablement accrue depuis quelques années, et le recrutement des animateurs s'est modifié: le critère n'est plus seulement aujourd'hui les aptitudes psychologiques des individus, leur charisme (dévouement, facilité dans les relations, etc.) mais aussi le niveau des compétences, l'expérience, les diplômes des postulants»*[21].

De manière plus critique, un autre «théoricien» et militant de l'action culturelle, Pierre Gaudibert, dresse un bilan critique et prophétique vingt ans après la création du ministère des Affaires culturelles, liant professionnalisation et effets sociaux des politiques culturelles:

> *«L'objectif induit – et non bien sûr celui proclamé par l'idéologie explicite de la démocratisation culturelle – a été atteint dans son ensemble: l'intégration idéologique s'est opérée; commence à présent une phase de banalisation, de gestion et de fonctionnarisation de cet appareil avec des techniciens qui se substituent aux militants, bénévoles et prophètes»*[22].

«La culture et ses clients. Que veut le public: saltimbanques ou... managers?»[23]. Le titre du dossier de la revue *Autrement* publié à la même période vaut à lui seul provocation: l'application au secteur culturel des termes de «clients» et de «managers» n'a pas encore le succès qu'elle connaît quelques années plus tard, et sert à annoncer et dénoncer, au nom d'une conception militante de l'action culturelle et de «la parole donnée au peuple» jusqu'alors dominante, le changement en train de s'opérer en la matière: «du militantisme au marketing sans complexes».

La tendance à la professionnalisation des positions et pratiques liées au traitement collectif de la culture précède donc les changements intervenus à partir de mai 1981[24]. Elle s'accélère néanmoins fortement à partir de cette date, quand les mutations engagées notamment au début des années 1970 dans l'espace de l'action culturelle publique – du développement des métiers de l'animation culturelle à l'émergence de hauts fonctionnaires de la culture au ministère – se combinent au changement politique et au changement de politique – avec l'augmentation des dépenses culturelles publiques et la redéfinition des orientations de la politique culturelle.

Le changement d'échelle budgétaire a favorisé la professionnalisation – au sens minimal de création d'emplois rémunérés – des activités culturelles de plusieurs manières. Le développement des subventions, achats et commandes a d'abord permis l'essor d'emplois culturels dans le secteur privé (comme dans l'organisation de spectacles, le cinéma ou le marché de l'art) et favorisé la promotion de la pratique artistique en activité principale (voir tableau 8, p. 248)[25]. Ensuite, les services du ministère de la Culture ont été très largement développés, ainsi que l'ensemble des institutions culturelles publiques et les fonctions culturelles des collectivités locales. Enfin, l'essor des budgets culturels publics a permis la création d'institutions nouvelles, et donc de postes en grand nombre. L'évolution démographique des corps d'agents de l'État dépendant du ministère de la Culture et classés par l'INSEE dans la catégorie culture, et plus encore les effectifs des établissements publics culturels, témoignent de l'ampleur relative de ces recrutements (voir ci-après tableaux 9 et 10, p. 249)[26].

À cette augmentation budgétaire s'ajoutent des changements dans les orientations données à la politique culturelle gouvernementale, qui favorisent également l'émergence d'une politique de professionnalisation. Ce changement tient d'abord à l'abandon progressif de la référence à l'animation socio-culturelle longtemps dominante dans les programmes culturels du parti socialiste[27] au profit de la valorisation de la «qualité» et de la «création» et de nouvelles figures emblématiques tels que celle de «créateur» ou de «médiateur culturel». Ce changement s'inscrit dans les concurrences internes à la gauche pour la définition et la détention du discours culturel légitime. Jusqu'aux années 1980 les partis communiste et socialiste sont rituellement associés le premier à la «création», le second à l'«animation»[28]. Les discours culturels des uns et des autres, les politiques menées au niveau municipal, tout comme la sociologie spontanée des membres et des réseaux de soutien de chacune des deux organisations politiques fondent cette répartition schématique, au point d'associer la «qualité» artistique à la politique culturelle du parti communiste – attestée par les grands noms des «compagnons de route» – et la «médiocrité» du «socio-culturel» à celle du parti socialiste. Un changement, à partir notamment de la nomination de Jack Lang comme délégué national à la culture en 1979, puis de son rôle dans le soutien d'un grand nombre de «créateurs» à la candidature de François Mitterrand lors de la campagne pour l'élection présidentielle de 1981 tend à éloigner les références culturelles affichées par les leaders du PS de ce qui apparaît désormais comme un repoussoir pour les rapprocher du soutien aux artistes et de la promotion de «véritables professionnels de la culture»[29].

Second changement: la politique culturelle gouvernementale voit désormais la «réconciliation de l'économie et de la culture» figurer au nombre de ses principaux objectifs[30]. Cette réorientation inscrite dans le tournant gestionnaire de la gauche de gouvernement favorise de deux manières principales l'émergence d'une politique de professionnalisation. Tout d'abord, la traduction économiciste de la politique culturelle consiste à construire les dépenses culturelles publiques comme un investissement rentable, de par la création d'emplois qu'elles induisent[31]. S'impose ainsi la croyance selon laquelle le «secteur culturel» – en jouant sur la polysémie qui marque ce terme – est appelé à former l'une des principales sources de création d'emplois nouveaux. En même temps qu'elle justifie l'importance des dépenses culturelles au regard des priorités affichées par le gouvernement, cette croyance amène à développer des interventions visant à augmenter effectivement le nombre des emplois «culturels». Ensuite, cette réorientation économiciste favorise des stratégies de professionnalisation, cette fois au sens de la promotion du professionnalisme dans la gestion des affaires culturelles. Fortement développés, les crédits doivent être utilisés de manière «rationnelle», grâce notamment à une politique de recrutement et de formation de responsables culturels à même de satisfaire aux exigences d'une gestion optimale des fonds publics. L'augmentation des dépenses publiques rend la professionnalisation possible; elle contribue donc aussi à en établir la nécessité.

Enfin, c'est dans la «volonté de changement» que se trouvent les raisons de cette politique de recrutement: l'invention des positions nouvelles est nécessaire à la production d'une nouvelle politique culturelle. Ainsi dans la «nouvelle politique des arts plastiques» inventée par Claude Mollard, les positions anciennement constituées – des conservateurs aux militants de l'action culturelle – sont écartés au profit de «pré-professionnels», socialisés aux règles implicites du marché de l'art contemporain sans pour autant y occuper une position établie (marchand ou directeur de galerie, par exemple)[32]. Cette mise à l'écart est appelée et justifiée par la «nouveauté» de la politique et du rapport à l'art qu'elle entend instaurer: «une autre façon de détourner le poids du cérémonial culturel, c'est de nommer de nouveaux hommes incarnant une pratique différente»[33]. Des processus homologues se retrouvent dans d'autres domaines de la politique culturelle, comme la lecture publique, par exemple[34], et plus encore au niveau général de leur élaboration.

La politique de l'emploi culturel

Émerge ainsi une politique de l'emploi culturel et d'encouragement à la professionnalisation des administrateurs de culture. Dès le 10 juin 1981, à l'issue du conseil des ministres prévoyant les mesures gouvernementales en faveur de l'emploi, une circulaire du ministère de la culture annonce «mille emplois nouveaux pour la culture». Si les travaux du Service des études et de la recherche en la matière[35] sont longtemps restés sans effet, ils «deviennent en quelques semaines un axe politique important»[36]. Le programme est de fait rapidement établi: six mois après l'alternance, les modalités de son application sont fixées.

> *«Cette nouvelle politique [...] représente la contribution de mon département à la lutte nationale contre le chômage. Elle constitue également un moyen privilégié d'accroître en quantité, qualité et diversité les activités culturelles: le développement du nombre des emplois culturels doit aussi être un développement culturel par l'emploi»*[37].

Une cellule de l'emploi est créée à la sous-direction des Interventions culturelles (devenue Direction du développement culturel en 1983), structure administrative dite horizontale qui doit fonctionner comme une «cellule de réflexion» et de «mise en cohérence», chargée des nouveaux dossiers du ministère: «cultures minoritaires» et «économie culturelle». Cette «politique de l'emploi culturel» est relayée par un réseau de correspondants régionaux, coordonnés par une association nationale, l'AGEC (Aide à la gestion des entreprises culturelles), créée le 13 octobre pour entreprendre une «démarche destinée à assurer d'une part une réelle insertion des activités culturelles dans la vie nationale, à permettre d'autre part une forte croissance des créations d'emplois dans le secteur culturel et à garantir leur stabilité»[38]. En liaison avec l'ANPE, une «bourse de l'emploi culturel» est créée, ainsi qu'un «Courrier de l'emploi culturel», qui publie offres d'emplois et informations professionnelles sur le secteur culturel. Les emplois dits «de développement culturel» sont créés à la demande des associations, entreprises ou collectivités qui en font la demande, et qui démontrent dans le dossier qu'ils constituent la «viabilité culturelle» et les possibilités de pérennisation du poste créé, dont le financement est pris en charge pendant une période déterminée par le ministère de la Culture. 400 millions de francs sont ainsi consacrés à cette politique de l'emploi culturel entre 1981 et 1984. Un rapport consacré à la politique de l'emploi du ministère de la Culture peut le déclarer: «l'un des volets les plus novateurs de la politique du ministère de la Culture [...] aura sans doute été l'action entreprise en faveur de l'emploi culturel»[39]. De nombreux chiffres, différents mais convergents, font état de l'augmentation démographique des emplois culturels qui s'en est suivie.

Dans un article faisant le bilan d'un an de «politique culturelle socialiste», il est indiqué que l'«on comptait au 15 mars [1982] mille six cent soixante-dix créations d'emplois (techniciens du spectacle, gestionnaires, animateurs, comédiens, etc.)»[40]. Une circulaire du ministère de la Culture aux préfets, le 19 janvier 1983, indique que le ministère «a contribué de façon significative à la lutte pour l'emploi menée par l'ensemble du gouvernement en suscitant la création de près de 10000 emplois». Le bilan publié par le ministère en 1984 fait état de 3000 emplois de développement culturel créés en 1982. Il fait valoir que «les diverses procédures d'aide à l'emploi [...] ont permis la création en 1981 et 1982 d'environ 6500 emplois culturels», et que «les créations d'emplois induites par l'augmentation des subventions aux organismes culturels permettent d'évaluer au total à 10 000 le nombre d'emplois créés en 2 ans dans le secteur culturel», nombre ramené à «8000 emplois créés dans le cadre du plan pour l'emploi culturel» dans le bilan publié l'année suivante[41]. Le rapport d'évaluation fixe à plus de 4700 le nombre d'emplois de développement culturel créés début 1985[42], auxquels s'ajoutent 25000 contrats TUC (travaux d'utilité collective) «culturels» fin septembre 1985. Une enquête du BIPE dénombre en 1985 531000 «emplois culturels», dont 114000 liés directement à la production culturelle, 221000 emplois de gestion, et 196000 activités annexes ou emplois induits. «Ils sont aujourd'hui environ 800000 à revendiquer l'appartenance à [la profession culturelle] dont plus de 70000 cadres et dirigeants», note Jean-Michel Djian dans un article du début 1993, qui cite une étude de la DATAR faisant apparaître une croissance de l'emploi de 23 % dans ce secteur au cours des cinq dernières années[43]. Les statistiques de l'UNEDIC concernant l'emploi salarié du secteur culturel hors secteur public et hors intermittents du spectacle font apparaître une augmentation de 16 % entre 1980 et 1989, alors que le chiffre total des salariés augmente dans le même temps de 1,8 %: il y aurait 261 000 salariés «culturels» en 1980, 303 000 en 1989. Les mêmes sources indiquent une accroissement plus fort encore du secteur dit «socioculturel»: de 14 100 à 51 300, soit + 260 % entre 1981 et 1989[44]*. La caisse des congés spectacles enregistre un quasi doublement des intermittents entre 1983 (27 000) et 1990 (53 000). Dans le même temps, le nombre des demandeurs d'emplois «culturels» augmente en proportion équivalente*[45].

Compte-tenu des forts enjeux qui s'y attachent, et en l'absence d'indications précises dans les bilans publiés par le ministère[46] ces chiffres doivent bien sûr être maniés avec précaution. La catégorie d'«emploi culturel», qui outre l'imprécision du qualificatif peut correspondre tant à une répartition par branche d'activité – le comptable d'un théâtre étant alors recensé parmi les «emplois culturels» – que se fonder de manière plus restrictive mais non moins imprécise sur les caractéristiques de l'activité exercée, autorise d'importantes fluctuations.

Tableau 8
La progression des professions culturelles de 1982 à 1990

Professions		1982	1990	Évol. %
3512	Auteurs littéraires, scénaristes, dialoguistes	3844	5620	46,20
3513	Bibliothécaires, archivistes, conservateurs de la fonction publique	14212	11796	–17
3521	Cadres de la presse, de l'édition, de l'audiovisuel et des spectacles	3044	10812	255,19
3522	Cadres artistiques des spectacle	3776	5820	54,13
3523	Cadres techniques des spectacles vivants et audiovisuels	3704	8638	125,92
3531	Artistes plasticiens	14488	19852	37,02
3532	Artistes professionnels de la musique et du chant	11820	16164	36,75
3533	Artistes dramatiques, danseurs	6764	11304	67,12
3534	Professeurs d'art (hors établissements scolaires)	16556	23856	44,09
3535	Artistes de variétés	3912	8688	122,09
4333	Animateurs socioculturels et de loisirs	34540	52326	51,49
6393	Auxiliaires des spectacles	6192	8988	45,16
	TOTAL	122852	183864	49,66

Source: *INSEE Résultats*, nº 243, Démographie-société nº 25, juin 1993, p. 31-33.

Tableau 9
Les fonctionnaires culturels de l'État par corps (1978-1988)

	1978	1980	1982	1984	1986	1988
Conservateurs de musée	254	291	300	337	361	359
Conservateurs d'archives	291	297	297	304	303	308
Conservateurs bib. universitaires	1077	1124	1167	1147	1157	1138
Sous-bibliothécaires univ.	1379	1421	1573	1609	1609	1623
Surveillants et magasiniers	2601	2731	2907	3540	3754	3732
Conservateurs et ABF	82	89	131	158	180	175
Techniciens bâtiments de France	27	73	97	129	153	180
Prof. enseignement artistique	226	215	202	307	294	285
Restaurateurs et ouvriers d'art	407	419	434	445	489	497
Jardiniers du patrimoine	248	244	279	292	286	261
Total culture	7156	7539	8038	8967	9294	9295
Total ensemble	1731344	1778295	1869088	1947123	1988658	1981751
Proportion culture (%)	2,42	2,36	2,32	2,17	2,14	2,13
Indice culture	100	105,35	112,32	125,3	129,88	129,89
Indice ensemble	100	102,25	107,47	111,96	114,35	113,95

Source: Dominique Quarré, «Annales statistiques de la fonction publique, 1945-1969-1989», *INSEE-Résultats*, n° 169-170, série Emplois-revenus n° 28-29, mars 1992. ABF: architectes des bâtiments de France. Ensemble: emplois des ministères civils uniquement.

Tableau 10
Le personnel des établissements culturels publics (1976-1988)

	1976	1980	1984	1988
Académie de France à Rome	32	46	54	57
Caisse nationale des monuments historiques et des sites	305	321	382	426
Centre national d'art et de culture Georges-Pompidou	534	1250	1315	1226
Centre national de la cinématographie	366	383	484	413
Centre national des lettres	24	31	35	38
Conservatoire national supérieur de musique (Lyon et Paris)	4	0	148	186
Écoles nationales supérieures des Beaux-Arts et arts décoratifs	51	26	29	58
Réunion des musées nationaux	595	780	1126	1341
Opéra de Paris	1020	1462	1318	1315
Opéra Bastille	–	–	35	52
Théâtres nationaux	473	494	598	700
Musée d'Orsay	–	42	60	–
Grand Louvre	–	–	49	88
Centre national des arts plastiques	–	–	8	90
Total des établissements publics culturels	3404	4835	5641	6020
Ensemble des établissements publics	167167	169816	188137	183748
Proportion culture (%)	2	2,8	3	3,3
Indice culture	100	142,04	165,72	176,85
Indice général	100	101,58	112,54	109,92

Source: *idem* Les établissements publics de l'Opéra Bastille, du grand Louvre et le Centre National des Arts Plastiques ont été créés entre 1981 et 1983. Le Musée d'Orsay, créé en 1981 sous forme d'établissement public, a été directement rattaché au ministère en 1987.

L'émergence d'un marché de la formation professionnelle

Tout comme la création d'emplois, la mise en place de formations censées apporter des compétences nécessaires à la mise en œuvre des politiques culturelles telles qu'elles sont redéfinies par le ministère s'opère largement au profit d'agents au profil hybride et aux positions carrefour que sont les nouveaux «médiateurs», «agents de développement culturel» et autres «managers culturels». Ce paradoxe d'une professionnalisation entretenant le flou des positions professionnelles tient pour partie aux conditions particulières dans lesquelles ces formations ont été mises en place. Les effets d'annonce à propos de l'essor de l'emploi culturel doublés du prestige social attaché aux choses de la culture ont en effet suscité de nombreuses vocations au point de faire de la formation à l'administration et à la gestion culturelles un marché fortement concurrentiel sur lequel s'engagent tant les universités que des organismes de formation publics ou privés aux origines les plus diverses. Les concurrences sur ce marché de la formation favorisent l'émergence d'une nébuleuse de profils «culturels» assez largement définis dont les débouchés concernent le secteur privé mais aussi et surtout le secteur public et para-public.

La question de la formation des agents des politiques de la culture apparaît avant 1981, et quelques expériences se font jour dans ce domaine dans les années 1970[47]. Si la question n'est pas nouvelle, l'importance qui lui est accordée et la manière dont elle est traitée à partir de 1981 marquent en revanche un important changement: il faut désormais former des «administrateurs culturels» capables de mettre en œuvre la politique gouvernementale[48]. Dans le cadre de la politique pour «l'emploi culturel» du ministère est ainsi prévu un important programme de formation. Les mesures prises par le ministère de la Culture à partir de 1981 tendent pour l'essentiel à former des «responsables culturels» dans le domaine circonscrit de la gestion: il s'agit alors de «remettre à niveau» les «intervenants culturels» tant privés que publics, réputés incompétents en la matière. L'association nationale pour la gestion des entreprises culturelles et ses antennes régionales, destinées entre autres à suivre les «emplois de développement culturel», proposent ainsi également des formations aux salariés de ce qu'il est désormais convenu d'appeler des «entreprises culturelles», principalement dans les domaines «techniques» de l'économie, de la gestion et du droit du travail[49].

Mais la confusion opérée entre les secteurs de l'administration culturelle (fonctionnaires ou agents contractuels de l'État et des collectivités locales) et des entreprises de statut privé appellent rapidement une diversification des formations. Une «cellule formation» est créée en janvier 1982 au ministère de la Culture, qui doit impulser les formations des agents du développement culturel et coordonner les activités de formation relevant du ministère. Quatre axes sont privilégiés par la cellule: «les conditions de la création artistique; la différenciation sociale des pratiques culturelles et l'insertion sociale de la culture; les conditions administratives de mise en œuvre des projets culturels; les incidences de la décentralisation sur l'action culturelle»[50]. Les conceptions que défend dans son rapport Pierre Moulinier, alors chargé d'études sur le développement culturel et la décentralisation au ministère de la Culture (SER), reflètent bien celles qui président à la politique de l'emploi du ministère: il faut administrer la culture, ceux qui refusent cette idée tiennent des positions élitistes et dépassées; «la culture ne se limite pas aux Beaux-Arts et aux belles-lettres»; «la culture doit être active et pas seulement consommatrice»; «la culture doit être vécue au pluriel»[51]. Nouvelles formes de traitement administratif, élargissement du domaine couvert, «démocratie» culturelle et reconnaissance de la diversité: c'est alors loin d'être dans le sens d'une spécialisation étroite que doit s'opérer le changement en la matière. Alors que les projets ministériels n'ont de cesse d'appeler à l'«ouverture» et au «décloisonnement» de la culture, comment pourrait-on favoriser l'émergence d'agents étroitement spécialisés? La «cellule formation» est du reste moins orientée vers la constitution d'un groupe spécifique que vers «l'imprégnation culturelle» de catégories diverses: élus locaux, responsables des comités d'entreprise et des associations d'éducation populaire, enseignants, journalistes.

Progressivement, les associations régionales issues du réseau constitué par l'AGEC organisent en plus de stages ponctuels des cycles de formation spécifiques (troisièmes cycles, puis licences et maîtrises)[52]. Dès lors, si la formation à la gestion reste prépondérante, les formations se diversifient: elles deviennent nécessairement pluridisciplinaires et même généralistes. Aux côtés des apprentissages techniques (rédaction d'un contrat de travail, d'une fiche de paie, etc.) apparaissent des disciplines universitaires, comme la sociologie, ou plus appliquées mais à vocation générale: communication, marketing, management. En plus de ces structures, le ministère favorise l'émergence de formations à l'administration culturelle dans diverses structures de formation généralistes – comme le Centre national de la fonction publique territoriale – ou spécialisées.

Parmi ces dernières, on trouve l'Association technique pour l'action culturelle (ATAC), organisme professionnel créé en 1966 puis progressivement spécialisé, au gré des conflits avec le ministère de la Culture[53]*, dans la formation des «cadres d'entreprises culturelles», qui devient Centre national pour l'action artistique et culturelle (CENAC) en 1986. Le Centre de formation nationale d'Avignon (CFNA), est créé en 1983 pour former des «cadres de direction des projets culturels». Ces deux structures sont regroupées au sein de l'Association nationale pour la formation et l'information artistique et culturelle (ANFIAC) en 1987*[54].

Comme le note Emmanuel Wallon, ce développement a été «rapide et peu concerté»; de sorte que l'on assiste moins à l'établissement de filières aux contenus et au déroulement précisément établis qu'au développement incontrôlé du marché de la formation à ces «métiers» aux contours flous que sont ces «nouvelles fonctions» de l'administration et de la gestion culturelles. De fait, plus encore qu'à un «besoin» du marché de l'emploi culturel, c'est à la forte demande d'étudiants dans ce domaine – à laquelle s'ajoutent les formations continues – que répond la constitution d'un véritable marché de la formation culturelle[55]. À ces vocations culturelles nombreuses et fortement diversifiées, répondent des vocations à la formation culturelle. En dehors des établissements d'enseignement artistique (conservatoires, écoles d'art) et des écoles nationales spécifiquement destinées à des statuts bien établis (École des Chartes, École du Louvre puis École du patrimoine, École des bibliothécaires), la formation à l'administration culturelle[56] s'est donc considérablement développée; mais à l'inverse de ces écoles, aucune filière unifiée n'est venue homogénéiser les positions qui en relèvent et ainsi donner corps à une profession codifiée. On trouve en effet de telles formations tant dans les institutions d'enseignement général que dans des organismes privés et les universités, où elles préparent de manière relativement indifférenciée à des emplois dans le secteur public ou en entreprise privée. Les formations générales destinées à former les «élites» ont pour la plupart intégré, sous forme d'options, une composante «culturelle». C'est le cas dès les années 1970 à l'IEP de Paris[57] et à l'ÉNA: après qu'une promotion ait été baptisée André Malraux (en 1977), le séminaire de l'année

1979 a porté sur la «Développement culturel de la France». Qu'en 1992 la question «La culture peut-elle être une affaire d'État?» ait pu être posée au concours d'entrée indique l'intégration – certes toute relative – de ce type de préoccupation dans la liste des «compétences» attendues de futurs hauts fonctionnaires. Les «préoccupations culturelles» émergent plus tardivement mais plus fortement dans les écoles de commerce. Spécialisations «gestion et management culturel» dans les Écoles supérieures de commerce – mastère de «Management des entreprises culturelles» à l'ESC Dijon –, ou encore certificat d'«Études spécialisées en management des entreprises culturelles et artistiques» délivré à HEC dans le cadre d'une convention passée avec le ministère de la Culture, il n'est plus guère d'institution de formation générale des «cadres» qui ne propose une spécialisation ou au moins une ouverture aux «problèmes culturels» et aux modalités de leur traitement.

L'administration culturelle est aussi devenue sinon une discipline, au moins un objet de formation universitaire. Une étude de la direction du Développement et des formations du ministère de la Culture (ex-direction du Développement culturel) recense en 1992 430 diplômes universitaires pour l'ensemble des filières artistiques et culturelles dont 19 sont spécifiquement consacrés à la gestion culturelle, et 11 à l'animation culturelle[58]. Ces formations pour la plupart sanctionnées par un diplôme universitaire de troisième cycle à vocation professionnelle (DESS), se développent pour la plupart dans la seconde moitié de la décennie 1980; elles procèdent plus ou moins directement des mesures en faveur de la professionnalisation du secteur culturel prises par le ministère à partir de 1981 et bénéficient pour la grande majorité de son soutien financier. À l'exception de la formation mise en place par l'Observatoire des politiques culturelles, destinée exclusivement à «professionnaliser des cadres culturels territoriaux déjà en poste», elles s'adressent à la fois à des étudiants et à des agents du secteur culturel engagés dans la vie professionnelle, et préparent à des emplois de tout statut. Si certaines sont plus axées vers les industries culturelles – DESS de Gestion des institutions culturelles à Paris IX-Dauphine – ou vers la fonction publique locale – DESS d'Administration locale de la faculté de Reims – ces formations concernent tant le secteur privé que le secteur public, et le champ culturel dans son ensemble. Avec des changements dans les proportions et les contenus, toutes les formations ménagent les pôles technique et théorique, du management privé et des institutions publiques.

Dans le même temps, la formation à l'administration culturelle est devenue un créneau pour de nombreux instituts privés qui s'y sont spécialisés; à tel point que plusieurs articles de presse, tout en s'interrogeant sur l'éclosion des «nouveaux marchés culturels» (conseil, marketing, administration…) mettent en garde contre ce nouveau «miroir aux alouettes»[59]. Les créations et disparitions étant rapides dans ce domaine, il est difficile d'en établir une recension exhaustive. On peut évaluer à une dizaine le nombre d'instituts privés spécifiquement et exclusivement destinés à la formation d'administrateurs culturels – École supérieure internationale d'art et de gestion, École d'art et de communication[60], Institut supérieur du management culturel, Institut de la culture de la communication et du management, Institut supérieur de communication et de développement culturel-ARTIS, École supérieure des métiers de la culture etc. – , créés entre 1985 et 1990, recrutant du niveau bac au niveau maîtrise, et tous situés à Paris[61].

Le développement de ces formations correspond pour partie à l'investissement d'agents qui, placés sur des marchés fortement concurrentiels ou en déclin, investissent celui de la formation culturelle encore en développement. Ces agents, ce sont en particulier des «professionnels de la communication» qui, au début des années 1980, ont délaissé leur agence de publicité ou cabinet de conseil au profit d'écoles privées de communication, relations publiques, etc., et qui lorsque le marché de la formation dans ce domaine a commencé à être saturé quelques années plus tard se sont reconvertis dans celui, pour un temps moins occupé, de la formation culturelle. Ces reconversions ont été d'autant plus faciles que les secteurs de la communication et de la culture se recoupent partiellement, et surtout que les aspirations professionnelles qu'ils suscitent correspondent à des origines et des dispositions sociales assez comparables – classes supérieures en déclin et catégories intermédiaires en ascension, valorisation de l'originalité, du contact, de la créativité, etc.[62]. Parmi les agents à l'origine de ces formations, on trouve également des professionnels du marché de l'art, ou encore un ancien haut fonctionnaire de la culture reconverti à l'entreprise privée, Claude Mollard, qui fonde en 1987 l'Institut supérieur de management culturel[63]. La surface sociale de son fondateur fait de l'ISMC une institution qui peut prétendre «au plus haut niveau», sélectionnant strictement ses étudiants (30 par promotion), offrant des garanties pour le placement des diplômés (ne serait-ce que dans l'agence

ABCD elle-même), et cumulant, par un impressionnant comité de parrainage (Pierre Boulez, Georges Duby…) et une équipe pédagogique dont les membres ont pour la plupart occupé les plus hautes responsabilités culturelles (Bernard Faivre d'Arcier, Maurice Fleuret…), tous les gages du sérieux et de la légitimité[64]. Mollard n'a de cesse de le répéter: l'ISMC est «une école de très haut niveau qui s'adresse à des étudiants ayant achevé leur scolarité», «une sorte d'ÉNA des métiers de la culture, à la fois troisième cycle supérieur et école d'application»[65]. Ce «haut niveau» justifie des coûts de scolarité particulièrement élevés: 45 000 francs pour moins de 250 heures effectives de formation lors de la session 1993-94[66].

Tous les autres instituts privés ne peuvent se prévaloir d'un tel «réseau», pour employer l'un des «concepts-clés de l'ingénierie culturelle», et sont donc fortement différenciés du point de vue du capital social des agents qui les animent et partant de celui qu'elles peuvent permettre d'acquérir à leurs étudiants. En revanche, le contenu des formations offertes est relativement homogène d'une institution à l'autre; plus exactement, son hétérogénéité dans chacune d'entre elles est une caractéristique largement partagée. Les programmes pédagogiques peuvent globalement être décomposés en trois pôles, en fonction du statut des disciplines concernées: des disciplines universitaires traditionnelles (économie, sociologie, droit) et d'autres plus récentes et moins élevées dans la hiérarchie académique (gestion, communication, marketing) auxquelles sont accolées des qualifications «culturelles», et enfin, des «disciplines» spécifiques, dénommées au gré des enseignants qui les inventent «Outils du management culturel», «Ingénierie culturelle», «Communiculture» ou encore «Sémiologie de la communication culturelle»[67].

Ces investissements multiples d'universitaires, de professionnels de la culture reconvertis dans la formation ou d'entrepreneurs de formation en communication ou publicité reconvertis dans le «culturel», développé dans le courant des années 1980, aboutit dix ans après le lancement de la politique de formation du ministère de la culture à la multiplication de formations généralistes aux métiers de l'encadrement culturel dont ni les filières, ni les compétences et identités professionnelles, ni les débouchés ne se trouvent précisés. Dans l'Université, si des filières de formation aux métiers de la culture se sont peu à peu installées et ont acquis une reconnaissance – dans le milieu culturel où ceux qui en sortent sont de plus en plus nombreux, ou par le ministère de la Culture qui a favorisé leur développement – les incertitudes ne sont pas moins grandes[68]. Très rapidement après l'émergence de ces formations, l'heure est ainsi à la restructuration: les recrutements se font de plus en plus sélectifs et limités, la répartition géographique, le caractère général et le niveau élevé des diplômes sont rediscutés, on envisage la fermeture de filières… Sur le marché des formations privées, l'incertitude est plus grande encore, où les instituts disparaissent parfois aussi vite qu'ils se créent.

Plus encore que les filières, les compétences et identités professionnelles produites par ces formations demeurent imprécises. Ces formations généralistes proposent de fait une «ouverture» culturelle plus qu'une spécialisation. C'est tout particulièrement le cas des instituts privés qui, plus qu'un apprentissage de savoirs codifiés aux critères et principes clairement établis conforme à l'«idéal-type universitaire»[69], offrent ainsi, dans le meilleur des cas, une socialisation au milieu des «professionnels de la culture», fournissant un carnet d'adresses plus qu'un enseignement au sens classique du terme, inculquant le lexique et les codes nécessaires à la revendication de l'identité de professionnel plus que les compétences reconnues nécessaires à l'exercice d'une profession[70]. À la généralité du contenu des formations correspond une relative indétermination quant aux emplois auxquels elles préparent. En témoigne la manière dont ces «métiers» sont désignés dans les plaquettes et les fiches de présentation des formations. Laconiquement définis par les termes «médiation culturelle et organisation» (Université Pierre Mendès-France, IEP de Grenoble DESS «Direction de projets culturels»), ils impliquent souvent des périphrases ou de longues listes. Ainsi dans la présentation du DESS de «Politiques culturelles et action artistique», pluriel, guillemets, définition en creux, multiplication de termes proches, alternance des «fonctions» et des «métiers», points de suspension sont là pour marquer l'impossibilité d'une désignation précise et exclusive de ce à quoi le diplôme permet effectivement l'accès.

> *«La formation de responsables culturels prépare à l'exercice des métiers de "l'organisation culturelle". Il s'agit de ceux qui, sans être strictement artistiques et techniques, sont centrés sur la mise en œuvre de politiques ou de projets culturels, ainsi que sur la production et la diffusion artistique. Les fonctions qui sont concernées par ces métiers sont: la direction, l'administration, la programmation, la médiation, la communication, la gestion…» (ANFIAC-Uni-*

versité de Bourgogne). «Institutions culturelles proprement dites: [...] Emplois relevant des différentes fonctions d'administration et de gestion de l'ensemble des organisations publiques et privées des différents secteurs du champ culturel. [...] Administration et gestion de production, programmation, gestion budgétaire et financière, gestion de personnel, fonctions commerciales, marketing, communication, relations publiques, recherche de fonds, etc... Conseil en "management" et "ingénierie" culturelle [...]. Fonctions d'administrations culturelles dans les collectivités publiques [...]» (Paris IX Dauphine). «Fonctions dans l'administration, la production ou le conseil: gestion de projets, conseil, programmation culturelle, productions de manifestations» (ISMC). «Responsables de projets culturels, chargés de mission auprès des agences de communication et d'ingénierie culturelles et auprès d'entreprises mécènes, spécialistes des affaires culturelles dans les organismes publics au niveau national ou local, administrateurs d'organismes ou d'activités artistiques» (ESMC).

On le voit, les organismes de formation, qui sont tant publics que privés, proposent à leurs étudiants des débouchés dans les collectivités locales comme dans l'industrie du livre ou de l'audiovisuel, dans les institutions culturelles publiques comme dans les cabinets privés de «conseil en mécénat» ou en «communication culturelle». Ainsi, ces formations contribuent à l'indifférenciation croissante entre les logiques de traitement public et privé de la culture, estompant la frontière entre les deux au profit d'identités et de principes communs, comme celle de «médiateur culturel» ou celui de «qualité professionnelle».

D'après les évaluations du cabinet Artès, spécialisé dans le recrutement de cadres de l'administration et de la gestion culturelle, «65 % des emplois de managers culturels relèvent de la fonction publique»[71]. De manière convergente, la plaquette de présentation de l'ISMC indique à propos des débouchés des étudiants que «la répartition se fait de manière égale entre le secteur public et le secteur privé». Le contenu des formations, le statut des intervenants, tout comme les structures d'accueil des étudiants pour les stages et les listes présentées des emplois détenus par les «anciens» le montrent: les formations ne préparent pas exclusivement à l'un ou l'autre des secteurs public ou privé. Ce sont les dispositions des agents qui les suivent et les opportunités qu'ils rencontrent qui les orientent d'un côté ou de l'autre, favorisant ainsi le brouillage des frontières et les échanges réciproques, c'est-à-dire essentiellement l'importation des logiques des entreprises privées de la gestion et du management dans le traitement public de la culture. De ce point de vue, on ne peut donc pas parler d'une spécialisation des agents des politiques culturelles.

Au total, on peut penser que l'essor des formations professionnelles, de par leur multiplication et l'effort de différenciation qu'elle entraîne, a contribué à alimenter les incertitudes quant à ces professions plus qu'à les réduire. Fonction publique ou entreprise privée, administration ou «management», compétence généraliste ou expertise précise, esprit militant ou culte de «l'efficacité», et surtout un peu de tout cela à la fois, l'identité professionnelle qui se dessine est celle d'intermédiaires, de spécialistes de l'entre-deux dont le refus des frontières vient fournir le principe unificateur.

UNE POLITIQUE DE PROFESSIONNELS ?

Cette professionnalisation particulière tend à accréditer la représentation d'une politique culturelle «dépolitisée», dégagée de toute «idéologie», et dont il suffirait désormais d'assurer la gestion selon des règles professionnelles – qualité esthétique et rigueur organisationnelle – neutralisées mais incontournables. Un article de presse en donne un exemple, parmi mille autres possibles.

«Une chose est certaine: le milieu culturel, naguère massivement marqué à gauche, y compris dans l'administration, subit depuis plusieurs années une dépolitisation croissante. L'engagement fut longtemps affiché sans complexe. Le désenchantement des dernières années, lié à l'exercice du pouvoir par la gauche et aux bouleversements mondiaux, a entamé ces certitudes. Les responsables de la culture mettent désormais un point d'honneur à ne se recommander que de leurs qualités professionnelles. Cette mutation, déjà visible lors du deuxième ministère Lang, n'a fait que s'accentuer»[72].

En rester là ne saurait néanmoins suffire, ne serait-ce que parce que, contrairement à ce que suggère cet article, les positions dirigeantes au sein du ministère de la Culture sont bien loin d'avoir échappé au *spoils system*, pas plus après l'alternance de 1993 qu'après celles de 1981, 1986 et 1988[73]. Surtout, s'en tenir à ce constat qui semble devoir s'imposer serait oublier que cette professionnalisation elle même n'est pas exempte de tout enjeu politique. C'est en effet un processus conflictuel, douloureux, qui prend forme et sens dans les trajectoires et concurrences des intermédiaires culturels. Ce processus s'inscrit par ailleurs dans des transformations plus générales dont la «neutralité» politique et sociale n'est qu'apparente. Le remplacement progressif des relations simples entre univers et groupes sociaux antagonistes et complémentaires (artistes et intellectuels *vs* représentants du pouvoir politique ou culture populaire *vs* culture d'élite) par les jeux plus subtils des interdépendances et consécrations croisées, tout comme la «culturisation» des problèmes sociaux et l'importation de technologies sociales qui, telles que le management et la communication, tendent à instaurer des modes de gestion pacifiés des rapports sociaux, ont en effet partie liée avec les transformations plus générales des modes de domination, desquels les questions culturelles et l'action publique qui s'y attache sont, pas moins qu'auparavant et peut-être plus encore, parties prenantes.

Stratégies de reconversion et états d'incertitude

La mise à l'écart des références explicitement sociales et politiques du traitement collectif de la culture au profit de logiques dites professionnelles s'opère par l'éviction des agents qui incarnent ces références ou, plus souvent et plus efficacement, par des stratégies de reconversion qui transforment, sans la clarifier, l'économie des positions et des pratiques des entrepreneurs d'action culturelle. À la manière des «cadres de gauche» investis après 1968 dans les «relations humaines» au sein des entreprises[74], les militants et/ou fonctionnaires de la culture qui s'engagent à partir des années 1980 dans le «management», la «gestion», la «communication» ou le «marketing» culturel contribuent pour une large part à définir ces métiers nouveaux. La mauvaise conscience de ceux qui se mettent au service de l'adversaire est dans ce cas moins importante – elle peut, dans l'action culturelle plus que dans les entreprises privées, se décliner sur le mode d'un simple changement de moyens au service de fins identiques – mais n'en pèse pas moins sur les modalités de cette conversion et, en fin de compte, sur l'identité professionnelle qui en résulte.

Le modèle des trajectoires de ces «individus créateurs de statut»[75], prescripteurs des changements intervenus dans les politiques culturelles et les positions qui y sont liées, est d'abord à chercher du côté des dirigeants du ministère de la Culture. Ceux qui occupent les positions dominantes dans l'administration culturelle et dont la trajectoire est érigée au rang de référence collective se recrutent parmi les «énarques de gauche» sortis de l'ÉNA à la fin des années 1960 ou au début des années 1970, comme Francis Beck, Jérôme Clément, Bernard Faivre d'Arcier, Catherine Tasca ou encore Dominique Wallon. Ce dernier, président de l'Union nationale des étudiants de France s'est vu interdire le concours d'entrée à l'ÉNA à cause de ses ses prises de position à propos de la guerre d'Algérie, et a finalement pu se présenter grâce à un arrêt du Conseil d'État demeuré célèbre. D'autres que lui sont actifs sur le plan syndical, et créent en 1970 une section CFDT à l'ÉNA. Et ce sont ces énarques de gauche que l'on retrouve au ministère de la Culture: remettant en cause le système d'affectation privilégiant les grands corps, ils choisissent à leur sortie de l'ÉNA des ministères sociaux ou traditionnellement peu prisés. Ce département est de fait apprécié pour la souplesse et la liberté qui y régneraient plus qu'ailleurs. C'est ce qu'indique le témoignage de Jérôme Clément à propos de son arrivée au ministère:

> *«On y était plus libre qu'ailleurs; on y recevait des responsabilités immédiates plus importantes; les hiérarchies étaient moins pesantes, et il soufflait un petit vent de liberté, bien rafraîchissant dans la France des années 1970»*[76].

Plus encore, l'investissement dans l'administration culturelle permet de rester conforme à l'éthique politique de cette gauche «moderne», malgré l'intégration aux sphères dirigeantes d'un pouvoir politique conservateur. «Nous nous sommes dit: "là-bas, nous n'aurons pas à réprimer les gens, nous ne serons pas au service du grand capital"», raconte ainsi Francis Beck, recruté en 1971[77]. Jacques Renard, énarque arrivé au ministère en 1975 se présente ainsi: «Je fais partie de la génération de Mai 1968. Je montais, avec bien d'autres, sur les barricades, et pris ma part des illusions lyriques révolutionnaires»[78].

Ces hauts fonctionnaires de gauche promeuvent dans les années 1980 la «réconciliation de l'économie et de la culture», rendent obsolètes les références du militantisme culturel, entendent «moderniser» l'administration de la culture en la professionnalisant, se réapproprient le discours des entreprises privées que plusieurs d'entre eux rejoignent. Ces «inventeurs» deviennent des références. «Leur modèle à tous [les administrateurs culturels] est Bernard Faivre d'Arcier, promotion 1972, ancien élève de l'ÉNA et diplômé d'HEC, toute une carrière à la culture», note ainsi Jean-Michel Djian[79]. C'est que ces inventeurs de positions et d'un marché nouveau sont à même d'en prescrire efficacement les principes et les structures. Compte-tenu de l'importance croissante prise par le ministère de la Culture tant dans la conduite des politiques culturelles locales que dans le fonctionnement plus général du champ culturel, ceux qui peuvent parler en son nom ont en effet toutes les chances d'être entendus. De plus, ces inventeurs sont aussi directement prescripteurs: grâce aux articles et ouvrages qu'ils écrivent, aux nombreux colloques auxquels ils participent, aux entretiens qu'ils donnent, aux «études» et «projets» qu'ils présentent, aux enseignements qu'ils dispensent parfois dans les formations spécialisées, ils peuvent en effet contribuer à diffuser les normes qu'ils élaborent et qui sont au principe de leurs positions. C'est le cas de Claude Mollard, devenu à partir de 1986 la figure éponyme de l'«ingénieur culturel». Conseiller référendaire à la cour des comptes, Claude Mollard passe sa carrière de fonctionnaire dans d'importantes institutions culturelles publiques: secrétaire général du Centre Georges-Pompidou de 1971 à 1978 puis de l'Institut national de l'audiovisuel, il prend la direction du musée des arts décoratifs de 1978 à 1980. En 1981, il devient conseiller de Jack Lang auprès duquel il est plus particulièrement chargé des arts plastiques: placé à la tête de la délégation aux arts plastiques (nouvelle structure ministérielle consacrée à l'art contemporain) il fonde et préside jusqu'en 1986 le Centre national des arts plastiques et le Centre national de la photographie. Après le changement de gouvernement intervenu en 1986, il fonde et dirige «la première agence d'ingénierie culturelle», l'agence ABCD («Arts, Budget, Conseil, Développement») dans laquelle il «met en application» les principes énoncés dans son ouvrage *Profession: ingénieur culturel*, puis l'année suivante, l'Institut supérieur de management culturel au sein duquel ces préceptes sont inculqués à de futurs «ingénieurs». En outre, il est conseiller à la rédaction et l'un des principaux actionnaires d'une importante revue professionnelle du domaine culturel, *Hexaméron*, créée en 1985. Jean-Michel Djian dispose également de ressources lui permettant de prescrire efficacement les principes du «professionnalisme». Après avoir passé cinq ans au ministère de la Culture comme conseiller de Jack Lang, puis mis sur pied un réseau européen de «jeunes créateurs», il crée en 1991 une agence de recrutement spécifiquement destinée aux «managers culturels» (Artès), puis l'année suivante une revue consacrée et destinée aux professionnels de la culture (*Profession Culture*)[80]. Il est ainsi placé en position de définir les conditions d'accès et de diffuser la représentation d'un marché qu'il a lui-même contribué à créer, ce qu'il ne manque pas de faire dans de nombreux articles et entretiens.

«Que l'on soit producteur d'émissions, commissaire général d'une exposition ou directeur des affaires culturelles d'une petite ville, il faut désormais savoir gérer un budget, faire une campagne de pub ou calculer la rentabilité d'un investissement», affirme-t-il dans le Nouvel Observateur[81]. *Il publie plus tard un long article dans la rubrique «Tribune» du* Monde *dans laquelle il retrace les transformations intervenues dans les «métiers de la culture» et désigne leurs «nouvelles contraintes»: «Après avoir poussé très loin les limites de la réflexion idéologique sur leur rôle social, à une époque où le militantisme culturel était une réalité, les professionnels de la culture se trouvent désormais confrontés à des contraintes d'un autre ordre: l'économie et la communication, qui sont devenus les deux monstres sacrés avec lesquels ils doivent désormais composer»*[82].

Si l'on en juge par les propos que tiennent la plupart des administrateurs de culture – responsables d'institutions ou de services administratifs au niveau national comme à l'échelon local – ou par la teneur des nombreux articles de presse consacrés aux politiques de la culture, ce type de prescriptions recueille un écho certain. Elles s'intègrent ainsi à une vaste transformation des manières de penser, de dire et de faire l'action culturelle qui, bien au-delà des seuls dirigeants du ministère, affecte les agents de l'intervention culturelle publique dans leur ensemble.

«Organiser une exposition, monter un festival, restaurer une église… toutes ces opérations ont besoin de gestionnaires», acquiesce une journaliste du *Nouvel Observateur*, qui cite deux femmes en exemple: la première, titulaire d'un maîtrise de muséologie et d'aménagement du patrimoine, crée en 1985 une «agence d'ingénierie et de communication spécialisée dans le culturel», la seconde, après avoir travaillé à la Caisse nationale des monuments historiques puis au Centre national d'art et de culture Georges-Pompidou, fonde en 1981 la première agence de marketing culturel: «à l'époque, je sentais l'émergence d'un marché, et en plus, le discours politique était porteur»[83].

L'imposition de la référence gestionnaire et managériale ne vaut pas identification précise des fonctions et positions ainsi «professionnalisées». C'est tout d'abord que, comme le révèlent les chiffres du recensement reproduits dans les tableaux ci-dessus, cette professionnalisation ne bénéficie pas prioritairement aux positions les plus anciennement et fortement établies des institutions culturelles publiques, tels que conservateurs de musée et bibliothécaires. Nathalie Heinich et Michaël Pollak montrent ainsi comment l'accroissement de la population des conservateurs entraînée par l'augmentation des fonds publics produit même l'effet inverse et paradoxal d'une «dé-professionnalisation»[84]. Au delà de la seule évolution démographique, des mutations importantes sont intervenues dans le recrutement, le travail et le mode d'investissement des

Les «nouveaux profils» de l'administration culturelle

Les offres d'emplois culturels publiées en 1990 et 1991 dans un magazine de large diffusion, typique de la culture intellectuelle moyenne – *Télérama* – fournissent un bon indicateur de l'émergence et de la valorisation de ces «nouveaux profils», qui fournissent comme un précipité des identités professionnelles en vigueur. Chaque semaine, la rubrique «Talents» présente un ensemble d'annonces concernant les métiers de «communication, création, enseignement, fonctions socio-culturelles», parmi lesquelles un quart environ concernent des emplois, directement liés aux politiques culturelles, dans diverses institutions, grandes associations, collectivités locales ou au ministère de la culture. Leur lecture fait apparaître à quel point les critères et le lexique du «management» et de la «communication» s'imposent à propos de tels postes. De l'Association régionale des activités musicales du Languedoc-Roussillon (21 septembre 1990) au centre culturel Agora de Boulazac en Dordogne (20 octobre 1990), en passant par des villes de toutes tailles qui recherchent leur directeur ou chargé de mission pour les affaires culturelles, c'est l'identité «modernisée» du «créatif, véritable manager et gestionnaire» qui s'impose comme une norme (Ville de 100 000 habitants Chargé de mission Action culturelle, 19 décembre 1990; Saint-Priest, Directeur de l'action culturelle, 24 novembre 1990), «une expérience dans le management culturel» étant désormais un point de passage obligé (Beauvais, directeur du service culturel, 19 juin 1991). Il est même désormais possible de faire explicitement appel aux compétences «commerciales» en tous points contraires il y a peu à la «culture» comme à la vocation militante des politiques qui y ont trait: ainsi du service des affaires culturelles des Mureaux (33 000 habitants) dans la banlieue parisienne qui cherche un «assistant à la promotion» qui devra faire preuve d'«aptitudes commerciales et sera chargé de vendre les produits culturels de la ville» (24 novembre 1990). Et c'est jusques et y compris la commémoration de l'une des dates les plus symboliques de l'histoire du mouvement ouvrier qui nécessite désormais l'aptitude au management: «Dans le cadre d'une mission déléguée de la Ville de Fourmies l'écomusée régional recrute un administrateur délégué chargé du management des manifestations culturelles et artistiques du Centenaire du 1er mai 1891. Il (elle) sera plus particulièrement responsable: – de la gestion financière et administrative des manifestations (création théâtrale – spectacles vivants - musique - cinéma etc...) – des relations avec: les financeurs publics et privés - les organismes divers associés – de la promotion et de la couverture médiatique» (8 décembre 1990).

agents qui conçoivent et organisent les expositions: éclatement des positions, arrivée de généralistes aux positions intermédiaires étrangers au corps des conservateurs[85], accroissement des exigences et de la personnalisation de la conception et de l'organisation des expositions. Ces mutations sont autant de facteurs qui concourent à une «crise» de la profession de conservateur. Selon des modalités et avec des effets différents, le développement de la lecture publique s'est opéré en partie à l'encontre de l'unité professionnelle des bibliothécaires. Là aussi, l'augmentation démographique s'est accompagnée d'une différenciation des fonctions des bibliothécaires et de la redéfinition de leur rôle professionnel, ainsi que d'une forte diversification des représentations du métier et des compétences qu'il engage[86]. Le fort essor connu par les institutions de lecture publique a non seulement modifié le rôle traditionnel des bibliothécaires mais également favorisé l'intervention de nouveaux personnels dans les bibliothèques – médiateurs, spécialistes des médias, concepteurs d'expositions, etc. – qui sont venus concurrencer les professionnels établis tout en ayant une identité professionnelle encore mal définie. Plus qu'à des positions établies impliquant un savoir-faire spécialisé et clairement identifié, le développement de l'emploi culturel bénéficie ainsi largement aux fonctions généralistes du secteur culturel. D'après les évaluations du ministère de la Culture, ces dernières représentent plus des trois quarts des emplois créés au milieu des années 1980: 40 % des emplois concernent les secteurs du «développement» et de «l'action culturelle» au sens large, incluant la promotion des cultures régionales et communautaires, la gestion des entreprises culturelles, l'aide aux comités d'entreprise, etc., auxquels s'ajoutent 38,3 % d'emplois emplois dits «d'administration culturelle» (gestion, relations publiques, etc.)[87]. Employant le terme de professionnalisation dans un sens strict et comparant le secteur culturel à d'autres domaines d'activités, une équipe d'économistes dresse à cette époque un bilan sévère d'une politique de l'emploi menée selon eux dans la précipitation.

> *«Contrairement au secteur de la santé et de l'action sociale où tous les observateurs notent une tendance à la professionnalisation et à la spécialisation des emplois, le secteur culturel ne paraît pas connaître la même évolution. Dans les associations, on a toujours affaire à des hommes polyvalents qui assument des tâches multiples. […] L'emploi culturel demeure un emploi "militant" dans la très grande majorité des cas et ce, quelle que*

soit la nature juridique de l'activité. Dans ces conditions, il apparaît difficile d'avoir un grand nombre de spécialistes, d'autant plus que les salaires offerts sont assez modestes»[88].

Si l'identification des «nouveaux métiers» de l'administration culturelle demeure problématique, c'est par ailleurs que les reconversions par lesquelles elle s'est opérée restent partielles. Tout le monde, loin s'en faut, n'a pas été reconverti aux nouvelles normes professionnelles. Si ces dernières tendent indéniablement à s'imposer, la définition de la bonne forme de la «médiation culturelle» n'en reste pas moins un enjeu de luttes – particulièrement visibles dans l'élaboration des politiques culturelles locales – où s'opposent les tenants de conceptions différentes – «marketing de l'offre» *vs* prise en compte des «demandes», «prestige» *vs* «proximité», etc. Ensuite, les nouveaux convertis ne le sont souvent que partiellement. Si la rhétorique professionnelle et les références à la gestion sont brandies comme étendards, et si cet affichage produit indéniablement des effets, les critiques récurrentes des «vrais» gestionnaires à l'égard des pratiques observables dans les institutions culturelles sont là pour rappeler la persistance d'autres logiques, qu'elles soient artistiques ou militantes. Car de fait, les militants «professionnalisés» que l'on rencontre si fréquemment dans ce domaine n'ont pas toujours entièrement fait le deuil de leurs croyances initiales dans l'activité culturelle comme «parole donnée au peuple» et autres utopies subversives de l'après-68[89]. Autant dire que les positions de ces «professionnels» sont marquées par l'hybridation de formes disparates – qui vont de l'éducation populaire «de terrain» à la célébration légitimiste de l'innovation culturelle, du militantisme politique à la «consommation» culturelle.

Il s'ensuit que, comme le dit lui-même l'un des hérauts de la «professionnalisation», les «acteurs professionnels» de la culture sont «condamn[és] à s'interroger en permanence sur leur métier»[90]. Ceux-là mêmes qui sont censés préciser les conditions d'accès et d'exercice des «métiers de l'administration culturelle» (formateurs et théoriciens), n'ont ainsi de cesse d'en souligner les incertitudes. Xavier Dupuis note une «imprécision réelle et une absence de définition» des termes employés; «"Gestionnaire", "administrateur" voire même "manager" ou "ingénieur culturel" [...] les métiers de la culture demeurent mal identifiés et le secteur est peu structuré professionnellement»[91]. De même, Jean-Pierre Saez indique que «l'administrateur culturel est une notion polysémique, qui définit une fonction plutôt qu'un métier»[92]. C'est que, plus que sur un «secteur» clairement délimité sur lequel pourrait s'exercer un «métier», les positions de l'administration culturelle sont par définition placées à l'intersection d'espaces et de logiques dont il faut «gérer les échanges». Jacques Rigaud, ancien conseiller du ministre Jacques Duhamel, devenu patron d'industrie culturelle (RTL) et chantre du mécénat d'entreprise l'indique clairement, dans sa trajectoire comme dans les propos qu'il tient: «nous, les hommes-carrefours, les entrepreneurs culturels [...] nous autres, les gérants de la culture qui sommes au carrefour des différentes catégories [nous devons, comme] tous ceux qui sont en position de médiation et de synthèse [...] prendre la parole, pour tenter d'unifier les langages et de faire converger les comportements»[93]. Position d'intermédiaire qui conduit à concilier des principes hétérogènes, voire à se fonder sur l'alliance de contraires – «Gérer la passion»[94] – et nécessite «des individualités fortes» plus que des postes strictement définis. Position d'intermédiaire qui implique également les compétences et les dispositions du généraliste capable de se mouvoir dans des espaces sociaux différents plus que celle du spécialiste indiscuté mais cantonné à son étroite spécialité. Autrement dit, si les politiques culturelles entraînent l'émergence de spécialistes, ce sont ceux de la polyvalence, «experts sans expertise»[95] qui fondent la délégation de pouvoir dont ils bénéficient sur leur capacité à faire tenir ensemble des logiques et des objets disparates plus que sur le savoir singulier du technicien, faisant de l'action culturelle publique l'une de «ces situations embrouillées et floues» dont parle Luc Boltanski, «où tout, depuis le titre jusqu'aux propriétés qui rentrent dans sa définition, demeure ambigu»[96].

Les technologies sociales de l'administration de la culture

Management, gestion, marketing, communication... l'importation ou à tout le moins l'invocation de ces technologies sociales du «savoir faire et du faire savoir» (Mollard) se sont imposées dans l'administration de la culture. Cette importation était *a priori* improbable dans un espace social structuré autour de la dénégation de l'économie et dans la conduite de politiques justifiées précisément par la nécessaire préservation de la culture à l'égard des «lois du marché». Elle est le double produit de la politique ministérielle et des stratégies de ceux qui trouvent par cette voie un moyen de se faire une position dans le champ culturel[97]. S'ils ne produisent pas la «rationalisation» escomptée de l'action publique, ces nouveaux échanges – entre économie et culture, public et privé, administration et médias, etc. – contribuent à pacifier (et à opacifier) les rapports, devenus plus complexes, de la politique et de la culture. Euphémisant la dimension proprement sociale des questions culturelles, ils contribuent plus encore à instaurer des formes douces de gestion des rapports sociaux.

Les transformations ne se limitent pas à la culture qui, dans le courant des années 1980, conduisent de manière plus ou moins coordonnée à une réorientation économiquement libérale des politiques publiques[98], à la transposition de règles de gestion et de fonctionnement des entreprises privées aux administrations publiques[99] ou encore à l'essor de formes rationalisées de relations entre les «décideurs» et le «public» comme les sondages ou la «communication publique». Si elles ne lui sont pas spécifiques, ces transformations s'opèrent néanmoins de façon particulière dans le cas de l'intervention culturelle publique. Elles ne procèdent qu'à la marge de l'imitation de «modèles» étrangers. Certes l'application du raisonnement économique aux activités artistiques a d'abord été développée aux États-Unis, avec notamment les thèses très largement diffusées de William Baumol sur la crise structurelle du spectacle vivant[100]. Mais ce sont dans ce cas des modèles d'analyse économique plus que des modèles de politique publique ou de gestion qui sont importés, le «financement à l'américaine» essentiellement privé et soumettant les institutions culturelles à des logiques financières restant mal considéré en France[101]. C'est bien plutôt dans l'alliance entre la politique ministérielle et les prétendants aux nouvelles positions de «professionnels de la culture» que résident les logiques de ces transformations. Ces prétendants trouvent en effet soutien auprès des agents du ministère de la Culture qui promeuvent l'application à la culture des techniques et logiques hétéronomes du «management», leur permettant ainsi d'obtenir des positions dans le champ culturel sans en être issu: on peut (doit) être gestionnaire pour diriger un théâtre et plus forcément metteur en scène ou comédien, spécialiste de communication et plus forcément d'histoire de l'art pour avoir la charge du public d'un musée. Dans ces conditions, l'hétéronomie de ces compétences n'est plus un handicap mais devient une ressource utile à l'invention de positions professionnelles. Elle permet en effet de faire valoir son utilité complémentaire en même temps que sa différence et aussi, à l'instar des planificateurs des années 1960 qui prônaient la mise en place d'une statistique culturelle, de jouer la carte du «non conformisme» en revendiquant l'identité «provocatrice» du gestionnaire culturel.

Le slogan de Jack Lang en 1982 («économie et culture, même combat»), les recommandations du IXe Plan tendant à faire de la culture l'un des instruments de la stratégie de «sortie de crise», l'organisation d'un colloque sur ce thème à la Sorbonne le 13 février 1983, la création par le ministère de la Culture d'un Institut de financement du cinéma et des industries culturelles (IFCIC) en octobre de la même année... les signes abondent, en quelques mois, qui tendent à valoriser une construction économique des questions culturelles et à en produire la représentation apaisée de la neutralité gestionnaire[102]. On prophétise alors «la fin d'une culture polémique» et l'avènement d'«une culture du consensus libéral»[103]. L'association d'aide à la gestion des entreprises culturelles et le réseau des assistants techniques des entreprises culturelles mis sur pied dans le cadre de la politique de l'emploi culturel forment l'«avant-garde» de la «modernisation» des structures culturelles[104]. Ces organismes doivent «sensibiliser» entreprises et institutions culturelles aux impératifs de la gestion. Les 16 et 17 décembre 1983, l'AGEC organise à Paris un premier colloque qui sera suivi de nombreux autres sur des thèmes similaires: «Économie et culture: les entreprises culturelles face à leurs stratégies de développement». Son président, Henri Le Marois, le proclame: «L'économie et la culture: deux termes, deux mondes, deux logiques qui par le passé sont trop souvent apparus contradictoires. Mais aujourd'hui le temps n'est plus à discuter sur l'opportunité de ce rapprochement, mais bien sur les formes qu'il peut prendre». Un programme d'aide à l'informatisation et à la documentation est également prévu. Cette «sensibilisation» est assurée par les assistants techniques aux entreprises culturelles, jeunes gestionnaires diplômés d'HEC, des ESSEC, de Sciences économiques, des IAE, des IUT de gestion ou en expertise comptable. Ils s'occupent au départ surtout du spectacle vivant, puis interviennent principalement dans les structures généralistes de l'action culturelle[105]. Ils sont chargés d'animer les centres d'aide à la gestion des entreprises culturelles (CAGEC), au départ structures légères dénommées «boutiques de gestion». Mais leur rôle est loin de se cantonner à la comptabilité: ils réalisent des «études d'opportunité» ou de «faisabilité», montent des dossiers, rédigent des «argumentaires» pour la création de postes ou l'octroi de subventions... En bref, ils contribuent activement à la conversion des institutions culturelles au langage de la gestion.

En moins de dix ans, cette conversion semble si ce n'est acquise, en tout cas inéluctable – et ce d'autant plus qu'elle est de nouveau favorisée dans la politique ministérielle après l'alternance de 1986[106], puis lors du retour de Jack Lang en 1988[107] – au point que l'appropriation du langage économique par les agents du champ culturel devienne elle-même un sujet de réflexions[108]. Les colloques et formations sur la gestion de la culture se multiplient, ainsi que les publications[109]. Les schèmes du diagnostic économique ont désormais droit de cité pour évaluer les interventions publiques dans le domaine culturel[110]. Ceux du marketing servent à développer les «stratégies» des institutions: stratégies de leader ou de suiveur, agressive ou de différenciation peuvent ainsi être développées selon les «objectifs» et les «pré-requis» de la structure culturelle, être évalués en fonction de leurs «avantages» et «inconvénients» respectifs, et finalement déterminer la «dominante stratégique» – *pull* ou *push*[111]. «Audits de gestion»[112], «conseils en management»[113] sont sollicités non seulement par les «entreprises culturelles» du secteur privé, mais aussi très largement par les organismes publics ou les collectivités locales[114].

Toutefois cet usage massif de la référence managériale semble bien tenir d'une gestion des apparences des administrateurs de culture tout autant que d'un progrès de la gestion tout court. Un bon exemple de cette rationalisation de la «façade» pour reprendre un terme d'Erving Goffman[115], est fourni par la modélisation cybernétique du management culturel que construit Mollard avec toutes les apparences de la rationalité. À grand renfort de schéma retraçant le circuit du management culturel, de définitions, de termes techniques et locutions nouvelles («corporate», «médiation coût-délais», «multi-secteurs»...), les gages du sérieux sont apportés et la nécessité d'une compétence spécifique pour la manipulation de paramètres aussi complexes est démontrée.

> *«J'appelle ingénierie culturelle la capacité d'apporter des solutions optimales, en termes de qualité, de coûts et de délais, aux demandes exprimées par les partenaires de la vie culturelle pour la définition d'objectifs, la mise en œuvre de programmes, la mobilisation de financements et la réalisation technique de projets. [...] L'ingénierie culturelle peut être également définie au*

regard du management culturel. Elle englobe le management conçu comme l'art de diriger des projets depuis le concept de départ jusqu'à la réalisation finale. Mais il ne faut pas confondre management et gestion. Le management relève plus d'un art, d'une aptitude particulière, alors que la gestion est un outil, une technique»[116].

Cette rationalisation des apparences ne serait-elle qu'une rationalisation apparente? C'est ce que tend à établir la critique sévère de deux «conseils en management» à l'égard des faux-semblants du «management public de la culture»[117]. Selon eux, les vertus rationalisantes du management ne peuvent s'exercer que dans certaines conditions que les politiques de la culture sont loin de remplir, du fait notamment du flou de leurs objectifs. «Les progrès constatés sont loin d'être complets et s'avèrent, en réalité, beaucoup plus modestes que ne le laissent entendre les responsables des politiques et entreprises culturelles», évaluent-ils. C'est que «l'introduction de nouveaux outils de gestion s'est effectuée [...] sans que des démarches et supports de formalisation stratégique des objectifs ne soient mis en place». L'offre se suffit à elle-même: le résultat est confondu avec la réalisation. Or, en l'absence de formalisation des objectifs et d'indicateurs de résultat, le management ne peut être qu'un mot d'ordre ou un moyen de légitimer l'emploi des ressources mises à disposition: il sert à «maquiller» les apparences et non à «optimiser» l'emploi des ressources.

«L'on serait bien en peine de rechercher dans les programmes d'action une définition opérationnelle [des] préoccupations et les critères d'une évaluation de la gestion des politiques mises en œuvre. [...] Aucun document n'explicite la stratégie de l'entreprise et les interviews des responsables ne permettent pas d'en savoir plus sur leurs ambitions: tous exposent, au gré de généralités sur l'art, le même souci d'une programmation de qualité et d'une amélioration de l'accueil du public. Pour quoi faire? La question reste sans autre réponse que la recherche d'une meilleure image de leur entreprise... et, sans doute, de son directeur».

La référence managériale s'inscrirait donc avant tout dans les stratégies de reconnaissance des professionnels de la culture, comme en témoigne le fait que «l'effort de modernisation de la gestion culturelle» a principalement porté sur une «fonction de management» bien particulière: le marketing et la communication[118], alors même que le développement des techniques de communication s'avère fort peu efficace – au regard des très fortes sommes engagées – dans une stratégie d'élargissement du public[119]. Au nom du public se développent ainsi des pratiques dont les logiques s'inscrivent avant tout dans des relations entre «spécialistes» qui parlent en son nom. À la manière des sondages d'opinion qui, tout en prétendant «donner la parole au peuple», renforcent l'effet de cercle qui tend à faire des questions politiques la prérogative exclusive d'un champ clos d'agents en nombre restreint[120], la communication et le marketing culturel font prévaloir la reconnaissance des pairs et celle des médias sur le rapport au public que ces techniques sont censées améliorer. Qu'importe alors le déclin des pratiques amateurs ou des formes de participation du public, dès lors que la «qualité» et le «professionnalisme» s'en trouvent améliorés? «Le développement du professionnalisme s'accompagne d'un recul sensible du bénévolat qui peut faire redouter pour certains une forme de professionnalisation absolue du monde de la culture... Mais, est-ce tant à redouter...?», conclut ainsi un colloque réunissant les «acteurs de la décentralisation culturelle»[121].

Cette rationalisation apparente inscrite dans des tactiques de gestion des apparences est donc liée à des transformations bien réelles. Quand bien même l'importation du management est en matière de culture largement rhétorique, elle s'inscrit en effet dans une nouvelle remise en cause de frontières établies – comme celle entre le public et le privé – et l'établissement d'un système d'interdépendance généralisée. Le développement d'un «management culturel» contribue effectivement à la confusion croissante entre les secteurs privé et public. La différence devient en effet ténue entre l'opération de mécénat d'une entreprise privée et le financement d'un festival ou d'une exposition par une collectivité locale, dès lors que toutes deux font appel à des «professionnels» formés aux mêmes règles, voire passent par l'intermédiaire des mêmes cabinets de «conseil» et en escomptent avant tout les mêmes retombées médiatiques. Les entreprises privées du secteur culturel évoquent l'«accès de tous à la culture» pour obtenir des conditions dérogatoires, les mécènes utilisent à l'envi le registre «civique» de «l'entreprise-citoyenne»[122] quand les logiques de l'action culturelle publique sont de plus en plus explicitement soumises à des objectifs économiques[123]. Le rapport au ministère de la culture sur les formations à l'administration culturelle résume bien les transformations récentes qui viennent bouleverser des frontières qui paraissaient bien établies:

> *«La typologie ancienne qui discernait un secteur "établissements et institutions culturelles", d'une part, un secteur "pouvoirs publics et collectivités territoriales", d'autre part, et un troisième secteur relevant davantage des industries culturelles, n'est plus aussi opérante aujourd'hui. Des mouvements structurels se sont produits: le poids plus important qu'a pris aujourd'hui la gestion de projets par rapport à la gestion d'équipements; la naissance et le développement de fonctions et des structures intermédiaires dans le domaine du conseil, dans le domaine de la recherche de fonds, la recherche de mécénat, dans la communication; les évolutions dans le mode de financement des structures culturelles elles-mêmes: la diversité des partenaires financiers, ce qui suppose de nouvelles compétences, très diversifiées également, et des capacités, pour les futurs administrateurs culturels, à savoir dialoguer avec de multiples partenaires différents»*[124].

De manière comparable aux transformations du jeu politique liées au développement d'intermédiaires médiatiques analysées par Patrick Champagne[125], l'essor des spécialistes de la «médiation culturelle» a partie liée avec l'allongement et la complexification des circuits de légitimation qui marque l'avènement d'un «échange généralisé». À la structure binaire du «prince» et de l'«artiste», succède un système aux partenaires multiples, intégrant les champs culturel, journalistique, politique, économique et les professionnels de la «médiation» qui régissent leurs échanges, chacun contribuant à légitimer et à contrôler l'autre. L'essor de la nébuleuse des professionnels de la culture et la promotion des technologies sociales dont ils sont porteurs a de cette manière partie liée avec l'intensification des liens d'interdépendance d'agents aux positions différentes – responsables de services ou d'équipements culturels publics, artistes, agents du secteur privé comme les marchands d'art ou les entrepreneurs de spectacle – qui se tiennent en même temps qu'ils sont tenus, en demandant ou octroyant des subventions, ou en régulant l'accès à des circuits de consécration, par exemple. Dans ce système d'interdépendance, ponctuellement matérialisé dans un lieu – comme au cours du festival d'Avignon pour le théâtre, ou lors de grandes manifestations publiques – se forgent des références communes (de la réappropriation de la thématique de la démocratisation culturelle par les entreprises privées à celle du management par les services publics) et se réalisent des trajectoires «transfrontalières» qui renforcent ces échanges et liens de dépendance nouveaux.

Cette intensification des interdépendances conduit par là à remplacer la contrainte (censure) par l'autocontrainte (autocensure), pour employer le vocabulaire de Norbert Élias[126]. Dès lors en particulier que les administrateurs culturels se savent tenus par les relations qu'ils entretiennent avec leurs homologues, avec ceux qui leur accordent des crédits – élus, responsables du ministère en particulier – et ceux qui leur attribuent du crédit – agents du champ culturel, critiques – ils sont en effet prédisposés à limiter le champ des possibles à ce qui peut concilier les impératifs de ces différents espaces et permettre, comme le dit Rainer Rochiltz, de «faire coexister subversion et subvention»[127]. L'avènement d'un «conformisme culturel» fréquemment imputé au développement de l'intervention culturelle publique[128] – et dont il resterait à démontrer l'importance – serait ainsi moins le produit d'une «fonctionnarisation de la culture» que l'effet plus diffus et indirect du développement des échanges entre univers sociaux différents.

Cette intensification des interdépendances s'accompagne enfin de la pacification des rapports sociaux, et ce de trois manières. En premier lieu, la professionnalisation et la multiplication des intermédiaires ont conduit à euphémiser les conflits proprement sociaux dont la culture est l'enjeu. Elles ont en effet permis d'imposer la «conception nouvelle de la culture» que défendaient déjà les promoteurs du Centre Georges-Pompidou, conception qui «tend à remplir une fonction sociale de pacification dans la mesure où elle est en affinité avec une représentation du monde où les classements, loin d'apparaître définitifs et irrévocables, apparaissent relatifs, provisoires, indécis»[129]. Par ailleurs, les conflits auparavant constitués sur des bases explicitement politiques et idéologiques et parfois construits comme reflets des luttes de classes sont désormais traduits sous forme d'enjeux internes à l'univers des professionnels de la culture. Les principes d'opposition généraux (haut/bas, distingué/vulgaire, etc.) sont ainsi transposées aux différends qui opposent les différentes fractions des spécialistes de l'action culturelle: création *vs* animation, qualité du contenu *vs* participation du public, légitimation par les pairs ou les médias *vs* prise en compte de la «demande», etc. Les conflits qui, localement, opposent les tenants de la légitimité culturelle et professionnelle (bibliothécaires, directeurs de théâtre par exemple) aux agents défendant des conceptions plus «sociales» de l'action culturelle (comme ceux qui sont issus du travail social ou des MJC), sont particulièrement exemplaires de cette transposition[130]. Ce qu'il y a d'explicitement social et politique dans la politique culturelle se doit désormais d'être exprimé dans les termes professionnellement conformes du discours «civique» des administrateurs culturels[131].

En second lieu, avec la professionnalisation des administrateurs de culture, des modes de gestion «pacifiques» des rapports sociaux sont développés. Ainsi le management culturel, tel qu'il est défini par ceux qui s'en réclament[132] doit contribuer au réglage des rapports sociaux dans la «production» et la «consommation» culturelles, de manière, comme tout «management», à éviter les conflits par des compromis rendant acceptable un certain état des rapports de force. La «communication culturelle» quant à elle tend à produire du «public» des représentations alternatives aux visions classistes de l'espace social: indifférenciation d'un agrégat de «consommateurs» individuels soumis à un «message» unique, «ciblage» de groupes particuliers (les jeunes, les entreprises...) ou classification des «pratiquants» par «styles de vie». Et ce n'est certainement pas un hasard si les représentations de l'espace social qui donnent à voir une société sans classe, comme celles que produisent le CCA ou la COFREMCA sont directement ou indirectement utilisées par les managers culturels[133].

Plus généralement, la professionnalisation de l'administration culturelle tend, en dernier lieu, à accréditer une représentation pacifiée de l'espace social. Si l'on prend au sérieux l'hypothèse selon laquelle les formes culturelles constituent effectivement l'un des principaux vecteurs des représentations de l'espace social et, plus subtilement qu'un simple reflet ou qu'un vecteur direct des rapports de forces, sont intégrées à un système de domination qu'elles peuvent contribuer à renforcer ou à remettre en cause[134], on peut penser en effet que cette «pacification» culturelle a partie liée avec la diffusion d'une représentation irénique des rapports sociaux. Définie par sa «qualité professionnelle», la culture professionnelle ne peut être que consensuelle, puisqu'aucune indexation sociale ne vient plus la particulariser: la «qualité» que produisent et garantissent les «professionnels» la destine à l'admiration universelle. L'effet de cercle entraîné par cette professionnalisation particulière contribue ainsi à la formation d'un apparent consensus culturel tendant à occulter ce que ces formes culturelles pacifiées doivent aux luttes sociales qui ont permis leur imposition.

CHAPITRE VII

L'État contre la culture ?

L'un des effets inattendus de la professionnalisation de l'administration culturelle est d'avoir contribué, par l'entremise des stratégies d'extension du marché qu'elle occasionne, à élargir le domaine couvert par l'intervention culturelle publique. En plus des frontières entre public et privé et entre espaces sociaux, ce sont ainsi les frontières de «la culture» qui ont été rendues plus incertaines. L'intervention culturelle publique, initialement fondée sur une stratégie prosélyte de «démocratisation» de la culture légitime, comprend désormais des stratégies de réhabilitation et devient explicitement un moyen de légitimation culturelle et-ou de légitimation sociale par la culture[1]. Tout comme «l'inflation du culturel» conduit à rendre son objet de plus en plus insaisissable, la combinaison de ces deux stratégies complexifie et obscurcit les objectifs de la politique culturelle. De plus, la politique d'élargissement de la culture rencontre d'importants obstacles qui mettent à mal l'efficacité de ces opérations «magiques» d'imposition de la valeur par apposition de l'étiquette «culturelle»[2]: la «magie d'État» se heurte en la matière à la difficulté pour les administrations d'État de se voir accepter et reconnaître comme des instances légitimes de légitimation culturelle. Ainsi, tout autant qu'à la réhabilitation de formes culturelles jusqu'alors non reconnues comme telles, le relativisme d'État a conduit à réactiver les polémiques sur la définition de la culture, la légitimité des pouvoirs publics à la définir et, finalement, sur les fondements mêmes de la politique culturelle.

L'EXTENSION D'UNE APPELLATION CONTROLÉE

De la diffusion des biens rares à une politique de labellisation

À la suite de la publication d'un rapport d'évaluation sur «la politique culturelle de la France»[3], et à l'occasion du trentième anniversaire du ministère de la Culture qui coïncide avec le moment des bilans de la décennie, la revue *Commentaire* lance un questionnaire sur la «politique culturelle en France» auquel répond une trentaine de «personnalités»[4]. Et ce n'est sans doute pas un hasard si la première question porte sur l'«inflation» intervenue dans l'usage des mots «culture» et «culturel». Car tel est bien non seulement «l'aspect le plus médiatisé de la nouvelle politique culturelle»[5] mais aussi l'enjeu qui a le plus marqué cette politique dans les années 1980 et les débats qu'elle a suscité.

La prise en compte d'un nombre croissant d'objets sociaux au titre de leur dimension «culturelle» est identifiée dès 1981 comme l'un des principaux signes du changement qui marque l'avènement d'une nouvelle politique culturelle: «l'intérêt de M. Jack Lang est qu'il s'intéresse à tout. [...] les arts sont égaux, vive la démocratie et rendez-vous rue de Valois»[6]. Cette «ouverture» est systématiquement revendiquée et mise en avant. Les témoignages[7] et bilans officiels soulignent abondamment la nouveauté que constitue «la reconnaissance de formes de création autrefois écartées»[8]. Le bilan de «dix ans de politique culturelle» édité par le ministère de la Culture en 1991 met également l'«élargissement de la culture» à son actif. C'est sous le titre «Culture sans frontières» que le document de synthèse du bilan ministériel présente la politique de «décloisonnement artistique», passant par l'ouverture de «nouveaux patrimoines» et la prise en compte de «tous les arts, tous les artistes»; «Jusqu'en 1981, l'on avait peu vu de rockers dans les couloirs de la rue de Valois»[9].

Dans le fascicule consacré au «développement culturel», on peut lire que la culture «implique la reconnaissance et la valorisation d'un large champ d'expressions, réalisées ou naissantes. Diverses formes, souvent d'inspiration populaire, ont ainsi accédé durant ces dix ans à la dignité artistique, et ont connu un essor sans précédent. [...] Le grand couturier, le musicien de jazz ou de rock, l'artiste de cirque, le designer, le photographe... tous participent à l'élaboration d'une même culture» lit-on sous le titre «Le droit de cité pour tous les créateurs»[10].

S'il est largement rhétorique, ce changement est aussi inscrit dans des pratiques et des institutions. Le 10 mai 1982, le texte du décret d'attribution du ministère de la Culture est modifié: il n'est plus question de «chefs d'œuvre», mais de la «création de tous». Des services sont créés – direction du Développement culturel, services «Jazz et musiques improvisées» et «Chanson et variétés» à la direction de la Musique, etc.– des institutions nouvelles sont mises en place – comme le conseil des Arts du cirque, créé en 1983, le Cirque national et l'école du cirque l'année suivante – des programmes sont élaborés – un «plan BD» en 1983 – sans parler des subventions accordées à des pratiques de plus en plus diversifiées.

Cette nouvelle orientation politique a souvent été qualifiée de symbolique, au sens où l'importance des discours et des signes de reconnaissance tranche avec la relative faiblesse de pratiques correspondantes matériellement tangibles, notamment sur le plan budgétaire: les déclarations relativistes apparaissent alors de peu de poids face au maintien de la primauté quasi-exclusive traditionnellement accordée à la culture légitime[11]. Mais cette politique peut également être qualifiée de symbolique, non plus au sens où elle serait «en réalité» limitée, mais parce qu'elle porte en priorité sur des représentations. L'intervention publique, par une série d'actes officiels (discours ministériels, subvention au titre du «développement culturel», inaugurations, importation dans les lieux de la légitimité culturelle...), tend en effet à transformer des statuts sociaux dans le sens d'un ennoblissement culturel. Cette politique symbolique est explicitement censée permettre la remise en cause des hiérarchies culturelles considérées comme reflets des hiérarchies sociales au profit d'un relativisme d'institution permettant l'avènement d'une «démocratie culturelle». De ce point de vue, le changement est donc effectivement important: de l'enregistrement *ex post* des hiérarchies produites dans les instances de consécration culturelle, l'intervention publique tend à prendre une part active aux processus de légitimation culturelle et à devenir l'un de ses vecteurs parmi les plus importants.

Quatre conditions principales se combinent pour réaliser cette importante inflexion et, dans le même temps, en dessiner les modalités. Ce sont, tout d'abord, des conditions proprement politiques, qui tiennent en particulier à la mobilisation de la culture dans les stratégies d'affirmation du changement après l'alternance de 1981. Un journaliste l'affirme: cette politique correspond «à l'ambition première de l'État socialiste, qui entend remodeler durablement le visage de la société française»[12]. Sans aller jusque là, il faut en effet rappeler que cette entreprise multiforme de réhabilitation culturelle est intégrée à une politique plus générale prétendant à l'instauration de nouveaux rapports sociaux. À l'imposition d'un modèle unique générateur d'«exclusion» doit succéder une «société plurielle» reconnaissant le «droit à la différence»; et c'est en particulier la reconnaissance des «différences culturelles» qui doit permettre ce changement[13]. Un haut fonctionnaire du ministère résume ainsi:

> *«Au-delà de la délectation des citoyens, l'effort culturel répond à une nécessité autrement plus contraignante, celle de la communication, de l'échange entre les groupes sociaux. La seule alternative à la civilisation du zonage et du ghetto, génératrice inéluctable de violence et d'affrontements sans fin, c'est la reconnaissance, la mise en valeur et l'échange des cultures, des groupes, des communautés et des ethnies»*[14].

Cette politique de réhabilitation culturelle s'exerce dès lors avant tout en direction des groupes dont on cherche à renforcer ou faciliter l'intégration[15]. C'est notamment le cas pour la valorisation des cultures dites «régionales» – occitane, bretonne, alsacienne, corse, etc. – et de celles dites «communautaires» – Juive, Tzigane, Arménienne, etc[16]. C'est également le cas des manifestations – comme l'exposition «Jeunes issus de l'immigration» présentée en 1984 au centre Pompidou – et des dispositifs visant les «jeunes des cités» et les «beurs».

> *«À partir de 1985, relate le bilan du ministère, l'étape de la reconnaissance – ou du moins, de la demande de reconnaissance – étant franchie, les projets s'orientent plus résolument vers l'intégration dans la société française, et dans les circuits économiques du marché artistique. Cela tient pour une part de l'avènement d'une génération issue de deux cultures, les Beurs, qui privilégient l'échange interculturel et l'expriment artistiquement. L'apport des musiques du Maghreb et d'Afrique noire à la musique française et internationale en est un exemple éclatant et le rap a, plus récemment, acquis une véritable légitimité»*[17].

On en trouve enfin une bonne illustration dans les transformations des politiques à destination des départements et territoires d'outre-mer[18]. Alors que l'identité culturelle territoriale n'a longtemps été défendue que par les élus locaux, contre l'imposition par la métropole d'une culture supposée universelle, ce sont les structures du ministère (DRAC) qui font désormais la promotion des cultures locales. La situation de crise connue par de nombreux DOM-TOM amène en effet les pouvoirs centraux à faire des institutions culturelles les vecteurs de la pacification sociale, faisant passer les pratiques administratives d'un modèle évolutionniste et «assimilationiste» à celui d'une «administration de la différence», alors que dans le même temps, les municipalités «autonomistes» – dont l'élargissement des compétences a paradoxalement renforcé le recours à l'expertise des services centraux – ont tendance à diffuser beaucoup plus massivement le répertoire européen.

Une seconde série de facteurs qui tiennent plus spécifiquement à la politique culturelle s'ajoute aux conditions politiques générales pour réaliser cette réorientation relativiste. Cette dernière peut en effet être interprétée comme le résultat du «bricolage» par lequel les producteurs de politiques évaluent les politiques antérieures, les modifient et imaginent des orientations alternatives[19]. Plus de vingt ans de politique ministérielle ont en effet permis de constater les limites du modèle de la «démocratisation culturelle» sur lequel elle était premièrement établie. D'innombrables enquêtes – et en particulier celles du Service des études du ministère – ont montré l'échec de la «conquête de nouveaux publics» qu'était censée permettre cette politique. L'affaiblissement de ce mythe fondateur de la politique culturelle engage ainsi à la constitution d'un nouveau mot d'ordre: promouvoir «la culture sous toutes ses formes». Tout se passe en effet comme si l'on tentait de démocratiser le mot faute d'avoir démocratisé la chose. Si les stratégies prosélytes et de réhabilitation sont logiquement exclusives l'une de l'autre, elles se trouvent mêlées en pratique, comme en témoigne par exemple cette circulaire du ministre de la Culture du 20 novembre 1981 enjoignant aux préfets d'«assurer la diffusion sociale de la culture et l'élargissement du champ culturel». En l'espèce ce nouveau principe d'intervention s'ajoute aux précédents plus qu'il ne s'y substitue.

La promotion de nouvelles catégories d'agents au ministère de la Culture forme une troisième condition favorable à ce changement. Il s'agit tout d'abord des «énarques de gauche» qui, marqués par les «contestations culturelles» des années 1970 et-ou par les analyses des sciences sociales, présentent des dispositions *a priori* plus favorables à la remise en cause des hiérarchies culturelles établies que leurs prédécesseurs aux postes de direction du ministère. Il s'agit dans une moindre mesure des défenseurs des cultures «populaires», «jeunes» ou «alternatives», auxquels on attribue des postes de conseiller ou des missions d'étude – comme Jean-Pierre Collin et Jean Hurstel, par exemple. Enfin, et ce dès 1980 avec la création d'une mission et d'un conseil du patrimoine ethnologique au sein de la direction du Patrimoine, des ethnologues ont été sollicités et recrutés par le ministère de la Culture (au sein de l'administration centrale, dans différentes institutions, dans les directions régionales des affaires culturelles), et ont contribué à élargir la notion de patrimoine et, dans le même temps, à allonger la liste des objets et pratiques susceptibles d'un intérêt «culturel»[20].

Enfin, la politique d'élargissement de la culture procède de l'alimentation réciproque des annonces officielles et des investissements des professionnels de la médiation culturelle. Le discours du «tout culturel» tenu par le ministre dès les premiers mois contribue de fait à ouvrir l'espace du culturellement pensable: l'augmentation budgétaire aidant, il suscite à tout le moins de la part des artistes et administrateurs de culture des demandes et des propositions plus nombreuses et couvrant un domaine plus vaste que la seule «culture cultivée». Comme le note Philippe Urfalino, l'évolution vers le relativisme culturel est «renforcée par les luttes de reconnaissance de professions qui jusqu'ici restaient aux marges de la création et qui saisissent les opportunités de la labellisation offertes par le soutien de l'État»[21]. Sont ainsi suscitées des vocations «culturelles» parmi des groupes ou des activités pour lesquelles les profits symboliques et matériels d'une telle qualification n'était, sans cette politique, pas pensables. En retour, rien ne vient limiter l'étendue des sollicitations possibles: comment en effet mettre des frontières tout en prétendant œuvrer à l'abolition des frontières? Les usages renouvelés de la référence culturelle suscités par la proclamation officielle de l'«élargissement du concept de culture» contribuent ainsi à le réaliser en pratique.

Une tentative controversée de légitimation culturelle

Les expositions de tags et de graffitis organisées à l'initiative de la direction des Musées de France en 1991 dans un musée des Beaux-Arts de la banlieue parisienne, un écomusée puis un prestigieux musée national occupent une place particulière dans la politique de réhabilitation initiée au début des années 1980[22]. Ce cas est en effet plus généralement exemplaire des conditions, des formes et des obstacles de toute entreprise publique de légitimation culturelle.

Les conditions de cette opération sont tout d'abord de deux ordres principaux. La présentation dans un musée, lieu par excellence de la consécration artistique, de ce qui est souvent considéré comme un «symptôme» du «malaise social» plus que comme une forme particulière d'expression plastique paraît de prime abord surprenante, et n'a été rendue possible qu'à la faveur de conditions artistiques et sociales favorables. Dans le champ artistique, trois éléments doivent être rappelés. En premier lieu, la dilution progressive des critères d'appréciation artistique – analysée comme une «fragmentation du marché de l'art» ou dénoncée comme le signe d'une «perte des valeurs» – est propice à l'élargissement de la légitimité artistique à des formes «mineures» ou marginales. Le flou des principes – contribuant à rendre les frontières plus perméables – est du reste fréquemment considéré comme un élément déterminant des relations entre «l'art et l'État». Ainsi le «soutien attrape-tout à toutes les formes de culture potentiellement populaires» serait un aspect important de l'action de l'État: «La politique du ministère de la Culture pendant ces douze dernières années a continuellement alterné soutien à un nouvel art officiel d'élite et engagements culturels tous azimuts où l'on passe allègrement des arts élevés au plus bariolé des bazars dans un fidèle reflet des changements sociaux profonds»[23]. Cette «boulimie anxieuse», produite par les transformations structurelles du champ artistique, contribue en retour au brouillage des frontières qui rend possible l'organisation d'une exposition de graffitis. En second lieu, nombre d'artistes (souvent jeunes) ayant suivi un circuit relativement habituel de reconnaissance au sein du marché de l'art importent dans leur production thèmes et formes du graffiti. On pense par exemple à Roger Combas, ou encore à l'affiche de la «Ruée vers l'art», fête organisée par le ministère de la Culture: elle était en 1985 signée «Speedy Graphito». En troisième lieu, si les graffitis avaient jusqu'alors peu suscité l'intérêt des agents du champ artistique en France, tel n'était pas le cas aux Pays-Bas, en Allemagne ou aux États-Unis où des expositions avaient été organisées[24]. Dès la fin des années 1970, les galeries d'avant-garde de New York présentent des fresques murales réalisées par des «graffiti artists»[25]. Des expositions de graffitis américains sont organisées dans les galeries néerlandaises dès le début des années 1980. Les conservateurs de musée en achètent et une rétrospective du graffiti new-yorkais est présentée au musée Boymans-van Beuningen de Rotterdam. De la même manière, des tournées d'expositions de graffitis sont organisées au cours de la décennie 1980 dans les musées allemands. Aux États-Unis, les galeries privées restent longtemps les seules à présenter ce type de production, et ce n'est qu'en juin 1991 qu'est organisée la première exposition officielle de graffitis dans un musée de Washington. Ces précédents étrangers, cités comme garantie par les organisateurs français, permettent d'inscrire l'exposition de 1991 dans une certaine actualité artistique internationale et, comme en témoignent les polémiques apparues aux Pays-Bas ou aux États-Unis, de se placer dans la fraction «moderniste» du champ artistique: celle qui accepte et cherche la «nouveauté» d'où qu'elle vienne. Les expositions organisées fin 1991 ne sont donc pas assimilables à un «coup de force» tendant à promouvoir *ex nihilo* tags, grafs et graffitis au sein du champ artistique; c'est au contraire l'état de ce dernier qui rendait une telle initiative possible[26].

En plus de ces conditions minimales d'acceptabilité artistique, des conditions plus générales doivent être prises en compte, qui tiennent à la vocation «sociale» d'une action ministérielle. «Les banlieues» sont, au moment du montage du projet, particulièrement présentes sur l'agenda médiatique, et l'époque est à la prise en charge de ces «problèmes sociaux» particuliers dont le caractère multiforme appelle un traitement «global». Les domaines culturel et artistique, comme les autres secteurs d'intervention publique, sont concernés. Permettre aux graffitis d'accéder à «la dignité artistique», c'est alors «faire œuvre sociale», au sens noble du terme, alors que leur refuser cette reconnaissance, c'est avaliser l'ostracisme dont sont victimes les populations des banlieues. L'opération Hip Hop Dixit à l'origine des trois expositions de graffitis s'inscrit ainsi dans la perspective d'une valorisation des cultures dites «mineures», considérée comme un vecteur de reconnaissance sociale. Le projet Hip Hop Dixit «se situe dans le cadre de la politique gouvernementale d'intégration». Il vise à «ne plus isoler la jeune population immigrée en valorisant ses aspects les plus créatifs». De cette manière «la tribune sur laquelle monteront les zulus pour se faire reconnaître ne sera, pour une fois, pas celle des médias, mais celle des musées»[27]. Cette dimension sociale est d'autant plus aisément affirmée que les idées «positives» de ce qui est désigné comme «Culture Hip Hop» s'articulent bien avec les discours de l'intégration: lutte contre le racisme, non-violence, lutte contre la drogue…

Loin de ne former que la conjonction de conditions favorables, ces éléments marquent aussi l'ambivalence d'une opération qui revêt alternativement ou simultanément plusieurs formes. Les principaux protagonistes de l'opération Hip Hop Dixit marquent bien, par leurs positions et leurs identités professionnelles respectives, les lignes qui y confluent: il s'agit de l'adjointe au chef du département des publics, de l'action éducative et de la diffusion culturelle à la direction des Musées de France, d'un ethnologue et d'un historien d'art sollicités pour l'occasion. À ces protagonistes principaux s'ajoutent d'autres catégories d'agents, représentants du pôle «social» et de la politique de la ville. Action culturelle «classique» en vue de l'élargissement des publics, projet d'action «sociale» utilisant la culture comme vecteur, reconnaissance ethnographique des formes culturelles et intégration au champ artistique constituent ainsi les quatre principales constructions du projet.

Première construction, qui est en même temps la première étape du projet: il s'agit de favoriser l'«accueil des jeunes de banlieue au musée». Les expositions de graffitis s'intègrent d'abord à un ensemble de moyens mobilisés pour amener ceux qui ne le font pas à fréquenter les musées: visites pour les enfants des banlieues pendant les vacances estivales, promotion auprès de groupes d'adolescents, etc[28]. Ainsi, d'après l'un des promoteurs de l'opération, «Fresnes et Meaux ont reçu chacun 5000 visiteurs, et le musée national des monuments français a accueilli 35 000 visiteurs, dont les deux tiers n'étaient jamais venus dans un musée»[29]. En retour, ces expositions d'un nouveau type doivent également produire un effet sur l'institution muséale elle-même: elles offrent «une occasion pour le musée de prendre le rythme de la ville»[30]. «Il n'y a pas de modèle, mais cette expérience peut enrichir notre réflexion en cours sur les projets culturels de nos musées», affirme le conservateur du musée Bossuet de Meaux[31]. De fait, l'application de l'objectif d'élargissement du public à une population préconstruite comme socialement «exclue» ne peut faire l'économie d'une adaptation de l'institution culturelle; afin d'améliorer la «démocratisation culturelle», il ne s'agit plus seulement de «favoriser l'accès» aux institutions culturelles, mais de «repenser les formes possibles d'action culturelle en direction de publics habituellement éloignés des circuits culturels classiques et donc du musée» et d'«inventer et développer de nouveaux dialogues avec les jeunes, les enfants des cités, en tenant compte de leurs aspirations»[32]. Projet culturel à vocation sociale, l'opération Hip Hop Dixit est censée produire des effets tant sur l'institution culturelle que sur la population ciblée. On en trouve un indice dans la multiplication des formules lisibles dans les deux sens: amener un nouveau public au musée et en même temps amener le musée à un nouveau public; sortir les jeunes banlieusards de leur ghetto grâce au musée[33] et, comme l'indique le conservateur du musée de Meaux, faire de la présence de ces jeunes banlieusards «un moyen de sortir le musée de son ghetto»[34]. «La rue» entre au musée (cf. catalogues), et les musées descendent dans la rue[35]. Ce jeu sur les formules de la «rencontre» que les promoteurs du projet appellent de leurs vœux témoigne du va-et-vient entre les finalités «culturelles» et «sociales» de ces expositions.

À l'objectif d'élargissement des publics, dont on voit quelles peuvent être les différentes formulations possibles, se greffent en effet d'autres finalités qui, importées du système normatif de ce qui est généralement désigné comme action sociale, construisent un second projet, cette fois explicitement «social». Si la «prévention» figure au rang des buts fixés, plus importantes sont l'«intégration» et l'«insertion» sociale et professionnelle que l'on entend se voir réaliser grâce aux expositions. De fait, l'objectif de l'intégration des minorités est fréquemment affirmé, au point d'être parfois présenté comme la principale raison d'être de l'opération. C'est ce que fait la revue *Action APAS* dans laquelle on peut lire: «Non seulement [l'opération Hip Hop] prétend valoriser une nouvelle culture, éliminer les préjugés souvent négatifs qui pesaient sur elle mais, et ceci par voie de conséquence, elle se considère également comme un nouvel espoir pour tous de voir réalisée l'intégration des minorités raciales ou sociales»[36]. Un fascicule édité conjointement par les ministères du Travail, de la Culture, et la délégation interministérielle à l'Insertion professionnelle et sociale des jeunes en difficulté va dans le même sens, qui indique le double objectif de l'opération: «ne plus isoler la jeune population immigrée en valorisant ses aspects les plus créatifs; élargir le public des musées en suscitant un intérêt durable pour l'institution muséale de la part d'immigrés de la deuxième génération»[37]. C'est que la «culture» est désormais doublement facteur d'intégration: d'abord en tant que vecteur «d'affirmation» et de «reconnaissance sociale», ensuite comme marché professionnel. Ainsi, on ne cherche pas seulement à promouvoir symboliquement une «culture», mais, plus concrètement, à «favoriser l'insertion professionnelle dans le domaine culturel», faisant ainsi se rejoindre les discours ministériels sur la culture comme vecteur d'intégration des minorités et comme secteur créateur d'emplois.

Dans le bilan du ministère, on peut ainsi lire sous le titre «Formation des professionnels et contribution de la culture à l'insertion des jeunes»: «La formation des professionnels du champ culturel et l'action du ministère de la Culture en faveur de l'insertion sociale et professionnelle des jeunes issus de milieux défavorisés ont en commun le souci de faciliter la rencontre entre les jeunes et les langages artistiques et culturels. Elles contribuent également à l'affirmation du rôle de la culture comme secteur porteur d'emplois ou favorisant l'accès à l'emploi»[38].

Peut-on toutefois parler de «culture» à propos du «mouvement Hip Hop»? C'est chose possible si l'on recourt à l'acception ethnographique de ce terme. La référence ethnographique – qui constitue la troisième modalité de construction du projet – permet en effet de désigner comme «culturels» les modes d'expression et les styles de vie de ce groupe particulier que sont les «B. Boys», membres de la «Zulu Nation» et du mouvement Hip Hop. Le travail de l'ethnologue employé pour la conception de l'exposition consiste ainsi à produire comme «culture» l'environnement social des graffitis qui sont présentés. La première étape de la préparation de l'exposition consiste donc en «une recherche ethnohistorique sur les origines du mouvement Hip Hop». Les expositions des musées de Fresnes et de Meaux présentent «l'environnement social, culturel et économique duquel est issu le Hip Hop», «les différentes formes de protestation des minorités raciales ou sociales» et enfin le Hip Hop comme mode d'expression des «revendications sociales et culturelles»[39], thème illustré par la présence d'une rame de métro repeinte par des taggers. Si le souci de «restitution du milieu» rappelle la scénographie habituelle des écomusées ou des musées d'arts et traditions populaires, c'est beaucoup plus qu'à une simple contextualisation que l'on a affaire; c'est bien à la production d'une «culture» effectuée sur le mode de la «fabrication de l'authenticité»[40]. On peut donc faire l'«histoire de la culture Hip Hop» dans le catalogue de l'exposition et affirmer preuves à l'appui qu'il s'agit bien d'une «véritable culture», comprenant «un ensemble de connaissances», «une histoire», «des principes fondateurs et un mode de vie, des signes de reconnaissance (un "look", une langue, des surnoms), une organisation sociale (une hiérarchie fondée sur le mérite), et des formes d'expression artistique»[41].

Mais l'ambition du projet ne s'arrête pas là. Bernard Stiegler le dit à sa manière: «il s'agit de faire tenir ensemble deux choses qui en première analyse n'ont rien à voir, s'opposent: quelque chose comme "du mouv' en banlieue", qui n'a rien à voir avec les mécanismes de l'art contemporain et relève d'une analyse sociologique; et quelque chose qui est un mouvement artistique, s'intéressant savamment à tous les rouages de l'art contemporain»[42]. Au-delà de l'identification d'une culture de groupe sur laquelle l'attention est attirée, il s'agit en effet de dépasser la curiosité «ethnographique» pour présenter une exposition à vocation artistique, de produire les tags et les graffitis comme œuvres d'art et plus seulement comme mode d'expression d'une minorité. Telle est la quatrième ligne de l'opération Hip Hop Dixit, qui consiste en une tentative d'intégration au champ artistique. Le déplacement du «sociologique» vers «l'artistique» s'opère dans le changement du lieu physique de l'exposition. Passer des musées de Fresnes et de Meaux au musée national des monuments français permet dans le même temps un déplacement dans l'espace social, quand bien même ce choix est par ailleurs justifié par le fait que les façades de monuments qu'il contient permettent de reconstituer le milieu du paysage urbain des graffitis, que «ce musée, témoin de l'urbanité» accueille «tout naturellement» le graffiti comme «un des modes d'expression générés par la ville» (Dossier de presse) ou encore par la proximité du Trocadéro, «haut lieu du Hip Hop au début des années 80». Passer ainsi de la périphérie au centre, c'est transformer une «exposition de proximité» en une opération nationale et médiatisée: c'est aussi et surtout prendre le risque d'être évalué moins pour les logiques «sociales» du projet ou l'intérêt «ethnographique» de l'exposition que selon les critères en vigueur au sein du champ artistique. L'exposition subit donc une importante transformation entre ses premières versions du mois de septembre et son aboutissement parisien en décembre. La dénomination même de l'exposition change. Le titre initial renvoyant au Hip Hop et à la «culture des jeunes de banlieue» en général («Hip Hop Dixit, du mouv' au musée») a cédé la place au plus sobre, plus conventionnel et plus conforme aux habitudes du monde de l'art: «Graffiti Art, artistes américains et français, 1981-1991». La présentation de «l'environnement social» a été réduite au profit des présentations de graffitis. De plus, comme l'indique le nouveau titre, les taggers et «B. Boys» de la région parisienne ne sont plus les seuls présents. Quelques unes de leur productions ont été sélectionnées, et sont présentées avec le travail de «graffiti artists» américains qui donnent à l'ensemble la caution du marché artistique international: Jean-Michel Basquiat, Futura 2000 ou Keith Haring, pour citer les plus connus.

Sur le mode d'un énoncé – qui se veut – performatif, il est affirmé que le graffiti est «un mouvement parallèle aux autres courants de l'art contemporain». Les «graffiti artists» seraient même plus «authentiquement artistes» que ceux qui suivent la filière habituelle du monde de l'art. Ces derniers «en savent trop sur l'art et sont davantage des "fonctionnaires" que de véritables artistes»[43] alors que taggers et graffers ne se consacrent qu'à leur création, sans référence à un système qui leur préexiste et prédéfinit leurs possibilités d'expression. Le vaste «mouvement culturel» dans lequel s'insèrent les graffitis peut même réaliser le rêve d'un «art total» grâce à la convergence de plusieurs modes d'expression: break dance, rap, tag. Différentes méthodes sont employées pour produire le graffiti en tant qu'art. Traçant une frontière entre le graffiti sauvage et «l'expression plastique» que constituent ses formes plus élaborées, les textes de présentation de l'exposition tendent à les regrouper en un véritable «courant artistique» sous l'appellation générique de «graffiti art». On sait l'importance que revêtent la constitution des «écoles» et des «courants» dans le champ artistique; un nouveau label est ainsi créé qui permet l'identification et l'appréciation des travaux. Ce courant est doté de ses idéologues et de ses théoriciens. On reproduit les propos des «graffiti artists» qui retracent les origines du mouvement, l'évolution des styles, énoncent les principes du tag et du graff et l'«éthique» de leurs auteurs. Critiques et historiens d'art produisent à ce propos les discours intellectualistes propres à l'art contemporain. On cite Jung, on interroge un philosophe: «Le désir de liberté exprimé dans de nombreux pays pendant les années 60 n'est-il pas l'exemple le plus probant d'une mutation au niveau du subconscient d'un désir de créer de nouvelles formes de socialisation, ce qui entraîne une libéralisation des mœurs et ravive la créativité»[44]? Enfin, à la manière des artistes «conventionnels», les biographies des «graffiti artists» exposés figurent à la fin du catalogue avec la liste de leurs expositions et de leurs principales réalisations.

De l'élargissement du public des musées à la reconnaissance des cultures de groupe et jusqu'à la quête d'une légitimité au sein du champ artistique, l'opération qui consiste à exposer des graffitis dans des musées fait se rencontrer, on le voit, nombre des thèmes qui traversent les politiques artistiques et culturelles de manière plus générale. N'est-ce pas en effet à une tentative de conciliation entre «démocratisation culturelle» (ouverture de l'accès aux institutions et aux œuvres légitimes) et «démocratie culturelle» (reconnaissance et promotion de la diversité des cultures), pour reprendre les termes d'un débat récurrent, que l'on a affaire? Ces expositions tendent en effet à faire converger deux définitions de la culture habituellement opposées: celle restreinte aux œuvres légitimes, et celle qui englobe les «sous-cultures». C'est par une entreprise de légitimation artistique que l'on tente de réaliser cette convergence: la promotion d'une culture vernaculaire au sein d'un «corpus d'œuvres valorisées», pour reprendre l'expression de Passeron, permettrait en effet de faire tenir ensemble le particularisme «ethnologique» et l'universalisme culturel.

La réception de ces expositions dans la presse constitue un bon indicateur des résultats de ce projet. Dans la mesure où le ressort de cette opération se veut avant tout symbolique – transsubstantiation des graffitis en objets d'art et intégration de groupes dominés par le biais de leur adoubement culturel – c'est en effet à l'aune des représentations qui en sont produites et plus généralement des représentations sociales qu'elle a activées qu'il convient d'en évaluer les effets. En l'occurrence, l'analyse des réactions suscitées par cette opération révèle les obstacles auxquelles peut être confrontée une entreprise publique de légitimation artistique, et plus généralement de réhabilitation culturelle. Les effets produits apparaissent même pour une large part inverses à ceux escomptés: plus que la «reconnaissance sociale» des groupes se réclamant du Hip Hop, les expositions, et principalement celle du musée des monuments, ont contribué à réactiver les formes les plus violentes d'ethnocentrisme; plus que la production d'un consensus autour d'une acception élargie et intégratrice de la culture, elles ont suscité une polémique partisane mêlant les accusations de «démagogie» à celles de «décadence». La réception de ce projet apparaît ainsi triplement décalée.

Tout d'abord, ceux qui commentent ne sont pour l'essentiel pas ceux dont on attendait les commentaires. Les destinataires d'une exposition d'art sont, outre les pairs[45], avant tout les professionnels et les critiques susceptibles de relayer et d'amplifier le processus de reconnaissance au sein du champ artistique, que la présentation publique ne fait qu'initier. De ce point de vue, force est de constater que les expositions Hip Hop Dixit et même celle plus «légitime» du musée des monuments français n'ont guère été suivies d'effet. L'indifférence voire l'ironie des critiques d'art prédominent; un dépouillement systématique montre qu'aucune des principales revues d'art ne rend compte de ces expositions. Seul *Beaux-Arts Magazine* publie dans son numéro de janvier 1992 un entrefilet moqueur dans lequel il est conseillé à la RATP d'envoyer les rames de métro maculées de tags au musée plutôt que d'essayer de les nettoyer. Les initiateurs des expositions regrettent ce silence, d'autant qu'il est accompagné de celui des «professionnels de l'art» en général: «de la délégation aux Arts plastiques à l'École du patrimoine en passant par les respectables collègues conservateurs» elles n'ont suscité que «des remarques sarcastiques ou condescendantes»[46]. Les conditions minimales d'acceptabilité artistique, si elles sont réunies, ne valent donc pas garantie d'approbation. Les expositions Hip Hop Dixit puis Graffiti Art suscitent de nombreux commentaires[47], mais les spécialistes des questions artistiques les laissent aux journalistes des rubriques «société», aux chroniqueurs et éditorialistes, qui voient dans cette opération, généralement pour s'en amuser ou pour la dénoncer, un événement révélateur de «l'air du temps»[48].

Il s'ensuit – et c'est le deuxième décalage – qu'au lieu des appréciations esthétiques escomptées, c'est plutôt sous l'angle d'une pathologie sociale que les expositions sont commentées. Tags et graffitis se voient assez largement contester la qualité d'œuvres d'art qu'elles devaient leur conférer. Rares sont en effet ceux qui s'enthousiasment: «Ce n'est pas tous les jours que l'on a la chance d'assister à l'éclosion d'un art»[49]. De manière plus ou moins euphémisée selon leur position dans le champ journalistique, les journalistes se demandent plutôt s'il ne faudrait pas mettre les taggers en prison plutôt qu'au musée. «De l'art ou du cochon?» s'interroge l'hebdomadaire *La Vie* (30 janvier 1992). L'actualité récente fournit matière à cette interrogation: des taggers ont «profané» la station de métro du Louvre et marqué ainsi selon certains le caractère «anti-artistique» de leur pratique. Ce n'est qu'au prix de la réaffirmation par le ministre lui-même de la différence entre les «bons» graffitis à vocation artistique qui seront présentés et les «mauvais» qui ne sont rien d'autre que des actes de vandalisme que, dit-on, l'exposition peut être maintenue.

«Souillure», «crasse», «cochonnerie», «pouillerie» d'une «minorité malfaisante», «crétinisme», «expression dégénérée», «écume des bas-fonds» de «voyous analphabètes»[50]... le vocabulaire employé est d'une rare violence, plus proche de l'invective politique que du débat esthétique. Un troisième décalage est alors identifiable: celui entre un projet culturel visant à la concorde sociale et l'exaspération d'une polémique partisane sur fond de visions concurrentes du monde social. À travers les critiques acerbes dont les expositions font l'objet, c'est à une mise en cause de la politique ministérielle que les commentateurs se livrent, et au-delà, à une mise en accusation du pouvoir en place. Les expositions de tags et de graffitis sont en effet fréquemment utilisées comme prétexte pour dénoncer plus largement les «erreurs» et les «errements» de la «politique Lang». L'«ethnologisation» de la culture qui serait au fondement de la politique menée est ainsi dénoncée. Henry Bonnier affirme que «les pires catastrophes dérivent la plupart du temps d'une définition fausse» et accuse Jack Lang d'avoir donné une fausse définition de la culture: une définition «ethnographique». «Mais un gouvernement n'est pas là pour faire de l'ethnographie! » s'exclame-t-il[51]. Plus généralement, pamphlets et commentaires critiques se saisissent de l'opération pour dénoncer cette «campagne de Russie de l'esprit français»[52] ou fournir un exemple supplémentaire de la «vulgarité socialiste»[53]. Ce qui devait être un débat artistique est donc une controverse politique au sens le plus restreint du terme. Les premiers adjoints des Ier et VIIe arrondissements crient à l'incitation au vandalisme et demandent au maire de Paris d'intervenir, et nombreux sont ceux qui dénoncent la «récupération»[54]. Alors que, de manière humoristique, des dessinateurs caricaturent les membres du gouvernement ou le président de la République en taggers ou rappers[55], la presse de droite et d'extrême droite se livre à un assaut contre «l'idéologie socialiste». Au-delà des «dépenses inconsidérées» et du «gaspillage»[56] c'est bien le symbole de la «culture multiraciale» qui est attaqué, c'est-à-dire «le projet de société que – sans le dire trop ouvertement – nous propose le pouvoir socialiste»[57].

> *«À plusieurs reprises, Jack Lang a manifesté publiquement son engouement pour le fléau urbain (et musical) que représente cette mode, exprimant souvent un racisme anti-Blanc et une profonde répulsion pour l'identité et la culture françaises. [...] Comment ne pas y voir un véritable camouflet socialiste aux Français? [...] Au lieu de promouvoir la culture française auprès des jeunes de 18-25 ans que l'on prétend intégrer, Jack Lang a donc décidé de procéder à la démarche inverse et d'imposer aux Français qui sont chez eux les souillures laissées par des étrangers inassimilables»[58]. Après l'exposition des «déjections» et des «chiures» produites par ces «mongoliens», on ne peut que «haïr ces cloportes urbains et post-socialistes»[59].*

En plus des problèmes inhérents à toute entreprise de légitimation des pratiques populaires[60], ces expositions se sont ainsi heurtées aux obstacles opposés à l'intervention étatique – par l'entremise d'agents du ministère de la Culture – dans le circuit de la légitimation artistique[61]. Elles révèlent par là plus généralement les limites et remises en cause des redéfinitions étatiques de la culture. Car ces redéfinitions sont d'autant moins acceptées qu'elles sont plus visibles, ce qui est tout particulièrement le cas dans ce projet. En revigorant le refus d'une culture définie comme telle par l'État, de telles tentatives de légitimation culturelle contribuent en fin de compte à relancer les débats sur la légitimité de toute politique culturelle, tout autant qu'à faire accéder à la légitimité les groupes et les pratiques qu'elles sont censées promouvoir. C'est ce que révèle l'analyse de la réactivation de ces débats à la fin des années 1980 et au début des années 1990.

« DÉFENSE DE LA CULTURE » ET ATTAQUE DE LA POLITIQUE CULTURELLE

Les prophéties de malheur annonçant et dénonçant le déclin de la culture ne sont pas nouvelles ni spécifiques à la France qui, à l'instar du *Culture and anarchy* de Matthew Arnold en 1869 ou de *La deshumanización del arte* de José Ortega y Gasset en 1925, permettent à leurs auteurs de se poser en gardiens du temple en formalisant les craintes diffuses de l'«élite» quant à la «tyrannie des masses» et la «suprématie du vulgaire»[62]. Les accusations d'une main-mise étatique sur les choses de l'esprit ne sont pas non plus nouvelles, qui permettent d'obtenir à bon compte le brevet de défenseur de la liberté de l'artiste ou celui du «dissident» face au «totalitarisme rampant» auquel conduirait l'essor de l'intervention publique. En France, le développement de la politique culturelle – en particulier dans sa dimension de réhabilitation – a conduit à mêler ces deux traditions pour donner naissance, à la fin des années 1980, à un genre journalistico-littéraire nouveau: le pamphlet prétendant défendre la culture contre les effets néfastes d'une politique qui l'aurait «abaissée» plus que servie[63].

En effet, si de nombreuses prises de position dans la presse et ouvrages polémiques ont pu prendre la création d'institutions ou des réalisations précises pour objet – l'opéra Bastille[64], la Bibliothèque de France[65] ou encore les colonnes de Buren – c'est plus particulièrement autour de la définition de la culture que la critique de la politique culturelle s'est structurée. L'institutionnalisation de cette politique, rejouée dans les années 1980, l'élargissement de son domaine par lequel elle s'est alors marquée, ont en effet relancé la question de la légitimité des agents de l'État à définir la culture, amorce à une remise en cause plus générale de l'intervention publique en la matière.

C'est Alain Finkielkraut qui, le premier, a obtenu l'attention des médias et un important succès éditorial en défendant les valeurs des «biens de l'esprit» contre leur dilution dans une «culture» nivelée pour cause de relativisme anthropologique[66]. *La défaîte de la pensée*, par le réquisitoire qu'il dresse contre les cinq premières «années Lang» et les arguments qu'il y distille, est désormais la référence obligée de toute prise de position sur la culture et l'État en France. À sa suite, nombre d'auteurs ont pourfendu le «languisme». C'est en particulier le cas de Michel Schneider et surtout de Marc Fumaroli[67] qui sont placés au cœur de la polémique[68], et sur lesquels on portera plus précisément l'attention[69].

Sans doute les ouvrages autour desquels ces débats se sont cristallisés pourraient-ils être tenus pour les manifestations d'humeur sporadiques de quelques essayistes dont les livres ont une durée de vie aussi brève que le temps mis à les écrire. On ne saurait toutefois, nous semble-t-il, en rester là. Alain Finkielkraut (très régulièrement présent dans les médias), Michel Schneider (ex-directeur de la Musique et de la danse au ministère de la Culture), Marc Fumaroli (professeur au Collège de France[70]): les principaux parmi les auteurs de ces ouvrages occupent en effet des positions qui donnent du poids à leur contenu.

Mêlant ton polémique, références savantes et anecdotes, jouant sur les registres de l'«iconoclaste» et du «sérieux», de l'«analyse» et du jugement moral ou de la prescription, ils ont permis des lectures et réappropriations multiples, du discours à prétention intellectuelle aux billets d'humeur des éditorialistes en vogue et jusqu'au programme culturel d'un parti politique[71]. Ces ouvrages ont de plus bénéficié d'une très forte médiatisation et connu un important succès éditorial[72], au point que les prises de position sur les questions de politique culturelle – jusqu'à celle du ministre de la Culture – ont peu ou prou été structurées autour d'eux, fût-ce dans bien des cas contre eux. Les positions d'autorité des auteurs ajoutées à une importante médiatisation ont permis à ces écrits de peser fortement sur les manières de voir une politique culturelle qui, précisément, repose pour une bonne part sur ce registre symbolique. La perception de cette politique et de ses enjeux par la fraction mobilisée de l'opinion – professionnels de la culture, artistes, intellectuels – et le grand public cultivé s'opère en effet autant par le prisme de ces ouvrages – à tout le moins dans les temps forts de la polémique – que par celui des discours ministériels et de la littérature officielle.

On n'abordera ici que la manière dont le problème de la définition de la culture est traité, dans ses liens avec la question du rôle de l'État. Dans les ouvrages de Fumaroli et Schneider, ces deux points s'articulent en effet autour de la mise en cause du relativisme culturel, présenté comme le résultat de politiques démagogiques ayant conduit l'État a transformer la définition de la culture et impliquant la redéfinition de son rôle culturel. Allant plus loin que les interrogations obligées de tout discours sur «la culture» quant à la définition de ce terme, Fumaroli et Schneider dénoncent, à la suite de l'auteur de *La défaite de la pensée*, son extension indue, et proposent d'en revenir à de plus modestes proportions, mais pour servir de plus hautes ambitions. C'est ainsi que, pour préserver les nobles choses qu'il contient (les «véritables» arts, lettres, œuvres...) menacées par les choses ignobles qu'il ne devrait pas contenir (les cultures au pluriel, minoritaires, populaires, ethniques...) les deux essayistes proposent d'abandonner le mot. Il faut donc choisir entre deux fins pour «la Culture»: le déclin funeste des œuvres perdues au sein d'une «culture» à la fois «marchandisée» et «ethnologisée», ou l'éradication salvatrice d'un vocable usé par trop d'abus. Le mot est d'abord suspect par ses origines. Fumaroli dénonce son caractère «étranger»: c'est à la fois *Kultur* en allemand et *culture* des anthropologues anglo-saxons. Autant dire qu'il porte en lui-même les dangers de ses usages abusifs: contre la «civilisation» (les Lumières du XVIIIe), au service de l'État (*Kulturkampf*) sans hiérarchie ni limite (au sens de l'ethnologie). Schneider ne dit guère autre chose, lorsqu'il parle d'un mot aussi «prestigieux» que «confus». Il faut donc abandonner «culture», et pour remplacer ce mot, nul besoin d'en inventer un autre. L'histoire en recèle en effet de préférables: «Arts et lettres» conviendrait à Fumaroli. Quant à Schneider, il préfère revenir aux anciennes appellations ministérielles:

> *«Dire, comme autrefois, "affaires culturelles" indiquait au moins qu'il y en avait d'autres qui ne l'étaient point. Le pluriel de bon aloi gardait un air de modestie, comme les affaires sociales ou les affaires étrangères. L'appellation secrétariat d'État aux Beaux-*

Arts avait naguère au moins le mérite de la discrétion (secrétariat et non ministère) et de l'exactitude: on peut la préférer à un ministère des Artistes qui n'ose pas dire son nom» (p. 63).

Ces désignations, plus restreintes, ont selon les auteurs le mérite de ne pas «tout mélanger»: elles évitent l'amalgame réalisé avec la «culture». Car c'est bien d'«amalgame» qu'il s'agit: en étant utilisé pour désigner *à la fois* les œuvres que prétendent défendre Fumaroli et Schneider et les expressions parfois «pathologiques» de la société (rock, tag, rap...), le mot «culture» produit une mise en équivalence qui, selon ces auteurs, est une dangereuse confusion. Cette confusion mettant en cause la hiérarchie des valeurs fait la part belle aux «inepties» dont elle permet la promotion, au détriment des «œuvres de l'esprit» qu'elle dévalorise. Elle a pour devise «tout est culture» et pour principe le relativisme culturel. Les responsables en sont Jack Lang, qui a fait de la devise un slogan, et les sciences sociales, qui, en étudiant les cultures des sociétés extra-européennes ou en pointant les fondements sociaux des jugements esthétiques, ont fourni au relativisme sa justification scientifique.

Ces discussions sur la définition de la culture ouvrent la voie à une prescription du rôle de l'État. Car s'ils prônent le démantèlement du ministère de la Culture, Fumaroli et Schneider n'en proclament pas moins la nécessité d'une intervention de l'État. Contrairement aux propos d'artistes (de Dubuffet à Ionesco) prompts à la provocation, contre un «laissez-faire» intégral au profit des seules industries culturelles qu'ils n'exécrent pas moins que la «bureaucratie», Schneider et Fumaroli préconisent une intervention publique, intervention qui doit s'exercer sur des bases rénovées, selon des principes réaffirmés et en vue d'objectifs redéfinis. Destruction pamphlétaire d'une politique, ces deux ouvrages sont donc aussi, par leurs préconisations et les aspirations qui s'y expriment, des programmes politiques. C'est à une véritable dénonciation de ce qu'il appelle «l'État culturel», Léviathan totalitaire par nature puisque fondé sur une acception totalisante du mot «culture», que se livre Fumaroli. Tout serait «culturisé», au profit de la médiatisation d'un Prince narcissique et de bureaucrates culturels trompant une foule de «gogos», et au détriment de la «vraie» culture, celle des humanités classiques. Schneider dénonce également les risques inhérents aux politiques culturelles. Son livre suit un plan où se succèdent «les acteurs» («les politiques n'ont-ils pas assujetti les artistes»?), «la pièce» (la politique culturelle n'a-t-elle pas «noyé les œuvres de l'esprit dans la consommation de l'insignifiant?») et enfin «le public» («l'action menée n'a-t-elle pas manqué ce qui était sa seule visée légitime, l'obligation, pour un État démocratique, de démocratiser l'accès aux œuvres d'art?»). Il démonte ainsi les «contradictions internes» des politiques menées.

«Un syllogisme fatal préside au destin de la politique culturelle:
1) tout est culturel dans la vie sociale;
2) l'État est et doit être culturel;
3) donc, l'État a vocation à traiter toute la vie sociale, conclusion non dite comme telle, mais présente tout au long des années Lang. […] L'ennui est que, la majeure est la mineure de ce syllogisme étant également fausses, la conclusion ne saurait être juste» (p. 66).

Mais les auteurs ne se cantonnent pas à la démolition d'un système à leurs yeux funeste, et appellent de leurs vœux une intervention entièrement renouvelée. Ce que doit faire l'État, selon Schneider, c'est enseigner, conserver et réglementer. Pour ce faire, un secrétariat d'État suffirait ou, mieux, trois directions rattachées à de grands ministères (Éducation nationale, Environnement, Industrie). Il faut en revanche arrêter tout ce qui s'apparente à un mécénat public. Les préconisations de Fumaroli ne sont pas très éloignées, qui appellent la création d'un «ministère du Patrimoine» en liaison avec celui de l'Éducation nationale (p. 252). En revanche, l'affirmation des «principes» et la fixation des objectifs qui président à ces préconisations diffèrent sensiblement. Schneider érige en principe intangible la démocratisation de l'accès à la culture, que l'État doit permettre «sans démagogie ni concessions sur le contenu» (p. 129). Seule cette référence démocratique permet selon lui de concilier une position «de gauche» avec une véritable «exigence» culturelle.

«Ce n'est pas être de droite que de dire que tout n'est pas culture, et de penser qu'il existe bien une hiérarchie des genres. […] Que tous soient égaux en droits devant la culture ne veut dire ni que tous se valent, ni que tout se vaut. […] La vraie culture, rendue accessible au plus grand nombre, ces deux aspects devraient être la pierre de touche d'une politique de gauche» (p. 176-177).

Fumaroli, quant à lui, sur la base des «lumières» de l'Université, assigne à l'État, mais pas à lui seulement, une mission d'ordre «éthique»: il faut favoriser «ce qui, dans notre propre tradition, nous permet de dépasser le pur utilitarisme qui préside avec succès à la démocratie américaine». Sur cette base, pourra être menée une véritable mission de civilisation: «l'esprit français, l'esprit européen doivent se livrer à une remémoration qu'ils sont seuls, en Occident, à pouvoir faire au nom de tous les peuples assaillis par une cruelle actualité immédiate» (p. 130).

Au total, ces ouvrages et le battage auquel ils ont donné lieu en viennent à mettre en cause, au nom de «la culture», la politique culturelle telle qu'elle a été institutionnalisée avec le ministère d'André Malraux, et plus encore telles qu'elle a été redéfinie dans les années 1980. Mais avec cette mise en cause, ils ne font en fin de compte qu'entretenir le statut sous lequel apparaît la politique culturelle dès sa première institutionnalisation: celui d'un objet polémique placé au centre de controverses générales sur l'état du monde social et ses rapports avec l'État.

Conclusion

«Y a-t-il un département "arts" dans le cerveau de l'homme?
– Au stade actuel des connaissances, à la question de l'existence d'un compartiment "arts", je réponds non»[1].

Le succès d'une catégorie floue

Faire de la culture une catégorie de l'action publique n'a pas toujours été possible. L'affirmation de l'autonomie des champs de production culturelle à la fin du XIXe siècle rend en effet longtemps improbable la formalisation d'une politique en la matière. Les velléités d'intervention publique sont dénoncées au nom de la nécessaire séparation de l'art et de l'État. Ceux qui, à la Chambre, au gouvernement, dans l'administration, traitent les dossiers des Beaux-Arts sous la IIIe République occupent le plus souvent des positions précaires, et leurs pratiques restent peu légitimes. Plus encore, les principales questions culturelles – les conditions de la création, les rapports entre la culture et le peuple – sont largement construites contre l'État, par des artistes et des intellectuels qui entendent incarner les valeurs universelles en s'opposant à l'ordre établi incarné par l'État.

Ce n'est qu'à partir du début des années 1960 que la culture émerge comme catégorie d'État. Contrairement à la période précédente, des institutions gouvernementales sont créées et stabilisées, des positions politiques et administratives sont établies, une politique étatique de la culture est légitimée. L'État devient peu à peu un élément déterminant du fonctionnement du champ culturel, et ses agents prennent une part active – et souvent essentielle – à la problématisation des questions qui s'y attachent. La genèse de la culture comme catégorie de l'intervention publique marque ainsi un «grand retournement»: construits contre l'État, les problèmes culturels sont devenus des problèmes d'État.

Mais si la politique culturelle forme une catégorie relativement stabilisée des pratiques et des représentations de l'intervention des pouvoirs publics, celle-ci reste néanmoins incertaine: elle est régulièrement remise en cause; ses fondements sont mêlés, changeants et imprécis. Cette catégorie demeure vague, c'est-à-dire indéterminée (qu'est-ce qui la spécifie?) et surtout indéfinie (quelles sont ses frontières?)[2]. L'analyse des principales étapes de son institutionnalisation a permis de s'en convaincre. Et c'est précisément le retournement que marque son émergence qui confère à la politique culturelle le flou qui la caractérise. L'autonomisation d'un espace social de la culture précédant l'intervention publique, celle-ci doit s'accompagner des marques du respect de l'autonomie. Ces marques, ce sont entre autres les dénégations d'une définition «autoritaire» de la culture par l'État, et partant l'incertitude savamment entretenue quant aux contours de la politique culturelle d'État. «J'avais obtenu un petit succès au Conseil des ministres, en affirmant que j'étais le seul ministre qui sût qu'il ignorait ce qu'était la culture», relate André Malraux dans *Le Miroir des Limbes*. Savoir qu'on ne peut prétendre savoir et définir «ce qu'est la culture» apparaît bien en effet comme la première compétence requise d'un responsable étatique en matière de culture. Le retournement que constitue l'émergence de la culture comme catégorie d'intervention publique n'en réactive pas moins les concurrences entre artistes et intellectuels et agents de l'État, cristallisées notamment autour de la question de la définition de la culture. La politique culturelle peut alors être donnée à voir comme l'occasion d'un «débat de société», d'«interrogations» dont les réponses sont laissées ouvertes.

C'est dire que le caractère flou et foisonnant de la politique culturelle issu de ses conditions d'émergence ne saurait être considéré seulement comme l'échec ou la limite de son institutionnalisation: il en constitue tout autant la condition et la forme particulière. Car en effet, l'imprécision est bien faite pour rendre moins visible, et dès lors plus acceptable, la part prise par les pouvoirs publics à la définition de la culture. Sans doute la meilleure preuve en est-elle fournie par les injonctions contradictoires auxquelles sont constamment soumis les producteurs de politique culturelle depuis les débuts de son institutionnalisation: faire exister une catégorie d'intervention et (se) libérer de toute classification; créer des institutions contre l'immobilisme dont toute institution est porteuse.

À chaque étape de sa définition, la politique culturelle a de fait été établie au nom d'une idéologie du décloisonnement, qui prétend rompre avec toutes les frontières établies, qu'elles soient verticales – entre les groupes sociaux – ou horizontales – entre les secteurs. C'est le cas au début des années 1960, quand André Malraux et les pionniers autoproclamés du ministère des Affaires culturelles et du Plan réfutent l'inscription sociale des formes et hiérarchies culturelles au nom d'une nouvelle mission d'État – démocratiser la culture – et travaillent à dissoudre les classements constitués des Beaux-Arts. C'est de nouveau le cas lorsque, après cette première phase héroïque, il est question de «désacraliser» la culture et de l'intégrer à la «vie quotidienne», en rendant fluides les distinctions entre disciplines, entre moments de la vie sociale, et jusque dans l'aménagement physique des équipements culturels et leur intégration dans l'espace urbain – ce dont l'«utopie Beaubourg» constitue sans doute l'exemple le plus achevé[3]. C'est plus encore le cas lors de ce qu'il est convenu d'appeler «les années Lang», quand le relativisme culturel – qu'il faut certes lui-même relativiser – est promu au rang de référence. Et les évolutions récentes de la politique culturelle en France, dans le sens notamment de la «lutte contre les exclusions» et de la régénération du «lien social» ne démentent pas ce qui, sous des formes diverses, constitue une constante de son histoire. Les producteurs de politique culturelle se posent volontiers en maîtres d'œuvre politiques et bureaucratiques du programme culturel d'Antonin Artaud qui, dans *Le théâtre et son double* protestait notamment «contre l'idée séparée que l'on se fait de la culture, comme s'il y avait la culture d'un côté et la vie de l'autre».

À cette idéologie du décloisonnement se combine une autre contradiction structurelle et structurante: l'affirmation du caractère anti-institutionnel des institutions de la politique culturelle, et partant de cette politique elle-même. Quand s'invente la politique dite d'action culturelle qui donne son sens au nouveau ministère, des institutions sont créées, qui viennent réaliser – à tous les sens du terme – ce «projet»: les maisons de la culture. Or la définition qui s'impose peu à peu de ces institutions les oppose aux institutions culturelles existantes, voire plus généralement à l'idée même d'institution: une maison de la culture c'est, comme le dit l'un des premiers directeurs, «une machine à lutter contre les machines»[4]. Cette opposition se rejoue régulièrement, comme avec les Fonds régionaux d'art contemporain, créés au début des années 1980 contre l'idée de musée[5]. La vocation du ministère de la Culture lui-même n'est-elle pas, comme l'a affirmé Jack Lang à plusieurs reprises, de disparaître dès lors que sa mission réalisée – «impulser l'élan culturel» – cette structure administrative serait devenue inutile voire contre-productive?...La critique des «risques de l'appareillage culturel» dont parle Jean-Claude Passeron est intégrée et reproduite, et pas seulement de manière rhétorique, jusque dans l'«appareil» lui-même.

Quand bien même elles ont été opérées sur un mode dénié, la formation puis l'institutionnalisation de la culture comme catégorie d'intervention publique n'en ont pas moins relancé les luttes pour la définition de la culture et du rapport légitime à la culture; luttes d'autant plus vives et de portée d'autant plus générale qu'elles mettent aux prises des agents en concurrence pour la définition de l'universel et la légitimité à le représenter. Ces conflits et l'histoire qu'ils charrient avec eux – celle notamment des usages sociaux de la culture comme vecteur des représentations de l'espace social et voie d'accès à l'universel – contribuent à placer la politique culturelle et la définition de son objet au carrefour d'enjeux et de concurrences multiples. De fait, s'y jouent les rapports indissociablement pratiques et symboliques entre des institutions, des groupes et des espaces sociaux multiples: entre artistes et agents de l'État, entre intellectuels et classes populaires, entre détenteurs de la légitimité culturelle et personnel politique, entre médias et fonctionnaires... Et la politique culturelle peut en retour être considérée comme l'enregistrement et la symbolisation d'un état de ces rapports multiples à un moment donné de leur histoire. L'on est ainsi fondé à voir dans la politique culturelle et ses problèmes «plus que des thèmes, plus que des éléments d'institutions, plus que des institutions complexes» mais un fait social dans lequel «s'exprime à la fois et d'un coup toutes sortes d'institution», autrement dit, pour reprendre l'expression célèbre de Marcel Mauss, «un fait social total»[6].

Les pages qui précèdent en donnent de multiples illustrations, des «attestations charismatiques» du pouvoir gaullien par le prophétisme culturel d'un André Malraux au développement des vocations culturelles lié à la professionnalisation floue des années 1980, en passant par le rôle de parangon de l'état d'esprit gouvernemental joué par Jack Lang[7]. C'est dire là encore que le foisonnement qui marque la politique culturelle ne constitue pas forcément l'indice d'une faiblesse: il révèle aussi la «force de cet agrégat faible», le pouvoir d'attraction de cette catégorie «qui aurait eu tendance à s'affaiblir si elle avait été composée d'unités nettement séparées ou si les relations entre les membres de cet agrégat hétérogène avaient été explicitement réglées par des systèmes d'évaluation et d'anticipation stables et transparents»[8].

De la politique aux pratiques culturelles

Le travail présenté dans ce livre se proposait donc de montrer comment la culture a été institutionnalisée et légitimée comme catégorie de l'intervention publique. Institutionnalisation, légitimation: ces processus s'inscrivent dans le double registre des pratiques et des représentations. C'est sur celles des producteurs de la politique culturelle publique et de leurs «ressortissants» immédiats, opposants ou commentateurs autorisés – comme les artistes ou les professionnels de la culture – qu'a porté notre enquête. Celles des agents sociaux à qui la politique et la culture sont en principe destinées – qu'on les nomme peuple, public, non-public, citoyens, etc. – n'ont été appréhendées que par le prisme de la vision qu'en proposent les prescripteurs politiques et culturels. Ce parti-pris d'analyse était lié à notre manière de construire l'objet: ni «bilan» de la politique culturelle, ni analyse de ses modes d'appropriation par les différents groupes sociaux, il s'agissait de comprendre comment elle avait été construite et établie comme politique. Ce parti-pris se justifiait également par le fait que, comme souvent, le peuple – public, etc. – à l'intention duquel la politique culturelle est censée être réalisée en est la plupart du temps absent, ou au moins peu présent autrement que comme objet et instrument de luttes entre ceux qui prétendent parler en son nom. Il n'en reste pas moins qu'en éclairant les pratiques et représentations des spécialistes, ce travail se donnait également comme objectif de mieux comprendre les conditions dans lesquelles pouvaient se former et s'accomplir celles des profanes, et partant de les éclairer elles aussi. On voudrait ainsi, en guise d'ouverture, inviter à saisir les développements qui précèdent dans cette perspective.

Le rapport entre politique de la culture et pratiques culturelles paraît de prime abord évident: la politique doit permettre de démocratiser les pratiques. De ce point de vue, le constat est assez simple, et bien établi dans de très nombreuses enquêtes, notamment celles réalisées sous l'égide du ministère de la Culture. L'augmentation de l'«offre culturelle» grâce à l'intervention publique n'a que peu contribué à la «démocratisation» définie comme augmentation de la proportion des «pratiquants»: entre 1973 et 1988, le pourcentage de Français fréquentant des lieux de la culture légitime est restée assez stable, alors que le nombre de ces lieux a dans le même temps fortement augmenté grâce au développement de l'intervention publique[9]. Parmi les pratiques qualifiées de culturelles dans ces enquêtes, ce sont celles qui échappent le plus à l'action culturelle publique qui ont le plus fortement augmenté – comme l'écoute individuelle de la musique ou la consommation télévisuelle. La «démocratisation» reste également faible, si on la définit comme l'accès à la pratique (ou consommation) culturelle de catégories sociales qui ne pratiquaient pas: les origines sociales des pratiquants n'ont en effet guère évolué au cours des trente dernières années. Le développement de la politique culturelle a en revanche permis d'intensifier les pratiques des groupes socialement prédisposés à pratiquer, c'est-à-dire notamment les classes moyennes de plus en plus longtemps exposées au système scolaire. Plus que celui d'Antonin Artaud, la politique culturelle réalise finalement le programme de Gustave Flaubert, qui exhortait à «cultiver le bourgeois» plutôt qu'à faire du peuple l'ambition des entreprises de prosélytisme culturel[10].

Si cette première approche paraît utile – ne serait-ce qu'en prenant au mot une politique dont la démocratisation forme toujours le principal principe de légitimation – poser la question des rapports entre politique et pratiques culturelles en ces termes présente néanmoins le risque de transposer à l'analyse un schème politique, et avec lui les ambiguïtés et les enjeux qu'il véhicule. En effet qu'est-ce au juste que «démocratiser»? Et qu'est-ce qui doit être «démocratisé»? On voudrait donc essayer d'envisager d'autres manières de poser cette question, en revenant plus précisément à l'objet de ce livre: c'est alors plutôt à une réflexion sur les modes d'intériorisation des catégories culturelles d'État par les profanes et les rapports entre ces catégories et les pratiques profanes que l'on voudrait convier.

La production d'une politique ne crée pas seulement un objet pour le sujet, mais aussi un sujet pour l'objet, pourrait-on dire en paraphrasant Marx[11]. Et de fait, l'invention d'un nouveau domaine de l'action publique ne s'accompagne-t-elle pas de la définition d'un nouvel univers de pratiques? La production de la politique culturelle ne crée-t-elle pas le citoyen à cultiver, instituant la nécessité de sa pratique? Ne véhicule-t-elle pas des modèles de pratiques et de rapport aux pratiques? Si les pratiques «culturelles» existaient bien avant la formation de la politique de la culture, elles n'étaient pas forcément pensées comme ressortissant à un même ensemble; avec elle, elles sont désormais dûment répertoriées, classées, comptées[12]. Définir cet univers de pratiques, c'est établir qu'il y a des pratiques culturelles et d'autres qui ne le sont pas. C'est prescrire en même temps que décrire[13]. Et cette catégorisation s'inscrit à la fois dans l'ordre de la représentation politique et statistique et dans les découpages institutionnels, les catégories d'agents, les comportements attendus... en bref, dans l'ordre des pratiques[14]. On peut ainsi faire l'hypothèse qu'en créant ou favorisant la spécialisation culturelle et des institutions spécifiques aux choses de la culture, la politique culturelle a contribué à renforcer la séparation entre l'«art et la vie», comme le disaient les artistes au tournant du siècle et Antonin Artaud à leur suite, et ce malgré la volonté affichée de «décompartimenter».

En second lieu, si tout laisse à penser que la référence à la «démocratisation» a fourni à la politique culturelle, limitée pour l'essentiel à une politique de l'offre culturelle, un étendard plus qu'elle n'a présidé à l'élaboration de ses modalités, on peut dans le même temps faire l'hypothèse que le succès du mythe agissant de la démocratisation culturelle a aussi produit des effets sur les pratiques, ne serait-ce qu'en contribuant à imposer la nécessité de la pratique. «Rendre la culture accessible à tous»: ce schème-souche de la politique culturelle pourrait bien en effet être réversible. Ne s'agit-il pas tout autant de rendre tous les citoyens accessibles à la culture, telle qu'elle est définie par les agents de la «démocratisation», et selon les modalités qu'ils prescrivent? S'agissant des classes populaires, à qui la «démocratisation» est censée s'adresser en priorité, les «populiculteurs» font toujours référence, comme ennemi à combattre, à l'autocensure du «ce n'est pas fait pour nous» qui entretient les barrières symboliques de l'«accès à la culture». Si le développement de la politique culturelle n'a que peu élargi socialement cet «accès», il l'a néanmoins inscrit dans l'ordre du pensable, du possible et du nécessaire. Le sentiment d'indignité culturelle se serait ainsi déplacé: l'extériorité par rapport à la pratique («ce n'est pas pour nous») céderait alors la place à la culpabilité liée à l'absence de pratique («c'est fait pour nous et nous laissons passer la chance qui nous est offerte»). La surestimation systématique de l'intensité des pratiques culturelles dans les enquêtes – analogue en cela à la sous-estimation de l'abstention dans les études électorales – ou le fait que les personnes interrogées se sentent généralement obligées de justifier la faiblesse ou l'absence de pratique autorisent au moins cette hypothèse[15].

En dernier lieu, des modèles de pratique culturelle et de rapport à la pratique sont prescrits, organisés, et rendus plus ou moins souhaitables et possibles dans l'action culturelle publique. Il faudrait ici pouvoir s'appuyer sur une socio-histoire – qui reste à faire – des manières de pratiquer, et qui révèlerait la part prise par les agents des administrations publiques à l'inculcation des formes légitimes de la pratique – dans les règlements et aménagements intérieurs des bibliothèques, musées et théâtres, par exemple. En l'absence de travaux, on se contentera de fournir quelques indications sur la période récente. Ainsi, la légitimation par le ministère de la Culture des pratiques «marginales», «mineures», «populaires», «jeunes», etc. s'est opérée en partie au prix d'un retraitement de ces pratiques selon les critères de la culture légitime. La lecture esthétique des tags proposée lors de l'exposition étudiée plus haut ne correspondait pas forcément, loin s'en faut, à celle qu'en faisaient et attendaient leurs auteurs. La «politique du rock» consistant à favoriser l'acquisition de savoir-faire techniques et l'intégration à un marché professionnel n'est pas forcément en phase avec la manière dont est pensée, vécue et finalement pratiquée cette pratique musicale par la plupart de ceux qui s'y adonnent. Quant à la professionnalisation de la culture favorisée par la politique culturelle analysée dans les pages qui précèdent, elle n'est pas non plus sans conséquences sur les rapports à la pratique. La césure entre professionnels et amateurs par laquelle elle s'est opérée – et à laquelle l'intervention culturelle publique avait déjà auparavant contribuée – a conduit à la dévalorisation de la pratique amateur, dont les producteurs de politique culturelle redécouvrent aujourd'hui les vertus[16]. L'institutionnalisation de la politique culturelle et la professionnalisation des activités culturelles a par ailleurs partie liée avec le déclin des structures collectives d'encadrement des pratiques – clubs, associations, mouvements culturels – et des pratiques collectives qu'elles organisaient – sorties, visites, débats, participation à la programmation, etc. Et l'on ne peut s'empêcher d'établir un lien entre le type de rapport au public qui s'est peu à peu instauré dans la conduite de l'intervention culturelle publique – le marketing culturel et les médias tendant à remplacer le prosélytisme «de terrain» – et l'évolution souvent déplorée des pratiques, au profit d'attitudes qualifiées de passives, d'individualistes et de consuméristes. Si, comme le note Jean-Pierre Changeux, il n'y a pas de département «arts» dans le cerveau de l'homme, la manière dont ce «département» est établi dans l'État – ce «système cérébro-spinal de l'organisme social» dont parlait Durkheim – pourrait donc finalement bien peser sur la manière dont chacun se représente la culture et, partant, envisage ses propres pratiques.

Notes

Introduction

1. Pour ne prendre que quelques exemples qui ont plus particulièrement fait l'objet d'analyses mettant en évidence les problèmes de catégorisation. Voir successivement LASCOUMES Pierre, *L'éco-pouvoir. Environnements et politiques*, Paris, La Découverte, 1994; LENOIR Remi, «Politique familiale et construction sociale de la famille», *Revue française de science politique*, vol. 41, n° 6, décembre, 1991, p. 781-807; PINTO Louis, «La gestion d'un label politique: la consommation», *Actes de la recherche en sciences sociales*, n° 91-92, mars 1992, p. 3-19; JOBERT Bruno, DAMAMME Dominique, «La politique de la ville ou l'injonction contradictoire en politique», *Revue française de science politique*, vol. 45, n° 1, février 1995, p. 3-30.
2. *Cf.* SUREL Yves, *L'État et le livre. Les politiques publiques du livre en France (1957-1993)*, Paris, L'Harmattan, 1997. Le cas des graffitis est étudié dans le dernier chapitre du présent ouvrage.
3. *Cf.* dans une perspective juridique et institutionnelle, MESNARD André-Hubert, *L'action culturelle des pouvoirs publics*, Paris, LGDJ, 1969 et *Droit et politique de la culture*, Paris, PUF, 1990. Pour une analyse historique, voir POIRRIER Philippe, *Histoire des politiques culturelles de la France contemporaine*, Dijon, Bibliest, 1998 (1996).
4. Fortes centralisation et étatisation en France, forte décentralisation en Allemagne et en Italie, référence au principe de l'*arm's length* et recours à un *Quango* avec l'*Arts council* en Grande-Bretagne, etc.
5. Voir VESTHEIM Georg, «Instrumental Cultural Policy in Scandinavian Countries: A Critical Historical Perspective», *European Journal of Cultural Policy*, vol. 1, n° 1, p. 57-71; GRAY Clive, «Comparing Cultural Policy: a Reformulation», *European Journal of Cultural Policy*, vol. 2, n° 2, 1996, p. 213-222. Il n'existe pas de véritables travaux d'analyse proposant une comparaison internationale des politiques culturelles, mais seulement des synthèses institutionnelles par pays, publiées notamment par l'UNESCO ou le Conseil de l'Europe.
6. LABORIER Pascale, *Culture et édification nationale en Allemagne. Genèse des politiques de la culture*, Thèse de doctorat en science politique, IEP Paris, 1996.
7. Les débats très vifs qui ont opposé partisans et adversaires de l'instauration d'un ministère de la Culture «à la française» dans ce pays et le sobriquet attribué à cette institution – *ministrone*, pour marquer une hétérogénéité de ses composantes qui le rapprocherait de la soupe italienne – indiquent d'ailleurs bien les réticences à penser la culture comme un domaine unifié d'action publique. *Cf.* sur ce point MONSAINGEON Guillaume, «Un ministère pour la culture? L'Italie entre traumatisme, tutelle et tentation», *Le Débat*, mai-août 1997, n° 95.
8. Le *Department of National Heritage* puis le *Department for Culture, Media and Sports* créés successivement en 1992 et 1997. De manière comparable au cas italien évoqué plus haut, ces innovations ont suscité de vives réactions d'opposition ou à tout le moins d'ironie quant aux regroupements qu'ils

opéraient, le *Department for National Heritage* de 1992 s'étant vu entre autres désigné comme «ministère de la blague».

9. WANGERMÉE Robert, «Tendances de l'administration de la culture en Europe occidentale», *Revue française d'administration publique*, n° 65, janvier-mars 1993, p. 11-24.

10. Pour une présentation générale et officielle de la politique culturelle au Québec, *Cf.* ARPIN Roland, *Une politique de la culture et des arts*, rapport au ministre des Affaires culturelles du Québec, Québec, Gouvernement du Québec, 1991.

11. *Cf.* VAN CAMPENHOUDT Luc, «Le marché unique contre la culture», *Liber*, n° 31, juin 1997, p. 12-14. Des tentatives d'unification d'une politique culturelle communautaire sont en cours, avec l'établissement du programme unique «Culture 2000» en 1998.

12. MENGER Pierre-Michel, «L'État-providence et la culture. Socialisation de la création, prosélytisme et relativisme dans le politique culturelle publique», *in* CHAZEL François (dir.), *Pratiques culturelles et politiques de la culture*, Bordeaux, Maison des sciences de l'homme d'Aquitaine, 1987, p. 46. *Cf.* les remarques convergentes de FRIEDBERG Erhard, URFALINO Philippe, *Le jeu du catalogue*, Paris, Documentation française, 1984; SAEZ Guy, «Les politiques de la culture» *in* LECA Jean, GRAWITZ Madeleine (dir.), *Traité de Science Politique,* Tome 4, Paris, PUF, 1985, p. 387-422; SAEZ Guy, *L'État, la ville, la culture*, thèse d'État en science politique, Université Pierre Mendès-France, IEP Grenoble, 1993, p. 63 et suivantes.

13. Pour une vue générale sur les municipalités *Cf.* notamment ANGELO Mario (d') *et al.*, *Les politiques culturelles des villes et leurs administrateurs*, Paris, Documentation française, 1989; URFALINO Philippe, «La municipalisation de la culture», *in* CHAZEL François (dir.), *Pratiques culturelles et politiques de la culture*, op. cit., p. 53-73; *Cahiers de l'IHTP*, «Les politiques culturelles municipales: éléments pour une approche historique», n° 16, septembre, 1990; POIRRIER Philippe *et.al.*, *Jalons pour l'histoire des politiques culturelles municipales*, Paris, Documentation française, 1995; DUBOIS Vincent (dir.), *Politiques locales et enjeux culturels: les clochers d'une querelle (XIXe-XXe siècles)*, Paris, Documentation française, 1998. On trouvera également dans ces deux dernières références des indications concernant les échelons départemental et régional.

14. Les services du ministère de la Culture ont ainsi pu établir que plus de vingt ministères autres que celui de la Culture participaient aux dépenses de l'État qualifiées de «culturelles», à hauteur de 42, 7% en 1984 et de 55% en 1993. *Cf. Développement culturel*, «Les dépenses culturelles des ministères en 1984», n° 69, mars 1987; «Les dépenses culturelles des ministères autres que le ministère de la Culture en 1993», n° 116, mars 1997. On pourra également se reporter aux résultats complets de ces études budgétaires régulièrement publiés à la Documentation française.

15. Créée au début des années 1980, la Direction du développement culturel a été supprimée en 1986 puis reconstituée sous la forme plus modeste d'une Délégation au développement et aux formations. Sur la première période, *Cf.* LION Bruno, «La prise en compte du développement culturel par les institutions administratives», *Politix*, mai 1987, p. 25-32.

16. Directions du théâtre, de la musique et de la danse, des archives, du patrimoine, du livre, des musées, Centre national de la cinématographie (CNC), Délégation aux arts plastiques (DAP).

17. Les services centraux du ministère de la Culture sont répartis sur quinze sites différents (rue de Valois, avenue de l'Opéra, rue Saint-Dominique, rue Jean-Lantier, rue des Pyramides...). La plupart d'entre eux doivent être regroupés dans un bâtiment unique. *Cf.* «Regroupement des services centraux du ministère de la Culture», *Lettre d'information du ministère de la Culture*, n° 402, 21 décembre 1995.

18. *Cf. Lettre d'information du ministère de la Culture*, n° 19, 3 décembre 1997 et n° 32, 1er juillet 1998. On aura un bon aperçu de ces réactions hostiles – et plus généralement des critiques formulées à propos de l'action du ministère de Catherine Trautman en matière de spectacles – en consultant les nombreuses prises de position publiées à cette période dans le journal *Le Monde*.

19. *Cf.* les remarques analogues de Pierre Lascoumes à propos de l'environnement. LASCOUMES Pierre, *L'éco-pouvoir*, op. cit., p. 15-22.

20. LINDBLOM Charles, *The Intelligence of Democracy*, New York, Free Press, 1965, cité *in* CROZIER Michel et FRIEDBERG Erhard, *L'acteur et le système*, Paris, Seuil, 1977, p. 311; PAGE Benjamin, «The Theory of Political Ambiguity», *American Political Science Review*, n° 70, 1976, cité *in* MARCH James G., *Décisions et organisations*, Paris, Éditions d'organisation, 1991, p. 78.

21. POLANYI Karl, *La Grande Transformation. Aux origines politiques et économiques de notre temps*, Paris, Gallimard, 1983 (1944). La préface de Louis Dumont incite à préférer l'expression «grand retournement» à la traduction littérale du titre anglais initial *The Great Transformation.*

22. Sur l'affirmation de l'autonomie du champ artistique à la fin du XIXe siècle, *Cf.* BOURDIEU Pierre, *Les règles de l'art, Genèse et structure du champ littéraire*, Paris, Seuil, 1992.

23. Sur la constitution du groupe des «intellectuels», CHARLE Christophe, *Naissance des intellectuels*, Paris, Minuit, 1990. Sur les mobilisations intellectuelles pour la culture, *Cf.* RITAINE Évelyne, *Les stratèges de la culture*, Paris, Presses FNSP, 1983.

24. MONNIER Gérard, *Des Beaux-Arts aux arts plastiques, une histoire sociale de l'art*, Besançon, La Manufacture, 1991.

25. URFALINO Philippe, «Les politiques culturelles: mécénat caché et académies invisibles», *L'Année sociologique*, volume 39, 1989, p. 104

26. Sur ces questions voir surtout les travaux de Raymonde Moulin qui, engagés depuis les années 1960, permettent tout particulièrement de prendre la mesure de ce déplacement. On pourra ainsi comparer les résultats présentés dans *Le marché de la peinture en France*, Paris, Minuit, 1967 à ceux, à vingt-cinq ans plus tard, de *L'artiste, l'institution et le marché*, Paris, Flammarion, 1992.

27. C'est par exemple le cas de la recherche musicale, pivot de la politique de la musique contemporaine. *Cf.* MENGER Pierre-Michel, *Le Paradoxe du musicien. Le compositeur, le mélomane et l'État dans la société contemporaine*,

Paris, Flammarion, 1983; *Les laboratoires de la création musicale*, Paris, Flammarion, 1989. VEITL Anne, *Politiques de la musique contemporaine. Le compositeur, la "recherche musicale" et l'État en France de 1958 à 1991*, Paris, L'Harmattan, 1997.

28. DUBUFFET Jean, *Asphyxiante culture*, Paris, Minuit, 1986 (1968), p. 11-12.
29. URFALINO Philippe, «Les politiques culturelles: mécénat caché et académies invisibles», *art. cit.*, p. 82.
30. *Cf.* par exemple pour les arts plastiques sur le cas des Fonds régionaux d'art contemporain: FOUR Pierre-Alain, «La compétence contre la démocratisation? Création et re-création des Fonds Régionaux d'Art Contemporain», *Politix*, n° 24, décembre 1993, p. 95-114 et *Intervention publique et art contemporain: la création des Fonds Régionaux d'Art Contemporain, leur insertion dans le monde de l'art et leurs politiques d'acquisition*, Thèse de Science politique, IEP Paris, 1995; URFALINO Philippe, VILKAS Catherine, *Les Fonds régionaux d'art contemporain. La délégation du jugement esthétique*, Paris, L'Harmattan, 1995.
31. *Cf.* BOURDIEU Pierre, *La distinction*, Paris, Minuit, 1979.
32. PINTO Louis, «La vocation de l'universel. La représentation de l'intellectuel vers 1900», *Actes de la recherche en sciences sociales*, n° 55, 1984, p. 23-32.
33. Sur l'entreprise de «monopolisation de l'universel» par les agents de l'État, *Cf.* BOURDIEU Pierre, *La noblesse d'État*, Paris, Minuit, 1989; «Esprits d'État. Genèse et structure du champ bureaucratique», *Actes de la recherche en sciences sociales*, n° 96-97, mars 1993, p. 65-85.

Partie 1

1. cabanne Pierre, *Le pouvoir culturel sous la Ve République*, Paris, Olivier Orban, 1981.
2. LAURENT Jeanne, *La république et les Beaux-Arts*, Paris, Julliard, 1955. On trouvera les principaux discours d'André Malraux dans MALRAUX André, «Discours inédits», *Espoir, Revue de l'Institut Charles de Gaulle*, n° 2, janvier, 1973; *La politique, la culture*, Paris, Seuil, 1996; *André Malraux ministre. Les Affaires culturelles au temps d'André Malraux, 1959-1969*, Paris, Documentation française, 1996.
3. VAISSE Pierre, *La troisième République et les peintres*, Paris, Flammarion, 1995.
4. GENET-DELACROIX Marie-Claude, *Art et État sous la IIIe République. Le système des beaux-arts, 1870-1940*, Paris, Publications de la Sorbonne, 1992.
5. FUMAROLI Marc, *L'État culturel. Essai sur une religion moderne*, Paris, de Fallois, 1991.

Chapitre 1

1. CHARLE Christophe, *Naissance des intellectuels*, op. cit.
2. BOURDIEU Pierre, *Les règles de l'art*, op. cit.

3. Pour une cartographie du champ de la peinture, *Cf.* BOIME Albert, *The Academy and French Painting in the Nineteenth Century*, New York, Phaidon, 1971.
4. «Enquête sur la séparation des Beaux-Arts et de l'État», *Les Arts de la Vie*, octobre 1904, Première année, Tome II, n° 10.
5. *Ibid.*, p. 216.
6. *Ibid.*, p. 202.
7. Rapport au Sénat sur le service des Beaux-Arts, n° 330, Session Extraordinaire, 1903, *Journal Officiel*, 1904, p. 753.
8. Pierre Baudin n'occupe pas de fonction officielle consacrée aux Beaux-Arts, mais est néanmoins identifié – sa sollicitation pour l'enquête le prouve – comme l'un des parlementaires qui s'y intéressent. Il rapporte en 1905 un projet de loi sur le budget des Beaux-Arts (document parlementaire n° 2279, p. 246). Il est l'auteur d'un ouvrage publié plus tard sur cette question: BAUDIN Pierre, *Sur l'art contemporain: l'art et l'État*, Paris, Henry Floury, 1912.
9. Sur l'homologie entre les moyens de mobilisation du champ intellectuel et les instances parlementaires et la manière dont ils rentrent en concurrence, *Cf.* CHARLE Christophe, *Naissance des intellectuels*, op. cit., p. 116.
10. LE BLOND Maurice, commentaire des réponses à l'«Enquête sur la séparation...», *art. cit.*
11. BOUSSU Nicolas, *L'administration des Beaux-Arts, études administratives*, Paris, 1877, éditions E. Boltenweck, p. 279.
12. LARROUMET Gustave, *L'Art et l'État en France*, Paris, Hachette, 1895, p. XXXIV. Larroumet a été Directeur des Beaux-Arts de 1888 à 1891. On donnera plus loin des informations plus détaillées sur sa trajectoire.
13. Réponse du Comte Robert de Montesquiou, «Enquête sur la séparation...», *art. cit.*, p. 232.
14. On trouvera une recension des débats sur les Beaux-Arts établie à partir de l'index du *Journal Officiel* pour la période 1875-1914 dans notre thèse, p. 139-142.
15. LARROUMET Gustave, *L'Art et l'État en France*, op. cit., p. 317-318. Les propos critiques des membres de l'administration des Beaux-Arts comme Larroumet ou plus tard Paul Léon (*Cf. infra*) à l'égard du personnel politique rejoignent l'hostilité fréquemment exprimée par les agents du champ artistique; ils peuvent également s'analyser comme l'expression d'un «antiparlementarisme de l'administration» qui recoupe en partie l'hostilité des milieux artistiques. Développé à partir des années 1880, l'antiparlementarisme administratif est structuré autour de trois principaux griefs: la volonté des élus de limiter les budgets publics et en particulier les crédits de personnel, leur propension à la défense d'intérêts particuliers et leur incompétence. Voir à ce propos THUILLIER Guy, TULARD Jean, *Histoire de l'administration française*, Paris, PUF, 1984, p. 65-67.
16. *Ibid.*
17. LÉON Paul, *Du Palais-Royal au palais-Bourbon*, Paris, Albin Michel, 1947, p. 221. Paul Léon, chef de cabinet du sous-secrétaire d'État aux Beaux-Arts Dujardin-Beaumetz en 1905, reste fonctionnaire aux Beaux-Arts après le

départ de ce dernier en 1911. Il devient chef de service en 1912, puis directeur des Beaux-Arts lors du rétablissement de ce poste en 1919.

18. LARROUMET Gustave, *L'Art et l'État en France*, op. cit., p. 295.
19. LÉON Paul, *Du palais-royal...*, op. cit., p. 222.
20. COUYBA Charles-Maurice, *L'Art et la démocratie*, Paris, Flammarion, 1902, p. 349.
21. «Enquête sur l'Art et l'État», *art.cit.*, p. 224.
22. «Croquis parlementaires: M. Edmond Turquet», *Revue Bleue*, n° 16, 19 octobre 1889, p. 481-484. Merci à Frédéric Caille de m'avoir fourni ce portrait.
23. LARROUMET Gustave, *L'Art et l'État en France*, op. cit., p. 296-297.
24. JOURDAIN Frantz, réponse à l'«Enquête sur l'art et l'État», *art. cit.* p. 224.
25. LEROI Paul, «Le sous-secrétariat des Beaux-Arts», *L'Art*, Tome III, 1881, p. 231.
26. *Ibid.*
27. LÉON Paul, *Du Palais-Royal au palais-Bourbon*, op. cit., p. 222.
28. LARROUMET Gustave, *L'Art et l'État en France*, op. cit., p. 320.
29. BOSSUET Pierre, *Histoire administrative des rapports des théâtres et de l'État*, Thèse de doctorat, Imprimerie Henri Jouve, Paris, 1909. Parmi les membres de ce groupe: G. Berry, Chaumet, André Hesse, Millevoye, Muteau, Paul-Meunier, Marcel Sembat.
30. DEHERME Georges, *Les classes moyennes. Etude sur le parasitisme social*, Librairie académique Perrin, Paris, 1912, p. 181. Pour une dénonciation plus tardive, mais concernant également le tournant du siècle, des rapports entre hommes politiques et artistes, *Cf.* BESNARD Philippe, *La politique et les arts*, Paris, Perrin, 1935.
31. Citons parmi les plus connus ceux de Rousseau (*Discours sur les sciences et les arts*, 1750; *Lettre à d'Alembert sur les spectacles*, 1758), Louis-Sébastien Mercier (*Traité du théâtre ou nouvel essai sur l'art dramatique*, 1773; *Nouvel examen de la tragédie française*, 1778), Condorcet (*Rapport sur l'instruction publique*, 1792 puis *Esquisse d'un tableau des progrès de l'esprit humain*), Schiller (*Lettres sur l'éducation esthétique de l'homme*, 1793-94).
32. Sur le traitement des questions artistiques sous la révolution française, *Cf.* entre autres BORDES Philippe et MICHEL Régis (dir.), *Aux armes et aux arts, les arts de la Révolution (1789-1799)*, Paris, Adam Biro, 1988; POMMIER Édouard, *L'art de la Liberté. Doctrines et débats de la Révolution française*, Paris, Gallimard, 1991.
33. LEVINE Lawrence, *Highbrow/Lowbrow. The Emergence of Cultural Hierarchy in America*, Cambridge, Harvard University Press, 1990.
34. WORPOLE Ken, «La crise des bibliothèques publiques en Grande-Bretagne», *Liber*, n° 13, mars 1993.
35. Pour une généalogie de l'éducation populaire, *Cf.* CACÉRÈS Bénigno, *Histoire de l'éducation populaire*, Paris, Seuil, 1964; POUJOL Geneviève, *L'éducation populaire: histoires et pouvoirs*, Paris, Économie et humanisme-Éditions ouvrières, 1981.

36. Parmi la très abondante littérature sur l'histoire de la lecture publique et des bibliothèques populaires *Cf.* pour une histoire sociale BARNETT Graham Keith, *Histoire des bibliothèques publiques en France de la révolution à 1939*, Paris, Promodis-Cercle de la librairie, 1987; LYONS Martyn, *Le triomphe du livre, une histoire sociologique de la lecture dans la France du* XIXe *siècle*, Paris, Promodis-Le cercle de la librairie, 1987. Sur le traitement social de la lecture à partir d'une analyse des discours, CHARTIER Anne-Marie et HÉBRARD Jean (dir.), *Discours sur la lecture (1880-1980)*, Paris, BPI-Centre Georges-Pompidou, 1989.

37. Madeleine Rebérioux note une certaine indifférence des mouvements socialistes à l'égard des questions littéraires et artistiques. REBÉRIOUX Madeleine, «Avant-garde esthétique et avant-garde politique: le socialisme français entre 1890 et 1914», *in Esthétique et marxisme*, Paris, U.G.E. 10/18, 1974. Dans le même sens, voir GARRIGOU Alain, «Socialisme et loisir au XIXe siècle» in *Oisiveté et loisirs dans les sociétés occidentales au XIXe siècle*, Amiens, Université de Picardie, F. Paillart, 1983. Pour une mise en perspective, voir CRUBELLIER Maurice, *Histoire culturelle de la France. XIXe-XXe siècle*, Paris, Armand Colin, 1976, p. 309-327. Pour une reconstruction militante de cette histoire, voir BERTOU Marius, «Politique culturelle de la CGT (1895-1921)», *Cahiers d'Histoire de l'Institut de Recherches Marxistes*, n° 41, 1990.

38. JULLIARD Jacques, *Fernand Pelloutier et les origines du syndicalisme d'action directe*, Paris, Seuil, 1971.

39. DAVID Marcel, «Formation ouvrière et pensée ouvrière sur la culture en France depuis le milieu du XIXe siècle», *in Niveaux de culture et groupes sociaux*, Paris-La Haye, Mouton, 1967, p. 213-234; OFFERLÉ Michel, «Éducation ouvrière et partis politiques», *Les Cahiers de l'Animation*, n° 32, 2e trimestre 1981, p. 105-114.

40. RITAINE Évelyne, *Les stratèges de la culture,* op. cit.

41. *Cf.* MERCIER Lucien, *Les Universités Populaires 1899-1914. Education populaire et mouvement ouvrier au début du siècle*, Paris, Collection du Mouvement social, 1986. Dans une perspective plus sociologique, et pour une restitution des différentes formes qu'ont pu revêtir les Universités Populaires, *Cf.* à partir du cas de Lyon ROULLEAU-BERGER Laurence, «Sociographie des Universités Populaires: le cas de Lyon», in *Éducation, fête, culture*, Lyon, PUL, 1981, p. 105-146.

42. BRACCO Pierre-Paul, *Le théâtre populaire en 1900. Étude du théâtre populaire en France de 1895 à 1905*, Thèse de troisième cycle, Université de Nice, 1970, p. 317. Pour une présentation de ce type d'entreprise par l'un de ses promoteurs, *Cf.* DARGEL Henri, «Le Théâtre du Peuple à la Coopération des Idées», *Revue d'art dramatique*, avril, 1903.

43. Pour un exemple de l'homologie entre hostilité au suffrage universel et dénonciation des effets néfastes des «foules» sur l'art, *Cf.* par exemple BOURGET Paul, *Essais de psychologie contemporaine*, Paris, Plon, 1926, Vol. 1. (recueil de textes du début des années 1880).

44. Cité *in* POTTECHER Maurice, *Le théâtre du peuple, renaissance et destinée du théâtre populaire*, Paris, Ollendorff, 1899, p. 13-14.

45. *Ibid*, p. 152.
46. Sur la psychologie des foules, *Cf.* surtout BARROWS Susanna, *Miroirs déformants. Réflexions sur la foule en France à la fin du* XIXe *siècle*, Paris, Aubier, 1990.
47. *Cf.* par exemple GUYAU Jean-Marie, *L'art au point de vue sociologique,* Alcan, 1887. Guyau, pour qui «L'émotion esthétique se [ramène] en grande partie à la contagion nerveuse» (p. 380) adopte une perspective proche de la psychologie des foules et cite abondamment Tarde à propos des effets sociaux de l'art.
48. Analysée pour les récits de crime dans KALIFA Dominique, *L'encre et le sang. Récits de crimes et sociétés à la Belle Époque*, Paris, Fayard, 1995. Pour un exemple de la construction du théâtre comme vice populaire, voir par exemple HAUSSONVILLE M. le Comte (d'), «Le combat contre le vice. 1. L'inconduite», *Revue des Deux Mondes*, 1er janvier 1887, p. 126-170.
49. SORLIN Pierre, «Le mirage du public», *Revue d'Histoire Moderne et Contemporaine*, 38-1, 1992, p. 89.
50. Alfred Mortier, in *L'art théâtral*, Congrès international de 1900 tenu à l'exposition universelle au palais des congrès du 27 au 31 juillet 1900, Paris, Imprimerie C. Pariset, 1901. *Cf.* aussi FLAT Paul, «La foule au théâtre», *Revue Bleue*, n° 14, 5 avril 1902, p. 439-441. Pour une mise en perspective historique, *Cf.* PROCHASSON Christophe, «De la culture des foules à la culture de masse», *in* André Burguière (dir.), *Histoire de la France. Les formes de la culture*, Paris, Seuil, 1993, p. 421-454.
51. SORIN Paul, *Du rôle de l'État en matière scénique*, Thèse de doctorat en Économie Politique, Faculté de Droit, Paris, éditions Arthur Rousseau, 1902, p. 3.
52. CHARTIER Roger, «Espace social et imaginaire social: les intellectuels frustrés au XVIIe siècle», *Annales E.S.C.*, mars-avril 1982, vol. 37, n° 2, p. 389-399.
53. BOURGET Paul, *L'étape* (1902).
54. BARRES Maurice, *Les déracinés* (1897). *Cf.* à ce propos BENETON Philippe, *Histoire de mots, culture et civilisation*, Paris, Presses FNSP, 1975, p. 65.
55. *Revue Naturiste*, n° 5, avril 1900, manifeste cité *in* PLACE (J.-M.) et VASSEUR (A.M.), *Bibliographie des revues et journaux littéraires des* XIXe *et* XXe *siècles*, Paris, Éd. J.-M. Place, 1974 tome 2, p. 286. Georges Deherme et plusieurs militants du théâtre populaire y collaborent régulièrement.
56. L'*Art social* ne désigne pas ici le groupe littéraire «réaliste» qui s'oppose dans les années 1840 à l'«art bourgeois», mais une revue et un cercle littéraire de tendance anarchiste fondés en 1891 par de jeunes écrivains (Georges de La Salle et Eugène Châtelain), qui créent en 1893 un éphémère «théâtre d'Art Social». Après une interruption en février 1894, la revue est relancée grâce au soutien de *l'Enclos*, revue fondée par Louis Lumet et Fernand Pelloutier, avec lesquels des «expériences de théâtre populaire» sont menées. La principale est le Théâtre Civique de Louis Lumet, qui fonctionne comme *l'Enclos* grâce aux libres souscriptions de ses collaborateurs. Des pièces

d'Octave Mirbeau, de Jules Vallès ou de Villiers de l'Isle d'Adam sont ainsi représentées gratuitement dans des quartiers ouvriers. Ces représentations vite interdites par la préfecture en raison des visées révolutionnaires des œuvres jouées. *Cf.* LUMET Louis, «Le théâtre civique», *RAD*, octobre 1898 p. 118-121.; DURAND Xavier, «L'art social au théâtre: deux expériences (1893, 1897), *Le Mouvement social*, n° 91, avril-juin 1975, p. 13-34.

57. Sur l'Art pour tous, «ligue de propagande esthétique» créée en 1901 pour emmener les ouvriers au musée et les rapprocher des artistes, *Cf.* LUMET Louis, *L'Art pour tous*, Paris, Cornély, 1904.

58. Notée plus loin *RAD*. Sur cette revue, *Cf. infra*.

59. LAHOR Jean, *L'art pour le peuple à défaut d'art par le peuple*, s.l.n.d, p. 29, cité *in* PROCHASSON Christophe, *Les années électriques, 1880-1910*, Paris, La découverte, 1991, p. 167.

60. *Cf.* par exemple l'*Enquête sur l'évolution littéraire*, publiée en 1891 par Jules Huret et celle parue dans *l'Ermitage* en juillet 1893. CHARLE Christophe, *Naissance des «intellectuels»,* op. cit., p. 100 et suivantes et p. 119 et suivantes.

61. *L'Enclos*, n° 9, novembre 1896. 34 réponses ont été publiées dans les numéros suivants.

62. BOURDON Georges, «Le théâtre du peuple», *Revue Bleue*, n° 4, 25 janvier, n° 7, 15 février, n° 8, 22 février, n° 14, 5 avril, n° 15, 12 avril, n° 19, 10 mai 1902. Il s'agit d'une série d'articles se terminant par une enquête (8 entretiens).

63. *Revue d'Art Dramatique*, «Enquête sur la question sociale au théâtre», 20 février et 5 mars 1898. 38 réponses au questionnaire ont été publiées.

64. *Cf.* par exemple ZWEIG Stefan, *Romain Rolland, l'homme et l'œuvre*, Neuchâtel, Éd. de la Baconnière, s.d., p. 74-75.

65. SÉCHÉ Alphonse, *Dans la mêlée littéraire (1900-1930)*, Paris, Bibliothèque du Hérisson, 1933.

66. Rapport d'Eugène Morel au Congrès international de 1900, *L'art théâtral*, op.cit., p. 160 et suiv.

67. BOURDON Georges, «Le théâtre du peuple», *Revue Bleue*, n° 4, 25 janvier 1902 ainsi que la citation précédente. C'est moi qui souligne. Un appel aux intellectuels pour donner l'art aux ouvriers est publié dans *La Petite République* du 30 mars 1901.

68. BRACCO Pierre-Paul, *Le théâtre populaire en 1900*, op. cit., p. 13.

69. Plusieurs de ses membres ne font que prêter leur nom à ce Comité sans participer à ses travaux, comme Anatole France ou Émile Zola

70. *Cf.* le compte-rendu qu'en donne Eugène Morel dans la *RAD* de septembre 1900.

71. MOREL Eugène, *RAD*, mars 1902, p. 116.

72. CABS Maurice, «Le théâtre du peuple», *La République*, 9 octobre 1901.

73. BOURDON Georges, «Le Théâtre du Peuple», *art. cit.*

74. AN, F21 4687/3/i.

75. Tels que Georges Bourdon, Camille de Sainte-Croix, Catulle Mendès ou Louis Lumet. Création de la commission par l'arrêté du 7 juin 1905, publié au

Journal officiel du 9 juin 1905. Sur les travaux de la commission, *Cf.* la série F21 4688 des Archives Nationales. Sur la prise en compte des questions liées au théâtre populaire par les autorités gouvernementales, *Cf.* ALBERTINI Marie-Laure, *Les politiques d'éducation populaire par l'art en France: théâtres et musées, 1895-1914*, Thèse d'histoire, Université Paris I, 1983.

76. BOURDON Georges, «Le théâtre du peuple», *Revue Bleue*, n° 7, 15 février 1902.

77. *Cf.* le fonds Rondel de la Bibliothèque de l'Arsenal, RT 3277, recueil d'articles de presse sur le théâtre populaire de 1896 à 1946.

78. C'est ce qui ressort du dépouillement des projets de théâtres populaires conservés aux Archives Nationales, dossier F21 4687/3.

79. Pour les origines et la trajectoire de Romain Rolland, voir, en plus de celle déjà citée de Stefan Zweig, les biographies de DOISY Marcel, *Romain Rolland, 1866-1944*, Bruxelles, Éditions La Boétie, 1945; BARRERE Jean-Bertrand, *Romain Rolland par lui-même*, Paris, Seuil, 1955; ROBICHEZ Jacques, *Romain Rolland*, Paris, Hatier, 1961.

80. De manière similaire, Rémy Ponton note que les auteurs de romans «populaires» sont souvent issus de familles d'industriels en déclin et reprend «l'idée durkheimienne d'un apport intellectuel inhérent aux situations de crise». PONTON Rémy, «Sur la constitution de la catégorie du "populaire" après 1848», *Politix*, n° 14, 1991, p. 66.

81. *Dictionnaire de Biographie Française.*

82. *Dictionnaire Biographique du Mouvement Ouvrier Français.*

83. FROIDURE D'AUBIGNÉ Gérard, *Les hommes de notre temps et leur œuvre*, Paris, G. Flicker (s.d.)

84. *Biographie Nationale*, Académie Royale de Belgique, Bruxelles, 1936-1938.

85. Du Commerce et de l'Industrie (27 juin 1911 au 13 janvier 1912); du Travail et de la Prévoyance Sociale (13 juin au 26 août 1914).

86. *Dictionnaire de Biographie Française.*

87. *DBMOF.*

88. Sources: *Dictionnaire des ministres* Benoît Yvert; *Dictionnaire de Biographie Française*; *DBMOF*; *Dictionnaire des parlementaires*, Paris, PUF 1963.

89. BOURDON Georges, «Le Théâtre du Peuple», *art. cit.*, 22 février 1902.

90. Il organise des dîners avec Raymond Poincaré, Georges Courteline, Robert de Flers, et les membres de l'Œuvre: Gustave Larroumet, Victorien Sardou, Paul Hervieu... *Dictionnaire de Biographie Française*, BERNHEIM Adrien, *Trente ans de théâtre*, Tome 1, Paris, Fasquelle, 1903, Tome 2, Paris, Fasquelle, 1904, Tome 3, Paris, Rueff, 1906.

91. ROUJON Henry, *Artistes et amis des arts*, Paris, Hachette, 1912.

92. CHARLE Christophe, *Les élites de la République, 1880-1900*, Paris, Fayard, 1987, p. 413.

93. Voir par exemple ROLLAND Romain, *Le théâtre du peuple*, Paris, Librairie Fischbacher-Les Cahiers de la quinzaine, 1904.

94. TOCQUEVILLE Alexis (de), *L'ancien régime et la révolution*, Livre III, chapitre I.

95. CHARLE Christophe, *Naissance des «intellectuels»*, op. cit. p. 136.

96. BOURDON Georges, «Le Théâtre du Peuple», *Revue Bleue*, 12 avril 1902, n° 15, p. 479-480. Cette question ne fait toutefois pas l'unanimité au sein du groupe mobilisé autour de la Revue d'Art Dramatique.

97. ROLLAND Romain, *Le théâtre du peuple*, op. cit., p. 13.

98. DAMAMME Dominique, «Genèse sociale d'une institution scolaire, l'école libre des sciences politiques», *Actes de la recherche en sciences sociales*, n° 70, novembre 1987, p. 31-46. Sur ces questions, voir ROSANVALLON Pierre, *Le sacre du citoyen*, Paris, Gallimard, 1992.

99. VASSEUR A.-M., *op. cit.*

100. SOREL Georges, «La valeur sociale de l'art», *Revue de métaphysique et de morale*, n° 3, 1901, p. 251-278.

101. *Cf. ibid*, p. 302.

102. ROLLAND Rolland, *Le Théâtre du Peuple*, op. cit., p. 12

103. BOURDON Georges, «Le théâtre du peuple», *Revue Bleue*, n° 4, 25 novembre 1902, p. 112.

104. ROLLAND Romain, *ibid.* p. 7.

105. «Le théâtre populaire s'adresse plus spécialement aux éléments populaires de la nation, à la classe la plus pauvre et, d'ordinaire, la moins cultivée», cité *in* BRACCO Pierre-Paul, *op. cit.*

106. ROLLAND Romain, *op. cit.* p. 13.

107. Camille de Sainte-Croix, cité par SÉCHÉ Alphonse, «À propos du théâtre populaire», *RAD*, août 1903, p. 233-239.

108. Archives Nationales, F21 4687/3/h, et BERNHEIM Adrien, *Trente ans de théâtre*, op. cit.

109. ROLLAND Romain, *op. cit.*, p. 64.

110. *Revue Bleue*, 10 mai 1902, p. 606.

111. *Art. cit*, 25 janvier 1902, p. 114.

112. MOREL Eugène, *RAD*, juin 1903, p. 194 et suivantes.

113. Gabriel Trarieux cité *in* BRACCO Pierre-Paul, op. cit. p. 103.

114. Article de la *RAD*, du 20 11 1898, p. 162-169.

115. PASSERON Jean-Claude, *La raisonnement sociologique. L'espace non-poppérien du raisonnement naturel*, Paris, Nathan, «Essais et recherches», 1991, p. 294.

116. *Cf.* BOURDIEU Pierre, *Les règles de l'art*, op. cit., p. 89 et suiv.

117. DEHERME Georges, *Les classes moyennes...* op. cit.

118. BOURDON Georges, «Le théâtre du peuple», *Revue Bleue*, n° 4, 25 novembre 1902, p. 113.

119. TUROT Henri, «Le théâtre et le socialisme», *RAD*, 20 octobre 1898, p. 122-126.

120. «Lettre au Ministre de l'Instruction Publique et des Beaux-Arts», *RAD*, 5 novembre 1899, p. 161-163.

121. Sur les rapports du populisme et de l'ethnocentrisme de classe, *Cf.* BOURDIEU Pierre, «Les usages du "peuple"» *in Choses dites*, Paris, Minuit, 1987; GRIGNON Claude & PASSERON Jean-Claude, *Le savant et le populaire. Misérabilisme et populisme en sociologie et en littérature*, Paris, Gallimard-Seuil, 1989.

122. En plus des références déjà citées, *Cf.* par exemple DORCHAIN Auguste, «Publics populaires», *L'art du théâtre*, mai 1903, p. XXXVII-XL et juin 1903 p. XLV-XLVIII.

123. *RAD*, novembre 1903

124. ROLLAND Romain, op. cit. p. 50.

125. «Le théâtre du peuple», *Revue Bleue*, n° 4, 25 janvier 1902, p. 112.

126. LUMET Louis, «Le théâtre civique», *RAD*, octobre 1898.

127. LUMET Louis, *Le Théâtre civique*, Librairie Paul Ollendorff, éditions de la Revue d'Art Dramatique, Paris, 1900, p. 19-20.

128. ROLLAND Romain, *Le Théâtre du peuple*, op. cit., pour cette citation et les suivantes, successivement p. 7, p. 96-97, p. 99, p. 98, p. 8 et p. 189.

Chapitre 2

1. AYNARD Édouard, «Les Beaux-Arts et l'économie politique», *in* SAY Léon, CHAILLEY Joseph (dir.), *Nouveau dictionnaire d'économie politique*, Paris, Guillani, 1890.

2. AYNARD Édouard, «Les Beaux-Arts et l'économie politique», *art. cit.*, p. 8. Le député et banquier lyonnais Édouard Aynard, collectionneur d'art et défenseur des thèses libérales, intervient régulièrement en ce sens à la Chambre des députés.

3. C'est la thèse défendue notamment dans GENET-DELACROIX Marie-Claude, «Esthétique officielle et art national sous la troisième République», *Le Mouvement social*, n° 131, avril-juin 1985; «Art, histoire et politique en France: 1870-1940», *Sources*, n° 26, 1991, p. 25-42 et URFALINO Philippe, «Action publique, création privée», *Revue française d'administration publique*, n° 65, janvier-mars 1993, p. 51-62.

4. LAMY Yvon, «Du monument au patrimoine, matériaux pour l'histoire politique d'une protection», *Genèses*, n° 11, mars 1993, p. 50-81.

5. GERBOD Paul, «L'action culturelle de l'État au XIXe siècle à travers les divers chapitres du budget général», *Revue historique*, octobre-décembre, 1983, p. 389-401. Marie-Claude Genet-Delacroix a choisi «deux approches»: le respect des répartitions budgétaires en vigueur à la période étudiée et le regroupement des «différents chapitres budgétaires suivant les catégories et les critères de classement actuels donnés par le ministère des Affaires culturelles dans sa comptabilité en accord avec la commission du Plan». *Art et État sous la IIIe République,* op. cit., p. 284 et suiv. On retrouve ici le problème de l'anachronisme des catégories utilisées pour établir des séries statistiques tel qu'il est débattu dans «Histoire et statistique. Questions sur l'anachronisme des séries longues», *Genèses*, n° 9, octobre 1992, p. 90-119.

6. À titre indicatif, les Beaux-Arts représentent entre 3 et 10 % du budget des grandes villes entre 1880 et 1914. Là encore, les différences dans les nomenclatures budgétaires rendent tout comptage difficile et toutes comparaison hasardeuse. *Cf.* notre article, «Le flou artistique du traitement municipal des Beaux-Arts (Lyon 1880-1910)», *Bulletin du Centre Pierre Léon*, septembre 1995, p. 29-36.
*Les pourcentages présentés dans ce tableau ont été calculés d'après les chiffres fournis *in* GENET-DELACROIX Marie-Claude, *Art et État sous la IIIe République,* op. cit., p. 262-267. On a retranché les dépenses concernant les bâtiments civils et les palais nationaux, qui représentent en volume à peu près l'équivalent de l'ensemble des postes budgétaires présentés ici, en raison de leurs fréquents changements d'affectation. (1890: 6 027 010; 1900: 6 201 900; 1911: 13 204 683). L'importante modification qui intervient en 1900 est due à des changements dans la répartition des dépenses par chapitre, à laquelle est entre autre imputable la diminution de la ligne Manufactures nationales. L'augmentation du chapitre Musées et expositions en 1900 s'explique par l'organisation de l'exposition universelle, celle du chapitre Monuments historiques en 1911 par le rattachement au budget des édifices diocésains.
7. On rejoint ici les remarques formulées par Bernard Lahire lorsqu'il invite à l'analyse des discours comme moyen de restituer les effets des processus d'intériorisation. LAHIRE Bernard, *L'homme pluriel*, Paris, Nathan, 1998.
8. Il n'existe pas d'étude systématique sur les relations entre personnel politique et univers culturel. Pour les transformations du recrutement social des parlementaires, on pourra se référer aux travaux classiques de DOGAN Mattei, «Les filières de la carrière politique en France», *Revue française de sociologie*, vol. 8, n° 4, 1967. Pour le personnel gouvernemental, *Cf.* ESTÈBE Jean, *Les ministres de la République, 1871-1914*, Paris, Presses FNSP, 1982. On pourra en particulier se reporter au chapitre VIII, «Plumes ministérielles» sur l'activité d'écriture des ministres.
9. ÉLIAS Norbert, *La dynamique de l'Occident*, Paris, Calmann-Lévy, 1975. Didier Georgakakis a pu mettre en évidence un processus comparable d'«intériorisation de la censure» à propos des agents chargés de la propagande d'État dans *Information et propagande d'État sous la IIIe République. Les échecs d'une spécialisation*, thèse de Science politique, IEP-Lyon II, 1996, p. 67 et suiv. et p. 218 et suiv.
10. PROUST Antonin, *L'Art sous la République*, Paris, Bibliothèque Charpentier, 1892.
11. BOUSSU Nicolas, *L'administration des Beaux-Arts, études administratives*, op. cit.
12. BOSSUET Pierre, *Histoire administrative des rapports des théâtres et de l'État*, op. cit., p. 12.
13. SORIN Paul, *Du rôle de l'État en matière scénique*, op. cit.
14. COUYBA Charles-Maurice, *L'Art et la démocratie,* op. cit.
15. *Cf.* par exemple l'*Éclair*, du 30 novembre 1901.
16. *Cf.* par exemple le rapport du budget des Beaux-Arts pour 1900, de Dujardin-Beaumetz, qui adopte une présentation identique à celle de Couyba.

17. *Manette Salomon* est un roman des frères Goncourt dans lequel il est question de l'attirance exercée par la «bohème» de la «vie d'artiste».

18. *Ibid.*, p. 7-8.

19. *Cf. supra* la réponse de Pierre Baudin à l'enquête sur la «séparation des Beaux-Arts et de l'État».

20. PROUST Antonin, *L'Art sous la République*, op. cit., p. 3.

21. COUYBA Charles-Maurice, *L'Art et la démocratie,* op. cit., p. 7.

22. *Ibid.*

23. PAUL-BONCOUR Joseph, *Art et démocratie*, Paris, Librairie Paul Ollendorff, 1912.

24. DUPRÉ Paul, OLLENDORF Gustave, «L'administration des Beaux-Arts», *in* Léon Béquet (dir.) *Répertoire du Droit Administratif*, Paris, éditions Dupont, 1885, p. 70.

25. Sur ces questions, *Cf.* SALAIS Robert *et al.*, *L'invention du chômage, Histoire et transformations d'une catégorie en France des années 1890 aux années 1980*, Paris, PUF, 1986, notamment p. 189; SMITH Dorothy E., «Les textes comme instruments de l'organisation sociale», *Revue internationale des sciences sociales*, n° 99, 1984, p. 59-75. Jack Goody a montré le rôle et les effets sociaux de l'écriture dans les processus d'objectivation sociale dans *La raison graphique*, Paris, Minuit, 1979.

26. LARROUMET Gustave, *L'Art et l'État en France*, op. cit.

27. PAUL-BONCOUR Joseph, *Art et démocratie*, op. cit.

28. PROUST Antonin, *L'Art sous la République*, op. cit.

29. LÉON Paul, *Du palais-royal...* op. cit., p. 222.

30. Discours prononcé à l'École des Beaux-Arts le 25 novembre 1888, reproduit en appendice de *L'Art et l'État en France*, op. cit., p. 330.

31. *Cf. supra.* En tête de l'enquête était placé l'exergue suivant: «*Un projet de Loi. Article unique. Le budget des Beaux-Arts est réuni à celui de l'Assistance publique.* Propos de table de M. Degas».

32. Le rapport de Gambetta pour la création de ce ministère réunissant Beaux-Arts et arts industriels fait valoir que «l'assistance que l'art peut donner à l'industrie a une importance considérable au point de vue économique et social, puisqu'elle transforme les conditions de travail et exerce une influence décisive sur les forces productives d'une nation». Cité *in* PROUST Antonin, *L'art sous la République*, op. cit., p. 11. Sur ce ministère, *Cf. infra.*

33. RONCHAUD Louis (de), «De l'encouragement des Beaux-Arts par l'État», *La Nouvelle revue*, vol. XXXIII, mars-avril 1885, p. 159.

34. SORIN Paul, *Du rôle de l'État en matière scénique*, op. cit.

35. COUYBA Charles-Maurice, *L'Art et la démocratie,* op. cit., p. 3.

36. DUPRÉ Paul et OLLENDORF Gustave, «L'administration des Beaux-Arts», *art. cit.*, p. 70.

37. RONCHAUD Louis (de), «De l'encouragement...», *art. cit.*, p. 131.

38. Sur la surveillance des cafés-concerts, *Cf.* KIMMINCH Eva, «Chansons étouffées. Recherche sur les cafés-concerts au XIXe siècle», *Politix*, n° 14, 1991.

39. *Cf.* par exemple le rapport du budget des Beaux-Arts à la chambre pour 1901, par Georges Berger.
40. Pour une étude de cas à partir des débats au conseil municipal de Lyon, voir notre article «Des “plaisirs bourgeois” aux “droits du peuple”, la formation d'un discours politique sur la culture (1884-1930)», *Sources*, n° 26, 1991, p. 43-60.
41. SORIN Paul, *Du rôle de l'État...* op. cit., p. 159-161.
42. Rapport du budget des Beaux-Arts 1912, par Jules Simyan, séance du 12 juillet 1911.
43. COUYBA Charles-Marie, *L'Art et la démocratie*, op. cit., p. 347-348.
44. LÉON Paul, *Du palais-royal...* op. cit., p. 91.
45. *Cf.* notre article déjà cité «Des “plaisirs bourgeois” aux “droits du peuple”...». Sur d'autres municipalités, *Cf.* DOGLIANI Patrick, *Un laboratoire du socialisme municipal: France 1880-1920,* thèse d'histoire, Université Paris I, 1991 p. 150; LORCIN Jean, «Une tentative de “décentralisation dramatique” dans le cadre du “socialisme municipal”: le théâtre municipal de Saint-Étienne entre 1900 et 1908», in *Théâtre et spectacles hier et aujourd'hui, époque moderne et contemporaine*, Paris, CTHS, 1991, p. 371-387. Ce sera surtout le cas dans l'entre-deux-guerres. *Cf.* par exemple POIRRIER Philippe, «Une politique culturelle de Front Populaire? La municipalité Jardillier à Dijon, 1935-1940», in *Théâtre et spectacles hier et aujourd'hui,* op. cit., p. 355-369; RAB Sylvie, *Culture et banlieue. Les politiques culturelles dans les municipalités de la Seine (1935-1939)*, thèse d'histoire, Université Paris VII, 1994.
46. C'est ce que fait notamment SORIN Paul, *Du rôle de l'État...*, op. cit., p. 157.
47. *Le Petit Parisien*, 5 décembre 1901.
48. COUYBA Charles-Maurice, *L'Art et la démocratie,* op. cit., p. 141.
49. OLLENDORF Gustave, *Traité d'administration des Beaux-Arts*, Paris, 1885.
50. Que l'on pense, pour citer les plus connus, aux Victor Hugo, Claude Bernard, Louis Pasteur, Hippolyte Taine ou Ernest Renan.
51. RENAN Ernest, *Réforme intellectuelle et morale de la France*, cité *in* GENET-DELACROIX Marie-Claude, *Art et État sous la IIIe République...* op. cit., p. 164.
52. *Journal Officiel* du 9 septembre 1875. Pour la postérité accordée à ce rapport et aux principes qui y sont formulés, *Cf.* LARROUMET Gustave, *L'Art et l'État en France*, op. cit., p. 291-292.
53. Décret 4 février 1879.
54. CHAMPIER Victor, *L'année artistique 1881-1882*, Paris, A. Quantin, 1882, p. 3.
55. *Cf.* notamment la série d'articles intitulée «Le ministère des Arts» dans *L'Art*, Tome XVII, 1881, p. 49-56 (Paul Leroi), p. 89-93; 114-115 et 158-159 (Eugène Véron).
56. En 1879 et 1880. Il le sera par la suite de nouveau en 1884, 1885, 1886, 1887, 1891 et 1892.

57. *Cf.* SILVERMAN Debora L., *L'art nouveau en France. Politique, psychologie et style fin de siècle*, Paris, Flammarion, 1994 (1re édition 1989).
58. *Cf.* en particulier HEINICH Nathalie, «De l'apparition de l'"artiste" à l'invention des "Beaux-Arts"», *Revue d'histoire moderne et contemporaine*, vol. XXXVII, janvier-mars 1990.
59. PROUST Antonin, *L'Art sous la République*, op. cit., p. 26.
60. *Cf.* BOIME Albert, *The Academy and French Painting*, op. cit.
61. Henry Houssaye, né en 1848, a entre autres écrit des ouvrages historiques sur Napoléon. Il comptera au nombre des intellectuels anti-dreyfusards. HOUSSAYE Henry, «Le ministère des Arts», *Revue des deux mondes*, 1er février 1882, p. 613-627.
62. LARROUMET Gustave, *L'Art et l'État en France*, op. cit., p. 302-303.
63. PAUL-BONCOUR Joseph, *Art et démocratie*, op. cit., p. 9 et 11.
64. RACINET M., *La spécialisation ministérielle*, Thèse de Droit, Paris, 1910, cité *in* LANG Jack, *L'État et le théâtre*, Paris, LGDJ, 1968, p. 53.
65. LARROUMET Gustave, *L'Art et l'État en France*, op. cit., p. 305-306.
66. BOUSSU Nicolas, *L'administration des Beaux-Arts*, op. cit., p. 42.
67. HOUSSAYE Henry, «Le ministère des arts», *art. cit.*, p. 612 et p. 616-617.
68. LÉON Paul, *Du palais-royal...* op. cit., p. 160 et suiv.
69. *L'Illustration*, 4 octobre 1913, p. 252, «La mort de M. Dujardin-Beaumetz».
70. LÉON Paul, *Du palais-royal...* op. cit., p. 89.
71. *Ibid.*
72. *Ibid.*, p. 88.
73. *L'illustration,* art. cit.
74. Dujardin-Beaumetz, Discours prononcé à la distribution des récompenses du Salon des artistes français, 5 juillet 1905, *in* DUJARDIN-BAUMETZ Henri, *Discours prononcés de 1905 à 1911*, Paris, Imprimerie Paul Dupont, 1913.
75. Cité in *L'Illustration*, art. cit.
76. *Cf.* REBÉRIOUX Madeleine, *La république radicale?*, Paris, Seuil, coll. «Points-Histoire», 1975, p. 144-145.
77. *L'illustration,* art. cit.
78. *Ibid.*
79. LÉON Paul, *Du palais-royal...* op. cit., p. 90.
80. *Cf.* ALBERTINI Marie-Laure, *La politique artistique de Dujardin-Beaumetz devant le parlement et l'opinion, 1905-1912*, Mémoire de maîtrise d'histoire, Paris I, 1979.
81. DUPRÉ Paul, OLLENDORF Gustave, «L'administration des Beaux-Arts», *art. cit.*, p. 47-49.
82. Rapport n° 330, *Journal Officiel des débats*, 1904, p. 753.
83. Jules Buisson, séance du 20 mars 1872, cité *in* GENET-DELACROIX Marie-Claude, *Art et État*, op. cit., p. 257-258.
84. Paul Bert, séance du 28 juin 1881, *Journal Officiel.*

85. OLLENDORF Gustave, *Traité d'administration des Beaux-Arts*, op. cit., p. 160-165.

86. *Cf.* DURUPTY Michel, *L'État et les Beaux-Arts*, Thèse de doctorat en droit, Université de Bordeaux, 1964.

87. «Pour échapper à ses responsabilités, la IIIe République crée des commissions où s'exerce l'influence de l'Académie», juge Jeanne Laurent. *Cf.* LAURENT Jeanne, *Arts et pouvoirs*, Saint-Étienne, Travaux du CIEREC n° XXXIV, 1983, p. 77 et suiv.

88. Pour un exemple typique des critiques dont les commissions artistiques font l'objet, *Cf.* MIRBEAU Octave, «Sur les commissions», *Le Figaro*, 10 août 1890, repris dans le recueil *Combats esthétiques*, vol. 1, Paris, Séguier, 1993, p. 399-404.

89. CHENNEVIERES Philippe (de), *Rapport sur l'administration des arts depuis le 31 décembre 1873 jusqu'au 1er janvier 1878*, Paris, P. Mouillot, 1878, cité *in* LAURENT Jeanne, *Arts et pouvoirs*, op. cit., p. 77.

90. LARROUMET Gustave, op. cit., p. 314-315.

91. Le Conseil supérieur des Beaux-Arts a été étudié en détail par Marie-Claude Genet-Delacroix dont les travaux fournissent pour une large part les éléments empiriques utilisés ici. *Cf.* notamment *Art et État*, op. cit.; «Le Conseil Supérieur des Beaux-Arts: histoire et fonction, 1875-1940», *Mouvement Social*, n° 163, 1993.

92. LARROUMET Gustave, op. cit., p. 312.

93. *Cf.* ALBERTINI Marie-Laure, *La politique artistique de Dujardin-Beaumetz*, op. cit.

94. PAUL-BONCOUR Joseph, *Art et démocratie*, op. cit.

95. BOUSSU Nicolas, *L'administration des Beaux-Arts...*, op. cit.

96. *Journal Officiel*, Budget général des dépenses de l'exercice 1913, n° 1846, 1912, Chapitre 4.

97. Décret du 9 septembre 1878, Article 5.

98. *Ibid.*, p. 87.

99. LARROUMET Gustave, *L'art et l'État en France*, op. cit., p. XIX-XX.

100. LÉON Paul, *Du palais-royal...* op. cit., p. 85.

101. CHARLE Christophe, «Le temps des hommes doubles», *Revue d'histoire moderne et contemporaine*, vol. 39, n° 1, janvier-mars 1992, p. 73-85.

102. MARIE Anne-Laure, *La politique culturelle du conseil municipal de Paris au début de la troisième République (1874-1884)*, mémoire de maîtrise d'histoire, Université Paris X, 1991.

103. CHENNEVIÈRES Philippe (de), *Souvenirs d'un directeur des Beaux-Arts*, réédition Paris, Arthéna, 1979, p. 86-97, cité *in* GENET-DELACROIX Marie-Claude, *Art et État*, op. cit., p. 175.

104. LÉON Paul, *Du palais-royal...* op. cit., p. 207.

105. ROUJON Henry, *Artistes et amis des arts*, op. cit., p. 56.

106. LARROUMET Gustave, *L'art et l'État en France*, op. cit., p. 300-302.

107. STONE Alec, «Le “néo-institutionnalisme”, défis conceptuels et méthodologiques», *Politix*, n° 20, 1992, p. 159-168. *Cf.* également LAGROYE Jacques, «L'institutionnalisation», in *Sociologie politique,* op. cit., p. 149-180.

108. C'est ce qui apparaît pour les spectacles, qui seuls ont fait l'objet d'un travail juridique concernant la qualification de «service public»: l'arrêt de la Cour de cassation refuse la qualification de service public à l'Opéra-Comique, le 12 juin 1901, le Conseil d'État fait de même à propos du théâtre des Champs-Elysées le 7 avril 1916, au motif que le théâtre est fréquemment «contraire aux bonnes mœurs». *Cf.* LANG Jack, *L'Etat et le théâtre*, op. cit., p. 120; BRAIBANT Guy, *Le droit administratif français*, Paris, Presses FNSP-Dalloz, 1984, p. 131-166; CHAPUS René, *Droit administratif général*, Tome 1, Paris, Montchrestien 1993, p. 5; GENET-DELACROIX Marie-Claude, *Art et État,* op. cit., p. 158 et suiv; MESNARD André-Hubert, «L'évolution de la politique culturelle sous la Ve République et la qualification du service public culturel», *Mélanges R.E. Charlier, Service Public et libertés*, Paris, éditions de l'Université et de l'enseignement moderne, 1981, p. 475-497; ORY Pascal, «Le service public culturel», in *Passé et présent des sociétés. Réflexions sur le service public*, Cours de l'IEP Paris, FNSP, 1985-1986. Sur l'évolution de la doctrine favorable à la qualification de service public, voir aussi par l'un des principaux protagonistes du débat JÈZE Gaston, *Principes généraux du droit administratif*, tome 2, Paris 1925.

Chapitre 3

1. BLOCH-LAINÉ François, *L'emploi des loisirs ouvriers et l'éducation populaire*, thèse de Doctorat, Sirey, Paris, 1936, p. 6, note 1. Souligné dans le texte.
2. MARTINET Marcel, *Culture prolétarienne*, Paris, Maspéro, 1976 (1935), p. 17.
3. BLOCH-LAINÉ François, *L'emploi des loisirs ouvriers...*, op. cit., p. 201.
4. OFFERLÉ Michel, «Éducation ouvrière et formation des militants... », *art. cit.*
5. C'est le cas de la Conférence internationale du Travail, en 1924, et de nombreux congrès internationaux, sur le travail ou sur l'éducation dans les années 1930, qui conduisent à la création de la Commission Internationale des Loisirs des Travailleurs, en 1935. C'est également au sein de l'Institut International de Coopération Intellectuelle que sont discutées ces questions, avec des congrès et des enquêtes. Institut International de Coopération Intellectuelle, *Bibliothèques populaires et loisirs ouvriers*, Paris, 1933; *Entretiens. L'art et la réalité. L'art et l'Etat*, Paris, Stock, 1935; *Mission sociale et intellectuelle des bibliothèques populaires*, Paris, 1937.
6. MARTINET Marcel, *Culture prolétarienne*, op. cit., p. 25-26.
7. *Cf.* entre beaucoup d'autres RACINE Nicole, «Marcel Martinet et la culture ouvrière», *Le Mouvement social*, avril-juin 1975, n° 91, p. 59-78. *Cf.* aussi RITAINE Évelyne, *Les stratèges de la culture*, op. cit.
8. Pour une analyse de ce débat au niveau du champ littéraire, *Cf.* PÉRU Jean-Michel, «Une crise du champ littéraire français. Le débat sur la “littérature prolétarienne” (1925-1935)», *Actes de la recherche en sciences sociales,*

n° 89, septembre 1991, p. 47-65. *Cf.* également BERNARD Jean-Pierre, *Le Parti communiste français et la question littéraire, 1921-1939*, Grenoble, Presses Universitaires de Grenoble, 1972.

9. BLOCH-LAINÉ François, *L'emploi des loisirs ouvriers...*, op. cit. Les citations suivantes sont issues de cet ouvrage, successivement p. 255, p. 15 et p. 76.
10. PASSERON Jean-Claude, *Le raisonnement sociologique,* op. cit., spécialement p. 293-299.
11. Le «Front Populaire» dont il est question ici comprend les mobilisations unitaires intervenues à partir du milieu des années 1930, et leur traduction gouvernementale jusqu'au début 1937.
12. La période du Front populaire a été étudiée sous l'angle d'une «histoire culturelle» englobant la «création» au sens le plus large, de la production artistique à l'activité scientifique, la «médiation» (transmission des savoirs, éducation, information) les «loisirs» sportifs, culturels, etc. qui accorde une place centrale à l'intervention publique par Pascal Ory, qui y a consacré depuis le milieu des années 1970 de nombreux articles et une thèse d'État soutenue en 1990. On pourra se référer à l'ouvrage qui en est issu: ORY Pascal, *La belle illusion. Culture et politique sous le signe du Front Populaire, 1935-1938*, Paris, Plon, 1994.
13. VAILLANT-COUTURIER Paul, *Au service de l'esprit. Pour la convocation des états généraux de l'Intelligence Française*, rapport au comité central du Parti communiste française présenté le 16 octobre 1936 et approuvé à l'unanimité, Paris, éditions sociales, 1936, 32 p. Successivement p. 17 et p. 31.
14. Sur les conditions du «ré-emploi» des intellectuels au sein du mouvement communiste, *Cf.* PUDAL Bernard, *Prendre parti...* op. cit., notamment p. 188 et suivantes.
15. *Cf.* RITAINE Évelyne, *Les stratèges de la culture,* op. cit., spécialement p. 103-110.
16. Pour le cas de la musique, *Cf.* FULCHER Jane F., «Style musical et enjeux politiques en France à la veille de la seconde guerre mondiale», *Actes de la recherche en sciences sociales*, n° 110, décembre 1995, p. 22-35.
17. SOUSTELLE Jacques, *Vendredi*, 25 juin 1936, cité *in* CABANNE Pierre, *Le Pouvoir culturel,* op. cit., p. 18. C'est moi qui souligne.
18. ORY Pascal, *La belle illusion...* op. cit. L'auteur parle de «premiers indices» préfigurant ce qui a été historiquement constitué comme les politiques culturelles publiques, tout en disant qu'«aucune politique globale» n'est menée à cette période.
19. LAGRANGE Léo, *Vu,* 25 juillet 1936.
20. HUISMAN Georges, «Nouveaux rapports de l'art et de l'État», *Europe*, n° 174, 15 juin 1937, p. 145-172 (p. 148.), cité *in* MONNIER Gérard, *Des Beaux-Arts aux arts plastiques...* op. cit., p. 201.
21. *Cf.* ZAY Jean, *Souvenirs et solitude*, Paris, René Julliard, 1945. Sur le statut des écrivains, voir en particulier p. 250-254.
22. ZAY Jean, *Souvenirs et solitude,* op. cit., p. 219.
23. LAGRANGE Léo, allocution au début 1937, cité *in* CACÉRÈS Bénigno, *Histoire de l'éducation populaire*, op. cit. p. 101.

24. ZAY Jean, *Souvenirs et solitude,* op. cit., p. 221.
25. LAGRANGE Léo, op. cit.
26. CACÉRÈS Bénigno, *Histoire de l'éducation populaire*, op. cit., p. 102.
27. Ainsi que dans des enjeux économiques, avec le trafic d'œuvres d'art par les forces d'occupation allemandes. *Cf.* BERTRAND-DORLÉAC Laurence, *L'art de la défaite, 1940-1944*, Paris, Seuil, 1993.
28. SAPIRO Gisèle, «La raison littéraire. Le champ littéraire français sous l'Occupation (1940-1944)», *Actes de la recherche en sciences sociales*, n° 111-112, mars 1996, p. 3.
29. *Cf.* FAURE Christian, *Le projet culturel de Vichy. Folklore et révolution nationale, 1940-1944*, Lyon-Paris, PUL/CNRS, 1989.
30. *Cf.* pour un panorama général MILZA Pierre, ROCHE-PÉRARD Fanette (dir.), *Art et fascisme. Totalitarisme et résistance au totalitarisme dans les arts en Italie, Allemagne et France des années 30 à la défaîte de l'axe*, Bruxelles, Complexe, 1989. Sur l'Allemagne nazie, la principale référence en langue française est RICHARD Lionel, *Le nazisme et la culture*, Bruxelles, Complexe, 1988 (1978). Voir aussi les références données dans LABORIER Pascale, *Culture et édification nationale...* op. cit. Le traitement historiographique de la question des arts sous Vichy est à cet égard significatif: ce point alimente le débat sur la «nature autoritaire du régime» et suscite des interrogations sur les «continuités» qu'on pourrait trouver, notamment avec le Front Populaire (organisation des loisirs, des mouvements de jeunesse, attention portée aux Arts et traditions populaires) et avec la décentralisation théâtrale entreprise à partir de 1947, qui serait préfigurée par «Jeune France». *Cf.* BERTRAND-DORLEAC Laurence, «L'ordre des artistes et l'utopie corporatiste: les tentatives de régir la scène artistique», *Revue d'histoire moderne et contemporaine*, XXXVIII, janvier-mars, 1990, p 64 à 87; *L'art de la défaîte,* op. cit.; RIOUX Jean-Pierre (dir.), *La vie culturelle sous Vichy*, Bruxelles, Complexe, 1990, notamment ROUSSO Henry, «Vichy: politique, idéologie et culture», p. 19-40; ORY Pascal, «La politique culturelle de Vichy: ruptures et continuités», p. 225-237.
31. Sur Uriage, *Cf.* COMTE Bernard, *Une utopie combattante. L'école des cadres d'Uriage, 1940-1942,* Fayard, 1991, notamment p. 90-93 pour les liens entre Uriage et Jeune France.
32. Ce point a d'abord été soulevé par Daniel Lindenberg, qui entend rompre avec la «vulgate de gauche» faisant de la Libération le point de départ absolu. LINDENBERG Daniel, «Révolution culturelle dans la révolution nationale. De Jacques Copeau à "Jeune France" : une archéologie de la "décentralisation théâtrale"», *Les révoltes logiques*, n° 12, été 1980, p. 2-18. Il a ensuite été mobilisé à des fins polémiques dans FUMAROLI Marc, *L'État culturel...* op. cit., notamment p. 91-114. Pour une mise au point et des repères historiques plus fermes, *Cf.* COMTE Bernard, «Pamphlet, histoire et fantaisie. À propos de Mounier "ministre de la Culture" de Vichy», *Le Débat*, n° 70, mai-août 1992, p. 49-59.
33. Jeune France, *Principes, direction, esprit*, Lyon, Maurice Audin, 1941, non paginé. Je remercie Bernard Comte de m'avoir procuré ce document, qui constitue le manifeste de Jeune France, dont l'auteur n'est pas clairement

identifié: Mounier selon Bernard Comte, Schaeffer selon Christian Faure. FAURE Christian, *Le projet culturel de Vichy.* op. cit., p. 310.

34. Statuts de l'association, article 1, cité *in* CHABROL Véronique, «Jeune France, un "maillon manquant" pour l'histoire de la décentralisation culturelle», *Cahiers de l'animation*, n° 53, 1985, p. 85-94.

35. CHABROL Véronique, «L'ambition de Jeune France», *in* RIOUX Jean-Pierre (dir.), *La vie culturelle sous Vichy*, op. cit., p. 161-178.

36. COMTE Bernard, *Une utopie combattante...*, op. cit., p. 91.

37. Jeune France, *Principes, direction, esprit,* op. cit. Sauf indication contraire, les citations qui suivent sont tirées de cette brochure.

38. CHABROL Véronique, «Jeune France, un "maillon manquant"...», *art. cit.*; «L'ambition de Jeune France», *art. cit.*

39. Sur les usages du folklore, *Cf.* FAURE Christian, *Le projet culturel de Vichy...* op. cit. On sait que sur ce point – Arts et traditions populaires, et genèse de ce qui est désigné comme ethnographie métropolitaine – la controverse n'est pas moins vive qu'à propos d'Uriage et de Jeune France. *Cf.* pour une mise au point par l'un des agents placés au centre de cette histoire, MAGET Marcel, «À propos du Musée des arts et traditions populaires, de sa création à la Libération (1935-1944)», *Genèses*, n° 10, janvier 1993, p. 90-107.

40. MOUNIER Emmanuel, *Esprit*, février 1941 p. 261, cité *in* LINDENBERG Daniel, «Révolution culturelle dans la révolution nationale...», *art. cit.*, p. 7. Un programme proche est élaboré à la Libération par l'équipe d'Uriage dans *Vers le style du XXe siècle,* sous la direction de Gilbert Gadoffre, cité *in* CACÉRÈS Bénigno, *Histoire de l'éducation populaire*, op. cit.

41. Paul Flamand, entretien du 30 août 1970, cité *in* CHABROL Véronique, «L'ambition de Jeune France», *art. cit.*, p. 177.

42. Sur Travail et Culture et les comités d'entreprise, *Cf.* le témoignage de HENON Pierre, «Les débuts d'un mouvement: Travail et Culture», *Les cahiers de l'animation* n° 57-58, 1986, p. 217-222. Pour un panorama de l'action culturelle au sein des entreprises, *Cf.* par le responsable du service de politique et d'action culturelles de la CGT LETERRIER Jean-Michel, «Politique culturelle des comités d'entreprise», *Cahiers d'histoire de l'institut de recherches marxistes*, n° 41, 1990, p. 65-84; *La culture au travail, essai de politique culturelle à l'entreprise*, Paris, Messidor/Éditions sociales, 1991. Sur Tourisme et Travail, MALHERBE Alain, «D'espoir en division, Tourisme et Travail», *Les cahiers de l'animation* n° 57-58, 1986, p. 223-230.

43. *Cf.* DUMAZEDIER Joffre, «Renouveau de l'éducation populaire à la Libération. Les antécédents (1941-1944) de la création de Peuple et Culture», *Éducation permanente*, n° 62-63, mars, 1982, p. 127-137.

44. CACÉRÈS Bénigno, *Histoire de l'éducation populaire*, op. cit., successivement p. 154 et 157.

45. RIOUX Jean-Pierre, «Une nouvelle action culturelle? L'exemple de "Peuple et Culture"», *Revue de l'économie sociale*, avril-juin 1985 p. 35-47. *Cf.* aussi DUMAZEDIER Joffre, «Bénigno Cacérès ou les deux rivages», *Esprit*, février, 1992, p. 103-113. Sur la «formation des cadres culturels» à la Libération, *Cf.* GUILLAUME C. et LEFORT des YLOUSES N., «Une recherche

de démocratisation culturelle: la formation des cadres», *Cahiers de l'animation*, n° 57-58, 1986, p. 127-134.

46. COMTE Bernard, *Une utopie combattante...* op. cit., p. 536.
47. RIOUX Jean-Pierre, «Une nouvelle action culturelle?...», *art. cit.*, COMTE Bernard, *Une utopie combattante...* op. cit., p. 540.
48. ROVAN Joseph, «Un mouvement culturel et la politique: Peuple et Culture», *Les cahiers de l'animation* n° 57-58, 1986, p. 211-212.
49. Peuple et Culture, *Un peuple, une culture*, Manifeste de Peuple et Culture, 1945, réédition Peuple et Culture, Paris, 1972, p. 19.
50. Joffre Dumazedier, entretien du 9 mars 1993. Cet entretien est présenté et publié dans DUBOIS Vincent, GEORGAKAKIS Didier, «Sciences sociales et politiques culturelles», *Politix*, n° 24, 1993, p. 57-77. Sur l'usage des sciences sociales à Peuple et Culture, *Cf.* CLAUDE Jean-François et SAEZ Guy, «De l'éducateur-chercheur à l'animateur-sociologue: science de la formation et formation à la science à Peuple et Culture», *RIAC-IRCD*, n° 5/45, 1981, p. 105-114.
51. *Peuple et Culture* n° 1, 1946, p. 25, cité *in* RIOUX Jean-Pierre, «Une nouvelle action culturelle?...», *art. cit.*, p. 41.
52. *Cf.* à ce propos ROVAN Joseph, «Un mouvement culturel et la politique...», *art. cit.*
53. *Ibid.*, p. 214
54. Peuple et Culture, *Un peuple, une culture,* op. cit., p. 2.
55. Joffre Dumazedier, entretiens des 9 mars et 18 mai 1993.
56. Peuple et Culture, *Un peuple, une culture,* op. cit, p. 5. Le schème de la continuation d'une union sociale réalisée dans l'épreuve est déjà présent, à l'issue de la première guerre mondiale, dans des mouvements comme les «équipes sociales» qui doivent par une action sociale et éducative perpétuer «la solidarité des tranchées».
57. Successivement p. 13, 10 et 29.
58. Peuple et Culture, *Un peuple, une culture,* op. cit, p. 8.
59. *Cf.* plus haut l'adhésion de certains membres au P*Cf.* Joffre Dumazedier explique sa démission (en 1967), par l'échec du maintien de PEC en dehors des clivages partisans. *Cf.* entretien cité, p. 62.
60. Bordeneuve devient ministre de l'Éducation nationale dans le gouvernement Pflimlin en mai 1958.
61. *Cf.* ORY Pascal, «Pierre Bourdan et la politique culturelle du gouvernement Ramadier», *in* BERSTEIN Serge (dir.), *Paul Ramadier: la République et le socialisme*, Bruxelles, Complexe, 1990, p. 259-272. Cet article est l'unique référence consacrée au ministère Bourdan; on en tire l'essentiel des indications fournies ici.
62. Pierre Bourdan meurt en juillet 1948.
63. AN F21 3982 1a, cité *in* GENET-DELACROIX Marie-Claude, *Art et État...* op. cit., p. 185.
64. ORY Pascal, *La belle illusion...*, op. cit.

65. Extraits de Joanny Berlioz, Rapport pour le budget 1937, *Journal Officiel* 1936 Document parlementaire n° 12850, p. 2982 et suiv., reproduit *in* GENET-DELACROIX Marie-Claude, *Art et État...*, op. cit., p. 421-424. C'est moi qui souligne. Joanny Berlioz est fils de paysan et enseignant dans une école primaire supérieure. Sur sa position et sa trajectoire, *Cf.* PUDAL Bernard, *Prendre parti*, op. cit.

66. ORY Pascal, *La politique culturelle du Front populaire français*, op. cit.

67. BLOCQ-MASQUART Maxime, *Chroniques de la résistance, suivies d'études pour une nouvelle révolution française par les groupes de l'OCM*, Paris, Corréa, 1945, p. 184-307. L'OCM est généralement présentée comme le pôle élitiste de la Résistance, composé d'officiers et d'hommes d'affaires, aux positions notoirement antiparlementaires et antisémites. Pour un aperçu du rôle de l'OCM dans l'élaboration des politiques à la Libération, *Cf.* BOLTANSKI Luc, *Les cadres,* op. cit., p. 69.

68. LAURENT Jeanne, *La République et les Beaux-Arts*, op. cit., p. 221.

69. BRICHET Robert, «Pour un ministère des Arts», *Les Cahiers de la République*, décembre 1956. Cet article est reproduit dans *Les Affaires culturelles au temps d'André Malraux, 1959-1969*, Paris, Documentation française, 1996, p. 329-342.

70. Pour une histoire – qui reste encore largement à écrire – de la diplomatie culturelle française, *Cf.* BAILLOU Jean (dir.), *Les affaires étrangères et le corps diplomatique français. Tome 2, 1870-1980,* Paris, Éditions du CNRS, 1984, p. 267-276, 719-735, 850-857 et 939-959; PIGNIAU Bernard et ROCHE François, *Histoires de diplomatie culturelle des origines à 1995*, Paris, Ministère des Affaires étrangères-Documentation Française, 1995.

71. ORY Pascal, «La politique culturelle de Vichy...», *art. cit.*

72. *Cf.* BERTRAND-DORLEAC Laurence, «L'ordre des artistes...», *art. cit. Cf.* aussi les mémoires des deux secrétaires généraux des Beaux-Arts de l'époque, HAUTECŒUR Louis, *Les Beaux-Arts en France, passé et avenir*, Paris, Éditions A. et J. Picard, 1948; HILAIRE Georges, *Les lauriers inutiles, traité pour une politique des Beaux-Arts*, Paris, Nouvelles éditions latines, 1949.

73. Organisation par le décret n° 45-1889 du 18 août 1945.

74. *Cf.* à ce propos «L'espérance contrariée, éducation populaire et jeunesse à la Libération», *Les cahiers de l'animation*, n° 57-58, 1986, notamment la partie «Les avatars d'une administration».

75. Il est rédacteur en chef de la revue *Europe*, fondateur de *Vendredi* auteur d'un ouvrage qui forme l'une des principales références des entreprises de prosélytisme culturel, *Caliban parle*, Paris, Grasset, 1928. Il est élu à l'Académie française en 1962. *Cf.* RITAINE Évelyne, *Les stratèges de la culture,* op. cit., notamment p. 118; DÉLÉRIS Didier, «Jean Guéhenno, l'humaniste et les bureaux», *Les cahiers de l'animation,* op. cit., p. 101-110; DUMAZEDIER J. et UCLAIRE R., «Jean Guéhenno à la Direction de la Jeunesse et de l'éducation populaire», *ibid.*, p. 111-113. *Cf.* aussi LEROY Géraldi et ROCHE Anne, *Les écrivains et le Front Populaire*, Paris, Presses FNSP, 1986.

76. Cité *in* DÉLÉRIS Didier, «Jean Guéhenno...», *art. cit.*, p. 109.
77. Ce dont la politique de décentralisation théâtrale des débuts de la IVe République attribuée à Jeanne Laurent est exemplaire. *Cf.* à ce propos GONTARD Denis, *La décentralisation théâtrale en France, 1895-1952*, SEDES, Paris, 1973; ABIRACHED Robert (dir.), *La décentralisation théâtrale, le 1er âge, 1945-1958*, Arles, Actes-sud, 1992.
78. BLOCH-LAINÉ François, *L'emploi des loisirs ouvriers...* op. cit., p. 233.
79. LAURENT Jeanne, *La République et les Beaux-Arts*, op. cit., p.146.
80. Livre de Poche, 1975, p. 106-108, 151-159. Merci à Didier Georgakakis de m'avoir indiqué ce texte.

Partie 2

1. Pour reprendre les interprétations spontanées de l'apparition d'une politique publique. *Cf* à ce propos MÉNY Yves, THŒNIG Jean-Claude, *Politiques publiques,* op. cit., p. 159-166.
2. Pour reprendre des éléments du modèle de genèse d'une politique présenté dans BOURDIEU Pierre, CHRISTIN Rosine, «La construction du marché. Le champ administratif et la production de la "politique du logement"», *Actes de la recherche en sciences sociales*, n° 81-82, mars 1990, notamment p. 66.
3. PINTO Louis, «La gestion d'un label politique», *art. cit.*
4. LASCOUMES Pierre, *L'éco-pouvoir,* op. cit.; CHARVOLIN Florian, *L'invention de l'environnement en France (1960-71). Les pratiques documentaires d'agrégation l'origine du Ministère de la protection de la nature et de l'environnement*, thèse de science politique et de sociologie, IEP Grenoble-École nationale supérieure des mines de Paris, 1993.
5. À l'exception de l'article isolé de Robert Brichet paru en 1956, «Pour un ministère des Arts», *art. cit.* L'auteur fait valoir dans un témoignage de 1996 que son étude «avait été communiquée par Marcel Waline, professeur de droit à la faculté de Paris, à Michel Debré qui l'avait beaucoup appréciée». *Les affaires culturelles aux temps d'André Malraux,* op. cit., p. 182.
6. *Cf.* BOURDIEU Pierre, *Les règles de l'art,* op. cit. Pour une évocation de l'abaissement du seuil de vigilance des artistes à l'égard des risques pour leur autonomie, *Cf* BOURDIEU Pierre, HAACKE Hans, Libre-échange, Paris, Seuil-Presses du réel, 1994.
7. *Cf.* BOURDIEU Pierre, *La distinction,* op. cit.; BOLTANSKI Luc, *Les cadres,* op. cit.
8. Sur ces points, voir les pistes suggérées par NEVEU Érik, *Une société de communication?*, Paris, Montchrestien, 1994, p. 133 et suivantes.
9. On se rapproche en cela de l'invite méthodologique à ne pas s'épuiser dans la recherche des «causes» pour s'intéresser plutôt à «l'activité des acteurs pensée à travers ses rapports aux contextes "structurels"» formulée par DOBRY Michel, *Sociologie des crises politiques. La dynamique des mobilisations multisectorielles*, Paris, Presses FNSP, 1986.

10. On emprunte les notions d'institutionnalisation, de formalisation et de conjoncture critique à LACROIX Bernard, LAGROYE Jacques (dir.), *Le président de la République*, Paris, Presses FNSP, 1992.
11. Sur cette question, voir en particulier GAÏTI Brigitte, *De Gaulle prophète de la cinquième République (1946-1962)*, Paris, Presses de sciences po, 1998. On renvoit également à ce travail pour les développements qui suivent sur l'avènement de la Ve République.
12. *Cf.* DULONG Delphine, *Moderniser la politique. Aux origines de la Ve République*, Paris, L'Harmattan, 1997.
13. Pour reprendre les notions forgées par JOBERT Bruno, MULLER Pierre, *L'État en action,* op. cit.
14. Pour reprendre la terminologie de MULLER Pierre, *Les politiques publiques,* op. cit.
15. Pour une analyse des discours de Malraux ministre, voir MORIN Violette, «La culture majuscule: André Malraux», *Communications*, n° 14, 1969, p. 70-83.

Chapitre 4

1. Sur la notion de «coup», *Cf.* DOBRY Michel, *Sociologie des crises politique,* op. cit., notamment p. 21 et suiv.
2. ROSANVALLON Pierre, *L'État en France,* op. cit.
3. GAÏTI Brigitte, *De Gaulle prophète de la cinquième République,* op. cit., p. 233.
4. Parmi les nombreuses biographies d'André Malraux, *Cf.* notamment MOSSUZ-LAVAU Janine, *André Malraux et le gaullisme*, Paris, P. FNSP, 1982 (1970); *André Malraux*, Lyon, La Manufacture, 1987.
5. Voir les communications et débats à ce propos dans *De Gaulle et Malraux*, op. cit.
6. MALRAUX André, «L'État n'est pas fait pour diriger l'art mais pour le servir», interview par Frank Elgar, *Carrefour*, 1952, reproduit *in Les Affaires culturelles au temps d'André Malraux*, op. cit., p. 323-326.
7. MOSSUZ-LAVAU Janine, *op. cit.*
8. *Cf.* aussi le recueil *De Gaulle par Malraux*, Paris, Club du Livre, 1980.
9. LAURENT Jeanne, *Arts et pouvoirs,* op. cit., p. 157.
10. MALRAUX André, *Antimémoires*, Paris, Gallimard coll. Folio, 1972, p. 198.
11. *Cf.* les témoignages recueillis pour le documentaire de France Culture, «Malraux, ministre de la culture», 3 janvier 1994.
12. PEYREFITTE Alain, «Le ministre», *Revue des deux mondes*, novembre 1977.
13. DEBRÉ Michel, *Gouverner. Mémoires*, Paris, Albin Michel, 1988, tome 3, p. 13-14.
14. Il préside ainsi à la création du haut commissariat à la Jeunesse et aux sports (décret du 27 septembre 1958).
15. *Cf.* MALRAUX André, *Antimémoires*, op. cit.

16. *New York Times*, 3 juin 1958, cité *in* CRÉMIEUX-BRILHAC Jean-Louis, «André Malraux, ministre délégué à la présidence du conseil (1958)», in *De Gaulle et Malraux*, Paris, Plon, 1987, p. 150.
17. Pierre Viansson-Ponté, rapportant la conférence de presse du 24 juin 1958, *Le Monde*.
18. FOULON Charles-Louis, «André Malraux, ministre d'État et le ministère des Affaires culturelles de 1959 à 1969», in *De Gaulle et Malraux*, op. cit., p. 221. Du même auteur, on peut voir aussi «Des Beaux-Arts aux Affaires culturelles (1959-1969)», *XXe siècle*, n° 28, octobre-décembre, 1990, p. 29-40.
19. *Le Monde*, 3 juin 1959.
20. ANTHONIOZ Bernard, «Le rôle d'André Malraux dans l'histoire de la politique culturelle de la France», in *De Gaulle et Malraux*, op. cit., p. 209. Pour un autre témoignage par un ancien directeur de cabinet, voir également HOLLEAUX André, «André Malraux ministre», *in* MOATTI Christiane, BEVAN David, (dir.), *André Malraux, unité de l'œuvre, unité de l'homme*, Paris, Documentation française, 1989, p. 327-338.
21. DE GAULLE Charles, *Mémoires d'espoir, 1. Le renouveau*, Paris, Plon, 1970, p. 285.
22. GAÏTI Brigitte, *op. cit.*
23. Pour reprendre la définition du type-idéal du pouvoir charismatique proposée par Max Weber.
24. Qualités que les nombreuses biographies d'André Malraux mettent généralement en exergue. font état. Voir à ce propos celles déjà citées de Janine Mossuz-Lavau, qui présente en outre une importante recension de ces biographies, le plus souvent hagiographiques.
25. Témoignage de Michel Debré cité *in* FOULON Charles-Louis, «André Malraux, ministre d'État...», *art. cit.*, p. 228.
26. Pour une analyse critique de cette représentation charismatique, *Cf.* BOURDIEU Pierre, DARBEL Alain, *L'amour de l'art, les musées d'art européens et leur public*, Paris, Minuit, 1969, notamment p. 141 et p. 162 et suiv.
27. *Cf.* les propos très explicites du directeur de l'Action culturelle et des maisons de la culture Émile Biasini cités dans URFALINO Philippe, «L'échec d'une contre-politique culturelle. La Fédération nationale des centres culturels communaux, 1960-1965», in *L'art de la recherche. Essais en l'honneur de Raymonde Moulin*, Paris, Documentation française, 1994, p. 367-392.
28. Évelyne Ritaine évoque ces points dans *Les stratèges de la culture*, op. cit., notamment p. 65 et suiv.
29. Sur la notion de recyclage, voir les travaux déjà cités de Pierre Lascoumes.
30. *Cf. Éléments d'histoire administrative du ministère de la Culture, 1959-1996*, Paris, Documentation française, 1997.
31. Jacques Rigaud, intervention au colloque *De Gaulle en son siècle*, Institut Charles de Gaulle, UNESCO, 1990.
32. Pierre Moinot, entretien cité *in* POUJOL Geneviève, *La création du ministère des Affaires culturelles, 1959-1969. Éléments pour la recherche*, Paris, ministère de la Culture, Département des études et de la prospective, 1993, p. 11.

33. MOINOT Pierre, «L'action culturelle», exposé fait devant le groupe «Théâtre et musique» du IVe Plan, 6 mars 1961 (archives DEP). Le transfert dans un sens puis dans l'autre de ces associations a été analysé dans TÉTARD Françoise, «L'éducation populaire: l'histoire d'un rattachement manqué», *in* POUJOL Geneviève (dir.), *L'Éducation populaire au tournant des années soixante. État, mouvement, sciences sociales*, Peuple et culture, Document de l'INJEP, n° 10, 1993, p. 35-54. Voir également le témoignage d'un fonctionnaire de la Jeunesse et des sports: BRICHET Robert, «"Éducation populaire" ou "Action culturelle": un faux dilemme», in *Les affaires culturelles aux temps d'André Malraux,* op. cit., p. 182-186.

34. D'après POUJOL Geneviève, *La création du ministère*, op. cit. et JAMET Dominique, *Éléments de chronologie sur les débuts du ministère de la Culture. Le ministère Malraux*, Paris, ministère de la Culture-Département des études et de la prospective, 1991.

35. MALRAUX André *in Carrefour*, art. cit.

36. CRÉMIEUX-BRILHAC Jean-Louis, «André Malraux ministre délégué à la présidence du Conseil», *art. cit.*, p. 163.

37. Le rattachement opéré à cette date en préfiguration d'une direction du Livre au ministère de la Culture a cependant maintenu les bibliothèques universitaires et la Bibliothèque nationale sous l'égide du ministère de l'Éducation, cette dernière ne relevant de la Culture qu'à partir de 1981.

38. BRINQUET André, *André Malraux ou le temps du silence*, Paris, La Table ronde, 1966.

39. Voir son témoignage dans *De Gaulle en son siècle*, op. cit.

40. L'action culturelle, exposé fait par M. Pierre Moinot, directeur du Théâtre, de la musique et de l'action Culturelle devant le groupe «Théâtre et musique», 6 mars 1961.

41. Pierre Moinot *in* «Malraux, ministre de la Culture», France-Culture, émission citée.

42. LACOUTURE Jean, «10 ans de règne sur la culture», *Le Monde*, 5 /7/1969.

43. CHOUGNET Jean-François, «Un essai d'histoire budgétaire», *Les affaires culturelles aux temps d'André Malraux,* op. cit., p. 231-238. Voir également «Le budget du ministère chargé des Affaires culturelles de 1960 à 1985», *Développement culturel,* n° 67, octobre 1986.

44. *Cf.* GIRARD Augustin, «La fin de l'ère des goûts et des couleurs», *in* «Des chiffres pour la culture», *Expansion de la recherche scientifique,* n° 21, décembre 1964.

45. André Malraux, en réponse au rapporteur du budget – Valéry Giscard d'Estaing – qui se permet d'établir des comparaisons peu flatteuses entre les dépenses prévues pour 1968 et celles de 1908. Intervention à l'Assemblée Nationale, 9 novembre 1967.

46. Pour reprendre la formule de Bernard Lacroix à propos du travail constitutionnel, qui s'applique tout aussi bien au travail politique et administratif d'invention de la politique culturelle. LACROIX Bernard, «Les fonctions symboliques des constitutions: bilan et perspectives», *in* SEURIN Jean-Louis (dir.), *Le constitutionnalisme aujourd'hui*, Paris, Économica, 1985, p. 186-199.

47. BOURDIEU Pierre, *Ce que parler veut dire*, Paris, Fayard, 1983, p. 121 et suiv.
48. Pierre Moinot, rapport sur l'organisation du ministère des Affaires culturelles, 1967, archives DEP.
49. Transcription de l'allocution, archives DEP (souligné dans le texte).
50. BERNARD Antoine, *Le ministère des Affaires culturelles et la mission culturelle de la collectivité*, Paris, Documentation française, 1989 (réédition d'un rapport pour le ministère des Affaires culturelles, 1968).
51. Sur la mise à distance de l'éducation populaire, *Cf.* URFALINO Philippe, «Le mauvais mélange ou la disqualification de l'Éducation populaire», Montréal, in BEAULAC M., COLBERT F., (dir.), *Décentralisation, régionalisation et action culturelle municipale*, Montréal, HEC, 1993, p. 129-155; «Les maisons de la culture contre l'éducation populaire», *art. cit.*; TÉTARD Françoise, «L'éducation populaire: histoire d'un rattachement manqué», *art. cit.*
52. Pour une analyse des discours opposition la politique culturelle à l'éducation et l'enseignement, voir URFALINO Philippe, «La philosophie de l'État esthétique», *Politix*, n° 24, 1993, p. 20-35.
53. Ces expressions reviennent systématiquement sous la plume des biographes de Malraux et dans les témoignages de ceux qui l'ont côtoyé, au ministère ou ailleurs.
54. André Malraux, intervention au Sénat, 8 décembre 1959, citée *in* URFALINO Philippe, «La philosophie de l'État esthétique», *art. cit.*
55. *Cf.* POUJOL Geneviève (dir.), *L'Éducation populaire au tournant des années soixante,* op. cit., notamment POUJOL Geneviève, «Un nouveau projet: l'action culturelle», p. 55-67 et URFALINO Philippe, «Les maisons de la culture contre l'éducation populaire», *art.cit.*
56. BERNARD Antoine, *Le ministère des affaires culturelles...* op. cit., p. 13.
57. *Cf.* par exemple BLOCH-LAINÉ François, *L'emploi des loisirs ouvriers...* op. cit.
58. Décret de création du ministère des Affaires culturelles, 24 juillet 1959. Une première version de ce texte décline ainsi les missions du ministère: «promouvoir, encourager, répandre l'éducation et l'action culturelle et artistique sous toutes leurs formes et assurer la protection et la mise en valeur du patrimoine national». La dimension éducative disparaît ensuite dans la version finale. POUJOL Geneviève, «Un nouveau projet: l'action culturelle», *art. cit.*, p. 55.
59. BERNARD Antoine, *Le ministère des Affaires culturelles...*, op. cit., p. 12.
60. CHARPENTREAU Jacques, *Pour une politique culturelle*, Paris, éditions Ouvrières, 1967, p. 8.
61. Alain Brugère, chef adjoint du cabinet d'André Malraux, 1958-1961, in *De Gaulle Malraux*, op. cit., p. 246.
62. André Holleaux, témoignage à l'émission déjà citée de France Culture.
63. Même s'il fut ravalé au rang de secrétariat d'État (de juin 1974 à mars 1977) ou de ministère délégué (de mars 1983 à décembre 1984), ou encore associé à d'autres secteurs (notamment l'environnement, en 1974 puis 1977-78, le

tourisme en 1977-78, la communication en 1978-81, 1986-93 puis à partir de 1995, à la francophonie de 1993 à 1995...).

64. Francis Raison, directeur du théâtre de 1966 à 1969, entretien cité *in* POUJOL Geneviève, *La création du ministère...*, op. cit.

65. Sur ces questions, voir *Éléments d'histoire administrative du ministère de la Culture,* op. cit.

66. *Cf.* à ce propos SOUVETON Mathilde, *Éléments d'analyse des directions régionales des affaires culturelles: genèse d'une institution et approche du cas de l'Alsace*, mémoire de DEA, Institut d'études politiques de Strasbourg, 1997.

67. URFALINO Philippe, *L'invention...* op. cit., p. 11.

68. Guy Brajot, entretien du 7 mars 1989 cité *in* POUJOL Geneviève, *La création du ministère...* op. cit., p. 46.

69. Pierre Moinot, cité *in ibidem.*

70. *Cf.* RAUCH Marie-Ange, *Le bonheur d'entreprendre. Les administrateurs de la France d'outre-mer et la création du ministère de la Culture*, Paris, Documentation française, 1998, et MARIOTTE Nicolas, *Administrer la culture. Les énarques administrateurs civils au ministère de la Culture*, Mémoire de DEA, Institut d'études politiques de Paris, 1995.

71. MARIOTTE Nicolas, *op. cit.*, p. 18.

72. *Idem*, p. 16.

73. Entretien du 17 mars 1990, cité *in* POUJOL Geneviève, *La création du ministère...* op. cit., p. 39-40.

74. MARIOTTE Nicolas, *op. cit.*, p. 19-20.

75. PICON Gaëtan, *André Malraux*, Paris, Gallimard, 1945; *Malraux par lui-même*, Paris, Seuil, 1955.

76. Dont les compétences administratives sont jugées faibles par plusieurs témoins de l'époque, *Cf.* le témoignage de Pierre Moinot in *De Gaulle Malraux*, op. cit., p. 229 et p. 245, ainsi que dans POUJOL Geneviève, *La création du ministère...* op. cit., p. 30-31.

77. Il a aussi participé à divers cabinets notamment au Tourisme où il s'occupe de la documentation et de l'édition.

78. RAUCH Marie-Ange, *Le bonheur d'entreprendre...* op. cit.

79. Entretien cité *in* POUJOL Geneviève, *op. cit.*, p. 68.

80. Jean Dumas en Alsace, André Lebœuf en Pays de Loire.

81. Sans doute la perspective dans laquelle les témoignages qui nous servent ici de source ont été recueillis – celle d'une histoire de l'administration culturelle, et non des trajectoires des anciens administrateurs coloniaux en général – a-t-elle pu contribuer à ce que l'arrivée au ministère des Affaires culturelles soit rétrospectivement présentée comme sinon une vocation, en tout cas un débouché souhaitable. D'autres sources, comme le livre de mémoires d'Émile Biasini sont, comme l'indique son sous-titre – *De l'Afrique au Louvre* – également exemplaires de cette continuité reconstruite. BIASINI Émile, *Grands Travaux. De l'Afrique au Louvre*, Paris, Odile Jacob, 1995. *Cf.* également BIASINI Émile, «La logique des hasards», *Profession culture*, n° 9, octobre 1993, p. 24-26.

82. BIASINI Émile, *Grands Travaux*... p. 139
83. *Ibid.*, p. 144-145.
84. PASSERON Jean-Claude, «Figures et contestations de la culture», in *Le raisonnement sociologique,* op. cit., p. 291 et suivantes. À titre d'anecdote, on peut noter qu'au programme des lectures des élèves de l'ENFOM figurait en bonne place *Le médecin de campagne*, où Balzac raconte comment le docteur Benassis éduque des habitants «jusqu'alors dépourvus d'intelligence»...
85. BIASINI Émile, *op. cit.*, p. 146.
86. RAUCH Marie-Ange, *Le bonheur d'entreprendre*... op. cit.
87. *Cf.* par exemple les propos du directeur de l'école, DELAVIGNETTE Robert, *Les vrais chefs d'Empire*, NRF coll. Esprit, 1940, cité *in* Marie-Ange Rauch, *op. cit.*
88. Claude Charpentier, entretien du 21 novembre 1994, cité *in* RAUCH Marie-Ange, *op. cit.*
89. Cité *in ibid.*
90. Ce point est plus particulièrement développé dans un article auquel on se permet de renvoyer: «L'administration culturelle entre légitimation technique et dénégation technocratique», *in* DUBOIS Vincent, DULONG Delphine (dir.), *La question technocratique*, Presses Universitaires de Strasbourg, 1999.
91. Alain Trapenard, entretien du 17 mars 1990, cité *in* POUJOL Geneviève, *op. cit.*, p. 39-40.
92. C'est le terme employé par KESLER Jean-François, *L'ÉNA, la société, l'État*, Paris, Berger-Levrault, 1985, p. 145.
93. Sur les concurrences avec les corps et professions auxquelles sont confrontés les énarques dans les différents ministères, *Cf.* KESLER Jean-François, *L'ÉNA*... op. cit., p. 444.
94. Jean-Claude Marrey, cité *in* POUJOL Geneviève, *op. cit.*, p. 87.
95. Cité par Jacques Rigaud in *Les Affaires culturelles au temps de Jacques Duhamel,* op. cit.
96. MARIOTTE Nicolas, *Administrer la culture*, op. cit.
97. *Cf.* entre beaucoup d'autres exemples *Les affaires culturelles aux temps d'André Malraux,* op. cit.
98. RITAINE Évelyne, *Les stratèges de la culture,* op. cit., p. 68.
99. BOURDIEU Pierre, *La distinction,* op. cit.
100. BOURDIEU Pierre, «Esprits d'État», *art. cit.*
101. Sur ce dernier point, voir à propos de la musique contemporaine VEITL Anne, *Les politiques de la musique contemporaine*, op. cit.
102. CRÉMIEUX-BRILHAC Jean-Louis, «André Malraux, ministre délégué à la présidence du conseil (1958)», *art. cit.*, p. 153.
103. Ce point sera plus précisément développé dans le chapitre suivant sur les commissions culturelles du Plan.
104. Sur l'histoire des politiques culturelles dans les municipalités communistes voir entre autres sur le cas du théâtre LAMBERT Benoît, MATONTI Frédé-

rique, «Les forains légitimes», *in* DUBOIS Vincent (dir.), *Politiques locales et enjeux culturels...* op. cit., p. 333-360, et pour une étude monographique notre article «*Aggiornamento* culturel et refoulement du politique», *ibid.*, p. 361-385.

105. JUQUIN Pierre, «André Malraux, ministre», *Nouvelle critique*, n° 106, mai 1959, p. 62-79; n° 108, juillet-août 1959, p. 95-107; DESNÉ Roland, «Les 103 décrets du ministre de la culture. De l'esthétique au ministre», *Nouvelle critique*, décembre 1959, n° 111, p. 38-55.

106. Roger Garaudy, débat au Sénat, 8 décembre 1959, cité *in* MOSSUZ-LAVAU Janine, *André Malraux et le gaullisme*, op. cit.

107. Le passage suivant reprend des éléments plus amplement développés dans un article auquel on se permet de renvoyer: «Pour la culture et contre l'État? La FNCCC au début des années 60», in *Jalons pour l'histoire des politiques culturelles municipales*, Paris, Documentation française, 1995, p. 51-82.

108. La FNCCC, devenue Fédération des collectivités locales pour la culture est toujours en activité.

109. L'opposition local-national se combine en partie aux oppositions partisanes dans la mesure où, à cette époque, peu de villes sont administrées par des maires se réclamant du gaullisme. Au début, les dirigeants de la FNCCC ont tenté d'en rallier, sans succès à l'exception notable de Bordeaux.

110. Intervention de l'animateur du centre culturel d'Ivry au quatrième congrès de la FNCCC à Dijon, 1963 (souligné dans le texte). Archives de la Fédération, Saint-Étienne.

111. Ni le projet de centre culturel ni celui des maisons de la culture n'ont d'emblée été clairement définis, et donc clairement opposés. On ne peut rentrer dans les détails de la genèse tortueuse de ces projets: on fait ici référence à la forme qu'ils ont pris au milieu des années 1960. Pour de plus amples informations voir notre article déjà cité ainsi que les travaux de Philippe Urfalino.

Chapitre 5

1. *Rapport général de la commission de l'équipement culturel et du patrimoine artistique*, IVe Plan, Paris, Imprimerie nationale, 1961; *Rapport général de la commission de l'équipement culturel et du patrimoine artistique*, Ve Plan, Paris, Documentation française, 1966. Lors de la préparation du Ve Plan, les rapports des groupes de travail sont également publiés.

2. Par exemple: «L'action culturelle», exposé de Pierre Moinot, *loc. cit.*; «L'action culturelle. Principes - Réalisations - Projets», document réalisé par Émile Biasini, directeur du Théâtre, de la musique et de l'action culturelle, octobre 1962, Archives du Département des études et de la prospective, ministère de la Culture. Sauf indication contraire, toutes les sources non publiées sont issues de ce fonds.

3. Pour s'en tenir à une recension non exhaustive, *Le Monde* publie en 1962 et 1965 une dizaine d'articles spécifiquement consacrés à la planification culturelle (éditions des 18, 19 et 20 octobre 1962, 28 mai, 13 août, 31 octobre, 13 novembre, 29 et 30 décembre 1965). Un ouvrage y est entièrement

consacré: BENSAÏD Georges, *La culture planifiée?*, Paris, Seuil, 1969. Une présentation officielle de «La politique culturelle en France» est presqu'entièrement consacrée au Plan: *Cahiers Français*, n° 138-139, octobre-décembre, 1969.

4. Compte-rendu de la séance inaugurale de la Commission de l'équipement culturel et du patrimoine artistique, 8 février 1961, AN 820623/62, cité *in* GAYME Laurent, *La commission de l'équipement culturel et du patrimoine artistique, du IV*e *au VI*e *Plan (1961-1975)*, Mémoire de DEA d'Histoire, IEP Paris, 1992, p. 3.
5. BOURDIEU Pierre, BOLTANSKI Luc, «La production de l'idéologie dominante», *Actes de la recherche en sciences sociales*, n° 2-3, 1976, p. 4-73.
6. Directives adressées par le gouvernement au Commissaire général du Plan en vue de l'élaboration du IVe Plan, 8 juin 1960, AN 820623/62.
7. Commissariat Général du Plan, IVe Plan, rapport général, Paris, 1961.
8. Stanislas Mangin, *in* Commission de l'équipement culturel et du patrimoine artistique, «Premiers éléments du rapport général pour le IVe Plan», 14 juin 1961, archives DEP.
9. Cité *in* POUJOL Geneviève, *La création du ministère des affaires culturelles*, op. cit. p. 14- 15.
10. Sur ces points, *Cf.* BOURDIEU Pierre, BOLTANSKI Luc, «La production de l'idéologie dominante», *art. cit.*
11. La stratégie d'André Malraux et des agents du ministère des Affaires culturelles consistant à chercher dans la planification des appuis utiles à l'établissement de leurs positions et de leur politique n'est pas sans homologie avec celle de Charles de Gaulle dans laquelle elle s'insère. *Cf.* à ce propos DULONG Delphine, *Moderniser la politique...* op. cit., notamment «De Gaulle "planificateur"?», p. 178 et suivantes.
12. Si cette dimension tactique paraît importante, encore faut-il noter que l'inscription au Plan n'a pas forcément produit l'augmentation escomptée des finances culturelles: cette augmentation est réelle, mais les crédits effectivement engagés ont toujours été, et parfois très nettement, en deça non seulement des montants demandés par la commission mais de ceux inscrits au Plan. *Cf.* par exemple SELLIER Michel, *Rapport sur l'exécution du IV*e *Plan (1962-1965)*, ministère des Affaires culturelles, sd, archives DEP.
13. *Cf.* par exemple JOBERT Bruno, *Le social en Plan*, Paris, éditions ouvrières, 1981; ROUSSO Henri, (dir.), *De Monnet à Massé. Enjeux politiques et objectifs économiques dans le cadre des quatre premiers plans (1946-1965)*, Paris, CNRS, 1986.
14. Le comptage des positions des participants à la planification culturelle a été opéré à partir des titres mentionnés au *Journal officiel*. On restituera plus loin les propriétés et positions multiples de certains d'entre eux. Pour le détail de la constitution des catégories et des opérations de codage à la base de ces indications chiffrées, on se permet de renvoyer à notre thèse, p. 441-442.
15. Pour une comparaison avec d'autres commissions, *Cf.* BENSAÏD Georges, *op. cit.*, p. 162.

16. La procédure de sélection des représentants syndicaux est particulière: un nombre de sièges est globalement attribué à chaque organisation, qui désigne ses mandataires mais aussi choisit leur affectation dans telle ou telle commission. *Cf.* «Le Ve Plan», *Formation*, CFDT, novembre 1965-février 1966.
17. On peut ainsi noter entre autres la présence du responsable des questions culturelles à la commission confédérale des comités d'entreprise CGT (Dominique Cinq), ou des responsables de la formation syndicale: Raymond Lebescond et Jean Rupert, respectivement directeur et secrétaire confédéral de l'institut de formation de la CFTC, ou Haberkorn, chef du service de perfectionnement des cadres de la FNSEA. Plusieurs d'entre eux ont publié des articles sur la question du «développement culturel» dans un numéro spécial de la revue *Affrontement*, n° 32-33, octobre 1965. *Cf.* CINQ Dominique, «Pour une véritable politique culturelle»; LEBESCOND Raymond et RUPERT Jean, «Le syndicalisme et les problèmes culturels»; VIDALENC Georges (CGT-FO), «Syndicalisme et loisirs».
18. Augustin Girard, entretien, 1993.
19. Pour les seules commissions, six lors du IVe Plan, huit lors du Ve Plan dont au total trois pour l'Académie française, deux pour l'Académie des sciences morales et politiques (dont un également membre de l'Académie française), quatre pour l'Académie des inscriptions et belles-lettres, quatre pour l'Académie des Beaux-Arts, deux pour l'Académie des sciences.
20. *Who's Who*, édition 1959-1960. Sauf indication contraire, toutes les indications biographiques seront tirées de l'édition du *Who's Who* de l'année précédant la nomination à la commission (1959-1960 pour le quatrième et 1963-1964 pour le cinquième Plan). Sur l'usage des annuaires comme source pour la sociologie des catégories socialement dominantes, LEWANDOWSKI Olgierd, «Différenciation et mécanismes d'intégration de la classe dirigeante. L'image sociale de l'élite d'après le *Who's Who* en France», *Revue française de sociologie*, vol. XV, 1974, p. 43-73; COLLOVALD Annie, «Identités stratégiques», *Actes de la recherche en sciences sociales*, n° 73, juin 1988, p. 29-40; GRANGE Cyril, «La "liste mondaine", analyse d'histoire sociale et quantitative du *Bottin Mondain*», *Ethnologie française*, vol. XX, n° 1, 1990, p. 85-90.
21. Sur l'activité artistique comme «profession» et sur les problèmes de délimitation sociale du groupe, *Cf.* entre autres MOULIN Raymonde, «De l'artisan au professionnel: l'artiste», *Sociologie du travail*, n° 25, p. 388-403; MOULIN Raymonde, PASSERON Jean-Claude, PASQUIER Dominique et PORTO-VASQUEZ Fernando, *Les artistes, essai de morphologie sociale*, Documentation française, Paris, 1985; FREIDSON Eliot, «Les professions artistiques comme défi à l'analyse sociologique», *Revue française de sociologie*, vol. XXVII, 1986, p. 431-443.
22. Il est aussi maire d'une petite ville de l'Essonne (Ballancourt) et président du Secours catholique.
23. *Cf.* MARGAIRAZ Michel, ROUSSO Henry, «Le Plan, une affaire d'État? Les responsables des commissions du Ier au IXe Plan», *in* ROUSSO Henry, (dir.), *La planification en crises (1965-1985)*, Paris, CNRS, 1987, qui le

montrent à partir des «profils à l'entrée» des responsables des commissions et des groupes. Voir en particulier le tableau récapitulatif p. 55.

24. *Cf.* MARGAIRAZ Michel, ROUSSO Henry, «Le Plan, une affaire d'État?...», *art. cit.*
25. Normalien, agrégé et docteur en Lettres, André Chastel est directeur d'études à l'École pratique des hautes études, professeur d'histoire de l'art moderne à l'université de Paris, membre de la commission supérieure des monuments historiques, chroniqueur artistique au *Monde...*
26. Il faut également citer ici Joffre Dumazedier, même si on a dit que les listes officielles ne le désignent pas comme sociologue. On reviendra plus loin sur les conditions du recours aux sciences sociales dans l'élaboration des politiques de la culture.
27. LEWANDOWSKI Olgierd, *art. cit.*
28. Parmi les seuls membres figurant au *Who's' Who* (36 pour le IVe Plan, 56 pour le Ve Plan) 25 puis 44 détiennent la légion d'honneur. Ont dénombre en tout une quarantaine de distinctions culturelles (Arts et Lettres, Palmes académiques).
29. Nommé sur la liste officielle de la commission du IVe Plan, il ne semble toutefois pas avoir participé à ses travaux.
30. Cette expression prend sens dans la critique gauchiste de la «technocratie» et de la «culture de masse» comme «organisation de la passivité». *Cf.* BEAUD Paul, WILLENER Alfred, «La culture-action», *Communications*, n° 14, 1969 (numéro spécial sur «La politique culturelle»). Le stigmate sera vingt ans plus tard retourné en identité professionnelle valorisante: *Cf. infra*, chapitre sur la professionnalisation.
31. ION Jacques, «Les animateurs socio-culturels en France», *Loisirs et société*, vol. 5, n° 1, printemps 1982, p. 132-133.
32. Sur le parcours de Joffre Dumazedier, *Cf.* nos entretiens déjà cités. On peut également se reporter à RITAINE Évelyne, *Les stratèges de la culture*, op. cit., p. 118-119.
33. Entretien, 1993.
34. Joffre Dumazedier, entretien, 1993.
35. DUMAZEDIER Joffre, *Vers une civilisation du loisir?*, Paris, Seuil, 1962, p. 11-12.
36. Participent aux rencontres de Royaumont Marcel Arland, Louis Armand, François Bloch-Lainé, Paul-Henry Chombart de Lauwe, Alain Crespelle (qui figure sur la liste de la commission du Ve Plan au titre de secrétaire général de la Fondation Royaumont), Joffre Dumazedier Jean Fourastié, Ernest Labrousse. Sur ces rencontres, *Cf.* RIEFFEL Rémy, *La tribu des clercs, les intellectuels sous la Ve République*, Paris, Calmann-Lévy, 1993.
37. Pour une évocation des conditions favorables au rapprochement entre chercheurs et agents de l'État au début des années soixante, voir les témoignages recueillis dans DROUARD Alain (dir.), *Le développement des sciences sociales en France au tournant des années soixante*, Éditions du CNRS, 1983. Pour une analyse synthétique, *Cf.* également DULONG Delphine, «Du sociologue de salon à l'ingénieur du social», in *Moderniser la politique,* op. cit., p. 84 et suiv.

38. Augustin Girard, entretien.

39. GRUSON Claude, «Planification économique et recherches sociologiques», *Revue française de sociologie*, vol. V, 1964, p. 435. La réunion a lieu le 14 mars 1964. Plusieurs sociologues membres des commissions culturelles participent à cette réunion: Dumazedier, Crozier, Chombart de Lauwe entre autres.

40. DUMAZEDIER Joffre, *Vers une civilisation du loisir?*, op. cit.

41. POLLAK Michaël, «La planification des sciences sociales», *Actes de la recherche en sciences sociales*, n° 2-3, 1976, p. 105-121. On trouvera les principaux éléments pour une histoire de la discipline à cette époque dans de MONTLIBERT Christian, «La professionnalisation de la sociologie et ses limites», *Revue française de sociologie*, vol. 23, 1982, p. 37-53, et DROUARD Alain, «Réflexions sur une chronologie: le développement des sciences sociales en France de 1945 à la fin des années soixante», *ibid.*, p.55-85.

42. *Cf.* POLLAK Michaël, «Paul Lazarsfeld, fondateur d'une multinationale scientifique», *Actes de la recherche en sciences sociales*, n° 25, 1979, p.45-59 et la vive réaction de Joffre Dumazedier à cet article: DUMAZEDIER Joffre, «À propos de Paul Lazarsfeld, fondateur d'une multinationale scientifique», *Actes de la recherche en sciences sociales*, n° 55, 1984, p. 49-53.

43. POLLAK Michaël, «La planification des sciences sociales», *art. cit.*, p. 106.

44. C'est ce que fait valoir Bertrand Girod de l'Ain, journaliste au *Monde* spécialisé dans les questions d'éducation de 1957 à 1970 et rédacteur en chef dans les années 1960 de *l'Expansion de la recherche scientifique,* bulletin de l'Association d'étude pour l'expansion de la recherche scientifique.

45. Il est question de réformer les thèses afin de permettre, notamment en sciences sociales, l'édiction de règles spécifiques en dehors des normes des littéraires; une recommandation vise à «la construction urgente d'une faculté des sciences sociales pilote», c'est à dire autonomisée des facultés de Lettres. *Expansion de la recherche scientifique,* n° 22, avril-mai 1965, p. 10 (présentation générale du colloque).

46. *Cf.* CROZIER Michel, «La révolution causée par l'expansion des moyens de diffusion», *in* «Le colloque de Bourges», *Expansion de la recherche scientifique*, n° 22, avril-mai 1965, p. 14-17.

47. CHOMBART de LAUWE Paul-Henry, *La vie quotidienne des familles ouvrières*, Paris, CNRS, 1956.

48. CHOMBART de LAUWE Paul-Henry (dir.), *Images de la culture*, Paris, Éditions ouvrières, 1966.

49. *Cf.* ION Jacques, «Sciences sociales et éducation populaire: un vieux concubinage?», *in* POUJOL Geneviève (dir.), *L'Éducation populaire au tournant des années soixante...*, op. cit., p. 127-133. Voir aussi PARIZET Marie-Josèphe, «Mutations du bénévolat, institutionnalisation de l'animation et politique socio-culturelle», *Cahiers de l'animation*, n° 14, 4e trimestre 1976, p. 1-21.

50. *Cf.* POUJOL Geneviève, «Les sciences sociales et l'éducation populaire: la rencontre à Peuple et Culture?», *in* POUJOL Geneviève (dir.), *L'Éducation populaire au tournant des années soixante...*, op. cit., p. 137-147; SAEZ Guy, CLAUDE Jean-François, «De l'éducateur-chercheur à l'animateur sociologue...», *art. cit.*, p. 105 à 114.

51. Les principales communications à ce colloque ont été publiées dans deux numéros de la revue *Expansion de la recherche scientifique* déjà cités: «Des chiffres pour la culture», n° 21, décembre 1964 et «Le colloque de Bourges», n° 22, avril-mai 1965, dernière édition de cette revue.

52. IVe Plan, *Rapport général de la commission de l'équipement culturel...*, op. cit., p. 42-43.

53. Rapport IVe Plan, commission du patrimoine et de l'équipement culturel, rapport du groupe Action culturelle, Annexe IX p. 59.

54. «Développement culturel: études préparatoires au Ve Plan», mars 1964, ronéo.

55. Ministère des Affaires culturelles, Rapport pour la préparation du Ve Plan (Grandes orientations), 13 juin 1964.

56. Sur cette Association, voir le témoignage déjà cité de Bertrand Girod de l'Ain et la «Note sur l'Association d'étude pour l'expansion de la recherche scientifique», Archives DEP.

57. Témoignage *in* DROUARD Alain (dir.), *Le développement des sciences sociales...* op. cit.

58. *In* «Le colloque de Bourges», *op. cit.*

59. GIRARD Augustin, «La fin de l'ère des goûts et des couleurs», *art. cit.*, p. 3.

60. *Ibid.*

61. Augustin Girard, entretien.

62. Témoignage *in* DROUARD Alain (dir.), *Le développement des sciences sociales...* op. cit.

63. C'est aussi, dans une moindre mesure, intégrer des facteurs non économiques au raisonnement économique. *Cf.* PIATIER André, «Économie et culture», *Expansion de la recherche scientifique,* n° 21, *op. cit.*, p. 12-16.

64. L'on comprend que les travaux préparatoires à *L'amour de l'art*, également présentés au colloque de Bourges, se soient d'eux-mêmes exclus de ce terrain d'entente entre chercheurs et «praticiens»: tout comme le modèle d'explication des mécanismes de reproduction sociale à l'intérieur du système scolaire proposé à la même époque, l'insistance portée à la prégnance du modèle légitime a pu être entendue comme une fin de non recevoir à toute tentative de «démocratisation». *Cf.* les phrases sévères à l'égard du «scepticisme supérieur» de Bourdieu et Darbel *in* CHARPENTREAU Jacques, *Pour une politique culturelle*, op. cit., notamment p. 57. BOURDIEU Pierre, «Les musées et leurs publics», *Expansion de la recherche scientifique,* n° 21, *op. cit.*, p. 26-28.

65. Pour une présentation de ces recherches, *Cf.* notre thèse p. 479-480 et le rapport de la commission pour le Ve Plan.

66. *Cf.* par exemple les interventions de Paul-Henry Chombart de Lauwe, Procès-verbal de la réunion du groupe du théâtre, de la musique et de l'action

culturelle, séance du 23 février 1965; Compte-rendu de la réunion plénière de la commission de l'équipement culturel, 9 novembre 1965.

67. Pierre Schaeffer, Commission de l'équipement culturel, Compte-rendu de la réunion plénière du 16 Juin 1966, examen du projet de rapport général de la Commission du Ve Plan, p. 23-24.

68. Joffre Dumazedier, Procès-verbal de la réunion du groupe du théâtre, de la musique et de l'action culturelle, séance du 30 juin 1965.

69. TEITGEN Paul, «Le rôle du développement culturel dans le Ve plan», *Peuple et culture*, n° 70, 1968, p. 46. Paul-Henry Chombart de Lauwe regrette à propos des travaux engagés à la suite du colloque de Bourges la réduction de la sociologie à ce qu'il désigne comme des études «d'acceptabilité»: «on ne veut pas connaître l'opinion des gens pour savoir comment la satisfaire, on veut la connaître pour savoir comment on pourra faire passer la décision». Témoignage *in* DROUARD Alain (dir.), *Le développement des sciences sociales...* op. cit., p. 115.

70. GIRARD Augustin, «La fin de l'ère des goûts et des couleurs», *art. cit.*

71. Pierre Schaeffer, *loc. cit.*

72. Commissariat général du Plan, IVe Plan, note de synthèse, «Le rapport de la commission de l'équipement culturel».

73. in *Expansion de la recherche...* op. cit.

74. CHARPENTREAU Jacques, *Pour une politique culturelle*, op. cit., p. 16, 21 et 23.

75. GIRARD Augustin, *art. cit.*

76. Augustin Girard, entretien.

77. ROVAN Joseph, «Qu'attendons-nous de la recherche?», *Expansion de la recherche scientifique,* n° 22, avril-mai 1965, p. 40.

78. Compte-rendu de la réunion plénière de la commission de l'équipement culturel, 9 novembre 1965, discussion du schéma pour le rapport final. La critique symétrique est du reste formulée par des sociologues qui estiment que le rapport néglige certains aspects de la recherche. *Cf.* TEITGEN Paul, «Le rôle du développement culturel dans le Ve plan», *Peuple et culture*, n° 70, 1968, p. 38.

79. Pour une évocation des convergences entre constructions scientifique et politique des problèmes culturels par des acteurs de cette rencontre, *Cf. Trente ans d'études au service de la vie culturelle*, Table ronde organisée à l'occasion du départ à la retraite d'Augustin Girard, 1993.

80. Entretien. *Cf.* également DUMAZEDIER Joffre, RIPERT Aline, *Le loisir et la ville*, tome 1: *Loisir et culture*, Paris, Seuil, 1966, p. 30-37, «Une problématique du développement culturel».

81. Un «programme de développement culturel» est lancé en 1970 par le Conseil de l'Europe, un «Conseil du développement culturel» permanent est institué en 1971, le bulletin du Service des études est intitulé «Développement culturel», une direction au ministère de la Culture est mise en place sous cette appellation en 1982, etc.

82. Cité *in* DELORS Jacques, «Le planificateur face aux problèmes culturels», *Expansion de la recherche scientifique,* n° 22, avril-mai 1965, p. 19.

83. TEITGEN Paul, «Le rôle du développement culturel...», *art. cit.*, p. 40-41.

84. Successivement Ve Plan, groupe Théâtre, musique et Action culturelle, compte-rendu de la première réunion du groupe, 10 février 1965. Annexe: exposé d'Émile Biasini sur l'exécution du IVe Plan; Commission nationale d'étude pour le rapport de la Musique, sd, (début 1965).

85. HOURTICQ Jean, «Une réalisation du IVe Plan d'équipement: la maison de la culture», *Revue administrative*, mai-juin, 1962, p. 323-326. Les réalisations sont toutefois nettement en deçà des préconisations: seules sept maisons – Caen, Bourges, Théâtre de l'est parisien, Le Havre, Amiens, Thonon, Firminy – sont créées à la fin du IVe Plan sur les vingt-deux initialement prévues.

86. «Un moyen nouveau et polyvalent pour une action culturelle globale: les maisons de la culture», Ve Plan, *Rapport de la commission de l'équipement culturel...* op. cit., p. 87-100.

87. URFALINO Philippe, *L'invention...* op. cit.

88. Émile Biasini, «L'action culturelle. Principes - Réalisations - Projets», octobre 1962.

89. Pierre Schaeffer, *ibid.*

90. KEREVER André, «La politique culturelle en France», *Cahiers français*, n° 138-139, octobre-décembre, 1969.

91. IVe Plan, rapport du groupe Action culturelle, Annexe IX p. 59.

92. «Rapport final de travail du groupe de l'Action culturelle, théâtre, musique», juin 1965.

93. Commissariat général du Plan, Ve Plan, *Rapport général de la Commission de l'équipement culturel et du patrimoine artistique*, Paris, Documentation française, 1966, p. 2.

94. TEITGEN Paul, «Le rôle du développement culturel dans le Ve plan», *art. cit.*, p. 46. *Cf.* aussi p. 51.

95. Ve Plan, *Rapport général...* op. cit., p. 2.

96. Compte-rendu de la réunion plénière du 16 Juin 1966, examen du projet de rapport général de la Commission du Ve Plan.

97. *Ibid.* Le rapporteur réplique à cette mise au point: «sur le point de savoir si une doctrine d'ensemble du développement culturel a été élaborée par le ministère, M. Teitgen maintient que la commission, au cours de ses travaux, n'a jamais eu connaissance qu'elle existât, jusqu'à la présente réunion où le représentant du ministre vient d'en exposer les traits principaux».

98. La répartition en groupes reprend en effet l'organigramme ministériel. La commission du IVe Plan en comprend huit (Action culturelle, Théâtre et musique, Cinéma, Monuments historiques et Bâtiments civils, Archives, Enseignement et production artistique, Musées) celle du Ve neuf (Musées, Création artistique, Architecture, Cinéma, Enseignement artistique, Action culturelle, théâtre, musique, Monuments historiques, Archives, Fouilles), chacun correspondant à un service au sein du ministère.

99. Stanislas Mangin, Ve Plan, «Compte-rendu de la réunion plénière de la commission de l'équipement culturel», 9 novembre 1965 (schéma pour le rapport final).

100. Commission de l'équipement culturel et du patrimoine artistique, Compte-rendu de la séance plénière du jeudi 22 juin 1961 à 9 h. 30, 6 p. Présentation du rapport provisoire par Stanislas Mangin.

101. Commission de l'équipement culturel et du patrimoine artistique, Premiers éléments du rapport général pour le IVe Plan, 14 juin 1961.

102. Commissariat général du Plan d'équipement et de la productivité, Commission de l'équipement culturel et du patrimoine artistique, Rapport sur les principales options qui devraient commander l'élaboration du Ve Plan, s.d. (1964), 10 p.

103. Ve Plan, Lettre de Jean Autin à Henri Hoppenot, 8 juillet 1964.

104. Respectivement Émile Biasini, Procès-verbal de la réunion du groupe du théâtre, de la musique et de l'action culturelle, séance du 23 février 1965, et André Kerever, Compte-rendu de la réunion plénière du 16 juin 1966, *loc. cit.*

105. «Une spéculation sur la culture qui serait affranchie de toutes les contraintes administratives et budgétaires serait totalement vaine», fait valoir Fougère, Réunion plénière du 16 juin 1966, *ibid.*

106. TEITGEN Paul, «Le rôle du développement culturel dans le Ve plan», *art. cit.*, p. 42.

107. Georges COMBET, Commission de l'équipement culturel et du patrimoine artistique, Compte-rendu de la séance plénière du jeudi 22 juin 1961.

108. TEITGEN Paul, «Le rôle du développement culturel dans le Ve plan», *art. cit.*, p. 38.

109. Successivement Ve Plan, *Rapport général de la Commission de l'équipement culturel...* op. cit., p. 1 et TEITGEN Paul, «Le rôle du développement culturel dans le Ve plan», *art. cit.*, p. 45.

110. Successivement Ve Plan, *Rapport...* op. cit., p. 2 et TEITGEN Paul, «Le rôle...», *art. cit.*, p. 41 et p. 42.

111. TEITGEN Paul, «Le rôle...», *art. cit.*, p. 52.

112. On reprend le terme d'entrepreneur de morale de BECKER Howard, *Outsiders*, Paris, Métailié, 1985 (1963).

113. Commissariat général du Plan, Ve Plan, *Rapport général de la Commission de l'équipement culturel et du patrimoine artistique*, Paris, Documentation française, 1966, p. 115-116.

114. Plusieurs travaux sur la planification incitent à ce type de lecture. *Cf.* LANDOWSKI Éric, «Formes et pratiques de la représentation dans le VIe Plan», in *Planification et Société*, actes du colloque d'Uriage, octobre 1973, Presses Universitaires de Grenoble, 1974, p. 546-560; NIZARD Lucien, «Administration et société: planification et régulation bureaucratiques», et ULLMO Yves, «Aperçus sur la pratique de planification» *Revue française de science politique*, vol. XXIII, n° 2, avril 1973.

115. Commissariat général du Plan, Rapport à la commission de l'équipement culturel et du patrimoine artistique sur l'exécution du Ve Plan, s.d.

116. ROSANVALLON Pierre, *L'État en France,* op. cit., JOBERT Bruno, MULLER Pierre, *L'État en action,* op. cit.

117. BENSAÏD Georges, *La culture planifiée?*, op. cit., p. 150.

118. *Cf.* BÉDARIDA François, POLLAK Michaël, «Mai 68 et les sciences sociales», *Cahiers de l'IHTP*, n° 11, avril 1989.

119. RIEFFEL Rémy, «L'après-mai: les intellectuels et la politique culturelle», in *Les Affaires culturelles au temps de Jacques Duhamel,* op. cit., p. 105-116.

120. *Cf. Les rencontres d'Avignon...* op. cit.

121. EMMANUEL Pierre, *Pour une politique de la culture*, Paris, Seuil, 1971, p. 79-80. Pierre Emmanuel, membre de l'Académie française, était président de la commission du VIe Plan.

122. HOLLEAUX André, *Phénomènes et problèmes culturels*, Cours de l'IEP Paris, 1970-1971, p. 560. Voir aussi GAYME Laurent, «La commission des Affaires culturelles du VIe Plan (1969-71)», in *Les Affaires culturelles au temps de Jacques Duhamel,* op. cit., p. 57-82.

123. Réunion du Groupe 1985, IVe Plan, 21 mars 1963, archives DEP.

124. Sur cette expérience, *Cf.* GAUTHIER Sophie, *Le Conseil du développement culturel, une occasion manquée*, Mémoire de maîtrise d'histoire, Université Paris VII, 1992, présenté in *Les Affaires culturelles au temps de Jacques Duhamel,* op. cit., p. 213-231.

Partie 3

1. Cité *in* «Un bilan culturel du septennat. Les voix sacrées de la rue de Valois», *Le Monde*, 3 mars 1988, p. 15.

2. «Le budget du ministère chargé des Affaires culturelles de 1960 à 1985», *Développement culturel*, octobre 1986, n° 67.

3. PINTO Diana, «La gauche, les intellectuels et la culture», *in* HOFFMAN Stanley, ROSS George, (dir.), *L'expérience Mitterrand*, Paris, PUF, 1988, p. 275-290.

4. Sur les soutiens du parti socialiste, voir SAWICKI Frédéric, *Les réseaux du parti socialiste*, Paris, Belin, 1997. Sur l'intensification des pratiques culturelles des classes moyennes grâce au développement de l'action culturelle publique, voir PASSERON Jean-Claude, «Figures et contestations de la culture. Légitimité et relativisme culturel», in *Le raisonnement sociologique,* op. cit., p. 291-314; DONNAT Olivier, *Les Français face à la culture, de l'exclusion à l'éclectisme*, Paris, La Découverte, 1994.

5. *Cf.* sur ce point LEHINGUE Patrick, PUDAL Bernard, «Retour(s) à l'expéditeur. Éléments pour la déconstruction d'un "coup": la "Lettre à tous les français" de François Mitterrand», in *La communication politique*, Paris, PUF-CURAPP, 1991, p. 163-182, spécialement p. 168.

6. Régulièrement mis en avant dans les médias, et parfois comparés à ceux de de Gaulle et Malraux, notamment dans l'ouvrage d'Alain Duhamel sur les deux «grands» présidents de la Ve République.

7. On se contentera ici de renvoyer aux deux – médiocres – biographies de Jack Lang, DESNEUX Richard, *Jack Lang, la culture en mouvement*, Paris, Favre, 1990; HUNTER Mark, *Les jours les plus Lang*, Paris, Odile Jacob, 1990.
8. De 1969 à 1981 se sont succédés Edmond Michelet (1969-70), André Bettencourt (1970-71), Jacques Duhamel (1971-73), Alain Peyrefitte (1974), Michel Guy (1974-75), Françoise Giroud (1976-77), Jean-Philippe Lecat (1978-81).
9. On trouvera un bon exemple de cet éloge du changement dans le récit de l'un de ses protagonistes, RENARD Jacques, *L'élan culturel*, Paris, PUF, 1987. Ancien élève de l'ÉNA, Jacques Renard a occupé divers poste au ministère de la Culture entre 1975 et 1981, puis au cabinet de Jack Lang en 1982-86 dont il a par la suite été directeur adjoint (de 1998 à 1992) avant d'être nommé directeur de l'Administration générale du ministère (en 1992-93).
10. Pour une mise en perspective des stratégies prosélytes et de réhabilitation dans leur rapport avec la légitimité et le relativisme culturel, *Cf.* PASSERON Jean-Claude, «Figures et contestations de la culture...», *art. cit.* Voir également MENGER Pierre-Michel, «L'État-providence et la culture...», *art. cit.*
11. Ce processus a entre autres été mis en évidence dans le cas du champ artistique dans BOURDIEU Pierre, *Les règles de l'art*, op. cit., notamment p. 221.
12. DJIAN Jean-Michel, *Profession Culture*, n ° 1, novembre 1992, éditorial.
13. FRIEDBERG Erhard et URFALINO Philippe, *Le jeu du catalogue*, op. cit.
14. Le lien entre «élargissement de la notion de culture» et stratégies de reconnaissance professionnelle est suggéré plus largement dans URFALINO Philippe, «Les politiques culturelles: mécénat caché et académies invisibles», *art. cit.*
15. Sur l'hypothèse de la «cohésion par le flou» et celle de la «force d'un agrégat faible», voir BOLTANSKI Luc, *Les cadres,* op. cit., p. 474-475, p. 480 et suivantes.
16. Pour reprendre l'expression de Michel Foucault.
17. Pour reprendre le titre qui se veut accusateur de FUMAROLI Marc, «De Malraux à Lang, l'excroissance des Affaires culturelles», *Commentaire*, vol. 5, n°18, été, 1982, p. 247-259; vol. 8, n° 30, été, 1985.

Chapitre 6

1. MOLLARD Claude, *Profession: ingénieur culturel*, Paris, Charles Le Bouil, 1989 (1re édition La Différence, 1987).
2. ROUX Emmanuel (de), SCHMIDT Olivier, *Le Monde*, 31 décembre 1993.
3. Ce chapitre traite des transformations intervenues dans le courant de la décennie 1980 et de leurs manifestations, telles qu'elles étaient observables au moment où cette recherche a été achevée, c'est-à-dire en 1994. Ne sont donc pas prises en compte ici les inflexions les plus récentes de ces divers processus.

4. WEBER Max, *Économie et société*, volume 2, Paris, Plon, 1995 (1971), spécialement p. 172-175 et 190-203.

5. On peut les résumer ainsi: «l'existence d'un savoir théorique fondant une compétence particulière, le développement d'un enseignement et d'une formation spécialisée, l'appréciation de la compétence des membres de la profession par des examens formels, la mise en place d'une organisation professionnelle, l'émergence d'un code professionnel, l'offre d'un service altruiste». PAICHELER Geneviève, *L'invention de la psychologie moderne*, Paris, L'Harmattan, 1992, p. 42-55. *Cf.* aussi CHAPOULIE Jean-Michel, «Sur l'analyse sociologique des groupes professionnels», *Revue française de sociologie*, vol. XIV, n° 1, 1973, notamment p. 89; MAURICE Marc, «Propos sur la sociologie des professions», *Sociologie du travail*, n° 2, 1972, p. 213-225.

6. Sur la formation de la profession de bibliothécaire, voir parmi une littérature abondante SEIBEL Bernadette, *Au nom du livre. Analyse sociale d'une profession: les bibliothécaires*, Paris, Documentation française, 1988 ainsi que les contributions d'Isabelle Charpentier et Olivier Tacheau *in* DUBOIS Vincent (dir.), *Politiques locales et enjeux culturels...* op. cit. Sur les conservateurs de musée, voir notamment OCTOBRE Sylvie, «Dilemme de la professionnalisation: le cas des conservateurs de musée», communication au groupe de travail sur les politiques locales, Comité d'histoire du ministère de la Culture, 23 janvier 1998, à paraître.

7. Au sens défini par Everett Hughes, notamment dans HUGHES Everett C., «Institutionnal Office and the Person», *American Journal of Sociology*, 43 (3), 1937, p. 409-410.

8. Dans la programmation des spectacles ou des expositions, dans le style conféré aux projets par un ensemble de marqueurs tels que les partenaires financiers, le vocabulaire employé pour les présenter, et jusqu'au graphisme des plaquettes, documents et affiches...

9. L'une des critiques récurrentes formulées à l'égard des effets culturels du développement de l'action publique en ce domaine tient précisément à la standardisation et au conformisme qu'elle aurait favorisé.

10. Pour une illustration au niveau local, voir par exemple PONGY Mireille, «Politiques culturelles territoriales: une approche en termes de référentiel», *in Papiers du GRESE*, n° 6, automne 1989, p. 19-32; *Approches de la production culturelle territoriale*, GRICC, Toulouse, 1989; SAEZ Guy, «Le règne des professionnels» in *Villes en recomposition. Les politiques culturelles à Grenoble et à Montpellier*, Grenoble, CERAT, 1990.

11. Ève Chiapello montre ainsi que du fait des transformations intervenues tant en ce qui concerne la position sociale des artistes que les pratiques et références de la gestion, la «critique artiste» du management et de la gestion s'est ainsi considérablement affaiblie au profit d'une «hybridation réciproque» observable dans les «organisations artistiques» (maisons d'édition, orchestres, sociétés de production audiovisuelle) du pôle commercial mais aussi dans celles du pôle de l'avant-garde et de l'innovation esthétique. CHIAPELLO Ève, *Artistes versus managers. Le management culturel face à la critique artiste*, Paris, Métailié, 1998.

12. Ce tournant «professionnel» et «gestionnaire» de l'intervention culturelle publique n'est pas spécifique à la France: il est par exemple également observable en Allemagne. LABORIER Pascale, *Culture et édification nationale en Allemagne...*, op. cit., p. 625 et suivantes.

13. Pour une présentation générale d'une analyse des transformations des modes de domination liée à la différenciation des espaces sociaux et l'hypothèse de «l'allongement des circuits de légitimation», *Cf.* BOURDIEU Pierre, *La noblesse d'État*, op. cit., p. 548-559; CHAMPAGNE Patrick, *Faire l'opinion*, Paris, Minuit, 1990, p. 276 et suivantes.

14. *Cf. supra.*

15. Émile Biasini, Procès-verbal de la réunion du groupe du théâtre, de la musique et de l'action culturelle, séance du 23 février 1965.

16. Voir IVe Plan, *Rapport général de la commission de l'équipement culturel...* op. cit., p. 38. Plusieurs études sont menées, tant pour l'évaluation des besoins que pour l'élaboration des formations. *Cf.* Ve Plan, *Rapport...* op. cit., p. 138 et 139.

17. Ve Plan, *Rapport...* op. cit., p. 51. «De la formation des médiateurs entre l'art et le public: pour un "Centre de formation des animateurs"».

18. SELLIER Michel, *Rapport sur l'exécution du IVe Plan,* doc. cit.

19. Pour le développement des activités d'encadrement à cette période, *Cf.* VERDÈS-LEROUX Jeannine, *Le travail social*, Paris, Minuit, 1978, notamment chapitre 3, «Essor et diversification des formes d'encadrement», et sur l'animation, p. 193-217. Sur l'invention des positions dans ce domaine, *Cf.* également MUEL-DREYFUS Francine, *Le métier d'éducateur*, Paris, Minuit, 1983; ION Jacques, TRICART Jean-Paul, *Les travailleurs sociaux*, Paris, La découverte, 1987. Les professions d'animation ont donné lieu à une littérature très abondante. Voir par exemple BESNARD Pierre, *Animateur socio-culturel: une profession différente?*, Paris, ESF, 1980.

20. MOULINIER Pierre, *Essai d'évaluation de l'emploi dans le secteur culturel*, ministère de la Culture, Service des Etudes et de la Recherche, janvier 1979; VARINE Hugues (de), *Pour une politique de l'emploi dans le secteur culturel*, ministère de la Culture, Service des Études et de la Recherche, février 1980.

21. SIMONOT Michel, *Pour*, n° 59, mars-avril 1978, p. 19.

22. GAUDIBERT Pierre, *Du culturel au sacré*, Paris, Casterman, 1981, p. 11.

23. *Autrement*, «La culture et ses clients. Que veut le public: saltimbanques ou... managers?», n° 18, avril, 1979.

24. *Cf.* RITAINE Évelyne, *Les stratèges de la culture*, op. cit., Chapitre 5, «Le temps de l'institué: du militant au professionnel».

25. *Cf.* pour les arts plastiques MOULIN Raymonde *et al.*, *Les artistes,* op. cit.; pour les professions du spectacle voir MENGER Pierre-Michel, *La profession de comédien. Formations, activités et carrières dans la démultiplication de soi*, Paris, Documentation française, 1997.

26. On ne dispose pas de chiffres équivalents pour le personnel administratif des collectivités locales.

27. Voir notamment «Orientations générales d'une politique d'action culturelle», *Nouvelle revue socialiste*, n° 4, 1975, p. 12-31. On peut notamment y lire qu'«il faudra partir [...] des institutions culturelles telles qu'elles existent, en gardant toujours présente à l'esprit l'idée que notre objectif est de les élargir, de les "déprofessionnaliser" peu à peu, pour réconcilier les diverses dimensions de l'activité sociale aujourd'hui cloisonnées», p. 18.
28. *Cf.* par exemple *Autrement*, op. cit.
29. *Cf.* JUNG Cécile, *Le parti socialiste et l'action culturelle, formation d'un programme de gouvernement, 1971-1981*, Mémoire de DEA d'Études politiques, IEP Paris, 1987; URFALINO Philippe, «De l'anti-impérialisme américain à la dissolution de la politique culturelle», *Revue française de science politique*, vol. 43, n° 5, octobre 1993, p. 823-849.
30. On développera les modalités de cette réorientation à la fin de ce chapitre.
31. C'est particulièrement net dans le traitement des questions culturelles lors de l'élaboration du IXe Plan. GUILLAUME Marc, *L'impératif culturel. Rapport du groupe de travail «long terme culture»*, Paris, Documentation française, 1983.
32. FOUR Pierre-Alain, «La compétence contre la démocratisation? Création et re-création des Fonds régionaux d'art contemporain», *Politix*, n° 24, 1993, p. 95-114.
33. MOLLARD Claude, *Le mythe de Babel, l'artiste et le système*, Grasset, 1984, p. 26, cité *in* FOUR Pierre-Alain, «La compétence...», *art. cit.*, p. 106.
34. SEIBEL Bernadette, *Au nom du livre.* op. cit.; LASSALLE Marine (de), «La "nouvelle" politique de la lecture (1981-1986), les conditions de possibilité de l'innovation culturelle», *Politix*, n° 24, 1993, p. 78-94.
35. MOULINIER Pierre, *Essai d'évaluation de l'emploi...*, op. cit.; VARINE Hugues (de), *Pour une politique de l'emploi...* op. cit.
36. CHATRON Jean, DUPUIS Xavier, *Évaluation de la politique de l'emploi dans le secteur culturel*, Paris, ministère de la Culture, SER, 1984.
37. Circulaire aux préfets du Ministère de la Culture du 20 novembre 1981, citée *in* MOULINIER Natalie, *Cinq années de politique de l'emploi au ministère de la Culture, 1980-1984*, Paris, ministère de la Culture, SER, 1984.
38. Statuts de l'AGEC, article 1.
39. MOULINIER Natalie, *Cinq années de politique de l'emploi...* op. cit., p. 1.
40. DEVARRIEUX Claire, «Un an après. Rendez-vous rue de Valois», *Le Monde*, 9-10 mai 1982.
41. Ministère de la Culture, *La politique culturelle 1981-1985. Bilan de la législature*, fascicule «Économie et culture», Paris, 1985.
42. 688 en 1981, 3000 en 1982, 814 en 1983, 250 en 1984. MOULINIER Natalie, *Cinq années de politique de l'emploi...* op. cit.
43. DJIAN Jean-Michel, «Profession culture», *Le Monde*, 20 janvier 1993, p. 35. Dans un entretien accordé un an auparavant, Djian citait des chiffres largement différents: 590 000 salariés culturels pour toute l'Europe, dont 48 000 cadres et dirigeants d'institutions culturelles, parmi lesquels 9000 en France. MATHIEU Bénédicte, «D'une aventure à l'autre», *Le Monde*,

17 décembre 1991, p. 24. Le chiffre de 800 000 emplois dans le secteur culturel est avancé par une étude de l'INSEE en 1990 et repris dans *Télérama*, 25 Septembre 1991, Dossier spécial «Les métiers de la culture». Pour une analyse critique à la fin des années 1990, SERY Macha, MENGER Pierre-Michel, BRAUNSTEIN Jacques, «Culture à contre-emploi», *Le Monde de l'éducation, de la culture et de la formation*, n° 260, juin 1998, p. 59-66.

44. Ces chiffres sont souvent repris et cités notamment par QUENTIN Anne, «Un nouveau secteur: le management culturel», *Le Monde de l'éducation*, juin 1993, p. 87, qui indique également une progression de 200 % du nombre de chômeurs dans les secteurs culturel et socio-culturel.

45. Sources: *Formation et emploi culturel, les formations de 3e cycle d'administrateurs culturels en question*, Séminaire du 2 juin 1992, Grenoble, Ministère de la culture, Université Grenoble II, Observatoire des politiques culturelles.

46. Des statistiques systématiques et standardisées ne commencent à être élaborées qu'à partir de 1993, date à laquelle un Observatoire de l'emploi culturel est créé au sein du Département des études et de la prospective du ministère de la Culture.

47. Comme le DEA «Politique et culture» organisé à Paris I par Madeleine Grawitz et Augustin Girard de 1976 à 1980.

48. Les titres des deux rapports que Pierre Moulinier consacre, dans le cadre d'une étude confiée par l'UNESCO, aux formations dans le domaine culturel est significatif du déplacement qui s'opère à cette période: les «animateurs» de 1980 font place aux «administrateurs» en 1983. MOULINIER Pierre, *La formation des animateurs culturels*, Développement culturel, dossier documentaire 18-19, Paris, UNESCO, 1980; MOULINIER Pierre, *La formation des administrateurs culturels*, Développement culturel, dossier documentaire 28-29, Paris, UNESCO, 1983.

49. Les 158 journées de stage organisées par l'AGEC au cours des six premiers mois de 1984 se répartissent en gestion, comptabilité, administration (50 %), stratégie de développement, marketing, communication (20 %), droit (structures juridiques, droit social, fiscalité...) (17 %) spécialisation par secteur (spectacle vivant 9 %, autres 4 %). MOULINIER Natalie, *Cinq années de politique de l'emploi...* op. cit.

50. MOULINIER Pierre, *La formation des administrateurs culturels*, op. cit., p. 56.

51. *Ibid.*, p. 96-97.

52. C'est notamment le cas de celles d'Ile de France (AGECIF, Paris) de Rhône-Alpes (ARSEC, Lyon), et de Languedoc-Roussillon (AGEC Grand sud, Montpellier).

53. *Cf.* TEMKINE Raymonde, *Le théâtre en l'État*, Paris, Éditions théâtrales, 1992, p. 58-59.

54. *Cf.* le passage sur la politique de «formation des responsables culturels» dans Ministère de la culture, *La politique culturelle 1981-1984*, Paris, 1984, p. 5.

55. Plusieurs centaines de dossiers d'inscription sont retirés chaque année auprès des principaux DESS formant à l'administration culturelle.

56. On emploiera ce terme conformément à ses usages sociaux, c'est à dire de manière assez indifférenciée des locutions «gestion culturelle», «management

culturel», «ingénierie culturelle»... le terme d'«administration» n'étant pas exclusivement référé à la fonction publique.

57. *Cf.* HOLLEAUX André, *Phénomènes et problèmes culturels*, doc. cit.
58. REISMANN Jean-Pierre, «Premiers résultats de l'enquête nationale auprès des formations universitaires aux métiers de la culture», in *Formation et emploi culturel...*, op. cit., p. 23-30.
59. MENANTEAU Jean, «Un secteur en pleine expansion, des formations inadaptées. Des jeunes à l'entrée du marché de l'art», *Le Monde*, 25 avril 1990, p. 52; AIZCOVICI Francine, «La mutation de l'ingénieur culturel», *Le Monde*, 5 septembre 1990. SMITH Franck, «Des générations nouvelles de "managers" culturels», *Hexaméron*, n° 1, mai 1993, p. 50. L'ancien responsable des formations au ministère de la Culture dénonce «cette vaste entreprise commerciale» qui fait de la formation aux professions culturelles «un secteur dominé non par les besoins des entreprises mas par l'offre de formation», cité *in* QUENTIN Anne, «Un nouveau secteur: le management culturel», *art. cit.*, p. 82.
60. Dont l'histoire est retracée dans VIVIER Claude, *La culture, un métier, une passion...*, Cléguer (Morbihan), éditions du Scorff, 1997.
61. Sources: JAMET Dominique, *Les formations à l'administration et à la gestion dans le domaine culturel en France*, Ministère de la culture, Département des études et de la prospective, 1991, et plaquettes des différents établissements.
62. À propos des formations à la communication voir GEORGAKAKIS Didier, «Comment enseigner ce qui ne s'apprend pas. Rationalisations de la "communication de masse" et pratiques pédagogiques en école privée», *Politix*, n° 29, 1995, p. 158-185.
63. Sur la trajectoire et les propriétés de Claude Mollard, *Cf. infra.*
64. *Cf.* MOLLARD Claude, *Profession: ingénieur culturel,* op. cit.; plaquette de présentation de l'ISMC, 1993; JAMET Dominique, *Les formations à l'administration...* op. cit., p. 23-24.
65. MOLLARD Claude, *Profession: ingénieur culturel,* op. cit., p. 27-28.
66. Le niveau des frais de scolarité des autres institutions est relativement homogène: autour de 30 000 francs en 1991-92.
67. Ainsi l'École d'art et de communication, qui délivre un diplôme de «manager culturel» propose des cours de «sémiologie du luxe» dans un «tronc commun qui rassemble pêle-mêle mécénat et sponsoring, archéologie et droit civil, organisation d'entreprise et égyptologie, sciences politiques et "tour des salles" à Drouot, histoire de l'art et philosophie, l'identification des styles et l'anglais». MENANTEAU Jean, «Un secteur en pleine expansion...», *art. cit.*, p. 52.
68. Elles sont en particulier formulées au cours du séminaire de 1992 qui met «les formations d'administrateurs culturels en question» et au cours duquel «le ton n'est pas d'un grand optimisme». *Formation et emploi culturel...* op. cit., p. 5.
69. On retrouve ainsi un processus tout à fait analogue à celui qui est observable dans la formation aux «métiers de la communication». *Cf.* GEORGAKAKIS Didier, «Comment enseigner ce qui ne s'apprend pas...», *art. cit.*

70. Yves Évrard, professeur à HEC spécialisé dans le management culturel souligne les dangers de ce qu'il désigne comme «la pédagogie du carnet d'adresses». ÉVRARD Yves, «La formation des managers culturels», *Mediaspouvoirs*, n° 17, janvier-mars 1990, p. 137-147. Pour une mise en cause du contenu de ces formations par un universitaire, ancien directeur du Théâtre au ministère de la Culture, *Cf.* ABIRACHED Robert, «Regards obliques», *Profession culture*, n° 10, novembre 1993, p. 24-26.

71. FAUCONNIER Patrick, «Cherche gestionnaire culturel», *art. cit.*, p. 180.

72. ROUX Emmanuel (de), SCHMIDT Olivier, «Culture: les professionnels de la rue de Valois», *art. cit.*

73. Pour des indications chiffrées sur ce point, on se permet de renvoyer une nouvelle fois à notre article, «L'administration culturelle entre légitimation technique et dénégation technocratique», *art. cit.*

74. VILLETTE Michel, «La carrière d'un "cadre de gauche" après 1968», *Actes de la recherche en sciences sociales*, n° 29, septembre 1979, p. 64-74.

75. Sur la notion d'individu créateur de statut *Cf.* HEINICH Nathalie, POLLAK Michaël, «Du conservateur de musée à l'auteur d'expositions: l'invention d'une position singulière», *Sociologie du travail*, n° 1, 1989, p. 29-49.

76. CLÉMENT Jérôme, *Un homme en quête de vertu*, Paris, Grasset, 1992, p. 113.

77. Cité *in* POUJOL Geneviève, *Éléments pour l'histoire...* op. cit.

78. RENARD Jacques, *L'élan culturel*, op. cit., p. 223.

79. «Manager chez les saltimbanques», *L'Expansion*, 5-18 décembre 1991. Bernard Faivre d'Arcier, après avoir été Directeur du Théâtre a été le «modernisateur» du festival d'Avignon. Sur sa trajectoire *Cf. Profession culture*, n° 2, décembre 1992, p. 4-8.

80. MATHIEU Bénédicte, «D'une aventure à l'autre...», *art. cit.*, p. 24. Voir aussi «L'art est aussi un métier. Une publication consacrée aux professionnels», *Le Monde*, 1er novembre 1992. L'AGECIF a également mis en place une structure de conseil en recrutement active à partir de septembre 1991, dont le responsable se définit comme «le premier "chasseur de têtes" du secteur culturel spécialisé dans la gestion, l'organisation, l'administration, la production et la communication». Jean-Michel Djian dirige aujourd'hui *Le Monde de l'éducation et de la culture*.

81. Cité *in* FAUCONNIER Patrick, «Cherche gestionnaire culturel», *art. cit.*

82. DJIAN Jean-Michel, «Profession culture», *Le Monde*, 20 janvier 1993, p. 35.

83. PANERAI Laure, «Culture business», *Nouvel observateur,* 31 octobre 1991, p. 150.

84. HEINICH Nathalie, POLLAK Michaël, «Du conservateur de musée à l'auteur d'expositions...», *art. cit.*

85. *Cf.* «Profession: médiateur culturel de musée», *Profession culture*, n° 8, juin-juillet 1993, p. 26-27.

86. SEIBEL Bernadette, *Au nom du livre...*, op. cit.

87. *La politique culturelle, 1981-1985*, Paris, ministère de la Culture, 1985; MOULINIER Natalie, *Cinq années de politique de l'emploi...* op. cit.

88. CHATRON Jean, DUPUIS Xavier, *Évaluation de la politique de l'emploi...*, op. cit., p. 77.

89. Voir sur ce point les exemples de trajectoires d'agents de l'action culturelle donnés dans le chapitre de la thèse présentant deux monographies locales, p. 623-745.

90. DJIAN Jean-Michel, «Profession culture», *art. cit.*

91. DUPUIS Xavier, «La douloureuse confrontation au marché de l'emploi des formations à l'administration et à la gestion culturelles», in *Formation et emploi culturel...* op. cit., p. 10.

92. SAEZ Jean-Pierre, *Formation et emploi culturel...* op. cit., p. 15.

93. RIGAUD Jacques, *Libre culture*, Paris, Gallimard, 1989, p. 34 -35.

94. Pour reprendre l'intitulé des débats consacrés aux fonctions de la «médiation culturelle» lors de l'important Colloque «L'art et la manière. Rencontres nationales pour l'égalité d'accès à la culture», tenu au Théâtre des Amandiers le 28 juin 1991.

95. Pour reprendre l'expression de Didier Georgakakis à propos d'un autre groupe aux contours flous, *in* «La double figure des conseils en communication politique. Mises en scène des communicateurs et transformations du champ politique», *Sociétés contemporaines*, n° 24, décembre 1995, p. 77-94.

96. BOLTANSKI Luc, *Les cadres,* op. cit., p. 33.

97. Cette importation est également liée à la réactivation de l'anti-impérialisme culturel américain qui, selon Philippe Urfalino, conduit à «accepter pour partie l'arme de l'adversaire». «De l'anti-impérialisme américain...», *art. cit.*, p. 825.

98. Voir par exemple JOBERT Bruno (dir.), *Le tournant néo-libéral en Europe*, Paris, L'Harmattan, 1994.

99. Voir LAUFER Rémy, PARADEISE Catherine, *Le prince bureaucrate. Machiavel au pays du marketing*, Paris, Flammarion, 1982, et pour une synthèse descriptive et prescriptive, SANTO Viriato-Manuel, VERRIER Pierre-Éric, *Le management public*, Paris, PUF, 1993.

100. Pour une présentation, voir LEROY Dominique, *Économie des arts du spectacle vivant*, Paris, Économica, 1980. Plusieurs revues aux États-Unis sont spécialisées dans l'économie de la culture.

101. Voir pour le cas des musées où le cas américain est fréquemment cité TOBELEM Jean-Michel, *Musées et culture: le financement à l'américaine*, éditions W, Mâcon, 1990 cité *in* OCTOBRE Sylvie, «Dilemme de la professionnalisation...» *art. cit.* Voir aussi BAYART D., BENGHOZI P.-J., *Le tournant commercial des musées*, Paris, Documentation française, 1993. On trouvera une comparaison entre États-Unis et Europe (et surtout France) des «différents types de soutien aux arts» dans CRANE Diana, *The Production of Culture. Media and the Urban Arts*, Newbury Park-London-New Delhi, Sage, 1992, p. 143 et suivantes.

102. Sur cette question, *Cf.* notamment BUSSON Alain, ÉVRARD Yves, *Portraits économiques de la culture*, Notes et études documentaires n° 4846, Paris, Documentation française, 1987.

103. THIBAUD Paul, «L'apaisement et la léthargie», *Économie et humanisme*, n° 272, août 1983, p. 39-48. *Cf.* pour une évocation de ces changements dans la presse de l'époque DROUIN Pierre, «Marché culturel: une réponse à la crise?», *Le Monde*, 9 novembre 1983, p. 1-2; «Les industries de la culture», *Dossiers et documents du Monde*, n° 160, novembre 1988.

104. MOULINIER Natalie, *Cinq années de politique de l'emploi...*, op. cit. *Cf.* aussi Ministère de la culture, *La politique culturelle 1981-1985...*, op. cit.

105. MOULINIER Natalie, *Cinq années de politique de l'emploi...*, op. cit., p. 130.

106. Le ministre de la culture François Léotard et son secrétaire d'État Philippe de Villiers reprennent largement à leur compte la ligne de la «gestion culturelle» tracée avant eux – «la France [doit] passer de la galaxie de l'animateur socioculturel à la galaxie de l'entrepreneur culturel», annonce le secrétaire d'État – , en accordant la priorité budgétaire au patrimoine et en lançant un appel plus appuyé au mécénat privé. Voir par exemple ROUX Emmanuel (de), «La culture, emplois de demain», *Le Monde*, 2 mai 1987, p. 10.

107. Ce dernier serait lui-même passé «de l'invention à la gestion», la première période «idéologique» et «sémillante» («Lang I») ayant cédé la place à un second ministère moins «spectaculaire» mais plus «rigoureux» («Lang II»). Voir par exemple BOTHOREL Jean, «Le "veston rose" perd des couleurs», *Le Figaro*, 26 octobre 1989; «Culture: Lang I et Lang II», *Le Monde*, 16 novembre 1989, p. 9; PIERRARD Jean, «Jack Lang, acte II», *Le Point*, 12 février 1990, p. 24-28; ROUX Emmanuel (de), SCHMITT Olivier, «Jack Lang, de l'invention à la gestion», *Le Monde*, 5 avril 1992, p. 7; HEYMANN Danièle, «Les derniers feux du langisme», *Le Monde*, 19 mars 1993.

108. *Cf.* DUPUY Xavier, «L'appropriation du discours économique»; PALMA Jorge, «Le discours des gestionnaires culturels», in *Économie et culture, volume 4*, Paris, Documentation française, 1988, respectivement p. 247-250 et p. 251-272.

109. Voir par exemple le dossier: «Quelques clés pour gérer les activités culturelles», *Revue française de gestion*, n° 62, mars-mai 1987, comprenant VÉRAN Lucien, «Quand le chercheur en gestion s'interroge sur le secteur culturel», p. 97-102, et CANAS André, «Stratégies et outils à l'usage des responsables culturels», p. 102-106; DUBOIS B., «Culture et marketing», *Recherche et application*, n° 1, 1987; MAYAUX François, «Le marketing au service de la culture», *Revue française de marketing*, n° 113, 1987/3, p. 37-47; TOBELEM Jean-Michel, «De l'approche marketing dans les musées», *Publics & musées*, n° 2, décembre 1992, p. 49-69; POMMEREHNE Werner W., FREY Bruno S. *La culture a-t-elle un prix?*, Paris, Commentaire-Plon, 1993.

110. Parmi les premiers exemples en la matière: DUPUIS Xavier, *Applications et limites de l'analyse coûts-avantages en matière de développement culturel*, Paris, UNESCO, 1985; PFLIEGER Sylvie, *L'impact économique du festival d'Avignon*, Paris, BIPE, 1986.

111. Voir le tableau récapitulatif des prescriptions d'un expert en marketing dans MAYAUX François, «Le marketing au service de la culture», *art. cit.*, p. 45.

112. Voir par exemple «Des privés au musée. Des entreprises spécialisées dynamisent le patrimoine», *Le Monde*, 27 mai 1992.

113. DRESSAYRE Philippe, GARBOWNIK Nathalie, «Le manager imaginaire ou les illusions du management public de la culture», Paris, Communication au colloque de la Revue *Politiques et management public*, «La modernisation de la gestion publique: les leçons de l'expérience», 26-27 mars, 1992.

114. ABCD, l'agence d'«ingénierie culturelle» de Claude Mollard qui s'enorgueillit de mettre à distance les règles «sclérosantes» des administrations réalise ainsi pourtant plus de 60 % de son chiffre d'affaires avec des collectivités locales (44 %) et des institutions publiques (établissements publics, organisations internationales, administrations centrales, 19 %). MOLLARD Claude, *Profession ingénieur culturel*, op. cit., p. 95. Le reste du chiffre d'affaires est réparti entre le secteur «mixte» des associations et fondations (12 %) et le secteur purement privé (entreprises, 24 %, particuliers, 1 %).

115. GOFFMAN Erving, *La mise en scène de la vie quotidienne. 1. La présentation de soi*, Paris, Minuit, 1973, p. 29 et suivantes.

116. MOLLARD Claude, *Profession: ingénieur culturel*, op. cit. p. 57.

117. DRESSAYRE Philippe, GARBOWNIK Nathalie, «Le manager imaginaire...», *art. cit.*

118. *Ibid.*, p. 10.

119. C'est ce que montrent les auteurs dans une étude sur la communication des théâtres. DRESSAYRE Philippe, GARBOWNIK Nathalie, *La communication des théâtres*, Ministère de la Culture, DEP, 1990.

120. CHAMPAGNE Patrick, *Faire l'opinion*, op. cit.

121. «La décentralisation culturelle, dix ans après», Besançon, 30-31 mai 1991. Atelier «Quels profils, quelles formations pour les "acteurs" de la décentralisation?» in *Hexaméron*, n° 26, 1991.

122. ROZIER Sabine, *De l'art et de l'argent, Introduction à une sociologie du mécénat culturel des entreprises*, Mémoire de DEA, Paris, EHESS-ENS, 1992.

123. Comme en témoigne l'évolution de l'action culturelle municipale, par exemple.

124. REISMANN Jean-Pierre, «Premiers résultats de l'enquête nationale...», *art. cit.*, p. 27-28.

125. *Cf.* CHAMPAGNE Patrick, *Faire l'opinion*, op. cit., p. 277.

126. ÉLIAS Norbert, *La dynamique de l'occident*, Paris, Calmann-Lévy, 1990 (1975). Pour une évocation de ces problèmes voir BOURDIEU Pierre, HAACKE Hans, *Libre-échange*, op. cit.

127. ROCHILTZ Rainer, *Subversion et subvention. Art contemporain et argumentation esthétique*, Paris, Gallimard, 1994, p. 19.

128. *Cf.* les débats régulièrement orchestrés en ce sens, en particulier autour de l'art contemporain, dans la presse et des revues intellectuelles grand public telles qu'*Esprit*, *Commentaire* ou *Le Débat.*

129. PINTO Louis, «Déconstruire Beaubourg. Art, politique et architecture», *Genèses*, n° 6, 1991, p. 104.

130. Pour une étude de cas dans le domaine de la lecture publique, voir CHARPENTIER Isabelle, «L'art et les manières de lire aux champs... Les concurrences entre réseaux de lecture publique dans l'Aisne», *in* DUBOIS Vincent (dir.), *Politiques locales et enjeux culturels...* op. cit., p. 197-217.

131. Voir sur ce point notre article «*Aggiornamento* culturel et refoulement du politique. L'action culturelle dans une municipalité communiste (Givors, 1953-1993)», *in* DUBOIS Vincent (dir.), *Politiques locales et enjeux culturels...* op. cit., p. 357-381.

132. MOLLARD Claude, *Profession...*, op. cit.; DRESSAYRE Philippe, GARBOWNIK Nathalie, «Le manager imaginaire...», *art. cit.*

133. Les études de l'«observatoire du public» financé par la direction des Musées de France sont ainsi menées par la COFREMCA. *Cf. Musées*, collection «État et culture», Paris, Documentation française, 1991, p. 119. Le langage de ces taxinomies «modernes» imprègne la présentation des enquêtes du ministère de la Culture sur les «pratiques culturelles des Français». Sur ces formes de classement et leurs usages se reporter à GEORGAKAKIS Didier, «Une science en décalage. Genèses et usages des socio-styles du Centre de communication avancée (1972-1990)», *Genèses*, n° 29, décembre 1997, p. 51-72.

134. GRIGNON Claude, PASSERON Jean-Claude, *Le savant et le populaire...* op. cit.

Chapitre 7

1. PASSERON Jean-Claude, «Figures et contestations de la culture», *art. cit.*; MENGER Pierre-Michel, «L'État-providence et la culture», *art. cit.*
2. BOURDIEU Pierre, DELSAUT Yvette, «Le couturier et sa griffe: contribution à une théorie de la magie», *Actes de la recherche en sciences sociales*, n° 1, 1975, p. 7-36.
3. *La politique culturelle de la France,* Programme européen d'évaluation du Conseil de l'Europe, Paris, Documentation française, 1988.
4. «La politique culturelle en France», *Commentaire*, n° 48, hiver 1989; n° 49, printemps 1990; n° 50, été 1990.
5. « 1981-1991: Bilan d'une politique culturelle», in *La politique culturelle, 1981-1991*, Paris, ministère de la Culture, 1991.
6. DEVARRIEUX Claire, «Un an après...», *art. cit.*
7. RENARD Jacques, *L'élan culturel*, op. cit., p. 52-53.
8. Pour reprendre le titre d'un chapitre du document sur *La politique culturelle 1981-1984*, Paris, ministère de la Culture, 1984.
9. « 1981-1991: Bilan d'une politique culturelle», *op. cit.*, p. 19. Sur la politique du ministère de la Culture à l'égard du rock, voir les travaux de Philippe Teillet.
10. «Développement et formations», in *La politique culturelle, 1981-1991*, Paris, ministère de la Culture, 1991.
11. La répartition des dépenses fait en effet systématiquement apparaître la primauté des grandes institutions (théâtres, musées...) et ce d'autant plus que sont venus s'y ajouter les «grands travaux» (Grand Louvre, Bibliothèque de

France, Opéra Bastille en particulier). Voir les chiffres publiés régulièrement par le ministère de la Culture, notamment dans *Développement culturel* et la *Lettre d'information.*

12. «Un bilan culturel du septennat. Les voix sacrées de la rue de Valois», *Le Monde*, 3 mars 1988, p. 15.
13. *Cf.* l'un des rapports fondateurs des «nouvelles politiques culturelles» inaugurées à partir de 1981, GIORDAN Henri, *Démocratie culturelle et droit à la différence*, Paris, Documentation française, 1982.
14. Jacques Sallois, Préface *in* ESTÈBE Philippe, RÉMOND Emmanuel, *Les Communes au rendez-vous de la culture*, Paris, Syros, 1983.
15. Pour une évocation militante de cette promotion culturelle, *Cf.* COLIN Jean-Pierre, *La beauté du manchot, culture et différence*, Paris, Publisud, 1986 (Jean-Pierre Colin est conseiller au ministère de la Culture de 1981 à 1986, chargé des questions de développement culturel); HURSTEL Jean, *Jeunes au bistrot, culture sur macadam*, Paris, Ten-Syros, 1984 (issu d'une étude commandée par le ministère de la culture); *Chroniques culturelles barbares*, Paris, Syros-Alternatives, 1988.
16. Le projet de promotion des «langues et cultures minoritaires» est en particulier présenté dans GIORDAN Henri, *Démocratie culturelle et droit à la différence,* op. cit.
17. «Développement et formations», in *La politique culturelle,* op. cit., p. 6.
18. On s'appuie ici sur l'article de CONSTANT Fred, «Les paradoxes de la gestion publique des identités territoriales: à propos des politiques culturelles outre-mer», *Revue française d'administration publique*, n° 65, janvier-mars 1993, p. 89-99.
19. Pour une présentation générale de cette analyse du changement dans l'action publique, voir JOBERT Bruno, «Représentations sociales, controverses et débats dans la conduite des politiques publiques», *Revue française de science politique*, vol. 42, n° 2, 1992, p. 219-234.
20. Voir à ce propos, parmi une littérature très abondante, JEUDY Pierre-Henry (dir.), *Patrimoine en folie*, Paris, Documentation française, 1990. Pour une dénonciation de l'«émiettement multiculturel» du patrimoine, voir LENIAUD Jean-Michel, *L'utopie française*, Paris, Mengès, 1992.
21. URFALINO Philippe, «Les politiques culturelles...», *art. cit.*, p. 105-106.
22. Opération «Hip Hop Dixit» à l'écomusée de Fresnes (8 juin-15 septembre 1991) et au musée Bossuet de Meaux (18 juin-23 septembre 1991) et «Graffiti Art: artistes américains et français, 1981-1991», Musée National des Monuments Français (Paris, 6 décembre 1991-10 février 1992).
23. MICHAUD Yves, «L'art éclaté et le rôle de l'État», *Le Monde*, 24 décembre 1992.
24. *Cf* notamment l'article d'un collectionneur d'art graffiti, historien d'art, collaborateur du musée de Groningen (Pays Bas), PIJNENBURG Henk, «Du métro au monde de l'art», *Graffiti Art*, Acte II, 1991 (catalogue de l'exposition).
25. *Cf.* sur ce point l'article de LACHMANN Robert, «Graffiti as Career and Ideology», *American Journal of Sociology*, n° 94, 1988, p. 229-250.

26. Si elles restent les plus marquantes, elles ne sont d'ailleurs pas isolées: d'autres expositions de ce type ont été organisées à la même époque: «Bomb' art» au Centre d'action culturelle de Nantes en avril 1991, une exposition de tags à la Grande Arche de la Défense en décembre 1991, «Paris Graffiti» à l'Espace Chapon, décembre 1991-janvier 1992, l'exposition «L'art à vif» au Centre Pompidou en janvier 1992.
27. *Itinérance, itinéraires. Culture, insertion, jeunes*, ministère du Travail, ministère de la Culture, délégation interministérielle à l'Insertion professionnelle et sociale des jeunes en difficulté, Paris, deuxième édition, avril 1991, p. 29.
28. «Une saison en Banlieue 1992, juillet-septembre: Bilan», document interne du ministère de la Culture.
29. Lettre de Didier Schwelchen, 23 février 1993.
30. Catalogue de l'exposition, *op. cit.*
31. GRINBAUM-SALGAS Blanche, «Hip-Hop dixit ou les "négros" dans la "cité interdite"», *Revue des conservateurs*, septembre 1991.
32. CALZADA Rémi, SCHWELCHEN Didier, «Le Hip-Hop au musée», *Graffiti Art*, op. cit.
33. *Ibid.*
34. GRINBAUM-SALGAS Blanche, «Hip-Hop dixit ou les "négros" dans la "cité interdite"», *art. cit.*
35. VASSÉ Claire, «Les musées descendent dans la rue», *Action APAS*, septembre 1991, p. 124-128.
36. *Ibid.*
37. *Itinérance, itinéraires*... op. cit., p. 29.
38. *La politique culturelle, 1981-1991,* op. cit. p. 25.
39. Une présentation plus détaillée du scénario des expositions est donnée dans le catalogue.
40. On emprunte cette expression à PETERSON Richard A., «La fabrication de l'authenticité: la country music», *Actes de la recherche en sciences sociales*, n° 93, juin 1992, p. 3-19.
41. *Itinérance, itinéraires*... op. cit. p. 27.
42. Interview de Bernard Stiegler (professeur de philosophie à l'Université technologique de Compiègne et directeur de programme au Collège International de Philosophie) par Élisabeth Caillet, catalogue de l'exposition *Graffiti Art*, op. cit. p. 25-26.
43. PIJNENBURG Henk, «Du métro au monde de l'art», *art. cit.* p. 15.
44. PIJNENBURG Henk, «Du métro au monde de l'art», *op. cit.* p. 18.
45. Voir à ce propos BARBIER-BOUVET Jean-François, «Le système de l'exposition» *in Histoires d'expo*, Paris, Peuple et Culture-Centre Georges-Pompidou, 1983, p. 15.
46. GRINBAUM-SALGAS Blanche, «Hip-Hop dixit ou les "négros" dans la "cité interdite"», *op. cit.*
47. D'après les dossiers de presse réalisés par les services du ministère et nos propres recherches, une quarantaine d'articles sont parus pour les expositions de Meaux et Fresnes, plus de quatre-vingt pour celle du musée des

monuments français, auxquels il faut ajouter d'assez nombreux reportages et interviews à la radio et à la télévision.

48. *Cf.* par exemple la chronique de Philippe Meyer dans *L'Événement du jeudi* des 4-10 juillet 1991, «Hip Hop... »

49. SCHNEIDER Pierre, «Les risques de l'art», *L'Express*,16 janvier 1992. La position est du reste risquée: l'article provoque des réactions de la part des lecteurs dont l'un dénonce le «snobisme» d'intellectuels «en mal d'inspiration culturelle» (Lettre publiée dans le courrier des lecteurs, *L'Express*, du 26 février 1992).

50. Ces qualificatifs sont employés par BONNIER Henry, *Lettre recommandée à Jack Lang et aux fossoyeurs de la culture*, Monaco, Éditions du Rocher, 1992, p. 51 et suivantes. Des termes similaires apparaissent sous la plume de nombreux journalistes.

51. *Lettre recommandée à Jack Lang*, op. cit., p. 51. L'organisation de cours d'ethnologie à l'Université Paris VIII prenant la «Culture Hip Hop» comme objet est également dénoncée par Bonnier, et d'une manière générale moquée par les journalistes. On trouvera une version savante de la dénonciation de l'«ethnologisation» dans l'entretien d'Alain Finkielkraut, «"Un clip vaut Shakespeare"», *Terrain*, n° 17, octobre 1991, p. 71-78. L'entretien est illustré de photographies de tags.

52. FUMAROLI Marc, *L'État culturel*, op. cit.

53. Voir les articles de SORMAN Guy et PAUWELS Louis dans le *Figaro-Magazine* du 13 février 1993.

54. *Cf.* par exemple le *Journal du Dimanche*, 19 janvier 1992.

55. *Cf. Paris-Match* du 4 juillet 1991 et surtout les dessins de Plantu recueillis dans *Le président Hip-Hop*, Paris, Le Monde éditions, 1991.

56. NAVARRE François-Régis, «Le prix exorbitant des taggers», *Le Figaro*, 4-5 mai 1991.

57. CLOS Max, «La culture "Hip Hop"», *Le Figaro*, 17 mai 1991.

58. SAULAIS Fabrice, «Lang fait entrer le rap au musée», *Minute-La France*, 5 juin 1991.

59. «Art dégénéré», *Minute*, 22 janvier 1992.

60. Voir à ce propos SHUSTERMAN Richard, *L'art à l'état vif. La pensée pragmatiste et l'esthétique populaire*, Paris, Minuit, 1991; «Légitimer la légitimation de l'art populaire», *Politix*, n° 24, 1993, p. 153-167.

61. Les expositions comparables – bien que de moindre ampleur – de graffitis réalisées par des galeristes privés sont en effet bien loin d'avoir soulevé de telles polémiques.

62. À propos de Matthew Arnold et plus généralement sur ses homologues anglo-saxons, voir HOGGART Richard, *La culture du pauvre*, op. cit. et LEVINE Lawrence, *Highbrow/Lowbrow*, op. cit. notamment p. 224-225. Sur José Ortega y Gasset, voir BOURDIEU Pierre, *La distinction*, op. cit., p. 32-33. Voir plus généralement BOLTANSKI Luc, «L'encombrement et la maîtrise des "biens sans maître"», *Actes de la recherche en sciences sociales*, n° 1, février 1976, p. 102-109.

63. Pour une synthèse journalistique des ouvrages formant ce genre nouveau, voir GARCIN Jérôme, «De l'anti-Lang considéré comme un bel-art», *L'Événement du jeudi*, 21-27 janvier 1993.
64. Voir par exemple l'essai dénonciateur de SAINT-PULGENT Maryvonne (de), *Le syndrome de l'Opéra*, Paris, Seuil, 1992. L'auteur est devenue directrice de la Musique après l'alternance de 1993.
65. Pour une analyse de cette polémique voir PUDAL Bernard, «Bibliothèque de France: les logiques d'un conflit», *Lettres actuelles*, n° 1-2, juin-septembre 1993, p. 128-138.
66. FINKIELKRAUT Alain, *La défaite de la pensée*, Paris, Gallimard, 1987. La même année, un essai développant des thèses comparables sur l'appauvrissement de l'esprit lié à l'«égalitarisme culturel» de l'enseignement arrive au deuxième rang des ventes de livres aux États-Unis. BLOOM Allan, *The Closing of the American Mind*, New York, Simon & Schuster, 1987 (trad. française, *L'Âme désincarnée*, Paris, Julliard, 1987).
67. FUMAROLI Marc, *L'État culturel...*, op. cit.; SCHNEIDER Michel, *La comédie de la culture*, Paris, Seuil, 1993.
68. Pour s'en tenir aux ouvrages directement polémiques, ont également paru en 1992 LENIAUD Jean-Michel, *L'utopie française*, op. cit., (préface de Marc Fumaroli); ZADIG, *L'implosion française*, Paris, Albin Michel, 1992; BONNIER Henry, *Lettre recommandée à Jack Lang...* op. cit. Peu après, un juriste a fait de l'opposition aux «cultures inférieures» le point central d'un argumentaire tendant à la suppression du ministère de la Culture. HAROUEL Jean-Louis, *Culture et contre-cultures*, Paris, PUF, 1994.
69. Pour une présentation plus générale de ces ouvrages et de leur réception, voir notre article, «Politiques culturelles et polémiques médiatiques», *Politix*, n° 24, décembre 1993, p. 5-19.
70. Marc Fumaroli a depuis été élu à l'Académie française.
71. Un document interne préparatoire aux rencontres du RPR pour la culture reprend certaines thèses de *L'État culturel*, cité en des termes flatteurs, ce dont le premier programme culturel rédigé par ce parti garde la trace. TOUBON Jacques, «La politique culturelle de la France: Bilan et perspectives», RPR, janvier 1993; *Culture d'en France*, Paris, Albin Michel, 1993.
72. Les ouvrages d'Alain Finkielkraut et Marc Fumaroli ont rapidement été réédités en format de poche. Celui de Michel Schneider a été vendu à plusieurs dizaines de milliers d'exemplaires.

Conclusion

1. CHANGEUX Jean-Pierre, *Raison et plaisir*, Paris, Odile Jacob, 1994, p. 123.
2. Sur la distinction entre indéfini et indéterminé, voir BOLTANSKI Luc, *Les cadres*, op. cit., p. 482.
3. Voir à ce propos PINTO Louis, «Déconstruire Beaubourg...», *art. cit.*
4. Pour une analyse en ces termes, voir URFALINO Philippe, *L'invention de la politique culturelle*, op. cit., d'où est issue l'expression citée de Gabriel Monnet.

5. Voir les travaux déjà cités de Pierre-Alain Four.
6. MAUSS Marcel, «Essai sur le don», in *Sociologie et anthropologie*, Paris, PUF, 1985, successivement p. 275 et p. 145.
7. On pourrait y ajouter celui de rempart moral contre l'extrême-droite revendiqué par les ministres de la Culture Philippe Douste-Blazy et Catherine Trautmann.
8. BOLTANSKI Luc, *Les cadres*, op. cit., p. 474.
9. À ces deux dates, les proportions sont respectivement de 12 et 14 % pour le théâtre, de 7 et 9 % pour un concert de musique classique, de 27 et 30 % pour un musée. L'enquête consiste à interroger un échantillon représentatif de la population française âgée de 15 ans et plus. Ces chiffres comptabilisent les réponses données pour les douze derniers mois. Voir notamment DONNAT Olivier, *Les Français face à la culture*, op. cit., p. 156. Il n'y a pas lieu ici de se livrer à la critique méthodologique qu'impliquerait un véritable usage de ces chiffres. On pourra les actualiser en se reportant à la dernière édition en date, *Les pratiques culturelles des Français. Enquête 1997*, Paris, Documentation française, 1998.
10. FLAUBERT Gustave, lettre à Louise Collet, citée in COMPAGNON Antoine, *La troisième République des lettres*, Paris, Seuil, 1983. Je remercie Bernard Pudal d'avoir attiré mon attention sur ce texte.
11. MARX Karl, *Introduction générale à la critique de l'économie politique*, (1857), repris in *Philosophie*, Paris, Gallimard, 1994, p. 443 et suivantes.
12. Sur les classements statistiques, en lien et par analogie avec les classements étatiques, voir DESROSIERES Alain, *La politique des grands nombres. Histoire de la raison statistique*, Paris, La Découverte, 1993.
13. BOURDIEU Pierre, «Décrire et prescrire», *Actes de la recherche en sciences sociales* n° 38, 1981, p. 69-73.
14. LACROIX Bernard, «Ordre politique et ordre social», *in* LECA Jean, GRAWITZ Madeleine, *Traité de science politique*, tome 1, Paris, PUF, 1984, notamment p. 503.
15. Voir à ce propos l'étude de l'ARSEC sur les justifications apportées à la non pratique culturelle.
16. Voir notamment les enquêtes récentes publiées dans *Développement culturel* et les articles et déclarations de la ministre à ce propos notamment dans la *Lettre d'information* du ministère de la Culture.

Index

A

B

C

D

E

F

G

K

L

M

N

O

P

S

T

U

V

W

Z

Table des matières

Imprimé en France sur les presses numériques de Dupli-print – 95330 Domont
N° d'édition : 002081-02 – N° d'imprimeur : 89261 – Dépôt légal : novembre 2007